百見不如一打

JSP&Servlet

Eclipse
&
Oracle

백견불여일타 JSP&Servlet : Eclipse&Oracle

지은이 성윤정
1판 1쇄 발행일 2014년 7월 28일
1판 14쇄 발행일 2023년 7월 20일

펴낸이 임성춘
펴낸곳 로드북
편집 장미경
디자인 이호용(표지), 박진희(본문)

주소 서울시 동작구 동작대로 11길 96-5 401호
출판 등록 제 25100-2017-000015호(2011년 3월 22일)
전화 02)874-7883
팩스 02)6280-6901
정가 27,000원
ISBN 978-89-97924-10-3   93000

이메일 chief@roadbook.co.kr
블로그 www.roadbook.co.kr

• 예제 소스 및 퀴즈 해답 등의 자료 다운로드

  http://www.roadbook.co.kr/126

• 질의 응답 사이트

  http://roadbook.zerois.net

• 특별부록(온라인 쇼핑몰) 다운로드

  http://www.roadbook.co.kr/126

"백견불여일타!"

처음 프로그래밍을 시작할 때 필자가 늘 학생들에게 강조하는 "주저함 없이 도전하라"라는 필자의 일관된 철학이 들어가 있는 것 같아 참 마음에 드는 말입니다. 누구나 고수가 되는 길의 첫 발걸음의 설렘과 도전은 깊은 '사유'가 아니라 무심코 따라한 간단한 코드에서 그리고 컴파일되어 나오는 시시한(?) 결과화면에서 시작됩니다.

이 책은 웹 서비스 개발자가 되고자 하는 입문자를 대상으로 하고 있습니다. 필자가 '실습'에 포커스를 두고 이 책을 설계한 이유입니다. 입문자는 손이 닳도록 코딩을 반복해봐야 합니다. 과정에 익숙해지면 그 원리가 보이고 원리가 보이면 전체적인 그림이 보이기 때문입니다.

이 책은 "원리와 개념"을 말로써 알려주지는 않습니다. 차례만 보아도 실습하고 결과를 바로 확인할 수 있는 [직접해봅시다] 코너만 200개가 넘고 각 장 말미에 나오는 [도전해보세요] 과제만 보아도 이 책이 얼마나 "실습"을 강조하고 있는지 금방 알아챌 수 있을 것입니다.

필자는 사실 1980년대 학번으로 IT 기술의 초창기에 입문해서 지금까지 현업과 강의 현장을 누벼왔습니다. 대학 시절에는 파스칼, 포트란, 코볼을 배웠고 회사에서 이들을 활용한 개발을 했습니다. 시간이 지나면서 웹 서비스가 등장하자 콘솔 화면에서의 개발 영역은 좁아지고 이클립스와 같은 복잡해보이지만 상당히 편한 개발 툴이 등장하게 되었습니다. 더불어 학습 방법도 예전과는 많이 달라야 한다는 생각을 하게 되었습니다. 복잡한 웹 서비스 개발을 배워야 하는데, 콘솔 화면에서 문자열 찍고 있는 것을 알려주거나 개발 방식은 빠르게 변해가는데, 과거의 패턴을 그대로 학생들에게 가르치는 것은 개발 현장에 나갈 그들에게 이중고를 주는 것과 다름없다고 생각했습니다. 그래서 이 책을 집필할 때 크게 두 가지에 주안점을 두었습니다. 현업에서 활용하는 개발 환경과 개발 방식입니다.

현업에서 활용하는 개발 환경은 이클립스와 오라클 등이며 개발 방식은 모델과 뷰를 분리해서 개발하는 방식입니다. 처음부터 끝까지 책을 따라 학습을 마치면 이러한 개발 환경에 상당히 익숙해질 수 있을 것입니다.

이 책은 여러분들이 스스로 확장해가면서 일부로 에러도 내보고 또 덧붙여보면서 실습을 해보면 좋겠습니다. 눈으로 보아서는 절대 아무것도 얻을 수 없는 책입니다. 그리고 단순히 따라만 해서도 좋은 성과를 얻을 수 없습니다. 고쳐보고 확장해보고 다른 기능을 붙여보면서 응용력을 키워보시기 바랍니다. 그리고 자바 개발자라고 해서 HTML이나 CSS, 자바스크립트 등을 대강만 알면 안 됩니다. 이 책에서는 거의 모든 예제에 클라이언트에 사용되는 대표적인 기술들이 들어가 있습니다. 자세한 설명은 없지만 역시 레이아웃이나 자바스크립트 기능도 변경해보면서 클라이언트 기술에도 익숙해지는 계기가 되었으면 좋겠습니다.

그리고 [도전해보세요] 코너는 정말 여러분들이 정답을 보지 않고 몇일이 걸리더라도 꼭 직접 풀어보라고 권하고 싶습니다. 정답을 찾아가는 과정에서 여러분이 배울 수 있는 게 너무 많기 때문입니다.

자바로 밥 먹고 살려면 이 책만으로는 절대 부족합니다. 이 책은 정말 JSP&서블릿을 배우는 데 진입 장벽을 낮춰주는 책이지 이 책을 학습하고 바로 현업 개발자로 나설 수 있는 책이 절대 아닙니다. 이 책으로 드넓은 자바 웹 프로그래밍의 세계에서 진정한 고수가 되는 날을 만날 수 있기를 충심으로 기원합니다.

마지막으로 집필을 마치고 마지막 정리하는 과정에서 갑자기 아프게 된 바람에 고생을 많이 하게 만든 임성춘 편집장에게 진심으로 감사를 드립니다.

2014년 7월

성윤정

1990년대에 IT 편집자로 입문하고 제일 처음 만들었던 책이 Servlet 책이었습니다. 번역서였고 국내에서 첫 번째 책이었던 것으로 기억합니다. 바로 1년 정도 뒤에 JSP 책을 만들고 EJB 책을 만들었습니다. 국내서였죠. 그로부터 십수 년이 흘러 다시 한번 JSP&서블릿 책을 기획해서 출간을 앞두고 있습니다. 어쩌다가 10년도 훌쩍 넘은 후에 다시 같은 주제의 책을 만들고 있는지 죽을 때까지 IT 편집자로 살아야 할 운명 같습니다.

처음 서블릿 책을 접했을 때는 아키텍처 자체마저 생소했고 영어로 된 용어를 어떻게 번역해야 할지 정말 어려웠습니다. 그리고 국내에서도 이제 막 도입했던 시기였기 때문에 게시판 예제 하나 없었고 단순히 Servlet 클래스들을 분석하고 어떤 역할을 하는지에 관한 책이었습니다. 물론 MVC니 하는 패턴 이야기는 전혀 없었죠. 하지만, 지금은 이러한 패턴을 기본으로 지키고 있고 당연시 하고 있습니다. 시간이 지날수록 서블릿은 JSP를 낳고 또 서블릿과 JSP는 스트럿츠니 스프링이니 하는 수많은 프레임워크를 낳게 되는데, 이걸 보면 스스로 진화하는 기술을 보고 있는 듯한 이상한 느낌마저 듭니다.

이 책을 집필하신 성윤정 강사님은 오래 전부터 IT 책을 다수 집필하셨습니다. 처음 로드북에 이 책을 제안하였을 때는 '개념과 원리'를 중시하는 로드북의 출간 철학에는 맞지 않아 많은 고민을 하였습니다. 하지만, 곰곰이 생각해보면 너무나 큰 장점이 있었습니다. 초보자들이 가장 쉽게 접근할 수 있도록 직접 해보면서 배울 수 있다는 점이었습니다. 그래서 "백견불여일타"라는 제목을 붙이게 되었습니다.

그리고 프로그래머가 아닌 편집자가 일일이 테스트를 해보았습니다. 처음엔 한글 워드에 있는 소스를 복사해서 붙여다가 테스트를 했습니다(시간상 일일이 타이핑은 못했습니다). 그리고 책이 디자인된 뒤에도 마지막 교정시에 PDF 상태에서도 역시 소스를 복사해서 일일이 테스트를 하였습니다. 완전 소스에는 반영이 되어 있어도 책에는 반영이 안 되는 경우도 있고 편집 과정에서 실수가 있을 수 있어 독자를 괴롭힐 수가 있기 때문입니다.

처음엔 이클립스도 엉뚱한 버전을 설치해서 당황한 적도 있었습니다. 서블릿 컨테이너에 대한 개념이 잡히질 않아 수많은 문서를 뒤적이며 겨우 이해를 할 수 있었는데, 이 부분은 저자와 상의하여 초고에서 약간의 수정을 함으로써 깔끔하게 해결되었습니다. 다른 JSP 페이지로 포워딩을 해야 하는데, JSP 파일 이름을 잘못 입력해서 계속해서 에러가 나 황당한 적도 있었고 임포트가 안 되었거나 오라클에서 커밋을 해주지 않아 한창을 헤맸던 적도 있었습니다. 대부분 아주 사소한 오타 때문에 에러가 많이 난다는 사실에 놀라지 않을 수 없었습니다. 점차 에러에 익숙해지기 시작했고 근원지를 찾아 고쳐내고자 하는 도전 의식까지 생기더군요. 이런 게 프로그래밍의 재미가 아닌가 싶었습니다.

　　마지막에 모델2로 해보는 게시판 예제까지 테스트를 하고 나서 이 글을 쓰고 있습니다. 물론 지금도 어떤 기능상의 버그가 있어 저자에게 수정 의뢰를 해놓았는데, 깔끔하게 처리하고 책을 내놓도록 기다리고 있습니다.

　　집필 도중에 건강이 많이 안좋았지만 최선을 다해 편집자의 엉뚱한 요청에도 잘 대해주신 성윤정 저자에게 진심으로 감사를 드립니다.

2014년 7월

편집자 & 베타테스터 임성춘

1. 이론적인 내용은 최대한 앞부분에 핵심만 간추려 설명

JSP&서블릿의 역사나 단순한 API 등의 나열은 과감히 생략하였습니다. 이론적인 내용을 최대한 간결하게 정리하여 실습을 바로 해볼 수 있게 하였습니다.

2. 예제소스를 보는 방법

이클립스에서 자동으로 생성되는 소스 외에 별도로 입력해야 할 소스는 별색으로 처리하였습니다. 일부 자동으로 입력된 소스가 변경된 부분이 있지만, 실행상에는 문제가 없습니다.

3. [직접해보세요] 코너는 반드시 직접 해보아야

이 코너에서는 실습뿐만 아니라 개발 환경 설정, DB 설정 등 여러 환경 설정까지 함께 들어가 있기 때문에 처음부터 끝까지 직접 해보아야 합니다.

4. [퀴즈로 정리합시다]로 이론적인 내용을 정리

각 장에서 배운 내용을 객관식과 서술 형식을 섞어 테스트하는 과정입니다. 무슨 지식을 습득하든지 연습문제를 풀어봐야 그 지식에 더 익숙해질 수 있습니다.

5. [도전해보세요] 코너는 직접 풀어봐야

이 코너는 반드시 직접 풀어보기를 바랍니다. 답안 소스를 제공하고 있지만, 여러분이 같은 실행결과가 나올 때까지 끝까지 도전하여 결과를 내고 답안과 비교를 하면서 어떤 부분이 다른지를 꼭 파악해보시기 바랍니다.

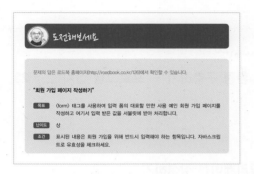

6. 궁금하면 여기 물어보세요

로드북 전용 Q&A 게시판입니다. 질문 앞머리에 [JSP]만 붙여주세요. 저자분께 바로 질문 의뢰가 가고 빠른 답변을 받아볼 수 있습니다.

7. 특별부록 제공

이 책은 "온라인 쇼핑몰 개발"을 특별부록으로 예제소스와 함께 해설을 PDF 형태로 제공합니다. 우선은 한번 따라해보면서 감을 익혀보고 자신만의 쇼핑몰을 만들어보시기 바랍니다.

3장 JSP 기본 다루기

6장.자바 빈과 액션 태그

7장.표현 언어와 JSTL

8장. 데이터베이스와 JDBC

9장. 데이터베이스를 이용한 회원 관리 시스템 구축하기

[직접해보세요] DBCP 설치하기

[직접해보세요] 이클립스에서 회원 정보를 저장하는 VO 클래스 만들기

[직접해보세요] 이클립스에서 회원 테이블을 액세스하는 DAO 클래스 만들기

[직접해보세요] 커넥션을 얻어오는 메소드

[직접해보세요] 회원 인증을 위해 아이디와 비밀번호를 입력 받는 폼

[직접해보세요] 회원 관리 웹 애플리케이션을 위한 자바스크립트 파일

[직접해보세요] 로그인 입력 폼을 위한 서블릿 클래스 만들기

[직접해보세요] 홈(프론트) 페이지

[직접해보세요] 회원 인증을 위한 메소드 추가하기

[직접해보세요] 회원 인증을 위한 서블릿 클래스 만들기

[직접해보세요] 회원 인증된 사용자에게 제공되는 JSP 페이지

[직접해보세요] 회원 정보 입력 폼을 위한 서블릿 클래스 만들기

[직접해보세요] 회원 가입을 위한 회원 정보를 입력 받는 폼

[직접해보세요] 중복 체크 페이지를 새로운 창으로 띄우기 위한 자바스크립트 함수

[직접해보세요] 아이디 중복 체크를 위한 메소드 추가하기

[직접해보세요] 아이디 중복 체크를 위한 서블릿 클래스 만들기

[직접해보세요] 아이디 중복 체크를 위한 JSP 페이지

[직접해보세요] 아이디 중복 체크 완료 처리를 위한 자바스크립트 함수

[직접해보세요] 회원 정보의 유효성을 체크하기 위한 자바스크립트 함수

[직접해보세요] 회원 정보를 DB에 추가하기 위한 메소드 추가하기

[직접해보세요] 회원 정보를 데이터베이스에 추가하는 서블릿

[직접해보세요] 인증된 사용자의 인증을 무효화하는 서블릿

[직접해보세요] 회원 정보 수정을 위한 폼으로 이동하는 처리를 하는 서블릿

[직접해보세요] 인증된 사용자에게 제공되는 회원 정보 수정 페이지

[직접해보세요] 회원 정보를 변경하기 위한 메소드 추가하기

[직접해보세요] 회원 정보 수정 처리 서블릿의 doPost( ) 메소드에 데이터베이스 처리를
　　　　　　위한 코드 추가

[도전해보세요] 사원 관리 프로그램 만들기

10장. 파일 업로드

11장.MVC 패턴(모델2)을 사용한 게시판

1장
서블릿과 JSP 개요

Q 이 장을 시작하기 전에

만약 여러분이

- 자바 웹 애플리케이션 개발 환경(톰캣+JDK+이클립스)을 구축할 수 있거나,
- JSP와 서블릿으로 HelloWorld 수준의 웹 애플리케이션을 만들어 실행할 수 있다면,

다음 장으로 넘어가도 좋습니다.

- 자바 문법에 대해 아직 아리송하고 잘 모르고 있다면,

우선은 자바 기본서를 한번 정도는 정독하며 학습한 후에 배우기를 권장합니다. 이 책은 가능하면 자바의 기본 문법을 알고 있다는 전제 하에 설명을 하고 있기 때문입니다. 물론 좀 어려운 기초 문법은 간단히 설명하고 있으니 겁먹지 마세요.

자, 이제 시작입니다. 코드를 직접 입력하고 실행해보고 변경해보면서 그 의미를 파악하며 이 책의 끝까지 완주할 수 있기를 바랍니다. 화이팅!

웹 프로그래밍이란?

인터넷은 컴퓨터들이 연결된 거대한 네트워크 구조입니다. 예를 들어 인터넷 쇼핑을 하기 위해 브라우저에 사이트 주소를 입력하면 이는 해당 사이트에 있는 웹 페이지를 내가 사용하는 브라우저에 보내달라고 요청하는 것을 의미합니다. 이렇게 요청을 받아 웹 페이지를 찾아서 보내주는 일을 하는 컴퓨터나 프로그램을 웹 서버라고 하고 요청된 페이지를 받아보는 브라우저나 컴퓨터를 클라이언트라고 합니다. 아래 그림은 인터넷 쇼핑 사이트의 동작 원리를 나타내고 있습니다.

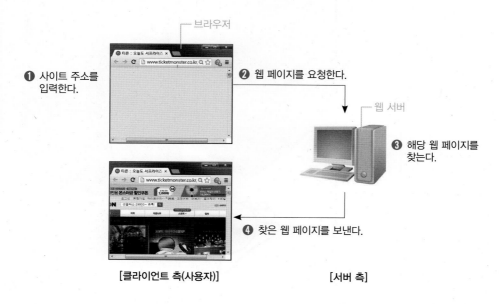

[클라이언트 측(사용자)]　　　　　[서버 측]

브라우저를 통해서 각종 정보를 제공해주는 웹 페이지는 HTML을 이용하여 웹 프로그래밍을 한 것입니다. 하지만 HTML만으로는 시시각각 변경되는 새로운 정보를 제공해주지 못합니다. 왜냐하면 HTML은 같은 내용만 표시해주는 정적인 페이지이기 때문입니다.

우리가 사용하는 인터넷은 바로바로 새로운 내용을 제공해주어야 하기 때문에 HTML만 가지고 웹 프로그래밍을 하는 데 문제가 있습니다. 그래서 등장하게 된 것이 동적인 페이지입니다.

동적인 페이지에서 새로운 정보를 제공해주기 위해서는 방대한 정보를 관리할 데이터베이스가 필요합니다. 예를 들어 게시판에 게재되는 글은 데이터베이스에 저장되었다가 보여주는 것입니다. 이렇듯 다양한 정보를 데이터베이스에서 얻거나 저장하기 위해서 등장한 언어가 PHP, ASP, 서블릿/JSP입니다.

인터넷을 통해 카멜레온처럼 변화무쌍한 정보를 얻거나 쇼핑을 할 수 있는 이유는 웹 애플리케이션 언어(PHP, ASP, 서블릿/JSP)로 개발한 웹 애플리케이션, 예를 들면 네이버Naver나 다음Daum과 같은 포털 사이트, GMarket이나 티켓 몬스터와 같은 온라인 쇼핑몰이 웹 서버에 구축되어 있기 때문입니다.

참고

웹 애플리케이션이란?

웹 애플리케이션은 웹(인터넷)을 기반으로 실행되는 애플리케이션(프로그램)을 말합니다. 즉, 웹 브라우저로 접근하여 사용되는 애플리케이션을 말합니다. 이 책에서 학습하게 되는 웹 프로그래밍(Web Programming)이 바로 웹 애플리케이션을 제작하는 과정을 뜻합니다. 기억하세요. 이 책에서 의미하는 웹 프로그래밍이란 '웹 애플리케이션을 제작'하는 과정입니다.

이 책을 읽는 독자의 학습목표는 서블릿/JSP를 사용하여 웹 애플리케이션을 개발하는 것입니다. 여러분이 쇼핑몰을 웹 애플리케이션으로 구축하는 것을 목표로 한다면 사용자가 원하는 상품을 검색한 후 구입을 하는 과정을 모두 서블릿/JSP를 사용하여 제작해야 합니다.

서버는 일반적으로 사용자(클라이언트)의 요청이 들어오면 이에 대한 처리를 한 결과 페이지를 전송하는 웹 서버Web Server와 실질적으로 요청한 페이지의 로직이나 데이터베이스와의 연동을 처리할 수 있는 비즈니스 로직이 구현되어야 하는 웹 애플리케이션 서버(Web Application Server : WAS)로 이루어져 있습니다.

대표적인 WAS로는 BEA사의 웹로직WebLogic, IBM의 웹스피어WebSphere, SUN사의 iPlanet, Oracle 9iAS, 티맥스의 제우스Jeus, 우리 책에서 사용하는 톰캣Tomcat 등이 있습니다.

여기에서 톰캣은 웹 서버 기능이 내장되어 있어 별도로 웹 서버를 설치하지 않고 WAS 역할까지 합니다.

WAS라는 서버 프로그램이 웹 애플리케이션을 어떻게 동작시키는지 그 원리를 이해하기 위해 '회원 가입을 위한 프로그램(애플리케이션)'이 어떤 절차를 거쳐서 실행되는지를 살펴보겠습니다. 회원 가입을 하기 위해서는 회원 가입 페이지에서 이름,

아이디, 별명, 비밀번호 등을 입력한 후 〈확인〉 버튼을 클릭할 것입니다. 그러면 브라우저는 입력된 회원 정보를 서버로 전송하고 서버에서는 이 정보를 WAS를 통해 데이터베이스에 저장합니다.

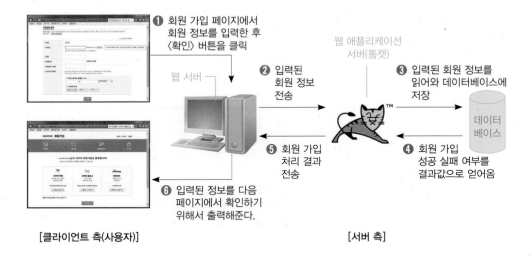

[클라이언트 측(사용자)]   [서버 측]

웹 서버는 요청이 있을 경우 이를 받아들여 요청한 페이지를 응답할 책임을 지고 있습니다. 웹 서버가 요청을 받아 응답할 때까지의 웹 애플리케이션의 동작 순서는 다음과 같습니다.

❶ 사용자가 브라우저 주소 입력란에 특정 사이트의 주소를 입력하게 되면 브라우저가 해당 웹 서버에 웹 페이지를 요청하는 것이 됩니다. 단 요청한 페이지가 단순한 정적인 페이지라면 웹 서버에서 바로 클라이언트에게 해당 페이지를 전송합니다.

❷ 해당 웹 서버는 입력된 회원 정보를 웹 애플리케이션 서버(WAS : Web Application Server)로 전송합니다.

❸ 요청한 페이지는 웹 서버에서 바로 제공되지 못하고 웹 애플리케이션 서버에서 다양한 로직이나 데이터베이스와의 연동을 통해서 완성되어야만 제공됩니다. 웹 애플리케이션 서버는 웹 서버가 클라이언트에게 제공할 페이지를 완성하기 위해 이에 필요한 로직이나 데이터베이스와의 연동과 데이터 처리를 담당합니다.

❹ 로직이나 데이터베이스 작업 처리 결과를 웹 서버에게 보냅니다.

❺ 웹 서버는 이 결과를 다시 클라이언트 측 브라우저에 응답하게 됩니다.

❻ 회원 가입이 성공적으로 이루어졌다면 가입 당시에 입력된 정보를 확인하기 위해서 출력해줍니다.

앞에서도 언급하였지만 톰캣은 웹 서버를 내장하고 있다고 했습니다. 위의 그림에서는 웹 서버와 톰캣이 분리되어 있지만 사실 두 기능을 함께 수행하고 있는 것입니다.

지금까지 웹 프로그래밍의 전체적인 그림을 살펴보았다면, 다음 절에서는 구체적으로 서블릿과 JSP가 무엇인지 아주 기초적인 내용을 살펴볼 것입니다.

웹 애플리케이션 개발 환경 구축하기 – 프로그램 설치

웹 애플리케이션 개발 환경 구축을 위한 설치 프로그램은 JDK Java Development Kit, 톰캣Apache Tomcat, 이클립스Eclipse입니다.

이번 절에서 서블릿/JSP 웹 프로그래밍을 학습하기 위해서 웹 애플리케이션 개발 환경을 구축하는 방법을 학습해보도록 하겠습니다. 다음은 이들 설치 프로그램들이 각각 어떤 역할을 하는지 정리한 표입니다.

설치 프로그램	설명
JDK (Java Development Kit)	제일 먼저 무료로 제공해주는 자바 개발 도구인 JDK(Java Development Kit)를 다운받아 설치해야 합니다. 자바는 플랫폼에 독립적이므로 어떠한 플랫폼에서도 설치할 수 있습니다. 우리는 JDK를 설치하기 위한 개발 플랫폼으로 Windows를 선택했습니다.
톰캣 (Apache Tomcat)	톰캣(Tomcat)은 아파치와 썬 마이크로시스템즈에서 공동 프로젝트로 만든 웹 애플리케이션 서버입니다. 웹 애플리케이션 서버가 무엇인지 모르면 앞부분을 다시 한번 살펴보세요.
이클립스(Eclipse)	이클립스는 애플리케이션 개발을 위한 코딩과 컴파일을 함께 할 수 있는 종합 개발 툴(IDE)입니다. 최근 개발자들이 가장 많이 사용하는 툴입니다.

설치 프로그램들의 버전은 자주 최신 버전으로 변경됩니다. 설치 방법은 [직접해보세요] 코너에서 자세히 알려드리겠습니다. 각각의 버전은 설치 시점에 따라 약간 다를 수 있으며 해당 사이트에 가면 이 책에 언급한 버전과 다른 버전이 제공될 수 있습니다. 버전에 따라 사용 방법이 크게 다르지 않기에 자유롭게 버전을 선택해도 상관없습니다. 다음은 이 책의 집필 시점의 버전입니다.

- JDK(Java Development Kit)

  http://www.oracle.com/technetwork/java/javase/downloads/index.html

  'Windows x86(jdk-7u17-windows-i586.exe)'라는 윈도우 32비트용 버전을 다운로드하여 설치합니다. 윈도우가 64비트라면 64비트용을 다운로드해도 상관 없습니다.

- 톰캣(Apache Tomcat)

  http://tomcat.apache.org

  톰캣(Tomcat) 7.0을 다운로드하여 압축을 풀면 됩니다.

- 이클립스 개발 도구

  http://www.eclipse.org/downloads

  이클립스를 다운로드하여 압축을 풀면 됩니다. 현재 웹 애플리케이션 개발은 대부분 이클립스를 사용합니다. 회사에서 업무를 수행하기 위해서 워드프로세스를 공부하듯이 웹 애플리케이션 개발을 위해서는 이클립스를 반드시 익혀야 합니다. 학습할 때는 메모장과 같은 윈도우즈의 기본 에디터를 이용해서 프로그램을 작성한 후 콘솔 창에서 컴파일하고 브라우저에 직접 입력하여 요청하여 실행할 수도 있습니다. 하지만, 실제 실무에서 이와 같은 방식으로는 웹 애플리케이션 개발이 거의 불가능합니다. 이클립스를 사용하면 소스 작성은 물론 컴파일, 실행을 원스톱으로 한꺼번에 실행할 수 있어 빠른 개발이 가능합니다. 자주 사용하면서 익혀두기 바랍니다.

JDK 설치하기

이클립스가 설치되면서 자바의 개발 환경을 자동으로 설정하기 때문에 JDK를 먼저 설치한 후 이클립스를 설치해야 합니다. 또한 JDK는 서블릿과 JSP를 포함한 자바로 작성한 프로그램을 컴파일하기 위한 툴로서 이를 WAS(WAS란 앞에서 이미 언급한 바 있는 Web Application Server의 약어로서 톰캣과 같은 웹 애플리케이션 서버를 말합니다)를 설치하기 전에 JDK를 먼저 설치해야 합니다.

우선 JDK를 다운로드하여 설치하도록 합시다. JDK는 오라클사의 홈페이지에서
무료로 다운로드한 후 설치할 수 있습니다. Java SE의 최신 버전(집필 시점에서는
Java SE 7u17)을 다운로드하기 바랍니다.

JDK는 자주 버전이 갱신되므로 설치 시점에 따라 버전이 약간 다를 수 있다는 점
에 주의하세요. 버전이 갱신되어 찾기가 어려우면 Java SE(Standard Edition)를 찾
으면 됩니다. 다운로드하는 시점에 따라 최신 버전이 다를 수 있으므로 '7u17 버전'
이 아니더라도 가장 최신의 버전을 다운로드하면 됩니다.

[직접해보세요] JDK 다운로드하여 설치하기

1. 브라우저를 열어 주소란에 다음 URL을 입력하여 오라클 사이트의 JDK 다운로드 페이지에 접
속합니다.

```
http://www.oracle.com/technetwork/java/javase/downloads/index.html
```

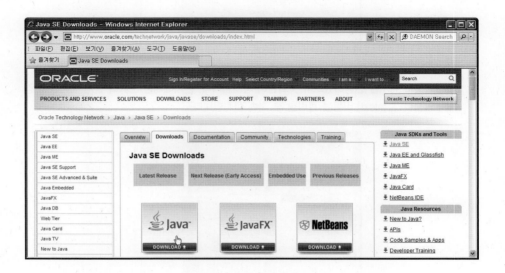

2. 다운로드에 앞서 'Accept License Agreement'에 체크하여 동의를 거칩니다. 플랫폼(운영체제)별로 JVM 설계가 다르므로 JDK는 다음과 같이 여러 종류로 나뉘어 있습니다. 사용자의 PC에 설치된 플랫폼에 맞는 JDK를 선택합니다. 윈도우즈 32비트인 경우 'Windows x86(jdk-7u17-windows-i586.exe)'을 다운로드 합니다.

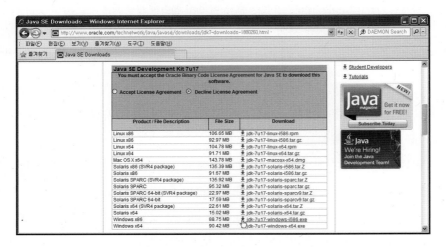

3. 다운로드 페이지를 통해 받은 파일을 더블클릭하면 설치가 시작됩니다. [Next] 버튼을 클릭하여 설치를 진행합니다.

4. JDK의 설치 위치를 변경하겠느냐는 화면이 나타납니다. 본서에서는 JDK의 설치 위치를 변경하지 않습니다. [Next] 버튼을 클릭한 후 계속 설치합니다.

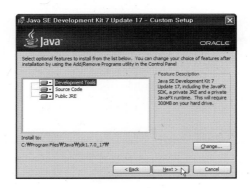

5. 이번에는 JRE의 설치 위치를 변경하겠느냐는 화면이 나타납니다. JRE의 설치 위치 역시 변경하지 않기로 합니다. [Next] 버튼을 클릭하여 설치를 진행합니다.

6. 설치 진행 화면이 나타나게 된 후에 JDK가 설치가 완료되면 다음 그림과 같이 설치 종료 화면이 나타나게 됩니다. [Close] 버튼을 눌러 설치를 종료합니다.

7. JDK 설치가 완료되면 등록 화면이 뜹니다. 오라클 계정 없이 설치하고 나면 바로 사용할 수 있으므로 익스플로러 창을 닫습니다.

톰캣 설치하기

JDK 설치가 완료되었으면 이제 실질적으로 서블릿과 JSP를 구동시키는 WAS를 설치해보도록 하겠습니다. WAS로는 BEA사의 웹로직, IBM의 웹스피어 SUN사의 iPlanet, Oracle 9iAS, 티맥스의 제우스 등이 있다고 이미 언급했습니다. 이 책에서는 이렇게 다양한 WAS 중에서 오픈소스 프로젝트로 개발되어 무료로 제공되는 톰캣을 사용하겠습니다.

[직접해보세요] 톰캣 다운로드하여 설치하기

1. 브라우저를 열어 아파치 톰캣 사이트(http://tomcat.apache.org)에 접속한 후 화면 왼쪽에 있는 메뉴에서 Download → Tomcat 7.0을 선택하여 톰캣 다운로드 페이지로 이동합니다.

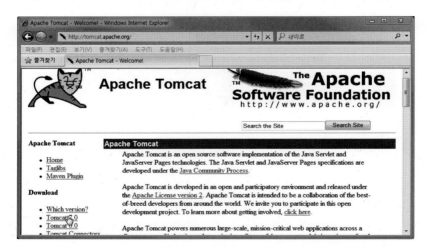

2. 화면을 스크롤하여 중앙에 있는 7.0.40 밑에 Binary Distributions / Core 영역의 32–bit/64–bit Windows Service Installer (pgp, md5)를 선택해 다운로드 합니다.

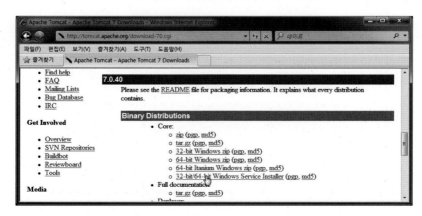

3. 받은 파일을 더블클릭하여 설치를 시작합니다. 설치 화면이 나타나면 [Next] 버튼을 클릭한 후에 나타난 라이센스 동의화면에서 라이선스에 동의하겠다는 의미로 〈I Agree〉 버튼을 클릭 합니다.

4. 환경 설정 부분에서 Examples에 추가로 체크한 후 [Next] 버튼을 클릭합니다.

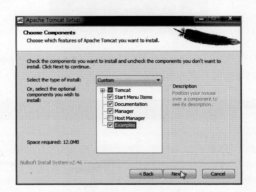

5. Tomcat 내부 환경설정을 변경해야 합니다. 기존 오라클에서 사용하는 포트와 충돌이 발생할 우려가 있기 때문에 port를 8181로 수정합니다. 오라클 사용자 이름인 User Name과 오라클 에 접속하기 위해서 필요한 비밀 번호인 Password를 각각 admin, 1234로 지정한 후 [Next] 버튼을 클릭합니다.

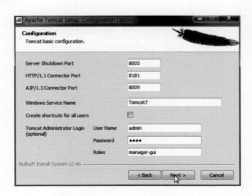

6. 톰캣 설치 경로는 기본 설정값을 사용할 것이므로 [Next] 버튼을 클릭하여 설치를 진행합니다. 설치가 완료되면 오른쪽과 같은 화면이 나타납니다. [Finish] 버튼을 클릭하여 설치를 마무리합니다.

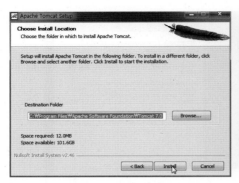 

7. 설치하자마자 톰캣이 구동됩니다. 확인은 화면 아래의 트레이 아이콘으로 확인할 수 있습니다.

8. 브라우저를 실행시켜 "http://localhost:8181"을 입력하여 다음과 같이 톰캣의 시작 페이지가 나타나면 톰캣이 제대로 설치된 것입니다.

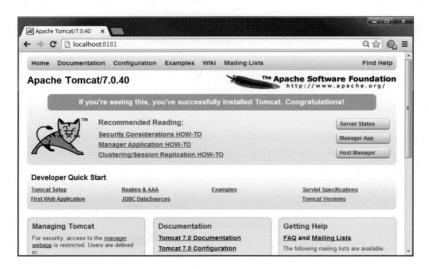

이클립스 설치하기

JDK와 톰캣이 설치되었으면 웹 프로그램을 작성하기 위한 이클립스를 설치합니다. 이클립스까지 설치가 끝나면 서블릿과 JSP를 학습하기 위한 예제를 작성하고 실행해 보도록 하겠습니다.

[직접해보세요] 이클립스 다운로드하여 설치하기

1. 웹 브라우저를 열고, http://www.eclipse.org 사이트로 이동합니다. 위쪽의 메뉴에서 [downloads] 메뉴를 클릭한 후 이클립스(Eclipse IDE for Java EE Developers)를 클릭합니다. 참고로 이클립스는 Standard가 아니라 EE Developers를 위한 IDE로 다운을 받아야 합니다.

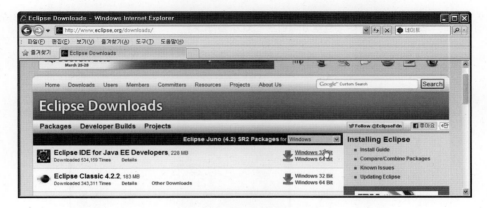

2. 이클립스(Eclipse IDE for Java EE Developers)를 클릭하면 미러 사이트로 이동합니다. 미러 사이트란 인기있는 웹사이트에서 통신량이 폭주하는 장거리 또는 국제 회선을 경유하지 않고도 파일을 전송받을 수 있도록 2개 이상의 파일 서버를 두는 것을 말합니다. 인터넷상에는 유명한 사이트의 경우 전 세계에 몇군데의 미러 사이트가 있으므로 사용자들은 가까운 곳 또는 국내에 있는 미러 사이트를 이용하는 것이 바람직합니다.

3. 미러 사이트에서 이클립스를 다운로드 합니다.

4. 받은 압축 파일을 푸는 것으로 이클립스 설치가 끝납니다.

　　지금까지 JDK, 톰캣, 이클립스를 설치하였습니다. 이제부터는 본격적으로 서블릿과 JSP로 능숙하게 웹 애플리케이션을 개발할 수 있도록 서블릿과 JSP 문법을 학습할 것입니다.

이클립스로 첫 웹 애플리케이션 작성하기

이클립스를 사용하기에 앞서 먼저 워크스페이스와 프로젝트 개념을 알아봅시다.

우리는 일반적으로 파일을 관리하기 위해 폴더를 만듭니다. 예를 들어 문서 파일을 관리하기 위해서 문서라는 폴더를 만들어 놓지요. 그런데 문서에도 종류가 많기 때문에 이를 구분하기 위해 문서 폴더 내부에 워드 문서 관리 폴더를 만들고 거기에 워드 파일들을, 엑셀 문서 관리 폴더를 만들어 놓고 거기에는 엑셀 파일을 나누어 관리합니다.

이와 마찬가지로 병원관리 프로젝트를 위한 파일을 [병원 관리] 폴더에 저장하고 학사 관리 프로젝트는 [학사 관리] 폴더에 저장합니다. 또한 [병원 관리] 폴더와 [학사 관리] 폴더와 같이 개발을 위한 프로젝트 폴더들을 워크스페이스란 작업을 위한 공간(폴더)에 저장해 둡니다. 만일 프로젝트를 할 때마다 여기저기에 저장해 두면 찾기 힘들까봐 프로젝트를 한꺼번에 작업을 위한 공간인 워크스페이스(작업 공간) 내에 모아서 관리하는 것입니다.

대규모 프로젝트나 소규모 프로젝트는 모두 프로젝트이고 프로젝트 폴더들을 관리의 편의를 위해서 워크스페이스라는 작업 공간에 저장해 두는 것입니다.

우리가 지금 이클립스로 간단한 예제를 작성하기 위해서 우선적으로 해야 할 일은 워크스페이스와 프로젝트와 JSP 파일을 만드는 일입니다. 생성된 JSP 파일에 실행 결과로 얻고 싶은 내용을 코딩한 후 저장하고, 이를 실행하여 결과를 확인합니다. 이들을 만드는 순서는 다음과 같이 워크스페이스를 생성한 후 생성된 워크스페이스를 작업공간으로 하여 프로젝트를 생성합니다. 생성된 프로젝트 내에 서블릿이나 JSP 등 필요한 파일을 생성한 후 원하는 결과가 나타날 수 있도록 코드를 입력한 후 저장하여 이를 실행합니다. 원하는 결과가 나오지 않으면 원하는 결과가 나올 때까지 코드를 수정한 후 다시 저장하여 실행하는 작업을 반복합니다. 이러한 작업은 이 책의 전반에 걸쳐 반복되니 지금은 이런 절차를 거치는구나 정도만 알면 됩니다.

1. 제대로 설치가 되었는지 확인하기 위해서 탐색기에서 C:₩eclipse-jee-juno-SR2-win32₩ eclipse 폴더 안에 있는 eclipse.exe 파일을 더블클릭하여 이클립스를 실행합니다. 바탕화면 에 바로가기를 해놓으면 편리합니다.

2. 이클립스가 실행되면 작업 공간(workspace)을 선택하는 창이 나타납니다. 기본으로 설정 된 작업공간이 아닌 다른 작업 공간을 만들고자 할 경우에는 [Browse...] 버튼을 클릭합니다. [Select a workspace] 창이 나타나면 eclipse 폴더 하위 폴더에 워크스페이스를 생성하기 위 해서 eclipse 폴더를 선택한 후 여기에서 [새 폴더 만들기] 버튼을 클릭합니다. [새 폴더] 항목 의 이름을 원하는 폴더 명으로 변경합니다. 필자의 경우에는 폴더 이름을 'web_workspace' 로 변경하고 변경된 폴더를 선택한 후 [확인] 버튼을 누릅니다.

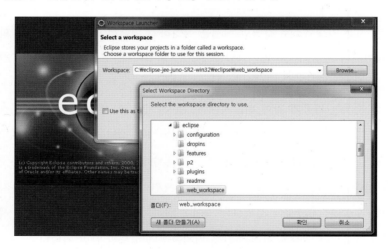

3. 그러면 [Workspace] 항목의 값이 web_workspace로 변경되어 적용되는 것을 알 수 있습니 다. 화면 아래에 [Use this as file default and do not ask again] 항목을 체크하지 않으면 이 클립스를 실행할 때마다 워크스페이스를 지정하라고 [Select a workspace] 창이 매번 나타 나므로 귀찮을 경우 이 항목에 체크하여 이클립스 실행할 때마다 해당 창이 나타나지 않도록 합니다.

4. 이클립스가 실행되면 [Welcome] 창이 나타납니다. [Welcome] 창에 표시된 아이콘들은 자바를 학습하기 위한 튜토리얼이나 예제들과 연결하는 기능을 합니다. 화면 상단 왼쪽의 닫기 버튼을 눌러 [Welcome] 창을 닫습니다.

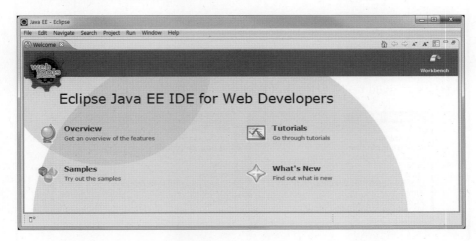

5. [Welcome] 창을 닫으면 다음과 같은 화면이 제공됩니다.

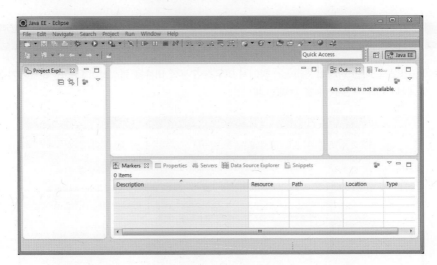

이클립스가 실행이 안 된다면 이렇게 해보세요.

이러한 문제는 메모리 사이즈 때문인 경우가 대부분이므로 eclipse.ini 파일을 열어서 아래 xmx 부분이 메모리 사이즈를 나타내는데, 이 부분만 잘 조정하면 됩니다.

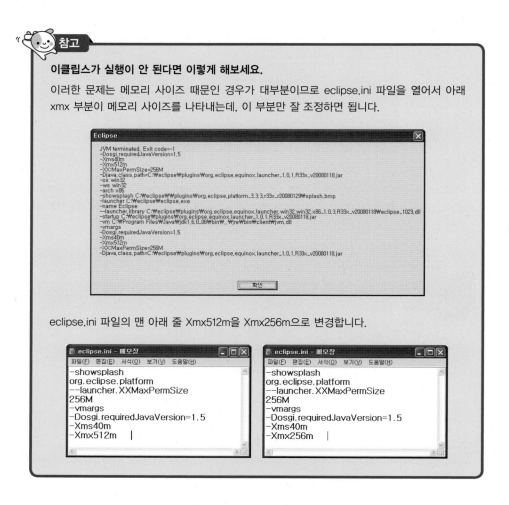

eclipse.ini 파일의 맨 아래 줄 Xmx512m을 Xmx256m으로 변경합니다.

[직접해보세요] 이클립스에서 톰캣 연동하기

1. 이클립스의 화면 아래의 [Server] 창에서 마우스 오른쪽 버튼을 클릭하여 나타난 바로가기 메뉴에서 [New → Server]를 선택합니다.

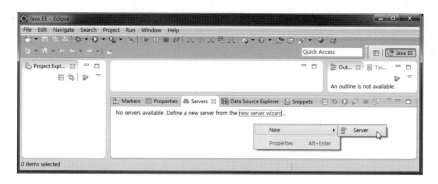

2. [New Server] 창이 뜨면, [Define a New Server]에서 [Apache → Tomcat v7. 0 Server]를 선택한 후 [Next] 버튼을 클릭합니다.

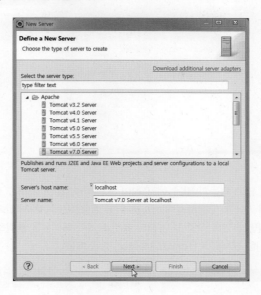

3. 그 다음 [Tomcat Server] 창에서, [Browser] 버튼을 클릭하여 Tomcat 경로(C:\Program Files\Apache Software Foundation\Tomcat 7.0)를 찾아 지정합니다. [확인] 버튼을 클릭한 후 Tomcat 경로가 제대로 지정되었는지 확인한 후에 [Finish] 버튼을 클릭합니다.

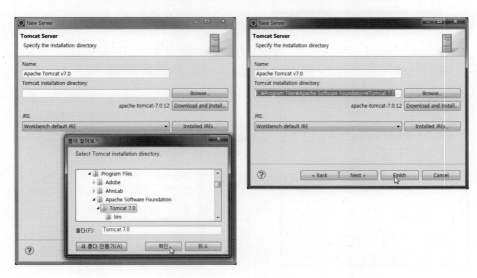

4. [Server] 창에 만들어진 Tomcat 7.0 Server에서 마우스 오른쪽 버튼을 클릭하여 나타난 바로 가기 메뉴에서 [Start]를 선택하여 서버를 구동시킵니다.

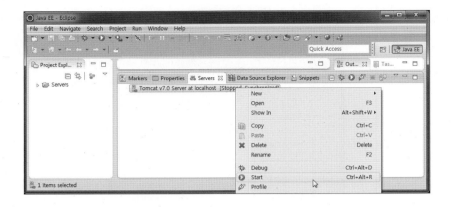

5. 서버가 구동되지 않고 다음과 같은 에러 창이 뜨면 이미 톰캣 서버가 실행중이기 때문입니다. 이클립스에서 서버를 구동하기 위해서는 이미 실행중인 톰캣 서버를 중지시켜야 합니다. 그러기 위해서 화면 하단의 작업 표시 줄의 톰캣 트레이 아이콘을 클릭하거나 시작 메뉴에서 [Monitor Tomcat]를 선택하여 [Tomcat Monitor] 창을 띄웁니다.

6. [Tomcat Monitor] 창이 나타나면 [Stop] 버튼을 클릭하여 톰캣 서버를 중지시킵니다. [Stop] 버튼이 비활성화되면 톰캣 서버가 중지된 것입니다. [확인] 버튼을 클릭합니다.

7. 톰캣 서버를 중지했으므로 다시 이클립스에서 톰캣 서버를 시작시켜 봅시다. [Server] 창에 만들어진 [Tomcat 7.0 Server]에서 마우스 오른쪽 버튼을 클릭하여 나타난 바로가기 메뉴에서 [Start]를 선택합니다. 다음과 같이 나타나면 톰캣 서버가 성공적으로 시작된 것입니다.

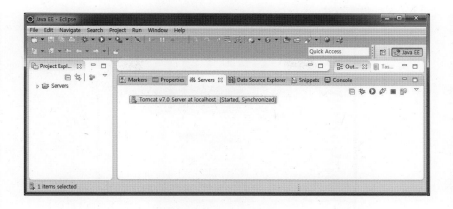

참고

이클립스에서 인코딩 방식을 UTF-8로 변경하기

웹 프로그래밍에서 한글을 위한 작업을 위해서는 인코딩을 지정해야 합니다. 이클립스의 기본 인코딩은 시스템 인코딩에 따릅니다. 한글 윈도우에 설치된 이클립스의 경우 기본 인코딩이 MS949입니다. 이것을 다국어 지원을 위해서 일반적으로 보편화된 UTF-8로 설정해 줍시다.

[Window → Preferences] 메뉴를 선택하여 [Preferences] 창이 나타나면 화면 왼쪽에서는 [General] 하위 항목으로 [Workspace]를 선택하고 화면 오른쪽 상세 내용 중 맨 하단에서는 [Text file encoding] 항목의 선택박스에서 UTF-8로 선택하고 [Apply] 버튼을 클릭합니다.

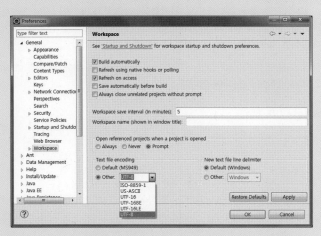

또한 [Preferences] 창의 왼쪽에서 [Web] 하위 항목으로 [JSP Files]를 선택하고 화면 오른쪽 상세 내용 중 [Encoding] 항목의 선택박스에서 ISO 10646/Unicode(UTF-8)를 선택합니다. 역시 [Apply]를 클릭한 후 [OK] 버튼을 클릭하여 설정을 마무리합니다.

문자 인코딩이란?

인코딩은 문자셋을 컴퓨터가 이해할 수 있는 바이트와 매핑한 규칙을 말합니다. 예를 들면 ASCII Code에서 ABC 등은 문자셋이고 A는 코드 65, B는 코드 66 등 바이트 순서와 매핑한 것이 인코딩입니다. 따라서 문자셋을 어떻게 매핑하느냐에 따라 하나의 문자셋이 다양한 인코딩을 가질 수 있습니다.

컴퓨터는 영미권에서 만들어졌기 때문에 영어를 표현하는 경우는 아무런 문제가 없지만 다른 문자를 사용하는 나라에서 자국의 언어로 표현하려면 문제가 되는 경우가 있습니다. 그렇기 때문에 한글을 표현하는 인코딩을 적용하여 문서를 만들어야 합니다. 한글 인코딩은 MS949(윈도 OS에서 기본으로 사용), UTF-8 등이 있습니다.

브라우저는 내부적으로 모두 유니코드로 처리합니다. 그렇기 때문에 HTML5에서는 문자 인코딩에 UTF-8을 권장하고 있습니다. UTF-8은 전 세계적으로 모두 통용될 수 있는 표준화된 텍스트 데이터를 표현하기 위해서 만들어진 인코딩 방식입니다.

UTF-8 방식을 이용하면 다음과 같이 HTML에서 제공되는 〈meta〉 태그에 charset 속성을 추가한 후 인코딩 방식을 지정해야 합니다.

```
<meta charset="UTF-8">
```

또한 MS949 방식을 이용하면 다음과 같이 표기합니다.

```
<meta charset="EUC-KR">
```

위 방식은 HTML5에서 지정하는 인코딩 방식이고 HTML4의 인코딩 방식을 지정하는 〈meta〉 태그는 다음과 같습니다.

```
<meta http-equiv="Content-Type" content="text/html; charset=UTF-8">
```

charset(Character Set, 문자셋)은 하나의 언어권에서 사용하는 언어를 표현하기 위한 모든 문자(활자)의 모임을 말하며 HTML 문서뿐만 아니라 다른 애플리케이션에도 언어권에 맞는 문자들의 집합을 언급해야 할 때 charset이란 키워드를 사용합니다. 아직은 문자셋에 익숙하지 않겠지만 앞으로 예제를 만들어가면서 확실히 이해를 할 수 있을겁니다.

톰캣 서버가 이클립스와 연동되었으므로 이제 웹 프로젝트를 생성하고 JSP로 간단한 웹 애플리케이션을 생성하여 실행해 보도록 합시다.

서블릿과 JSP로 게시판이나 회원 관리 애플리케이션 더 나아가서 쇼핑몰까지 만들 수 있습니다. 이런 다양한 웹 애플리케이션은 프로젝트 단위로 작성합니다. 프로젝트는 개발에 필요한 파일을 관리할 뿐 아니라 각종 라이브러리나 디버깅 정보 등을 관리합니다. 자, 웹 프로그래밍을 학습하기 위한 첫 번째 단계로 프로젝트를 생성합시다.

[직접해보세요] Dynamic Web Project 만들고 jsp 파일 만들기

1. 웹 프로젝트를 만들기 위해서는 화면 왼쪽에 [Project Explorer]에서 마우스 오른쪽 버튼을 클릭하여 나타난 바로가기 메뉴에서 [New → Dynamic Web Project]를 선택합니다.

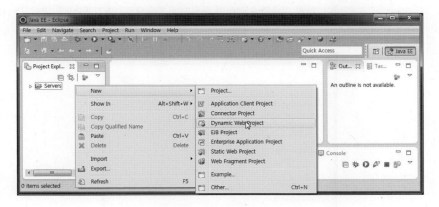

2. 프로젝트 이름을 입력합니다. 이 책에서는 프로젝트 이름을 "web-study-01"로 하고 [Finish] 버튼을 클릭합니다.

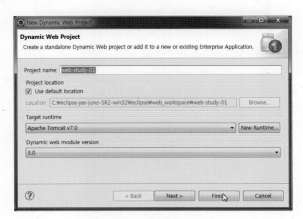

3. 이클립스의 화면 왼쪽에 [Project Explorer]에 웹 프로젝트가 추가되어 나타납니다. 새롭게 나타난 웹 프로젝트를 선택한 후 마우스 오른쪽 버튼을 클릭하여 나타난 바로가기 메뉴에서 [New → JSP File]을 선택합니다.

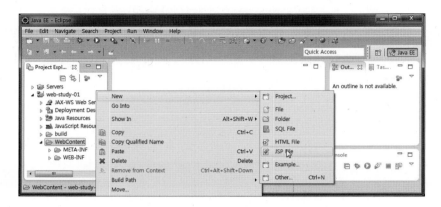

4. [New JSP File] 창이 나타나면 파일 이름을 입력합니다. 이 책에서는 파일 이름을 "helloworld"로 합니다. 파일 이름만 입력하면 확장자는 자동으로 .jsp가 됩니다. 역시 [Finish] 버튼을 클릭합니다.

5. 웹 애플리케이션이 제대로 실행되는지 확인을 위해 생성된 JSP 파일의 〈body〉 태그 안에 <h1> Hello World ! </h1>을 기술합니다.

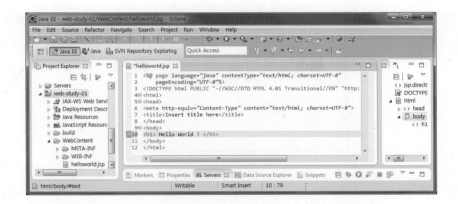

6. 실행을 하기 위해서는 JSP 파일을 선택한 후 [Run → Run]을 선택합니다. 단축키를 사용하고자 할 경우에는 [Ctrl+F11]을 누릅니다.

7. JSP 파일을 실행시킬 서버를 선택하라는 창이 나타납니다. 화면 아래 [Always use this server when running this project] 체크 박스를 클릭하면 실행시킬 서버를 선택하라는 창이 더 이상 나타나지 않습니다. [Next] 버튼을 누르면 웹 서버에 웹 프로젝트를 추가하는 화면이 제공됩니다. [Finish] 버튼을 클릭합니다.

8. 서버에 새로운 웹 프로젝트를 추가하려면 서버가 새로 구동되어야 합니다. [OK] 버튼을 클릭하면 서버에 웹 프로젝트가 추가된 후 서버가 새로 구동되어 JSP 파일을 실행합니다.

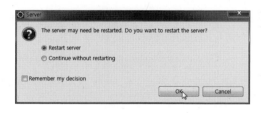

9. JSP 실행 결과는 이클립스 내부에 있는 브라우저에 표시됩니다.

10. 결과 화면을 이클립스 내부가 아닌 팝업 창 형태로 외부에서 확인하고자 한다면 [Window→Preferences]를 선택한 후에 [Preferences] 창이 나타나면, 화면 왼쪽에서는 [General] 하위 항목으로 [Web Browser]를 선택하고 [Use external web browser] 라디오 버튼을 선택합니다.

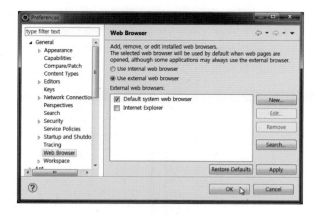

11. 다음은 이클립스 외부의 브라우저에서 JSP 파일을 실행한 결과를 보여주는 화면입니다.

1. 글꼴을 변경하기 위해서는 [Window → Preferences] 메뉴를 선택합니다. 이곳에서 다양한 환경설정을 할 수 있습니다. [Preferences] 창이 나타나면 화면 왼쪽에서는 [General] 하위 항목으로 [Appearance → Colors and Fonts]를 선택하고 화면 오른쪽에서는 [Basic → Text Font] 항목을 선택한 후 [Edit...] 버튼을 클릭합니다.

2. [글꼴] 창이 나타나면 원하는 글꼴을 선택합니다. 보통은 Consolas 서체를 사용합니다.

3. [에디터] 뷰에 라인번호가 표시되지 않아 불편하므로, 라인번호가 표시되도록 이번에는 [Preferences] 창 왼쪽에 General의 [Editors] 하위 항목으로 [Text Editors]를 선택하고 화면 오른쪽에서는 [Show line numbers] 항목을 체크한 후에 [Ok] 버튼을 클릭합니다.

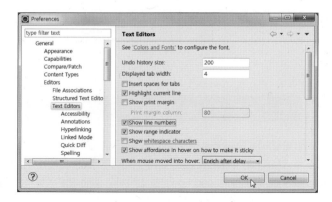

4. 글꼴이 변경되고 줄 번호가 생성된 것을 확인할 수 있습니다.

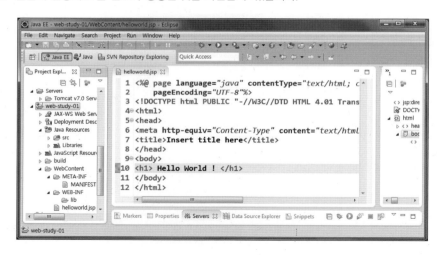

　　지금까지 이클립스를 설치하고 간단하게 JSP 파일을 생성하여 실행까지 해보았습니다. 성공했다는 기쁨도 있지만, 이클립스에 의해 생성된 JSP가 어떻게 톰캣에 의해 구동되는지 궁금한 게 한두 가지가 아닐 겁니다. 아직은 서블릿에 대해 자세한 학습을 하지 않은 상태이기 때문에 이러한 궁금증을 풀기란 시기상조이고 서블릿과 JSP의 개념을 우선 파악하고 톰캣이 JSP를 어떻게 동작시키지 알아보도록 하겠습니다. 이제 본격적으로 서블릿으로 웹 프로그래밍을 하는 방법을 익히도록 합시다.

서블릿과 JSP의 기초 개념

이제야 본론으로 들어왔습니다. 앞서 웹 프로그래밍이 필요한 이유에 대해서 학습했고 개발 환경까지 세팅하였고 간단하게 JSP 페이지로 만들어 실행해 보았습니다. 이제는 웹 프로그래밍의 핵심 기술인 서블릿과 JSP의 기초 개념을 알아보고 어떻게 개발하는지 알아볼 차례입니다.

서블릿

서블릿Servlet은 Server + Applet의 합성어로 서버에서 실행되는 Applet이란 의미로 자바를 이용하여 웹에서 실행되는 프로그램을 작성하는 기술을 말합니다.

웹 애플리케이션을 제작하기 위해 제공되는 언어는 이미 언급한 PHP, ASP와 같이 많지만 요즘에 많은 기업에서는 JSP&서블릿을 사용하고 있습니다. 이는 다른 웹 기술에 비해 빠른 응답을 해 줄 수 있다는 장점이 있기 때문입니다. PHP처럼 JSP라 하지 않고 JSP&서블릿이라고 한 이유는 독특한 탄생비화 때문입니다. 이 부분은 뒤이어 설명합니다.

하지만 앞으로 서블릿을 공부하면서 상속이나 출력 스트림, 예외 처리와 같은 자바 기술에서 사용되는 용어들이 아주 자연스럽게 나오는데, 이들 용어에 대해서 낯선 분들은 자바 기술에 대한 별도의 학습이 필요합니다.

서블릿은 자바 클래스 형태의 웹 애플리케이션을 말하는데, 브라우저를 통해 자바 클래스가 실행되도록 하기 위해서는 **javax.servlet.http** 패키지에서 제공하는 **HttpServlet** 클래스를 상속받아 구현해야 합니다. **HttpServlet** 클래스를 상속 받아 만든 서브 클래스를 서블릿 클래스라고 합니다.

서블릿 또한 자바 프로그램의 다른 클래스들처럼 자바 가상머신인 JVM에서 동작해야 하므로 클래스 파일이 생성되어야 합니다. 그래서 클래스의 형태로 작성합니다. JDK에는 웹 애플리케이션을 제작할 수 있는 클래스가 제공되지 않고 톰캣을 설치하고 나면 웹 애플리케이션을 제작할 수 있는 클래스가 제공되는데, 그 클래스가 바로 **HttpServlet**입니다. **HttpServlet**은 웹 서비스가 가능한 웹 애플리케이션을 제작할 수 있도록 자바를 확장해 놓은 클래스로 톰캣을 설치하면 제공됩니다. **HttpServlet**을 상속받은 클래스를 서블릿이라고 합니다. 이미 여러 기능들이 미리 만들어져 있기 때문에 개발자는 편리하게 **HttpServlet**을 활용하여 새로운 기능의 웹 프로그램을 만들 수 있는 것입니다.

이제 서블릿 클래스가 어떤 구조로 되어 있는지 살펴보기 위해 지금부터 덧셈을 해주는 서블릿을 이클립스를 이용하여 단계적으로 만들어 보겠습니다.

[직접해보세요] 두 수에 대한 합을 구하여 결과를 출력하는 서블릿 클래스

1. 이클립스의 [Project Explorer]에서 웹 프로젝트(web-study-01)를 클릭하여 선택한 후 [File → New → Servlet]을 선택합니다.

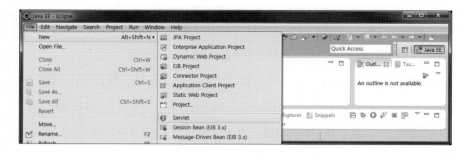

2. [Create Servlet] 창이 나타나면 패키지(unit01)와 서블릿 클래스 이름(AdditonServlet01)을 입력한 후 [Finish] 버튼을 클릭합니다.

3. 서블릿 클래스가 생성됩니다.

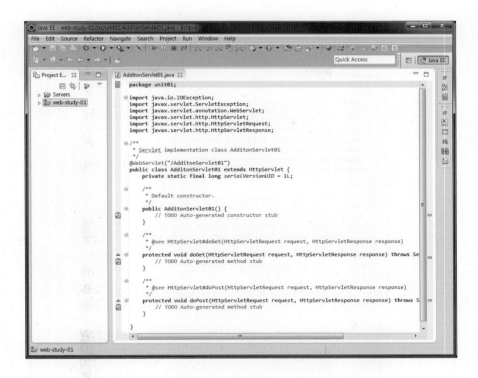

4. 29번 라인부터 다음과 같이 입력합니다.

5. 32줄에서 에러가 발생하는데 이는 PrintWriter 클래스 사용을 위한 import문이 없기 때문입니다. Ctrl+Shift+O를 동시에 누르면 `import java.io.PrintWriter;`와 같은 임포트 구문이 자동 추가되면서 발생했던 에러가 해결됩니다.

6. 작성한 서블릿을 실행하여 결과를 얻으려면 [Run → Run]을 선택합니다.

7. 웹 브라우저 주소입력란에 http://localhost:8181/web-study-01/AdditonServlet01가 자동
입력되어 다음과 같은 결과가 출력됩니다.

다음은 위에서 실습한 AdditonServlet01.java 파일의 전체 소스 내용입니다. 2장에서 서블릿에 대해서 자세하게 설명할 것이기에 소스코드 다음의 설명을 보고 전체적인 내용만 이해하도록 합시다.

```java
package unit01;

import java.io.IOException;
import java.io.PrintWriter;

import javax.servlet.ServletException;
import javax.servlet.annotation.WebServlet;
import javax.servlet.http.HttpServlet;
import javax.servlet.http.HttpServletRequest;
import javax.servlet.http.HttpServletResponse;

/**
 * Servlet implementation class AdditonServlet01
 */
@WebServlet("/AdditonServlet01")
public class AdditonServlet01 extends HttpServlet {
  private static final long serialVersionUID = 1L;

    /**
     * Default constructor.
     */
    public AdditonServlet01() {
        // TODO Auto-generated constructor stub
    }

    /**
     * @see HttpServlet#doGet(HttpServletRequest request, HttpServletResponse response)
     */
    protected void doGet(HttpServletRequest request, HttpServletResponse response)
throws ServletException, IOException {
        int num1 = 20;
        int num2 = 10;
        int add = num1 + num2;
        PrintWriter out = response.getWriter();
        out.println("<html><head><title>Additon</title></head>");
        out.println("<body>");
        out.println(num1 +  "+" +  num2 + "=" +add);
        out.println("</body>");
```

```
39        out.println("</html>");
40    }
41    /**
42     * @see HttpServlet#doPost(HttpServletRequest request, HttpServletResponse response)
43     */
44    protected void doPost(HttpServletRequest request, HttpServletResponse response)
45  throws ServletException, IOException {
46        // TODO Auto-generated method stub
47    }
48  }
```

1 : 패키지를 만듭니다. 패키지는 비슷한 프로그램들을 묶을 때 유용합니다. 패키지의 유용성에 대해서는 자바 기본서를 참고하세요.

3 : 입출력 시 예외처리를 위한 클래스로 doGet 메소드의 throws 절에서 IOException을 사용했기에 임포트합니다.

4 : 클라이언트에 결과를 출력하기 위한 out 객체를 PrintWriter 클래스로 선언하였기 때문에 PrintWriter를 임포트합니다(위에서 자동으로 임포트하는 방법도 배웠죠?)

6 : 서블릿에서 발생하는 예외 처리를 위한 클래스로 doGet 메소드의 throws 절에서 ServletException을 사용했기에 임포트합니다.

7 : 15줄의 @WebServlet을 사용하기 위해 임포트합니다.

8 : HttpServlet 클래스를 16줄에서 사용하기 때문에 임포트해야 합니다.

9~10 : 29줄과 44줄의 doGet, doPost 메소드의 매개 변수에서 사용한 모든 HttpServletRequest, HttpServletResponse 클래스를 사용하기 위한 임포트 구문입니다.

15 : 서블릿을 요청할 때 직접 클래스를 요청하는 것이 아니고 @WebServlet( ) 안에 기술된 URL로 요청을 하는 것이기에 요청 URL을 정하는 것입니다.

16 : HttpServlet에는 웹 애플리케이션으로 동작하도록 하는 기본 동작 즉 요청에 대한 응답이 가능하도록 하는 내용이 기술되어 있기 때문에 상속받아야 합니다.

29 : 서블릿이 요청을 받으면 이벤트 처리 방식으로 자동으로 호출되는 메소드입니다. HttpServlet에 정의된 메소드인데, 이를 오버라이딩해서 개발자가 요청이 있을 경우 어떤 처리를 해야 하는지 명시해 주어야 합니다. 그래서 오버라이딩해 놓은 것입니다. 오버라이드 등의 필요성에 대해서는 자바 기본서를 참고하세요.

웹 프로그래밍에서 가장 중요한 것은 클라이언트가 어떻게 서버에 요청하는지를 알아야 합니다. 이것을 이해해야 서블릿의 동작 방식을 이해할 수 있기 때문입니다. 서블릿 클래스에 대한 문법적인 내용은 2장에서 자세히 살펴보고 이번 예제에서는 서블릿 동작 방식을 이해하기 위해 클라이언트가 어떻게 서버에 요청하는지부터 살펴봅시다.

클라이언트는 서버에 get과 post 두 가지 방식 중 하나로 요청을 합니다. 두 전송 방식의 차이점은 다음과 같습니다.

전송 방식	설명
get 방식	주소 창을 타고 넘어가기 때문에 서버로 보내는 데이터를 사용자가 그대로 볼 수 있습니다. 그래서 보안에 취약합니다. 255자 이하의 적은 양의 데이터를 전송합니다.
post 방식	html header를 타고 넘어가기 때문에 보안에 강합니다. 255자 이상의 대용량의 데이터를 전송합니다.

1바이트가 8비트인 것처럼, 연필 한 다스가 12자루인 것처럼, 주소 입력란에 데이터를 전송하는 데는 제한이 있습니다. 컴퓨터는 2진수 체계이므로 2^8에 저장할 수 있는 최댓값이 255이다보니 255자까지 저장 가능하도록 한 것이다.

서블릿 클래스에는 doGet() 혹은 doPost()가 있는데, 요청 방식에 따라 호출되는 메소드가 달라집니다. get 방식으로 요청하면 doGet()이 호출되고 post 방식으로 요청하면 doPost()가 호출됩니다. 그렇기 때문에 요청 방식에 따라 doGet() 혹은 doPost() 메소드 내부에 호출되었을 때 해야 할 일을 써 넣어야 합니다.

doGet() 혹은 doPost() 메소드 중 어떤 메소드가 호출되는지 실질적인 HTML 코드로 설명하겠습니다. 보통 〈form〉 태그를 통해 서버에 무엇인가를 전달하거나 요청을 하게 됩니다. 다음과 같이 말입니다.

요청할 서블릿

```
<form action="CallServlet">
    <input type="submit" value="전송">
</form>
```

클릭하면 서블릿이 요청된다.

위 그림은 〈form〉 태그로 서버 측에 존재하는 많은 서블릿 중 하나를 정해서 요청하고 있습니다. 이를 위해 action이라는 속성값에 요청할 서블릿 이름을 기술해야 합니다. 전송 버튼이 눌리는 순간에 action 속성값에 지정된 서블릿이 요청됩니다. 전송 버튼은 일반 버튼이 아닌 〈input〉 태그의 type 속성값을 "submit"으로 지정하여 만들어야 합니다.

〈form〉 태그가 서블릿을 요청할 때는 get과 post 두 가지 전송 방식 중 한 가지로 전송됩니다. 개발자가 원하는 전송 방식을 결정해 줄 수 있는데, 그러기 위해서는

method 속성값을 〈form〉 태그에 추가하면 됩니다. method 속성값으로 get을 기술하면 **doGet()** 메소드가, post를 기술하면 **doPost()** 메소드가 호출됩니다.

그런데 폼 태그에 서블릿 이름을 넣어놓으면 서버에서는 어떻게 해당 서블릿을 찾을 수 있을까요? 그것은 WAS(톰캣 엔진)가 운영체제와 같은 시스템 프로그램이므로 확장자가 .class인 파일을 톰캣이 가지고 있다가 요청이 들어오면 해당 서블릿 클래스들을 찾아서 실행하는 원리입니다. 뒷부분으로 갈수록 이런 동작원리는 확실하게 이해할 수 있을 겁니다.

■ 〈form〉 태그를 이용한 get 방식의 요청의 예

```
<form method="get" action="CallServlet">
  <input type="submit" value="전송">
</form>
```

■ 〈form〉 태그를 이용한 post 방식의 요청의 예

```
<form method="post" action="CallServlet">
  <input type="submit" value="전송">
</form>
```

method 속성을 생략한 채 전송 방식을 결정하지 않으면 기본값인 get 방식으로 요청을 하게 됩니다.

〈form〉 태그 외에도 HTML의 〈a〉 태그를 사용하여 링크를 걸어 주면 서블릿은 get 방식으로 요청한 것으로 인식합니다.

■ 〈a〉 태그를 이용한 get 방식 요청의 예

```
<a href="CallServlet"> get 방식의 요청 </a>
```

주소 입력란에서 직접 서블릿 요청을 위한 URL을 입력해도 get 방식으로 요청한 것으로 인식합니다.

http://localhost:8181/web-study-01/CallServlet

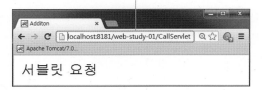

요청에 대한 처리를 위한 **doGet()**과 **doPost()** 메소드는 어떤 요청이 왔느냐에 따라 둘 중 하나가 호출된다는 것 빼고는 메소드의 형태는 완전히 동일합니다. 다음은 **doGet()**, **doPost()**의 형태입니다.

```
public void doGet(HttpServletRequest request, HttpServletResponse response)
    throws IOException, ServletException
{
}

public void doPost(HttpServletRequest request, HttpServletResponse response)
    throws IOException, ServletException
{
}
```

doGet(), **doPost()**에서 동일한 방식으로 처리되기 때문에 **doGet()** 메소드만 대표로 살펴보도록 합시다.

요청 처리   응답 처리

```
public void doGet(HttpServletRequest request, HttpServletResponse response)
    throws IOException, ServletException
{
}
```

예외 처리

그렇다면 어떤 경우에 post 방식을 쓰고 어떤 경우에 get 방식을 쓸까요?

앞에서도 잠깐 언급했지만 get 방식은 서버로 데이터가 전송될 때 주소 창을 타고 넘어가기 때문에 보안에 취약합니다. 그렇기 때문에 로그인 폼을 만들면서 get 방식을 사용한다면 회원이 입력한 암호가 그대로 노출됩니다. 그래서 get 혹은 post를 선택할 수 있는 일반적인 폼에서는 post 방식을 사용하는 것이 일반적입니다.

반면 폼이 아닌 〈a〉 태그를 통해서도 페이지를 이동할 수 있는데, 이렇게 하이퍼링크를 통해서 서버가 요청되는 경우에는 무조건 get 방식으로 요청됩니다.

doGet() 메소드는 throws 절로 메소드에서 발생하는 IOException, Servlet Exception 예외를 외부에서 처리하도록 정의되어 있고 두 개의 매개 변수를 갖습니다. HttpServletRequest 형으로 선언된 첫 번째 매개 변수는 클라이언트의 요청 (request)을 처리하고, HttpServletResponse 형으로 선언된 두 번째 매개 변수는 요청 처리 결과를 클라이언트에게 되돌리기(응답하기, response) 위해 사용됩니다.

서버가 요청에 대한 처리를 마치고 클라이언트에게 결과를 되돌려주기 위해서는 아래와 같이 doGet() 혹은 doPost()의 두 번째 매개 변수인 HttpServletResponse로부터 PrintWriter 형의 출력 스트림 객체를 얻어 와야 합니다.

```java
public void doGet(HttpServletRequest request, HttpServletResponse response)
    throws IOException, ServletException
{
        PrintWriter out = response.getWriter();
}
```

또한 아래와 같이 PrintWriter 출력 스트림 객체의 println()을 호출하면 브라우저에 HTML 코드를 보내주어 결과를 얻어 볼 수 있게 됩니다.

```java
public void doGet(HttpServletRequest request, HttpServletResponse response)
    throws IOException, ServletException
{
    PrintWriter out = response.getWriter();
    out.println("<html><head><title>Additon</title></head>");
}
```

자바의 문법적인 형태를 그대로 닮은 서블릿에 대해서 살펴보았으니 이제 같은 목적을 위해 나왔지만 자바의 성격은 거의 느끼지 못하는 HTML과 유사한 JSP의 전반적인 개요에 대해서 살펴보도록 하겠습니다.

JSP

JSP는 Java Server Page의 줄임말로 자바로 서버 페이지를 작성하기 위한 언어입니다. HTML과 JSP 태그(스크립트릿)로 구성되어 화면을 작성하는 데 유리한 웹 프로그래밍 기술입니다. 서버 페이지는 웹 서버에서 실행되는 페이지를 말하며 요청에 필요한 페이지를 위한 로직이나 데이터베이스와의 연동을 위해 필요한 것들을 포함합니다.

이러한 서버 페이지에서 실행되는 로직을 구현하기 위해서는 프로그래밍 언어가 필요한데, JSP에서는 자바를 사용하고 있습니다. 여기서 말하는 자바는 우리가 알고 있는 썬마이크로시스템즈(현 오라클로 변경)의 '자바'를 말합니다. 즉 JSP에서는 자바 언어로 로직(프로그램)을 구현합니다.

다음은 서블릿 클래스를 학습하면서 살펴본 두 수에 대한 합을 구하여 결과를 출력하는 예제를 JSP로 변환한 예입니다. 이 예제를 실행하기 위해서는 주소 입력란에서 직접 JSP 페이지를 기술하여 실행합니다.

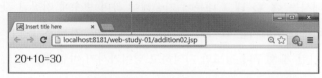

http://localhost:8181/web-study-01/addition02.jsp

■ 두 수에 대한 합을 구하여 결과를 출력하는 JSP [파일 이름 : addition02.jsp]

```jsp
<%@ page language="java" contentType="text/html; charset=UTF-8"
    pageEncoding="UTF-8"%>
<html>
<head>
<title>Addition</title>
</head>
<body>
    <%
        int num1 = 20;
        int num2 = 10;
        int add = num1 + num2;
    %>
    <%=num1%>+<%=num2%>=<%=add%>
</body>
</html>
```

앞에서 이클립스로 JSP 페이지를 만들고 실행하는 방법을 알려주었는데, 그 방법대로 여러분이 직접 JSP 페이지를 만들고 실행해 보기 바랍니다. 위 JSP 예제를 살펴보면 서블릿과는 사뭇 다르다는 것을 느낄 것입니다. 서블릿은 자바 코드 내부에

HTML 코드가 들어가는 구조이지만, JSP는 이와 반대로 HTML 문서 내부에 자바 코드가 들어가는 구조입니다.

HTML 문서 일부분에서 자바를 사용할 수 있도록 하기 위해서 JSP는 다양한 태그를 제공합니다. 위 예(addition02.jsp)에서는 `<%@ page %>` 태그가 사용되었는데 이 태그는 해당 페이지 내에 사용되는 전반적인 환경을 결정해주는 태그입니다. 이 페이지에서 `language="java"`는 사용하는 언어가 자바이며 `contentType="text/html";`은 이 페이지가 html 문서이며 `charset=UTF-8 pageEncoding="UTF-8"`은 한글 인코딩을 UTF-8로 처리하겠다는 의미입니다.

`<% %>` 태그를 스크립트릿scriptlet이라고 하고 `<%= %>` 태그는 표현식(expression)이라고 합니다. JSP 페이지에 기술한 내용은 HTML로 간주되기 때문에 자바 코드를 기술하기 위해서는 `<% %>` 태그 내부에 기술해야 하며 변수에 저장된 값이나 함수의 결과값을 출력하기 위해서는 `<%= %>` 태그를 사용합니다. 자세한 내용은 뒤에서 살펴볼 예정이니 이런 게 있구나 정도만 기억하고 넘어가시기 바랍니다.

서블릿과 JSP를 비교해 보면 JSP로 개발하는 편이 훨씬 쉽고 간단하다는 것을 알 수 있을 것입니다. 그렇다면 서블릿은 필요 없을까요? 지금까지 살펴본 예제에서는 로직이 복잡하지 않기 때문에 HTML 코드 중심의 구조인 JSP로 페이지를 개발하는 것이 효율적으로 보이지만 쇼핑몰과 같은 웹 애플리케이션을 개발하다 보면 복잡한 자바 코드가 기술되어야 하는데, 이를 JSP 페이지에 기술해 두면 디자이너가 실수로 코드를 건드려 문제가 발생하게 됩니다.

그렇기 때문에 실무에서는 아래에서 보여주는 예(AdditonServlet03.java, addition03.jsp)와 같이 복잡한 로직은 서블릿에 기술해 놓고 결과만을 JSP 페이지를 통해 클라이언트에 제공하는 형태로 개발합니다.

■ 두 수에 대한 합을 구하는 서블릿 클래스 [파일 이름 : unit03₩AdditonServlet03.java]

```java
package unit02;

import java.io.IOException;

import javax.servlet.*;
import javax.servlet.annotation.WebServlet;
import javax.servlet.http.*;
```

```java
@WebServlet("/AdditonServlet03")
public class AdditonServlet03 extends HttpServlet {

    protected void doGet(HttpServletRequest request, HttpServletResponse response)
                         throws ServletException, IOException {
        int num1 = 20;
        int num2 = 10;
        int add = num1 + num2;

        request.setAttribute("num1", num1);
        request.setAttribute("num2", num2);
        request.setAttribute("add", add);

        RequestDispatcher dispatcher =
          request.getRequestDispatcher("addition03.jsp");
        dispatcher.forward(request, response);
    }
}
```

AdditonServlet03 클래스의 내용은 AdditonServlet01.java 내용보다 간단합니다. 이클립스에서 자동으로 생성해주는 클래스에는 불필요한 내용이 많기 때문에 코드 길이가 길어져서 이해하기 힘들어질 수 있기 때문에 필요한 내용만 남겨 두고 정리해 둔 것입니다. 이후에 나오는 서블릿 클래스도 이와 마찬가지로 이클립스에서 생성해준 코드보다는 훨씬 간단한 형태일 것입니다. 직접 만든 서블릿 클래스와 내용이 다르다고 혼동하지 말기 바랍니다.

■ 두 수의 합을 출력하는 JSP [파일 이름 : addition03.jsp]

```jsp
<%@ page language="java" contentType="text/html; charset=UTF-8"
    pageEncoding="UTF-8"%>
<html>
<head>
<title>Addition</title>
</head>
<body>
    ${num1}+${num2}=${add}
</body>
</html>
```

AdditonServlet03.java에서는 두 수에 대한 합을 구하는 자바 코드를 기술하고 출력할 데이터를 request 객체의 속성값으로 저장한 후 서버 상에서 페이지가 이동되는 포워드 방식으로 addition03.jsp 페이지로 이동을 하면 addition03.jsp 페이지에서는 request 객체에 저장된 속성값을 얻어와 출력해줍니다. 포워드 방식은 4장에서 자세히 학습합니다. 이와 같이 로직과 표현을 분리하여 프로그래밍을 하는 것을 MVC 패턴이라고 합니다. 서블릿이 비즈니스 로직을 구현하는 Model 역할을 하고 JSP가 결과를 출력하는 View 역할을 하고 있습니다. MVC 패턴으로 웹 프로그래밍을 하는 것은 복잡하고 까다로운 것이므로 서블릿과 JSP 문법을 다 습득한 후에 다루도록 하겠습니다.

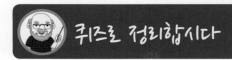

문제의 답은 로드북 홈페이지(http://roadbook.co.kr/126)에서 확인할 수 있습니다.

1. 다음 Java 기술 중 웹 애플리케이션을 지원하며 HTML과 JSP 태그(스크립트릿)로 구성되어 화면을 작성하는 데 유리한 것은?

   ① JSP   ② Servlet   ③ Java Bean   ④ JDBC

2. 웹 서버와 웹 애플리케이션 서버가 무엇인지 개념을 설명하시오.

3. 알고 있는 WAS를 모두 기술하시오.

4. 어떤 식으로 요청을 하면 doGet 메소드가 호출되는지 사례를 들어 설명하시오.

5. 서블릿과 JSP의 차이점을 기술하시오.

6. 한글 인코딩은 무엇이며 왜 해야 하는지 설명하시오.

7. localhost는 자신의 컴퓨터를 지칭하는 도메인 네임이다. 이 도메인 네임에 대응되는 IP 주소는 무엇인가?

8. 웹 프로그래밍을 하기 위해 WAS 서버로 톰켓(tomcat)을 사용했을 때에, 사용할 웹 포트 번호를 변경하기 위해 수정해야 할 파일명은 (   )이다.

9. Tomcat에 대한 설명으로 바른 것은?

   ① Apache Software Foundation에서 개발한 서블릿/JSP 컨테이너

   ② C 언어로 구현된 HTTP 웹 서버

   ③ 오픈 소스의 통합 개발 환경

   ④ Java 플랫폼

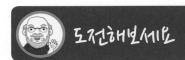
도전해보세요

문제의 답은 로드북 홈페이지(http://roadbook.co.kr/126)에서 확인할 수 있습니다.

"자신의 이름을 출력하는 JSP 작성하기"

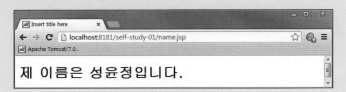

목표 이클립스에서 워크스페이스(self_study)를 생성하고 서버를 설정하고 웹 프로젝트 (self-study-01)를 새롭게 만들고 환경설정을 하며 JSP 파일(name.jsp)을 만들어 실행하는 과정을 익힙니다.

난이도 중

힌트 새롭게 워크 스페이스를 만들 경우 [File → Switch Workspace → Other]를 선택 하여야 합니다. 또한 톰캣 서버도 새롭게 등록해야 합니다.

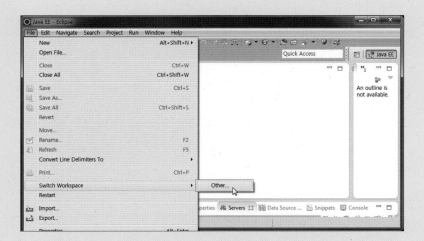

2장
서블릿의 기초

 이 장을 시작하기 전에

이제 서블릿을 본격적으로 학습할 시간입니다.

- 서블릿의 라이프사이클을 잘 알고 있다면
- 서블릿에서 한글 처리와 데이터 통신을 잘 할 수 있다면
- get 방식과 post 방식을 자세하게 알고 싶다면

이 장을 꼭 보셔야 합니다.

- 폼을 만들어 데이터를 가져와서 브라우저에 표현하는 서블릿을 능숙하게 만들 수 있다면,

다음 장으로 건너뛰어도 좋습니다.

서블릿 프로그램을 만들어 보자

복잡한 개념을 먼저 설명하기 전에 우선 서블릿이라는 프로그램을 한번 만들어봅시다. 보통 처음 프로그래밍 언어를 배울 때처럼 여기에서도 역시 "Hello Servlet"을 출력하기 위한 서블릿 클래스를 만들어 보겠습니다.

또한 서블릿을 요청하기 위한 URL Mapping(바로 뒤에 설명)을 실제 자바 클래스 명과는 다른 이름으로 지정하는 방법도 알아보겠습니다.

[직접해보세요] Dynamic Web Project 만들고 서블릿 만들기

1. [File → New → Dynamic Web Project]를 선택하여 프로젝트 이름(web-study-02)을 입력합니다. [Project Explorer]에서 새로 생성된 웹 프로젝트(web-study-02)를 클릭하여 선택한 후 [New → Servlet]을 선택합니다.

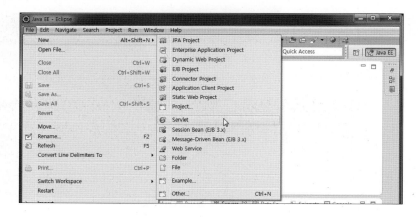

2. [Create Servlet] 창이 나타나면 패키지(unit01)와 서블릿 클래스 이름(HelloServlet)을 입력한 후 [Next] 버튼을 클릭합니다.

3. URL Mapping이란 서블릿을 동작시키기 위해서 실제 자바 클래스 이름 대신에 사용하는 문자열을 말합니다. 즉 그 문자열을 부르면 맵핑된 해당 서블릿이 호출되는 것이죠. [URL mappings:] 목록에서 항목을 선택한 후 [Edit] 버튼을 클릭합니다. [URL Mappings] 창이 나타나면 [Pattern:] 입력란에 패턴명(/hello)을 입력한 후에 [OK] 버튼을 클릭합니다.

4. 이번에 작성하는 서블릿 클래스는 브라우저의 주소란에 서블릿 이름을 직접 입력해서 실행시키는 get 방식으로 요청할 것이므로 doGet만 체크한 후 [Finish] 버튼을 클릭합니다.

5. 다음과 같은 서블릿 클래스가 생성됩니다.

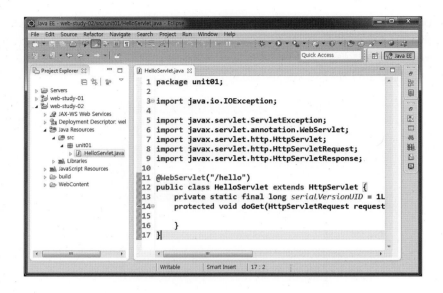

6. 생성된 서블릿 클래스의 doGet( ) 내부에 클라이언트에게 응답해 줄 메시지("Hello Servlet")를
   HTML 코드로 작성합니다.

```java
1   package unit01;
2
3   import java.io.IOException;
4   import java.io.PrintWriter; // PrintWriter 클래스 사용을 위한 import문
5
6   import javax.servlet.ServletException;
7   import javax.servlet.annotation.WebServlet;
8   import javax.servlet.http.HttpServlet;
9   import javax.servlet.http.HttpServletRequest;
10  import javax.servlet.http.HttpServletResponse;
11
12  @WebServlet("/hello")
13  public class HelloServlet extends HttpServlet {
14    private static final long serialVersionUID = 1L;
15    protected void doGet(HttpServletRequest request, HttpServletResponse response)
16                          throws ServletException, IOException {
17      // 클라이언트에게 응답할 페이지 정보를 셋팅한다.
18      response.setContentType("text/html");
19      // [Ctrl+Shift+오우(알파벳)] : 자동 import
20      PrintWriter out=response.getWriter();
21      out.print("<html><body><h1>");
22      out.print("Hello Servlet");
```

```
23        out.print("</h1></body></html>");
24        out.close();
25    }
26 }
```

4 : 출력 스트림인 PrintWriter를 사용하기 위해서는 import를 해야 하는데, 이클립스에서는 [Ctrl+Shift+오우(알파벳)]을 누르면 자동으로 import됩니다. 혹시 PrintWriter를 입력하는 동안에 import 구문이 자동으로 추가될 수도 있으므로 컴파일 에러 메시지가 나타날 경우에만 [Ctrl+Shift+오우(알파벳)]을 눌러 자동 import하면 됩니다.

20~24 : 서블릿은 실행 결과를 클라이언트에게 HTML 문서로 응답해 주기 때문에 response로부터 얻어온 출력 스트림인 out 객체의 출력 메소드인 print에 일일이 하드코딩한 HTML 태그를 기술해 주어야 합니다.

24 : 출력 스트림과 같은 자원들은 사용이 끝나면 이를 안전하게 닫아 주어야 합니다.

 참고

private static final long serialVersionUID = 1L;는 무엇일까요?

자동으로 추가된 14라인은 클래스를 구분하기 위한 값으로 사람에게 주민등록번호와 같은 역할을 합니다.

객체의 직렬화와 같이 객체에 저장된 데이터를 일렬로 입출력할 때 JVM은 같은 클래스 이름과 버전 ID를 가진 객체를 출력합니다. JVM은 버전 ID가 다른 객체의 직렬화된 형태와 연결하는 것을 거부합니다. 클래스는 명시적으로 serialVersionUID 필드를 정의해 클래스 버전에 따른 고유 번호를 포함하기 때문입니다.

7. 실행을 하기 위해서는 서블릿 클래스를 선택한 후에 [Run → Run]을 선택합니다. 단축키를 사용하고자 할 경우에는 [Ctrl + F11]을 누릅니다.

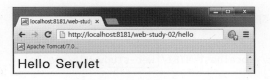

 참고

코드 인사이트로 코딩을 손쉽게 합시다.

코드 편집 과정에서 클래스의 앞부분("r")만 입력한 후에 [컨트롤+스페이스바]를 누르면 해당 스펠링으로 시작되는 클래스들을 목록으로 보여줍니다. 목록에서 원하는 클래스 이름("response")을 클릭하면 코드가 자동 입력됩니다. 이를 코드 인사이트라고 합니다.

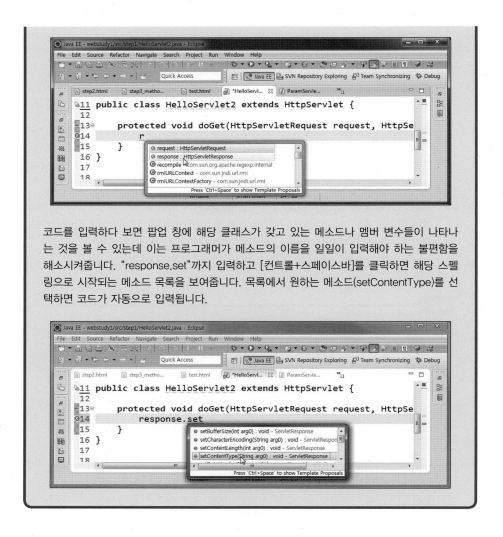

코드를 입력하다 보면 팝업 창에 해당 클래스가 갖고 있는 메소드나 멤버 변수들이 나타나는 것을 볼 수 있는데 이는 프로그래머가 메소드의 이름을 일일이 입력해야 하는 불편함을 해소시켜줍니다. "response.set"까지 입력하고 [컨트롤+스페이스바]를 클릭하면 해당 스펠링으로 시작되는 메소드 목록을 보여줍니다. 목록에서 원하는 메소드(setContentType)를 선택하면 코드가 자동으로 입력됩니다.

서블릿을 요청하기 위한 URL은 다음과 같습니다.

http://localhost:8181/ web-study-02 / hello

컨텍스트 패스   서블릿 요청 URL 패턴

서블릿을 요청하기 위한 URL에서 http://localhost는 웹 서버에 접속하기 위한 IP 주소이고 8181은 톰캣을 설치하면서 지정한 포트 번호입니다. 그렇기 때문에 http://localhost:8181은 톰캣 서버에 접속하겠다는 의미입니다.

컴퓨터가 웹 서버로 동작하도록 하기 위해서 1장에서 WAS의 한 종류인 톰캣 서버를 설치했습니다. 우리가 작성하는 웹 애플리케이션은 톰캣 서버에 의해서 클라이언트에 서비스가 되는 것입니다.

하나의 웹 서버는 병원 관리나 학원 관리, 영화 예매 관리, 온라인 쇼핑몰 등 다양한 서비스를 제공할 수 있습니다. 이러한 각각의 서비스는 개별적인 웹 애플리케이션으로 작성해야 하며 웹 애플리케이션 하나당 하나의 프로젝트를 생성합니다. 병원 관리를 위한 웹 애플리케이션은 병원 관리 프로젝트로 학원 관리 웹 애플리케이션은 학원 관리 프로젝트를 개별적으로 생성합니다. 이클립스에서 생성하는 하나의 프로젝트는 하나의 웹 애플리케이션이 됩니다. http://localhost:8181까지 입력하여 웹 서버까지 접근했다면 어떤 서비스를 받을지에 따라 그 이후에 기술되는 내용이 달라지는데, 이후에 기술하는 문자열을 컨텍스트 패스라고 하고 이에 의해서 요청되는 웹 애플리케이션이 달라집니다.

컨텍스트 패스Context Path란 개념을 다시 정리해서 말하자면 웹 서버에서 제공하는 다양한 웹 애플리케이션을 구분하기 위해서 사용하는 것입니다. 병원 관리를 위한 웹 애플리케이션을 위한 병원 관리 프로젝트를 hospital이란 이름으로 이클립스에서 생성하면 hospital이란 컨텍스트 패스가 추가되고 외부에서 이 애플리케이션에 접근할 때에는 다음과 같은 URL을 입력합니다.

http://localhost:8181/ [hospital]

병원관리 애플리케이션에 접근하기 위한
컨텍스트 패스

영화 예매 웹 애플리케이션을 movie란 이름으로 프로젝트를 생성하면 movie란 컨텍스트 패스가 추가되고 외부에서 이 애플리케이션에 접근할 때에는 다음과 같은 URL을 입력합니다.

http://localhost:8181/ [movie]

영화예매 애플리케이션에 접근하기 위한
컨텍스트 패스

톰캣 서버에서 클라이언트에게 웹 애플리케이션을 서비스해 주기 위해서는 톰캣 서버에 웹 애플리케이션을 등록해야 합니다. 등록 방법은 톰캣 서버의 server.xml 파일의 〈Context〉 태그를 사용하여 컨텍스트 패스를 추가합니다.

```
<Context docBase="web-study-02" path="/web-study-02"
    reloadable="true" source="org.eclipse.jst.jee.server:web-study-02" />
```

이클립스를 사용하지 않고 웹 애플리케이션을 개발할 때에는 일일이 〈Context〉 태그를 개발자가 기술해야 했지만 이클립스는 컨텍스트 패스를 프로젝트 단위로 자동 생성해 줍니다.

톰캣 서버의 환경 설정을 위한 server.xml 파일을 열어보면 이클립스에서 자동으로 추가해 주는 컨텍스트 패스를 확인할 수 있습니다.

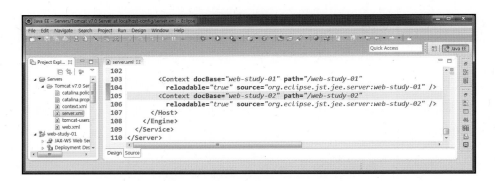

server.xml을 이클립스에서 열어보면 위와 같이 나오지 않고 1장에서 만든 〈Context docBase="web-study-01"...〉만 보이고 〈Context docBase="web-study-02"...〉는 보이지 않습니다.

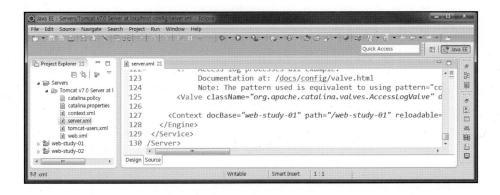

이러한 현상이 나타나는 이유는 〈Context〉 태그가 웹 애플리케이션을 최초로 실행시키면서 추가되는데, 새로운 〈Context〉 태그가 이미 존재하는 〈Context〉 태그

뒤에 추가되어 한 줄에 〈Context〉 태그가 여러 번 기술되기 때문에 스크롤바를 움직여 오른쪽 끝으로 가야 보입니다.

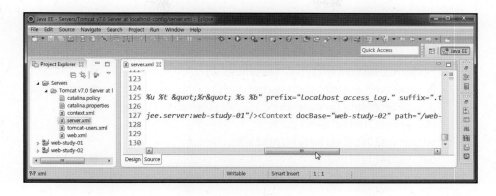

나중에 추가된 웹 프로젝트에 대한 〈Context〉 태그를 찾으려면 스크롤바를 움직여서 오른쪽 끝으로 가서 확인하는 번거로운 작업을 반복해야 하기 때문에 들여쓰기를 하여 〈Context〉 태그가 서로 다른 라인에 출력되도록 하면 됩니다.

하지만 들여쓰기를 개발자가 직접 하는 것이 번거롭다면 [Source → Format] 메뉴를 선택하거나 단축키인 [Ctrl+Shift+F]를 사용하면 코드가 자동으로 들여쓰기가 됩니다.

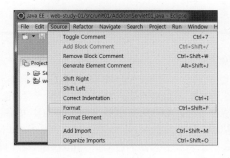

〈Context〉 태그에 path 속성이 바로 서블릿을 요청할 때 지정할 URL에 기술할 가상 패스입니다. 앞의 그림에서 보면 path 속성값이 프로젝트 이름인 "/web-study-02"로 지정되어 있음을 확인할 수 있습니다. 이클립스에 의해 serever.xml 파일에 자동 추가된 〈Context〉 태그 덕분에 톰캣이 컨텍스트 패스 "/web-study-02"를 인식할 수 있게 됩니다.

이제 위에서 실습한 서블릿 클래스의 구조에 대해서 살펴보도록 합시다.

```
@WebServlet("/hello")                                      ❶
public class HelloServlet extends HttpServlet {            ❷

  protected void doGet(HttpServletRequest request,
                       HttpServletResponse response)
                throws ServletException, IOException {      ❸
    response.setContentType("text/html");                   ❹
    PrintWriter out=response.getWriter();                   ❺
    out.print("<html><body><h1>");                          ❻
    out.print("Hello Servlet");
    out.print("</h1></body></html>");
    out.close();                                            ❼
  }
}
```

@WebServlet 어노테이션으로 URL 매핑

@WebServlet(❶)은 서블릿 3.0에서부터 제공되었으며 서블릿 클래스의 요청을 위한 URL 매핑을 보다 쉽게 자바 클래스에서 설정할 수 있도록 제공되는 어노테이션입니다. 서블릿 3.0 이전에는 web.xml에서 매핑을 했기 때문에 다소 불편함이 있었습니다.

 참고

어노테이션(Annotation)

Java 5.0부터 AT 사인(@)으로 시작하는 어노테이션이 지원되었습니다. 어노테이션은 문장이나 문서에 추가적인 정보를 기입하는 것을 말합니다. 자바 프로그램에 영향을 주는 것이 아니라 컴파일할 때 환경 설정을 변경해 줄 것을 알려주는 주석 형태를 말합니다. 이전에는 환경설정을 XML 파일에서 직접 해왔습니다. 하지만 XML 파일을 열어서 일일이 환경 설정하는 일이 번거롭기도 하고 XML 문법을 시간 내어 학습해야만 하기 때문에 개발자가 직접 XML 파일에서 작업하지 않고 자바 코드에서 어노테이션을 사용하는 방식으로 쉽게 환경을 설정하기 위해 자바 5.0에서부터 등장하게 된 것입니다. 어노테이션 등장 덕분에 개발 시간이 단축되었습니다.

URL Mapping이란 서블릿을 동작시키기 위해서 실제 자바 클래스 명(HelloServlet)을 사용하는 대신 서블릿을 요청하기 위한 문자열(hello)을 서블릿 클래스와 매핑시키는 것을 말합니다.

그렇다면 URL 매핑을 하는 이유는 뭘까요?

　실제 서블릿 클래스를 공개하지 않기 위해서입니다. 실제 호출되는 서블릿 클래스는 HelloServlet이지만 외부에서 이 서블릿을 요청할 때에는 서블릿 클래스 이름이 아닌 서블릿 클래스와 매핑된 URL인 hello로 접근합니다.

　즉, 서블릿 클래스를 요청하기 위해서 브라우저의 주소 입력란에 서블릿 클래스 이름 대신 URL 매핑으로 지정한 이름을 입력하여 호출하기 위한 설정입니다. 이 이름은 서블릿 클래스를 생성하는 단계에서 직접 지정한 이름입니다.

　마지막에 기술한 hello는 URL pattern으로 @WebServlet 어노테이션에 의해서 자바 클래스 명인 HelloServlet 대신 hello로 서블릿을 요청할 수 있습니다.

참고

개발자가 어노테이션으로 패턴을 지정하는 것과 이클립스에서 직접 패턴을 지정하는 것의 차이가 있나요?

개발자가 URL pattern을 이클립스 메뉴에서 변경하든 하지 않았든, 사용자가 서블릿을 요청하기 위해서는 브라우저 주소 입력란에 URL pattern을 기술해야만 서블릿이 요청됩니다. URL Mapping 없이는 서블릿을 호출하지 못합니다.

개발자는 자신이 만든 서블릿 클래스가 어느 경로에 무슨 이름으로 만들어졌는지 알아야 하지만 클라이언트는 어느 디렉토리에 어느 파일명으로 존재하는지는 관심 없고 URL 이름을 입력하여 원하는 서비스만 받을 수 있으면 됩니다.

만일 사용자가 서블릿의 실제 경로와 파일 이름을 직접 입력해야 한다면 디렉토리 구조가 바뀌었을 때 사용자에게 일일이 변경된 위치를 통보해 주어야 합니다. 개발자가 아닌 사용자가 실제 개발 구조를 다 알아야만 사용할 수 있다면 수정된 내용을 다 알고 있어야 합니다. 하지만 매핑을 통해 사용자가 접근하는 URL 이름은 실제 물리적인 위치 정보가 아니기에 이런 문제에 유연하게 대처할 수 있게 됩니다. 또한 사용자에게 디렉토리 구조와 파일명을 모두 공개한다는 것은 보안 측면에서도 심각한 문제가 발생할 수 있습니다.

요청은 URL pattern으로 하고

```
http://localhost:8181/web-study-02/ hello
```
서블릿 요청 URL 패턴

이 패턴을 @WebServlet 어노테이션 코드의 URL Mapping에서 찾아서 일치하면 이 URL Mapping 바로 아래 선언된 서블릿 클래스가 요청됩니다.

```
@WebServlet(/hello)
                                    ─ HelloServlet 클래스가 요청을 받는다.
public class HelloServelt extends HttpServlet{

}
```

다시 한 번 언급하지만 URL Mapping은 URL pattern과 서블릿 클래스 이름을 매핑해 놓는 것을 의미합니다.

개발자가 URL pattern을 변경하지 않은 경우	개발자가 URL pattern을 변경한 경우

@WebServlet("/HelloServlet ")
public class HelloServlet extends HttpServlet {
 	
}
	@WebServlet("/hello ")
	public class HelloServlet extends HttpServlet {
	
	}

개발자가 직접 패턴을 지정하지 않아도 서블릿 클래스를 생성하면서 자동으로 서블릿 클래스 이름을 URL pattern으로 하는 @WebServlet 어노테이션 코드가 추가되어 있습니다. 왜냐하면 서블릿 요청은 URL pattern으로 해야 하고 이렇게 패턴으로 요청하면 패턴과 매핑해 놓은 서블릿이 호출되기 때문입니다. 우리가 이클립스 메뉴를 열어서 패턴을 바꾼 것은 서블릿 클래스 이름과 동일한 패턴을 사용하지 않고 전혀 다른 이름으로 서블릿을 호출하기 위한 작업입니다. 메뉴에서 패턴을 지정한 작업에 의해서 @WebServlet 어노테이션 코드 내의 패턴 이름만 바뀐 것입니다. 여전히 @WebServlet 어노테이션 코드는 존재하고 이 @WebServlet 어노테이션 코드를 통해서만 URL pattern과 클래스 이름이 매핑됩니다.

서블릿 클래스 정의하기

1장에서 이미 언급한 대로 서블릿 클래스를 정의하는 것은 정형화되어 있습니다. 새롭게 서블릿 클래스를 정의하기 위해서는 javax.servlet.http 패키지에서 제공하는 HttpServlet(❷) 클래스를 상속받아 구현해야 하고 브라우저를 통해 외부에서 실행되기 때문에 접근 제한자는 반드시 public(❷)이어야 합니다.

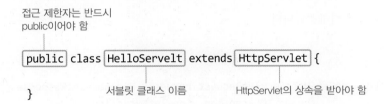

```
public class HelloServlet extends HttpServlet {

}
```

접근 제한자는 반드시
public이어야 함

서블릿 클래스 이름

HttpServlet의 상속을 받아야 함

우스운 질문일 수 있겠으나, 왜 서블릿은 위와 같이 정형화한 형태를 띄게 된 걸까요? 그냥 일반 자바 클래스처럼 만들면 안 될까요?

서블릿이 정형화 되어 있다는 말은 자바 클래스에서 사용하던 상속이란 개념을 그대로 사용하는데 자바 클래스에서는 어떤 클래스의 상속을 받아도 되지만 서블릿 클래스는 HttpServlet 클래스의 상속만을 받아야 하는 것으로 정해져 있다는 것을 말합니다.

요청 메소드

1장에서 설명한 것처럼 요청 방식에 따라 **doGet()** 혹은 **doPost()**가 호출되기 때문에 요청 방식에 맞추어서 HttpServlet 클래스의 **doGet()** 혹은 **doPost()**를 오버라이딩해야 합니다. 이 메소드는 요청이 되면 호출되기 때문에 요청 메소드라고 불리기도 합니다.

오버라이딩을 기억하시나요?
자바의 클래스들은 부모(수퍼) 클래스에 모든 필드나 메소드를 상속받아 사용합니다. 상속받아 사용하던 메소드의 기능을 더 이상 사용하지 않고 자식(서브) 클래스에서 새롭게 메소드를 정의해서 사용하는 것을 오버라이딩이라고 합니다.

우리가 처음으로 작성할 서블릿은 브라우저의 주소란에 직접 서블릿 이름을 입력하여 수행시킬 것이기 때문에 HttpServlet의 **doGet()**을 오버라이딩(❸)하여 처리를 위한 코드를 입력하겠습니다.

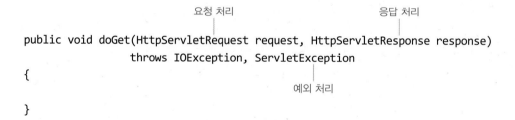

```
                    요청 처리                              응답 처리

public void doGet(HttpServletRequest request, HttpServletResponse response)
                throws IOException, ServletException

                                        예외 처리
{

}
```

doGet()은 두 개의 매개 변수(HttpServletRequest, HttpServletResponse)를 갖습니다. HttpServletRequest는 클라이언트의 요청(request)을 처리하고, HttpServletResponse는 요청 처리 결과를 클라이언트에게 되돌리기(응답하기, response) 위해 사용됩니다. **doGet()**은 반드시 예외 처리(IOException, Servlet Exception)를 해주어야 하는데, 일반적으로 throws 절을 이용해서 doGet 메소드를 호출한 웹 서버에게 예외처리를 넘깁니다.

클라이언트의 요청이 있을 때마다
doGet 메소드가 자동 호출된다.

요청 request

HttpServlet을 상속받은 서브클래스(HelloServlet)

doGet

응답 response

웹 서버

HttpServletRequest 객체에 의해서 요청이 처리되고
HttpServletResponse 객체에 의해서 처리 결과가 전달된다.

참고로 위의 서블릿은 get 방식으로만 요청을 처리하는데, 하나의 서블릿이라도 get과 post 방식에 따라 서로 다른 기능을 제공해야 하는 경우도 있기 때문에 그럴 경우에는 **doGet()**과 **doPost()**를 모두 오버라이딩해야 합니다.

응답 객체에 콘텐트 타입 지정하기

HttpServletResponse 객체인 response로 **setContentType()** 메소드(❹)를 호출하여 클라이언트에게 응답할 페이지에 대한 환경 설정을 결정해 주어야 합니다. 응답 방식이 "text/html"로 지정되어 있으므로 text나 html로 보여주겠다는 의미입니다.

서블릿의 실행 방식

일반적인 자바 클래스를 실행하기 위해서는 main 메소드가 있는 클래스에서 객체를 생성하여 실행해야 합니다. 하지만 서블릿은 이런 방식으로 실행되지 않고 웹 서버가 실행을 해주는 독특한 방식을 갖습니다.

서블릿은 Event-Driven Programming으로 사용자의 요청이 들어오면 동작(실행)을 시작합니다. 요청이 들어오면 톰캣 서버가 서블릿 객체를 생성한 후에 init() 메소드를 호출한 후 요청 방식에 따라 doGet() 혹은 doPost() 메소드가 호출됩니다.

뒤에 자세하게 배우게 되니 지금은 이 정도만 알고 넘어갑시다.

결과로 출력할 내용이 한글일 경우 인코딩 방식을 지정하지 않으면 한글이 깨지는 현상이 나타납니다.

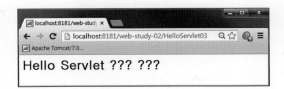

한글이 깨지지 않도록 하기 위해서는 인코딩을 "UTF-8"로 지정해야 합니다.

response.setContentType(" text/html ;charset= UTF-8 ");

이 문서의 콘텐트 타입은   인코딩은 UTF–8로
HTML 문법으로 작성된   지정한다.
텍스트이다.

출력 스트림 얻어오기

response.setContentType() 문장은 결과로 출력되는 HTML 문서의 인코딩 방식을 지정해 주는 문장입니다. 한글이 깨지지 않도록 하기 위해서 response.setContentType() 메소드에 캐릭터 셋을 UTF-8로 지정해 주어야 합니다. response.setContentType("text/html; charset=UTF-8") 문장에 의해서 response 객체의 인코딩 형태를 바꿔준 후에는 결과 출력을 위해 출력 스트림을 얻어오는 response.getWriter() 메소드를 호출해야 합니다. 순서가 바뀌면 인코딩 방식이 지정되지 않은 response 객체에서 출력 스트림을 얻게 되므로 반드시 response.setContentType("text/html; charset=UTF-8") 문장이 먼저 실행된 후에 response.getWriter() 메소드로 출력 스트림 객체를 얻어 와야 합니다.

참고

스트림이란

데이터는 메모리에 저장됩니다. 사용자가 입력한 데이터를 메모리에 저장하는 과정을 입력이라 하고 메모리에 저장된 데이터를 사용자가 볼 수 있도록 하는 과정을 출력이라고 하는데 입출력 과정이 가능하도록 하는 객체를 자바에서는 스트림이라고 합니다.

출력 스트림인 PrintWriter 객체를 HttpServletResponse 객체의 getWriter() 메소드(❺)로부터 얻어냅니다.

PrintWriter out = response.getWriter();

PrintWriter 객체를 리턴하는 메소드

PrintWriter는 파일 입출력을 위해서 제공해주는 자바 클래스로서 java.io 패키지에 정의되어 있습니다. 그래서 이 클래스를 사용하려면 java.io.PrintWriter를 import하고 사용해야 합니다. 이클립스에서는 [Source → Organize Imports] 메뉴를 선택하거나 단축키인 [Ctrl+Shift+O]를 누르면 자동으로 import됩니다.

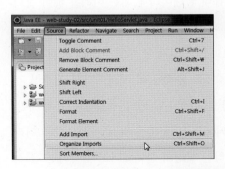

클라이언트에게 HTML 문서 형태로 결과 출력하기

PrintWriter 객체인 out의 출력 메소드인 `println()`을 통해 결과를 사용자에게 출력할 수 있습니다. 사용자에게 전송된 내용은 브라우저를 통해 출력되기 때문에 결과를 HTML 태그(❻) 형태로 만들어서 보내야 합니다.

```
public class HelloServlet extends HttpServlet {
  protected void doGet(HttpServletRequest request,HttpServletResponse response)
                    throws ServletException, IOException {
    response.setContentType("text/html");
    PrintWriter out = response.getWriter();
    out.print("<html><body><h1>");        사용자에게 응답해줄 결과를
    out.print("Hello Servlet");           HTML로 만들어서 출력하는 문장
    out.print("</h1></body></html>");
    out.close();
  }
}
```

출력 스트림 닫기

자바에서 사용하는 모든 입출력 자원은 사용이 끝났으면 닫아주어야 합니다(❼).

서블릿의 동작 원리

서블릿의 동작 원리를 알기 위해서는 우선 서블릿 컨테이너에 대한 이해를 해야 합니다. 톰캣 사이트의 Documentation에서는 아파치 톰캣을 서블릿/JSP 컨테이너(이하 서블릿 컨테이너)라고 규정하고 있습니다. 그리고 우리 책에서 사용하는 톰캣7.0 버전은 서블릿3.0과 JSP2.2를 지원하고 있는데요. 즉 톰캣이 웹 서버이면서 서블릿 컨테이너라는 얘기입니다. 톰캣의 내부구조까지는 자세히 알 필요는 없습니다. 하지만, 톰캣이 구동되면 자바가상머신(JVM)이 구동되어 자바 문법을 따르는 서블릿을 처리할 수 있는 환경을 제공하여 서블릿 컨테이너라는 별칭이 붙여있다고 생각하면 될 것 같습니다.

서블릿의 실행은 이렇게 서블릿 컨테이너에 의해 이루어집니다. 다음은 서블릿의 동작 원리를 나타낸 그림입니다. 자세한 사항은 뒤이어 서블릿 라이프사이클을 통해 알아보겠습니다.

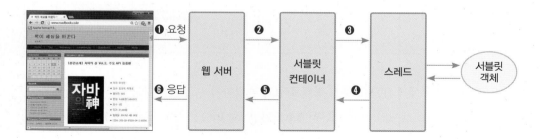

❶ 브라우저에서 서블릿을 요청합니다.

❷ 그러면 WAS 안에 웹 서버가 서블릿 요청을 인식하여 서블릿 컨테이너에게 서블릿을 수행하도록 넘겨줍니다.

❸ 서블릿은 스레드를 기동하여 해당 서블릿 객체를 생성하여 이를 수행합니다.

❹ 서블릿 객체의 작업이 종료되면 기동되었던 스레드가 종료됩니다.

❺ 서블릿 수행 결과가 웹 서버에 전송됩니다.

❻ 이를 클라이언트에 전송하게 됩니다.

서블릿의 라이프 사이클

서블릿이 다른 웹 기술보다 주목을 받게 된 이유는 수행 속도가 빠르다는 점입니다. 수행 속도가 빠를 수 있는 이유는 두 번째 이상의 요청이 첫 번째 요청인 경우와 다르게 처리되기 때문입니다.

다른 웹 기술들은 클라이언트들의 요청이 있을 때마다 작업을 처음부터 새롭게 하여 제공하지만, 서블릿은 그렇지 않습니다. 서블릿이 첫 번째 요청인 경우에는 서블릿 클래스를 찾아 메모리에 로딩하여 인스턴스(객체)를 생성합니다. 이때 생성된 서블릿 인스턴스는 메모리에 계속 남아 있게 되므로 이후부터는 서블릿이 호출되어도 서블릿 인스턴스가 다시 생성되지 않고 이미 메모리에 로딩된 서블릿으로부터 서비스만 받기 때문에 수행 속도가 빠릅니다. 반면에 PHP나 ASP는 요청될 때마다 인터프리터 방식으로 코드가 재해석되기 때문에 수행 속도가 느립니다.

위에 대한 설명을 서블릿의 라이프 사이클에 접목시켜 보다 자세히 살펴보겠습니다.

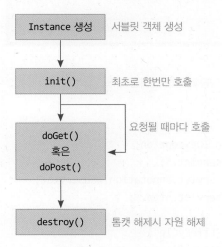

우선 객체가 생성되면서 init() 메소드가 단 한번 호출됩니다. init() 메소드에서는 주로 초기화 작업을 합니다. 그 후에는 클라이언트의 요청이 있을 때 doGet() 혹은 doPost() 메소드가 실행됩니다. 여러 클라이언트가 동시에 요청을 하더라도 스레드가 생성되므로 동시에 doGet() 혹은 doPost() 메소드가 실행되기 때문에 수행 속도가 빠릅니다.

서블릿이 더 이상 서비스를 하지 않을 경우 destroy() 메소드가 호출되는데, 예를 들면 서블릿 컨테이너가 종료(톰캣 재가동)되거나 서블릿 내용이 변경되어 다시 컴파일해서 클래스 파일이 바뀌는 경우입니다.

1. 이번 장에서 만든 웹 프로젝트(web−study−02)를 클릭하여 선택한 후 [New → Servlet]을 선택합니다. [Create Servlet] 창이 나타나면 패키지(unit02)와 서블릿 클래스 이름(LifeCyCle)을 입력한 후 [Next] 버튼을 클릭합니다. URL Mapping은 기본값으로 하고 init( )와 destroy( ) 메소드에 체크하여 오버라이딩한 후에 [Finish] 버튼을 클릭합니다.

2. 오버라이딩한 메소드에 다음과 같이 입력합니다.

```
1    package unit02;
2
3    import java.io.IOException;
4    import javax.servlet.*;
5    import javax.servlet.annotation.WebServlet;
6    import javax.servlet.http.*;
7
8    @WebServlet("/LifeCyCle")
9    public class LifeCyCle extends HttpServlet {
10     private static final long serialVersionUID = 1L;
11
12     int initCount = 1;
13     int doGetCount = 1;
14     int destroyCount = 1;
15
16     public void init(ServletConfig config) throws ServletException {
17       System.out.println("init 메소드는 첫 요청만 호출됨 : " + initCount++);
18     }
19
```

```
20      public void destroy() {
21        System.out.println("destroy 메소드는 톰캣이 종료될 때만 호출됨 : "
22                  + destroyCount++);
23      }
24      protected void doGet(HttpServletRequest request,
25          HttpServletResponse response) throws ServletException, IOException {
26        System.out.println("doGet 메소드가 요청때마다 호출됨 : " + doGetCount++);
27      }
28    }
29
```

3. [Run → Run] 메뉴를 선택하여 실행을 시킵니다. 이번 예제는 System.out.println()으로 출력하였으므로 브라우저에 아무것도 출력되지 않고 화면 아래쪽의 [Console] 창에 출력결과 가 나타납니다. [새로 고침]을 여러 번 하여 해당 페이지를 여러 번 요청해 봅니다. [Console] 창의 실행결과를 살펴보면 init( ) 메소드는 처음 실행시킬 때 한 번만 호출되고 doGet( ) 메소 드만 여러 차례 호출되는 것을 살펴볼 수 있습니다.

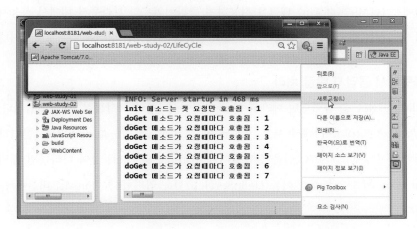

4. 이번에는 [Server] 창에서 종료(Terminate) 아이콘을 선택해서 톰캣을 종료해봅시다.

5. 톰캣이 종료되면서 destroy( ) 메소드가 호출되는 것을 확인할 수 있습니다. 개발자가 출력한 메시지 외에도 톰캣 서버가 보내는 메시지가 섞여서 출력되기 때문에 콘솔 창에서 스크롤바 를 움직여 가면서 찾아 봐야 합니다.

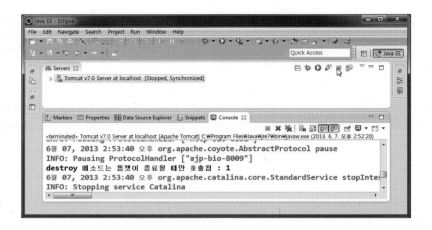

서블릿의 한글처리와 데이터 통신

이번에는 HTML의 〈form〉 태그를 사용하여 클라이언트의 브라우저 내에서 사용자로부터 데이터를 입력받는 방법과 서블릿에서 한글을 처리하는 방식을 알아보겠습니다.

서블릿에서 응답시 한글 처리

"Hello Servlet"을 출력했던 예제를 조금 바꾸어서 "헬로우 서블릿"을 출력합시다.

[Project Explorer]에서 새로 생성된 웹 프로젝트(web-study-02)를 클릭하여 선택한 후 [New → Servlet]을 선택합니다. [Create Servlet] 창이 나타나면 패키지(unit03)와 서블릿 클래스 이름(HelloServlet03)을 입력한 후 [Finish] 버튼을 클릭합니다.

[직접해보세요] 한글 메시지를 출력하는 서블릿 만들기

```
1    package unit03;
2
3    import java.io.IOException;
4    import java.io.PrintWriter;
5
6    import javax.servlet.ServletException;
7    import javax.servlet.annotation.WebServlet;
8    import javax.servlet.http.HttpServlet;
9    import javax.servlet.http.HttpServletRequest;
```

```
10    import javax.servlet.http.HttpServletResponse;
11
12    @WebServlet("/HelloServlet03")
13    public class HelloServlet03 extends HttpServlet {
14
15      protected void doGet(HttpServletRequest request, HttpServletResponse response)
16          throws ServletException, IOException {
17        response.setContentType("text/html");
18        PrintWriter out = response.getWriter();
19        out.print("<html><body><h1>");
20        out.print("Hello Servlet");
21        out.print(" 헬로우 서블릿");
22        out.print("</h1></body></html>");
23        out.close();
24      }
25    }
```

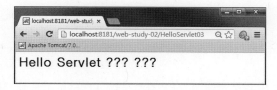

21 : 실행 결과 한글이 깨져서 출력되는 것을 확인할 수 있습니다.

17 : 브라우저에 응답하는 페이지에 대해서 한글을 출력할 경우 한글이 깨지지 않도록 하기 위해서는 HttpServletResponse 객체로 setContentType()을 호출하여 응답 방식을 결정해 주면서 보여 주고자 하는 코드셋을 "UTF-8"로 지정해야 합니다.

```
response.setContentType("text/html; charset=UTF-8");
```

위와 같이 변경한 후에 다시 실행해보면 이제 제대로 한글이 출력되는 것을 확인할 수 있습니다. out.print()를 두 번 호출해서 출력한 내용을 구분하기 위해서 띄어쓰기를 하려면 21:행에서 " 헬로우 서블릿"과 같이 출력할 내용 첫 문자 앞에 공백을 넣어야 합니다.

get 방식과 post 방식

다음은 인터넷에서 회원 가입을 할 때 흔히 볼 수 있는 화면입니다. 아래와 같은 화면은 HTML에서 〈form〉 태그를 통해서 구현됩니다.

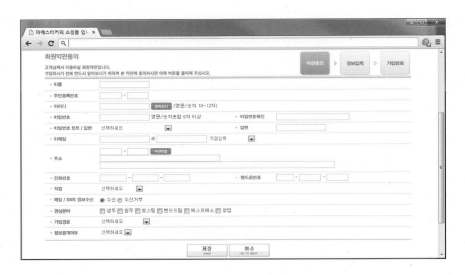

클라이언트의 브라우저에서 사용자로부터 다양한 정보를 입력받기 위해서 〈form〉 태그가 사용됩니다. 폼에 입력된 데이터를 서블릿 컨테이너가 받아와서 처리하는 서블릿 프로그램을 작성해 봅시다.

서블릿에서 폼에 입력된 데이터를 어떻게 처리하는지 그 방법을 학습하기 위해서 우선적으로 폼 관련 태그들을 알아보겠습니다. 다음은 〈form〉 태그의 기본 형식입니다.

■ 형식 : 〈form〉 태그의 기본 형식

```
<form method="get/post" action="호출할서블릿">
```

〈form〉 태그에 사용된 주요 속성은 method와 action입니다.

속성	설명
method	어떤 방식으로 데이터를 넘겨 줄 것인지를 결정한다. get과 post 방식 중에서 하나를 선택한다. post는 사용자가 입력한 내용을 발송할 때 그 내용을 공개하지 않는다. get은 사용자가 입력한 결과를 알 수 있도록 내용을 공개한다.
action	전송(submit) 버튼을 누르면 action 속성 다음에 기술한 URL에 지정된 파일로 이동한다.

〈form〉태그에 포함된 입력 양식에 내용을 입력하거나 선택사항을 선택하였다면 이들 내용이 서버에서 처리되어야 합니다. 웹 서버에 의해 처리될 수 있도록 〈form〉 태그의 action 속성에 이동할 서블릿을 기술합니다. 다음은 〈form〉 태그에 포함된 입력 양식에 입력한 데이터를 서블릿이 처리하도록 한 예제입니다.

■ 서블릿을 get 방식으로 요청한 예

```
<form method="get" action="MethodServlet">
```

위 예는 get 방식으로 서블릿을 호출하기 때문에 서블릿 클래스의 doGet() 메소드가 호출됩니다.

〈form〉 태그만으로 action 속성에 기술된 서블릿으로 데이터를 전송하기 위해서는 전송(submit) 버튼이 클릭되어야 합니다. 전송 버튼은 HTML의 〈input〉 태그의 type을 "submit"으로 지정하여 만듭니다.

■ 전송(submit) 버튼 만들기의 예

```
<input type="submit" value="전송" >
```

input 태그의 type 속성값을 "submit"으로 지정하면 버튼 형태로 출력됩니다. 버튼 위에 나타날 값은 value 속성에 지정합니다. [전송] 버튼이 만들어지고 이 버튼을 클릭하면 〈form〉 태그의 action 속성에 기술한 서블릿이 요청되어 처리됩니다.

입력한 내용을 취소하고자 할 때에는 취소(reset) 버튼이 사용됩니다. 취소 버튼을 누르면 데이터를 다시 입력할 수 있도록 이전에 입력한 내용을 깨끗이 지웁니다.

■ 취소(reset) 버튼 만들기의 예

```
<input type="reset" value="취소" >
```

전송방식을 get과 post로 하는 〈form〉 태그를 2개 만들어 서블릿 객체의 doGet()과 doPost()가 각각 개별적으로 호출되는 예제를 작성해 보겠습니다. 다음은 만들어 볼 예제의 간단한 실행원리입니다.

[get 방식으로 호출하기] 전송 버튼을 클릭하면 서블릿 내에 doGet() 메소드가 호출되고

```
protected void doGet(HttpServletRequest request, HttpServletResponse response)
                throws ServletException, IOException {
    response.setContentType("text/html; charset=UTF-8");
    PrintWriter out = response.getWriter();
    out.print("<h1>get 방식으로 처리됨</h1>");
    out.close();
}
```

[post 방식으로 호출하기] 전송 버튼을 클릭하면 서블릿 내에 doPost() 메소드가
호출되도록 프로그램을 작성해 보겠습니다.

```
protected void doPost(HttpServletRequest request, HttpServletResponse response)
                throws ServletException, IOException {
    response.setContentType("text/html;charset=UTF-8");
    PrintWriter out = response.getWriter();
    out.print("<h1>post 방식으로 처리됨</h1>");
    out.close();
}
```

다음은 이번 예제에서 작성할 파일들을 정리한 표입니다.

파일 이름	설명
04_method.jsp	get 방식 전송 버튼과 post 방식 전송 버튼이 있다.
MethodServlet.java	어떤 전송 버튼을 눌렀느냐에 따라서 doGet 혹은 doPost 메소드가 호출된다.

1. 웹 프로젝트(web-study-02)에서 마우스 오른쪽 버튼을 클릭하여 나타난 바로가기 메뉴에서 [New → JSP File]를 선택합니다. [New JSP File] 창이 나타나면 파일 이름을 입력합니다. 이 책에서는 파일 이름을 "04_method"로 합니다. 파일 이름만 입력하면 확장자는 자동으로 .jsp 로 붙습니다. get 방식 전송 버튼과 post 방식 전송 버튼을 갖는 입력 폼을 작성합니다.

```jsp
1   <%@ page language="java" contentType="text/html; charset=UTF-8"
2       pageEncoding="UTF-8"%>
3   <!DOCTYPE html>
4   <html>
5   <head>
6   <meta charset="UTF-8">
7   <title>서블릿</title>
8   </head>
9   <body>
10  <form method="get" action="MethodServlet">
11    <input type="submit" value="get 방식으로 호출하기" >
12  </form>
13  <br><br>
14  <form method="post" action="MethodServlet">
15    <input type="submit" value="post 방식으로 호출하기" >
16  </form>
17  </body>
18  </html>
```

3~6 : 이클립스에서 자동으로 만들어주는 코드는 다음과 같습니다.

```
<!DOCTYPE html PUBLIC "-//W3C//DTD HTML 4.01 Transitional//EN"
"http://www.w3.org/TR/html4/loose.dtd">
<html>
<head>
<meta http-equiv="Content-Type" content="text/html; charset=EUC-KR">
```

위 코드는 HTML4를 기준으로 이클립스에서 자동으로 생성해주는 코드입니다. 그래서 저 자가 HTML5 형식에 맞게 코드를 수정한 것입니다. JSP에서 자동으로 생성해 둔 채로 코 드를 작성해도 실행 상에는 별문제가 없습니다. 하지만 본서에서는 HTML5를 기준으로 JSP 페이지를 작성하겠습니다.

인코딩 방식은 1장을 참고하세요.

2. [Project Explorer]에서 웹 프로젝트(web–study–02)를 클릭하여 선택한 후 [New → Servlet]을 선택합니다. [Create Servlet] 창이 나타나면 패키지(unit04)와 서블릿 클래스 이름(MethodServlet)을 입력한 후 [Finish] 버튼을 클릭하여 get과 post 전송 방식의 요청에 대한 처리를 담당할 서블릿 파일을 작성합니다.

```java
1    package unit04;
2
3    import java.io.IOException;
4    import java.io.PrintWriter;
5
6    import javax.servlet.ServletException;
7    import javax.servlet.annotation.WebServlet;
8    import javax.servlet.http.HttpServlet;
9    import javax.servlet.http.HttpServletRequest;
10   import javax.servlet.http.HttpServletResponse;
11
12   @WebServlet("/MethodServlet")
13   public class MethodServlet extends HttpServlet {
14
15     protected void doGet(HttpServletRequest request, HttpServletResponse response)
16                   throws ServletException, IOException {
17       response.setContentType("text/html; charset=UTF-8");
18       PrintWriter out = response.getWriter();
19       out.print("<h1>get 방식으로 처리됨</h1>");
20       out.close();
21     }
22
23     protected void doPost(HttpServletRequest request, HttpServletResponse response)
24                   throws ServletException, IOException {
25       response.setContentType("text/html;charset=UTF-8");
26       PrintWriter out = response.getWriter();
27       out.print("<h1>post 방식으로 처리됨</h1>");
28       out.close();
29     }
30   }
```

17 : 폼 양식에서 get 방식으로 전달되는 요청 파라미터 값에 대해 한글이 깨지지 않도록 한글 처리를 합니다.

18 : 출력 스트림인 PrintWriter 객체를 HttpServletResponse 객체의 getWriter( ) 메소드로부터 얻어냅니다.

19 : doGet( ) 메소드가 호출되었다는 것을 확인하기 위해서 "get 방식으로 처리됨"이란 메시지를 브라우저에 출력합니다.

27 : doPost( ) 메소드에서도 "post 방식으로 처리됨"이란 메시지를 브라우저에 출력합니다.

쿼리 스트링이란?

클라이언트에서 서블릿 클래스에 요청하는 방식에 대해서 살펴보았다면 사용자가 입력한 데이터가 서버로 보내져야 서버가 그 값으로 여러 가지 로직을 구현할 수 있기 때문에 이제 서블릿 클래스에서 사용자가 입력한 값을 얻어오는 방법을 학습해 보도록 하겠습니다.

그럼 과연 서버는 사용자가 입력한 값을 어떻게 얻어 와야 할까요? 서버에서 클라이언트가 보낸 데이터를 얻어오기 위해서는 쿼리 스트링Query String이란 기술을 사용해야 합니다.

쿼리 스트링은 사용자가 입력한 데이터를 서버로 전달하는 가장 단순한 방법으로 널리 사용됩니다. 이 방법은 get 방식으로 요청했을 때 URL 주소 뒤에 입력 데이터를 함께 제공하는 방법으로 다음과 같이 "리소스?이름=값"의 형식을 취합니다.

ParamServlet? `id` = `pinksung` & `age` = `15`   사용자가 입력한 값(pinksung)을 서버에서 얻어오려면 이름(id)을 알아야 합니다.

         이름   값   이름   값

웹 프로그래밍에서는 데이터가 쿼리 스트링 형태로 서버로 전송되고 이렇게 전송된 데이터를 얻어오기 위해서 쿼리 스트링에서 언급한 이름을 알아야 데이터를 얻어올 수 있기 때문입니다.

더 나아가서 웹 프로그래밍을 하다 보면 쿼리 스트링 형태로 개발자가 직접 데이터를 넘겨주어야 할 경우가 있기 때문에 쿼리 스트링에 대해 좀더 자세히 알아보겠습니다.

그럼 왜 데이터를 쿼리 스트링으로 전송하는 걸까요?

웹 프로그램에서는 현재 페이지의 정보를 바로 다음 페이지에서 전혀 알 수 없습니다. 페이지가 이동되어 버리면 이전 페이지의 값들은 모두 잃게 됩니다. 하지만 프로그램을 만들다 보면 페이지 사이에 정보 교환이 필요한 경우가 있는데 이를 위해서 웹 프로그래밍에서 제공하는 것이 쿼리 스트링입니다.

쿼리 스트링은 브라우저 URL의 주소 입력란에서 확인할 수 있습니다. 다음은 쿼리 스트링에 대한 설명을 하기 위해서 포털 사이트에서 단어를 검색해보겠습니다.

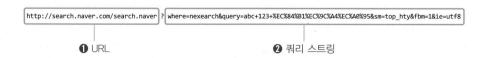

주소 입력란에 나타난 내용을 보면 ?를 구분자로 하여 앞부분(❶)이 URL이고 뒷부분(❷)이 쿼리 스트링입니다.

❶ URL　　　　　　　　　　　　　**❷ 쿼리 스트링**

쿼리 스트링의 구조를 살펴보면 이름과 값으로 구성되어 있습니다.

$$where = nexearch$$

❶ 이름　　**❷ 값**

"="기호를 중심으로 앞부분(❶)이 이름이고 뒷부분(❷)이 값입니다.

쿼리 스트링이 두개 이상일 경우에는 &로 쿼리 스트링을 연결합니다.

❶ 이름　　**값**　　**❷ 이름**　　　　　　**값**　　　　**❸ 이름**　　**값**　　**❹ 이름**　**값**　**❺ 이름**　**값**

위 문장은 5개의 쿼리 스트링으로 구성된 것임을 알 수 있습니다.

쿼리 스트링의 URL 인코딩 규칙은 앞의 그림에서 볼 수 있듯이 영문자 대소문자와 숫자는 그대로 전달되며 변환되지 않지만 공백은 +로 변환되어 전달되고 한글은 % 기호와 함께 16진수로 변환되어 전달됩니다. 여러 개의 name=value들은 & 기호로 구분됩니다.

쿼리 스트링 형태로 데이터가 전송되는 것은 〈form〉 태그에 전송방식을 get으로 하여 서버로 데이터를 보낼 때 살펴볼 수 있습니다. 서버로 데이터를 전송하기 위해서는 데이터를 입력할 수 있는 텍스트 박스가 필요합니다.

텍스트 박스는 〈input〉 태그에 type 속성 값을 "text"로 해야 만들 수 있습니다.

■ 텍스트 박스 기본 형식

```
<input type="text" name="텍스트 박스 이름">
```

서버로 보낼 데이터가 아이디, 나이와 같이 2개 이상일 경우에는 name 속성에 이름을 정해주어서 구분 가능하도록 합니다.

■ 아이디, 나이를 입력 받기 위한 텍스트 박스의 예

```
<input type="text" name="id">
<input type="text" name="age">
```

텍스트 박스에 입력된 내용이 서버로 전달될 때에는 name 속성 값에 지정한 텍스트 박스의 이름에 실려 갑니다. [전송] 버튼을 클릭하면 브라우저 주소 입력란에 다음과 같은 내용들이 나타납니다.

http://localhost:8181/web-study-02/ParamServlet?id=pinksung&age=15

브라우저 주소 입력란을 살펴보면 사용자가 입력한 값이 쿼리 스트링인 "이름=값" 형태로 서버 페이지에 전달되는 것을 확인할 수 있습니다.

다음 그림은 브라우저의 주소란에 출력된 내용 중 일부인 id 값이 서버로 전송되는 쿼리 스트링만 표현한 것입니다.

폼에서 입력 양식들을 작성할 때 태그의 name 속성 값이 쿼리 스트링의 이름에 해당되고 입력한 값이 바로 쿼리 스트링의 값에 해당됩니다.

쿼리 스트링을 설명한 이유는 클라이언트와 서버 사이에 데이터가 전송되는 형태가 쿼리 스트링 형태이기 때문입니다. 즉, 데이터가 어떻게 서버로 전송되는지를 이해시키기 위해서입니다. 지금까지 설명한 쿼리 스트링 개념을 기억하면서 서블릿에서 사용자가 입력한 값을 어떻게 얻어오는지 살펴봅시다.

요청 객체(request)와 파라미터 관련 메소드(getParameter)

사용자가 폼에 입력한 값을 서블릿에서 어떻게 얻어오는지 살펴보도록 합시다. request 객체의 getParameter() 메소드를 호출하여 〈input〉 태그를 통해 입력된 값을 읽어 올 수 있습니다. 원하는 값을 얻기 위해서는 입력 양식의 name 속성값을 getParameter()의 매개 변수로 기술합니다. 아래 그림은 name의 속성값을 getParameter()의 매개 변수로 얻어 String 변수 id에 저장한 예입니다.

```
String id = req.getParameter("id");
```
input 태그의 name 속성값
```
<input type="text" name="id">
```

사용자가 HTML 페이지의 입력 양식에 입력한 값은 쿼리 스트링으로 서버에 전송되는 것을 확인할 수 있습니다. 입력한 값은 서블릿에서 다음과 같이 얻어옵니다.

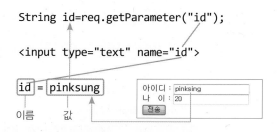

사용자가 입력한 아이디 값을 알아내려면 request 객체의 getParameter() 메소드의 전달인자로 쿼리 스트링의 이름에 해당되는 "id"를 기술합니다. 그러면 getParameter()는 결과값으로 값에 해당되는 "pinksung"을 얻어옵니다. 이렇게 얻어 온 "pinksung"은 String 변수 id에 저장됩니다.

getParameter()는 파라미터 값을 항상 문자열(String) 형태로만 얻어옵니다. 아이디는 문자열 형태이기에 별 문제가 없지만, 나이는 일반적으로 int 형 변수에 저장합니다. 그렇기 때문에 일차적으로 getParameter()가 텍스트 박스에서 입력 받아온 문자열 형태의 값을 int 형으로 변환해야 합니다. 이때 Integer 클래스의 parseInt() 메소드가 사용됩니다.

int age=Integer. parseInt (request.getParameter("age"));

String형을 int형으로
변환하는 메소드

참고

Servlet API 찾기

API란 Application Programming Interface의 약어로서 프로그램을 작성할 수 있도록 Oracle사에서 제공해주는 클래스들입니다. 이러한 클래스들을 적합한 곳에 잘 가져다가 프로그래밍하여 원하는 결과를 얻는 것이 우리의 목표입니다.

그런데 이런 클래스들은 다양한 메소드를 제공하고 있습니다. 자바에서 제공하는 클래스도 많고 클래스마다 메소드 또한 많다 보니 모두 외우고 사용하는 것은 불가능한 일입니다. 그래서 Oracle사에서는 제공되는 클래스들에 대한 도움말 형식으로 문서를 제공해 주는데 이를 자바 API Document라고 합니다.

브라우저를 띄우고 다음과 같이 입력하면 Servlet API Document로 연결됩니다.

http://tomcat.apache.org/tomcat-7.0-doc/servletapi/index.html

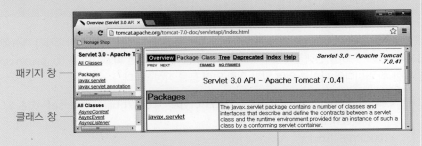

패키지 창 —

클래스 창 —

설명 창

API Document는 이렇게 크게 3개의 창으로 구성되어 있습니다. 우리가 방금 학습한 getParameter( ) 메소드를 찾아 봅시다. 우선 패키지 창에서 javax.servlet을 찾습니다. 그런 후에 클래스 창에서 ServletRequest를 찾습니다. 설명 창에 ServletRequest 클래스 소속의 메소드가 나타납니다. 스크롤하면 getParameter( ) 메소드를 찾을 수 있습니다.

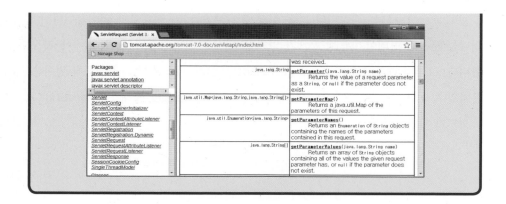

다음은 입력 양식의 내용을 읽어 와서 처리하는 서블릿 예제에서 작성할 파일들을 정리한 표입니다.

파일 이름	설명
05_param.jsp	아이디와 나이를 입력 받는 폼 양식을 갖추고 있다. [전송] 버튼을 클릭하면 서블릿으로 입력된 값이 전송되고 서블릿에서 입력받은 값을 받아 처리한다.
ParamServlet.java	HTML 문서의 입력 양식에 입력한 내용을 처리하는 서블릿 클래스이다. 하이 퍼링크 "다시"를 클릭하면 HTML 문서로 되돌아가서 새로운 데이터를 입력받는다.

[직접해보세요] 텍스트 박스에 입력된 값 얻어오기

1. 웹 프로젝트(web-study-02)에서 마우스 오른쪽 버튼을 클릭하여 나타난 바로가기 메뉴에서 [New → JSP File]을 선택합니다. [New JSP File] 창이 나타나면 파일 이름을 05_param.jsp로 입력한 후 아이디와 나이를 입력 받기 위한 입력 폼을 작성합니다.

```
1    <%@ page language="java" contentType="text/html; charset=UTF-8"
2        pageEncoding="UTF-8"%>
3    <!DOCTYPE html>
4    <html>
5    <head>
6    <meta charset="UTF-8">
7    <title>서블릿</title>
8    </head>
9    <body>
10   <form method="get" action="ParamServlet">
11     아이디 :          <input type="text" name="id"><br>
12     나   이 :    <input type="text" name="age"><br>
```

```
13        <input type="submit" value="전송" >
14    </form>
15    </body>
16    </html>
```

10 : [전송] 버튼을 클릭하면 ParamServlet 서블릿이 get 방식으로 요청됩니다.

2. [Project Explorer]에서 새로 생성된 웹 프로젝트(web-study-02)를 클릭하여 선택한 후 [New → Servlet]을 선택합니다. [Create Servlet] 창이 나타나면 패키지(unit05)와 서블릿 클래스 이름(ParamServlet)을 입력한 후 [Finish] 버튼을 클릭합니다. 사용자가 입력한 아이디와 나이를 읽어와 출력하는 서블릿 클래스를 작성합니다.

```
1     package unit05;
2
3     import java.io.IOException;
4     import java.io.PrintWriter;
5
6     import javax.servlet.ServletException;
7     import javax.servlet.annotation.WebServlet;
8     import javax.servlet.http.HttpServlet;
9     import javax.servlet.http.HttpServletRequest;
10    import javax.servlet.http.HttpServletResponse;
11
12    @WebServlet("/ParamServlet")
13    public class ParamServlet extends HttpServlet {
14
15      protected void doGet(HttpServletRequest request, HttpServletResponse response)
16          throws ServletException, IOException {
17        response.setContentType("text/html;charset=EUC-KR");
18
19        String id=request.getParameter("id");
20        int age=Integer.parseInt(request.getParameter("age"));
21
22        PrintWriter out = response.getWriter();
23        out.print("<html><body>");
24        out.println("당신이 입력한 정보입니다.<br>");
25        out.println("아 이 디 : ");
26        out.println(id);
27        out.println("<br> 나이 : ");
28        out.println(age);
29        //자바스크립트로 이전 페이지로 이동하는 링크를 만들어 줌
30        out.println("<br><a href='javascript:history.go(-1)'>다시</a>");
31        out.print("</body></html>");
```

```
32        out.close();
33    }
34 }
```

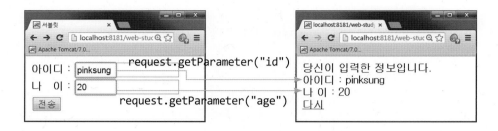

19 :   다음은 브라우저 주소 입력란에 출력된 쿼리 스트링의 일부입니다.

$$\boxed{\text{id}} = \boxed{\text{pinksung}}$$

이름   값

위 쿼리 스트링은 id의 값으로 pinksung이 넘겨진 것입니다. id 값인 "pinksung"을 얻어 오려면 request 객체의 getParameter( )의 매개 변수에 쿼리 스트링의 이름에 해당되는 것을 기술합니다. 그러면 getParameter( )는 값에 해당되는 "pinksung"을 메소드의 결과 값으로 되돌려 줍니다.

30 :   자바스크립트로 "다시"를 링크로 만들어 주어서 클릭하면 이전 페이지로 이동하도록 합 니다.

자바스크립트 폼에 입력된 정보가 올바른지 판단하기

05_param.jsp에서 아이디와 나이를 입력하지 않은 채 [전송] 버튼을 클릭하면 다음 과 같이 에러가 발생합니다.

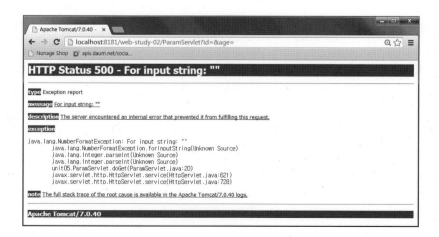

이는 05_param.jsp에서 입력받은 나이를 처리하는 ParamServlet 클래스에서 입력받은 나이를 다음과 같이 정수형으로 변환하기 때문입니다.

```
int age=Integer.parseInt(request.getParameter("age"));
```

나이를 입력받지 않을 경우 공백 문자인 ""가 서블릿에 전송되고 이를 정수 형태로 변환하려고 하면 "java.lang.NumberFormatException"과 같은 예외가 발생합니다. 이 애플리케이션을 사용하던 사용자가 나이를 입력하지 않았다고 위와 같은 페이지가 뜬다면 당황스러워 할 것입니다. 사용자가 제대로 된 값을 입력받을 수 있도록 유도해야 합니다.

05_param.jsp 예제는 유효성 체크를 하지 않았기에 이 예제에서 유효성 체크를 할 수 있도록 바꾸어 보도록 하겠습니다. 오류가 발생하지 않도록 하기 위해서 나이가 반드시 정수 형태로 입력되어야 하는 것과 함께 아이디도 필수적으로 입력되도록 처리합시다.

사용자가 폼에 입력한 데이터가 유효해야만 이를 서버에서 정상 처리할 수 있기 때문에 서버로 보내기 전에 입력된 데이터가 유효한지(올바른지)를 판단하여 유효하지 않으면 사용자가 다시 데이터를 입력하도록 유도해야 합니다.

이러한 작업은 HTML이나 JSP로는 불가능하고 자바스크립트로만 가능합니다.

05_param.jsp의 로그인 폼을 정상적으로 수행하도록 폼에 입력된 정보가 올바른지 판단하는 자바스크립트 파일(param.js)을 만들어 이를 HTML 문서에서 포함시켜 사용해봅시다.

여러 HTML 문서에 사용된 자바스크립트의 내용이 반복적일 경우에는 HTML 파일마다 같은 내용을 반복적으로 기술하기보다 자바스크립트 부분만을 독립된 파일로 구성한 후 이 파일을 HTML 문서에 간단히 삽입하여 그 내용들을 재사용하는 방법을 취합니다.

자바스크립트 부분만을 독립된 파일로 작성하려면 파일의 확장자가 반드시 "js"여야 합니다. 또한 "js" 확장자를 붙인 파일은 순수하게 자바스크립트로만 구성되어야 합니다. 〈script〉는 HTML 문서 내에서 스크립트 구문이 시작되는 위치를 알려주기 위한 HTML 태그이므로 자바스크립트 파일에서는 제외되어야 합니다.

이렇게 확장자를 js로 붙여 외부파일에 기술한 자바스크립트 문장을 html 문서에서 불러와서 사용합니다. 자바스크립트 파일을 HTML 문서에 삽입하려면 〈script〉 태그의 src 속성에 해당 자바스크립트 파일을 지정합니다. 다음은 외부 자바스크립트 파일을 불러오는 HTML 문서입니다.

```
<script type="text/javascript" src="param.js"></script>
```

다음은 유효성 체크를 위한 파일들 입니다.

파일 이름	설명
param.js	아이디와 나이는 반드시 입력되어야 하고 나이는 수치 데이터만 입력 가능하도록 유효성을 체크하는 자바스크립트 파일이다.
05_param.jsp	param.js 파일을 포함시켜 아이디와 나이에 유효한 데이터가 입력되었는지 점검하여 서블릿으로 입력된 값을 받아 전송한다.
ParamServlet	HTML 문서의 입력 양식에 입력한 내용을 처리하는 서블릿 클래스이다.

[직접해보세요] 유효성 체크하기

1. 유효성 체크를 위한 자바스크립트 파일을 만들기 위해서 [File → New → Other...]를 선택합니다.

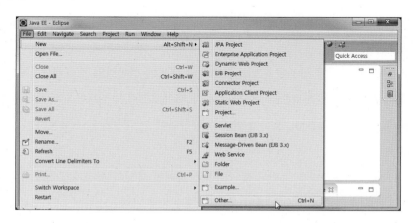

2. [JavaScript → JavaScript Source File]을 선택한 후 [Next] 버튼을 클릭합니다. File name: 입력란에 param.js이란 이름을 입력합니다.

 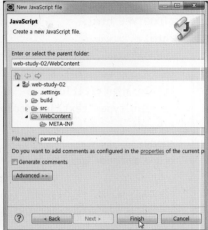

3. 생성된 param.js에 다음과 같이 입력합니다.

```javascript
function check() {
  if (document.frm.id.value == "") {
    alert("아이디를 입력해주세요.");
    document.frm.id.focus();
    return false;
  } else if (document.frm.age.value == "") {
    alert("나이를 입력해주세요.");
    document.frm.age.focus();
    return false;
  } else if (isNaN(document.frm.age.value)) {
    alert("숫자로 입력해주세요.");
    document.frm.age.focus();
    return false;
  }else{
    return true;
  }
}
```

4. 아이디와 나이를 입력받는 JSP에서 param.js 파일을 포함시킵니다.

```
1    <%@ page language="java" contentType="text/html; charset=UTF-8"
2        pageEncoding="UTF-8"%>
3    <!DOCTYPE html>
4    <html>
5    <head>
6    <meta charset="UTF-8">
7    <title>서블릿</title>
8    <script type="text/javascript" src="param.js"></script>
9    </head>
10   <body>
11   <form method="get" action="ParamServlet" name="frm">
12     아이디 :            <input type="text" name="id"><br>
13     나   이 :    <input type="text" name="age"><br>
14     <input type="submit" value="전송" onclick="return check()">
15   </form>
16   </body>
17   </html>
```

참고로 14번 라인에서와 같이 자바스크립트 함수가 호출되도록 onClick 이벤트를 기술해야 합니다. 또한 11번 라인에서처럼 자바스크립트에서 표 객체로 접근할 수 있도록 form name을 기술해야 합니다.

웹 프로그래밍을 하는 데 있어서 사용자와의 인터페이스는 매우 중요한 요소입니다. 이를 위해서는 반드시 자바스크립트를 사용하여 유효한 데이터만 입력되도록 해야 합니다.

서블릿에서 요청시 한글 처리

이전에 한글 처리는 출력할 때에 한글이 깨지지 않도록 하기 위해서 응답 객체인 response의 setContentType()을 호출하여 인코딩 방식을 "UTF-8"로 지정했습니다.

```
response.setContentType("text/html; charset=UTF-8");
```

이번에는 출력이 아닌 다음과 같이 한글을 입력할 경우 한글이 깨지는 것을 처리하는 방법을 살펴보도록 하겠습니다.

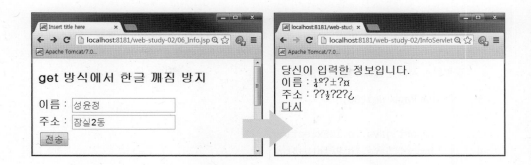

　　이름이나 주소를 한글로 입력받기 위한 입력 폼과 이를 처리할 서블릿 클래스를 작성합시다.

파일 이름	설명
06_Info.jsp	이름과 주소를 입력 받는 폼 양식을 갖는다. [전송] 버튼을 클릭하면 서블릿으로 입력된 값이 전송되고 서블릿에서 입력받은 값을 받아 처리한다.
InfoServlet	HTML 문서에서 입력한 값을 읽어오는 서블릿 클래스이다.

[직접해보세요] 입력 폼에서 한글 읽어오기

1. 이름과 주소를 입력 받기 위한 입력 폼을 06_Info.jsp란 이름으로 작성합니다.

```
1   <%@ page language="java" contentType="text/html; charset=UTF-8"
2       pageEncoding="UTF-8"%>
3   <!DOCTYPE html>
4   <html>
5   <head>
6   <meta charset="UTF-8">
7   <title>서블릿</title>
8   </head>
9   <body>
10  <h3> get 방식에서 한글 깨짐 방지 </h3>
11  <form method="get" action="InfoServlet">
12      이름 : <input type="text" name="name"><br>
13      주소 : <input type="text" name="addr"><br>
14      <input type="submit" value="전송" >
15  </form>
16  </body>
17  </html>
```

2. [Project Explorer]에서 웹 프로젝트(web-study-02)를 클릭하여 선택한 후 [New → Servlet]을 선택합니다. [Create Servlet] 창이 나타나면 패키지(unit06)와 서블릿 클래스 이름 (InfoServlet)을 입력한 후 [Finish] 버튼을 클릭하여 사용자가 입력한 이름과 주소를 읽어와 출력하는 서블릿 클래스를 작성합니다.

```java
1    package unit06;
2
3    import java.io.IOException;
4    import java.io.PrintWriter;
5
6    import javax.servlet.ServletException;
7    import javax.servlet.annotation.WebServlet;
8    import javax.servlet.http.HttpServlet;
9    import javax.servlet.http.HttpServletRequest;
10   import javax.servlet.http.HttpServletResponse;
11
12   @WebServlet("/InfoServlet")
13   public class InfoServlet extends HttpServlet {
14
15     protected void doGet(HttpServletRequest request,
16         HttpServletResponse response) throws ServletException, IOException {
17       response.setContentType("text/html;charset=UTF-8");
18       String name = request.getParameter("name");
19       String addr = request.getParameter("addr");
20
21       PrintWriter out = response.getWriter();
22       out.print("<html><body>");
23       out.println("당신이 입력한 정보입니다.<br>");
24       out.println("이름 : ");
25       out.println(name);
26       out.println("<br> 주소 : ");
27       out.println(addr);
28
29       out.println("<br><a href='javascript:history.go(-1)'>다시</a>");
30       out.print("</body></html>");
31       out.close();
32     }
33   }
```

서블릿은 영어권인 미국에서 만들었기 때문에 영어를 제외한 타국 언어들은 별도의 처리를 해야만 사용할 수 있습니다. 한글을 출력하기 위해서는 물론이거니와 한글을 입력받는 과정에서도 별도의 처리 없이는 한글이 깨져서 나타납니다. 서블릿에서 한글이 깨지지 않도록 하는 방법을 살펴보도록 합시다.

입력 받은 값이 깨지는 경우 한글 처리를 위해서 서버 설정 파일인 server.xml 파일에서 첫 번째 등장하는 〈Connector〉 태그를 찾아서 URIEncoding 속성을 추가해야 합니다.

server.xml 파일을 열고 커서를 파일 앞부분에 두고 [Edit → Find/Replace...] 메뉴를 선택하여 나타난 [Find/Replace] 창에서 Find에 "〈Connector"를 입력하면 쉽게 첫 번째 〈Connector〉 태그를 찾을 수 있습니다.

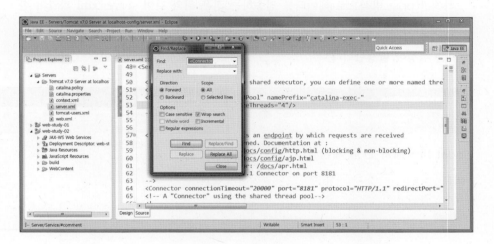

인코딩 방식인 UTF-8이면 URIEncoding="UTF-8"을 추가합니다. "〈Connector" 내의 URIEncoding 속성은 어느 위치에 추가해도 상관 없습니다. 이전 속성과 공백을 두는 것과 스펠링 오타가 나지 않도록 하는 것만 주의해 주세요.

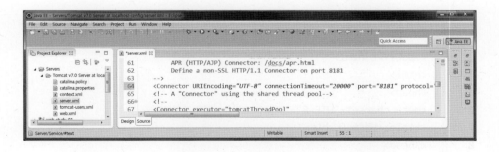

server.xml 파일을 수정하였으면 이를 저장한 후 톰캣을 재기동해야만 환경 설정된 내용이 적용되어 한글이 깨지지 않습니다.

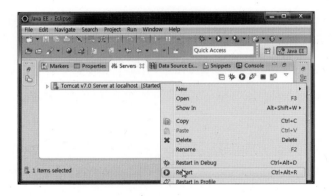

하지만 post 방식으로 데이터를 전송하는 경우 위와 같이 server.xml 파일의 환경 설정을 바꾸어 주어도 다음과 같이 한글 데이터의 입력 처리가 제대로 되지 않아 깨지는 현상이 발생합니다.

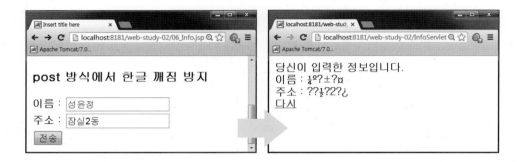

[직접해보세요] POST 방식으로 한글 읽기

1. 06_Info.jsp 파일에 다음 내용을 추가합니다.

```
1    <%@ page language="java" contentType="text/html; charset=UTF-8"
2        pageEncoding="UTF-8"%>
3    <!DOCTYPE html>
4    <html>
5    <head>
6    <meta charset="UTF-8">
7    <title>서블릿</title>
8    </head>
9    <body>
10   <h3> get 방식에서 한글 깨짐 방지 </h3>
```

```
11    <form method="get" action="InfoServlet">
12      이름 : <input type="text" name="name"><br>
13      주소 : <input type="text" name="addr"><br>
14      <input type="submit" value="전송" >
15    </form>
16    <br>
17    <h3> post 방식에서 한글 깨짐 방지 </h3>
18    <form method="post" action="InfoServlet">
19      이름 : <input type="text" name="name"><br>
20      주소 : <input type="text" name="addr"><br>
21      <input type="submit" value="전송" >
22    </form>
23    </body>
24    </html>
```

2. 서블릿 클래스에도 doPost 메소드를 추가한 후 post 방식으로 요청이 들어온 것을 처리하기
위한 코드를 추가합니다.

```
1     package unit06;
2
3     import java.io.IOException;
4     import java.io.PrintWriter;
5
6     import javax.servlet.ServletException;
7     import javax.servlet.annotation.WebServlet;
8     import javax.servlet.http.HttpServlet;
9     import javax.servlet.http.HttpServletRequest;
10    import javax.servlet.http.HttpServletResponse;
11
12    @WebServlet("/InfoServlet")
13    public class InfoServlet extends HttpServlet {
14
15      protected void doGet(HttpServletRequest request,
16          HttpServletResponse response) throws ServletException, IOException {
17        response.setContentType("text/html;charset=UTF-8");
18        String name = request.getParameter("name");
19        String addr = request.getParameter("addr");
20
21        PrintWriter out = response.getWriter();
22        out.print("<html><body>");
23        out.println("당신이 입력한 정보입니다.<br>");
24        out.println("이름 : ");
25        out.println(name);
```

```
26        out.println("<br> 주소 : ");
27        out.println(addr);
28
29        out.println("<br><a href='javascript:history.go(-1)'>다시</a>");
30        out.print("</body></html>");
31        out.close();
32    }
33
34    protected void doPost(HttpServletRequest request,
35        HttpServletResponse response) throws ServletException, IOException {
36
37        doGet(request, response);
38    }
39 }
```

post 방식으로 입력 폼에서 입력 받은 값을 처리하는 것은 get 방식과 동일하기 때문에 같은 코드를 두 번 입력하지 않고 doPost() 메소드에서 doGet() 메소드를 호출하여 이미 기술해 놓은 코드를 재활용하도록 합니다.

위 예제를 실행하여 post 방식으로 서블릿을 요청하면 한글이 깨짐을 확인할 수 있습니다. 브라우저에서 웹 서버로 파라미터가 post 방식으로 넘어오는 페이지인 경우에는 doPost() 메소드 안에서 한글 데이터를 올바르게 가져오려면 첫 번째 파라미터인 HttpServletRequest 타입으로 선언된 요청 객체(request)로 setCharacterEncoding() 메소드를 호출해서 문자의 인코딩 방식을 아래와 같이 "UTF-8"로 지정해야 합니다.

```
protected void doPost(HttpServletRequest request, HttpServletResponse response)
    throws ServletException, IOException {
    request.setCharacterEncoding("UTF-8");
}
```

이번에는 서블릿 클래스의 doPost()에 request의 setCharacterEncoding() 메소드에 문자의 인코딩 방식을 "UTF-8"로 지정하여 post 방식으로 데이터가 전송되더라도 한글이 깨지지 않도록 합시다.

```java
package unit06;

import java.io.IOException;
import java.io.PrintWriter;

import javax.servlet.ServletException;
import javax.servlet.annotation.WebServlet;
import javax.servlet.http.HttpServlet;
import javax.servlet.http.HttpServletRequest;
import javax.servlet.http.HttpServletResponse;

@WebServlet("/InfoServlet")
public class InfoServlet extends HttpServlet {

  protected void doGet(HttpServletRequest request,
      HttpServletResponse response) throws ServletException, IOException {
    response.setContentType("text/html;charset=UTF-8");
    String name = request.getParameter("name");
    String addr = request.getParameter("addr");

    PrintWriter out = response.getWriter();
    out.print("<html><body>");
    out.println("당신이 입력한 정보입니다.<br>");
    out.println("이름 : ");
    out.println(name);
    out.println("<br> 주소 : ");
    out.println(addr);

    out.println("<br><a href='javascript:history.go(-1)'>다시</a>");
    out.print("</body></html>");
    out.close();
  }

  protected void doPost(HttpServletRequest request,
      HttpServletResponse response) throws ServletException, IOException {
    request.setCharacterEncoding("UTF-8");
    doGet(request, response);
  }
}
```

36 : post 방식으로 요청되었을 경우 파라미터로 받아온 한글 깨짐을 방지하기 위해 doPost 메소드의 첫 번째 파라미터인 HttpServletRequest에 대해 setCharacterEncoding( ) 메소드를 호출하여 인코딩 방식을 지정해야 합니다. setCharacterEncoding( ) 메소드는 getParameter( ) 메소드보다 반드시 먼저 호출되어야 합니다.

37 : post 방식으로 요청되었을 경우 처리할 로직이 get 방식으로 요청했을 때와 동일하다면 doGet( )을 호출하여 코드가 중복되어 기술되지 않도록 합니다.

지금까지는 text 형태의 입력 폼에서만 데이터를 입력받아 왔습니다. 사용자로부터 다양한 형태의 정보를 얻기 위해서는 콤보 박스나 체크 박스와 같은 입력 폼도 사용해야 하는데, 입력 폼에 따라서 호출되어야 하는 메소드가 다릅니다. 다음 절에서는 다양한 입력 폼과 함께 이들로부터 입력받은 값을 처리하기 위한 다양한 메소드도 살펴보도록 합시다.

기타 다양한 입력 양식

〈form〉 태그는 사용자가 입력한 데이터를 받아 사용자와 상호 작용을 할 수 있도록 하는 텍스트 박스 이외에 다양한 입력 양식(암호 입력상자, 라디오 버튼, 체크박스, 목록 상자 등)을 제공해 줍니다. 이를 통하여 사용자가 입력한 내용을 서블릿에 받아 처리하는 방법을 학습합니다.

암호를 입력받기 위한 암호 입력 상자

회원 가입이나 로그인을 할 경우 암호 입력을 위한 텍스트 입력 양식이 필요합니다. 암호를 입력할 때 옆에 사람이 보게 되면 보안상 문제가 발생할 수 있습니다. 그러므로 암호 입력 당시에는 입력되는 문자가 보이지 않아야 합니다. 암호 입력과 같이 입력한 문자 대신 특수 문자가 출력되도록 하려면 입력상자를 만들 때 type 속성 값을 password로 지정하면 합니다.

```
<input type="password" name="pwd">
```

HTML5에는 입력 양식에 대해서 설명을 덧붙이기 위한 〈label〉 태그가 추가되었습니다. 〈label〉 태그의 for 속성에 입력 양식의 id 값을 매칭하면 두 태그는 서로 연결이 되어 라벨을 클릭하면 입력 양식을 클릭한 것과 동일한 효과를 얻게 됩니다.

```
<label for="userid"> 아이디 : </label>
<input type="text" name="id" id="userid"><br>
```

다음은 로그인 폼을 위한 파일들입니다.

파일 이름	설명
07_login.jsp	아이디와 암호를 입력 받는 폼 양식을 갖는다. [전송] 버튼을 클릭하면 서블릿으로 입력된 값이 전송되고 서블릿에서 입력받은 값을 받아 처리한다.
LoginServlet.java	HTML 문서의 입력 양식에 입력한 값을 처리하는 서블릿 클래스이다.

[직접해보세요] 로그인 폼 만들기

1. 아이디와 암호를 입력 받기위한 입력 폼을 07_login.jsp란 이름으로 작성합니다.

```
1    <%@ page language="java" contentType="text/html; charset=UTF-8"
2        pageEncoding="UTF-8"%>
3    <!DOCTYPE html>
4    <html>
5    <head>
6    <meta charset="UTF-8">
7    <title>서블릿</title>
8    </head>
9    <body>
10   <form method="get" action="LoginServlet">
11      <label for="userid"> 아이디 : </label>
12      <input type="text" name="id" id="userid"><br>
13
14      <label for="userpwd"> 암   호 : </label>
15      <input type ="password" name="pwd" id="userpwd"><br>
16
```

```
17        <input type="submit"  value="로그인">
18     </form>
19     </body>
20     </html>
```

2. [Project Explorer]에서 웹 프로젝트(web-study-02)를 클릭하여 선택한 후 [New → Servlet]
을 선택합니다. [Create Servlet] 창이 나타나면 패키지(unit07)와 서블릿 클래스 이름
(LoginServlet)을 입력한 후 [Finish] 버튼을 클릭하여 get과 post 전송 방식의 요청에 대한 처
리를 담당할 서블릿 파일을 작성합니다. 사용자가 입력한 아이디와 암호를 읽어와 출력하는
서블릿 클래스를 작성합니다.

```
1      package unit07;
2
3      import java.io.IOException;
4      import java.io.PrintWriter;
5
6      import javax.servlet.ServletException;
7      import javax.servlet.annotation.WebServlet;
8      import javax.servlet.http.*;
9
10     @WebServlet("/LoginServlet")
11     public class LoginServlet extends HttpServlet {
12       protected void doGet(HttpServletRequest request, HttpServletResponse response)
13               throws ServletException, IOException {
14         response.setContentType("text/html;charset=UTF-8");
15
16         String id = request.getParameter("id");
17         String pwd = request.getParameter("pwd");
18
19         PrintWriter out = response.getWriter();
20         out.print("<html><body>");
21         out.println("당신이 입력한 정보입니다.<br>");
22         out.println("아이디 : ");
23         out.println(id);
24         out.println("<br> 비밀번호 : ");
25         out.println(pwd);
26
27         out.println("<br><a href='javascript:history.go(-1)'>다시</a>");
28         out.print("</body></html>");
29         out.close();
30       }
31     }
```

여러 줄 입력할 수 있는 글상자와 배타적 선택을 하는 라디오 버튼

〈textarea〉 태그는 여러 줄에 걸쳐 글자들을 입력할 수 있는 입력 양식입니다. 몇 줄의 문장을 입력받을 수 있는 입력 양식을 만들 것인가를 지정하려면 rows에 행수를 설정하면 됩니다. 한 줄에 입력할 수 있는 글자 수는 cols에 지정합니다. 다음은 〈textarea〉 태그의 속성입니다.

속성	설명
rows	텍스트 영역의 높이를 지정한다.
cols	텍스트 영역의 너비를 지정한다.
name	텍스트 영역이 여러 개일 경우 name 속성에 특정 이름을 지정하면 어느 입력 양식에 입력된 데이터인지를 구분할 수 있다.

라디오 버튼은 여러 가지 항목 중에서 하나를 선택해야 할 경우 사용됩니다. 라디오 버튼은 배타적 선택을 합니다. 배타적 선택이란 나열된 항목들 중에서 선택할 수 있는 항목이 오로지 하나라는 의미입니다. 그러므로 다른 항목을 선택하면 그전에 선택하였던 항목은 선택이 해제됩니다. 배타적 선택이 가능하려면 목적이 동일한 라디오 버튼들을 그룹으로 구성하여야 합니다. 그래야만 그룹 내의 라디오 버튼들 사이에만 배타적 선택이 적용됩니다.

HTML에서 라디오 버튼을 구현하려면 type 속성에 "radio"를 지정하고 다음과 같이 표현합니다.

```
<input type="radio" name="그룹명">
```

목적이 동일한 라디오 버튼을 동일한 그룹으로 구성하려면 name 속성이 같아야 합니다.

다음 살펴볼 예제는 성별을 선택하기 위한 라디오 버튼과 메일 수신 여부를 선택하기 위한 라디오 버튼과 〈textarea〉 태그가 있는 예제입니다.

파일 이름	설명
08_radio.jsp	라디오 버튼과 〈textarea〉 태그가 있는 폼 양식을 갖는다. [전송] 버튼을 클릭하면 서블릿으로 선택된 값이 전송되고 서블릿에서 선택된 값을 받아 처리한다.
RadioServlet.java	HTML 문서에서 선택된 라디오 버튼과 〈textarea〉 태그 값을 처리하는 서블릿 클래스이다.

[직접해보세요] 배타적 선택하기

1. 배타적 선택을 하는 라디오 버튼과 〈textarea〉 태그가 있는 입력 폼을 08_radio.jsp란 이름으로 작성합니다.

```
1    <%@ page language="java" contentType="text/html; charset=UTF-8"
2        pageEncoding="UTF-8"%>
3    <!DOCTYPE html>
4    <html>
5    <head>
6    <meta charset="UTF-8">
7    <title>서블릿</title>
8    </head>
9    <body>
10   <form method="get" action="RadioServlet">
11       <label for="gender"> 성별 :  </label>
12       <input type="radio" id="gender" name="gender" value="남자" checked> 남자
13       <input type="radio" id="gender" name="gender" value="여자"> 여자 <br><br>
14       <label for="chk_mail"> 메일 정보 수신 여부 : </label>
15       <input type="radio" id="chk_mail" name="chk_mail" value="yes" checked> 수신
16       <input type="radio" id="chk_mail" name="chk_mail" value="no"> 거부 <br><br>
17       <label for="content"> 간단한 가입 인사를 적어주세요^o^ </label>
18       <textarea id="content" name="content" rows="3" cols="35"></textarea> <br>
19       <input type="submit" value="전송">
20   </form>
21   </body>
22   </html>
```

2. 사용자가 선택한 라디오 버튼과 〈textarea〉 태그 값을 얻어와 출력하는 서블릿 클래스를 작성합니다. 패키지 이름은 unit08이고 클래스 이름은 RadioServlet입니다.

```java
1    package unit08;
2
3    import java.io.IOException;
4    import java.io.PrintWriter;
5
6    import javax.servlet.ServletException;
7    import javax.servlet.annotation.WebServlet;
8    import javax.servlet.http.*;
9
10   @WebServlet("/RadioServlet")
11   public class RadioServlet extends HttpServlet {
12     protected void doGet(HttpServletRequest request, HttpServletResponse response)
13                          throws ServletException, IOException {
14       response.setContentType("text/html;charset=UTF-8");
15
16       String gender = request.getParameter("gender");
17       String chk_mail = request.getParameter("chk_mail");
18       String content = request.getParameter("content");
19
20       PrintWriter out = response.getWriter();
21       out.print("<html><body>");
22       out.println("당신이 입력한 정보입니다.<hr>");
23       out.println("성별 : <b>");
24       out.println(gender);
25       out.println("</b><br> 메일 정보 수신 여부 : <b>");
26       out.println(chk_mail);
27       out.println("</b><br> 가입 인사 : <b><pre>");
28       out.println(content);
29
30       out.println("</b></pre><a href='javascript:history.go(-1)'>다시</a>");
31       out.print("</body></html>");
32       out.close();
33     }
34   }
```

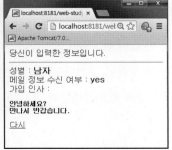

체크 박스와 request의 getParameterValues( )

사용자가 선택하기 편하도록 여러 개의 항목을 나열하여 이중에서 원하는 항목을 선택할 수 있도록 하는 것이 체크 박스입니다.

```
<input type="checkbox">
```

동일한 이름의 체크 박스가 여러 개 있는 HTML 문서에서 여러 개의 항목을 선택한 후 이를 서블릿 파일로 전송하면 쿼리 스트링에 동일한 이름으로 여러 개의 값들이 여러 차례 전송되는 것을 확인할 수 있습니다.

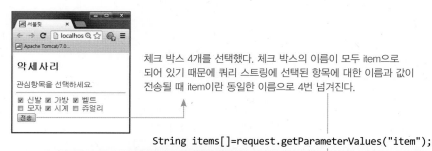

체크 박스 4개를 선택했다. 체크 박스의 이름이 모두 item으로 되어 있기 때문에 쿼리 스트링에 선택된 항목에 대한 이름과 값이 전송될 때 item이란 동일한 이름으로 4번 넘겨진다.

```
String items[]=request.getParameterValues("item");
```

이렇게 입력 양식을 설계하다 보면 이름을 동일하게 주어서 여러 개의 입력 양식들을 만들어 놓고 동시에 여러 개의 값을 동일한 이름으로 받아 오게 되는 경우가 있습니다.

이럴 경우에는 배열 형태로 값이 전송되기 때문에 요청(request) 객체의 파라미터 관련 메소드 중에서 getParameterValues()를 사용해야 합니다. getParameterValues()는 지정한 이름을 가진 파라미터의 모든 값을 배열 형태로 얻어오기 때문에 동일한 이름으로 여러 번 값이 전송되어도 이를 처리할 수 있습니다.

만일 선택된 항목이 없거나 하나만 선택하더라도 서블릿에서 이에 대한 적당한 메시지를 출력하도록 프로그래밍해 봅시다.

파일 이름	설명
09_checkbox.jsp	체크 박스가 있는 폼 양식을 갖는다. [전송] 버튼을 클릭하면 서블릿으로 다중 선택된 값이 전송되고 서블릿에서 선택된 값을 받아 처리한다.
CheckboxServlet.java	HTML 문서에서 선택된 체크 박스 값을 처리하는 서블릿 클래스이다.

[직접해보세요] 관심분야 다중 선택하기

1. 다중 선택을 하는 체크 박스가 있는 입력 폼을 09_checkbox.jsp란 이름으로 작성합니다.

```
1    <%@ page language="java" contentType="text/html; charset=UTF-8"
2        pageEncoding="UTF-8"%>
3    <!DOCTYPE html>
4    <html>
5    <head>
6    <meta charset="UTF-8">
7    <title>서블릿</title>
8    </head>
9    <body>
10   <h2>악세사리</h2>
11   관심항목을 선택하세요.<hr>
12   <form method="get" action="CheckboxServlet">
13    <input type="checkbox" name="item" value="신발"> 신발
14    <input type="checkbox" name="item" value="가방"> 가방
15    <input type="checkbox" name="item" value="벨트"> 벨트<br>
16    <input type="checkbox" name="item" value="모자"> 모자
17    <input type="checkbox" name="item" value="시계"> 시계
18    <input type="checkbox" name="item" value="쥬얼리"> 쥬얼리<br>
19    <input type="submit" value="전송">
20   </form>
21   </body>
22   </html>
```

2. 사용자가 선택한 체크 박스 값을 얻어와 출력하는 서블릿 클래스를 작성합니다.

```
1    package unit09;
2
3    import java.io.IOException;
4    import java.io.PrintWriter;
5
```

```
6      import javax.servlet.ServletException;
7      import javax.servlet.annotation.WebServlet;
8      import javax.servlet.http.HttpServlet;
9      import javax.servlet.http.HttpServletRequest;
10     import javax.servlet.http.HttpServletResponse;
11
12     @WebServlet("/CheckboxServlet")
13     public class CheckboxServlet extends HttpServlet {
14       protected void doGet(HttpServletRequest request,
15           HttpServletResponse response) throws ServletException, IOException {
16         response.setContentType("text/html;charset=UTF-8");
17
18         PrintWriter out = response.getWriter();
19         out.print("<html><body>");
20         String items[] = request.getParameterValues("item");
21         if (items == null) {
22           out.print("선택한 항목이 없습니다.");
23         } else {
24           out.println("당신이 선택한 항목입니다.<hr>");
25           for (String item : items) {
26             out.print(item + " ");
27           }
28         }
29         out.println("<br><a href='javascript:history.go(-1)'>다시</a>");
30         out.print("</body></html>");
31         out.close();
32       }
33     }
```

목록 상자

여러 항목 중에 한 개를 선택하기 위한 콤보 박스와 여러 개를 선택할 수 있도록 하기 위한 리스트 박스는 모두 HTML의 〈select〉 태그로 만듭니다. size 속성 값만 달리 주어서 콤보 박스와 리스트 박스를 만듭니다. 항목은 〈option〉 태그를 〈select〉 태그 내부에 추가해서 만듭니다.

size에 값을 지정하지 않거나 1을 지정하면 콤보 상자가 만들어집니다. 다음은 콤보박스와 실행 예입니다.

```
<label for="job">직업</label>
<select id="job" name="job" size="1">
  <option value="">선택하세요</option>
  <option value="학생" >학생</option>
  <option value="컴퓨터/인터넷" >컴퓨터/인터넷</option>
  <option value="언론" >언론</option>
  <option value="공무원" >공무원</option>
  <option value="군인" >군인</option>
  <option value="서비스업" >서비스업</option>
  <option value="교육" >교육</option>
</select>
```

〈select〉 태그에 size 속성을 추가하여 여기에 2이상의 값을 지정하면 리스트 박스가 만들어집니다. 다음은 리스트 박스와 실행 예입니다.

```
<label for="interest" style="float: left;" >관심분야
</label>
<select id="interest" name="interest" size='5'
multiple="multiple">
    <option value="에스프레소" >에스프레소</option>
    <option value="로스팅" >로스팅</option>
    <option value="생두" >생두</option>
    <option value="원두" >원두</option>
    <option value="핸드드립" >핸드드립</option>
</select>
```

리스트 박스에 지정한 size 속성 값은 한 번에 보여줄 항목의 개수입니다. 리스트 박스는 다른 입력 양식에는 없는 multiple 속성이 있습니다. 〈select〉 태그에 multiple 속성을 추가하면 한꺼번에 여러 개의 항목을 선택할 수 있습니다.

파일 이름	설명
10_select.jsp	콤보 박스와 리스트 박스로 원하는 항목을 선택하는 폼 양식을 갖는다.
SelectServlet.java	HTML 문서에서 선택된 항목을 얻어와 출력하는 서블릿 클래스이다.

1. 콤보 박스와 리스트 박스로 원하는 항목을 선택하는 10_select.jsp란 이름으로 작성합니다.

```
1   <%@ page language="java" contentType="text/html; charset=UTF-8"
2       pageEncoding="UTF-8"%>
3   <!DOCTYPE html>
4   <html>
5   <head>
6   <meta charset="UTF-8">
7   <title>서블릿</title>
8   </head>
9   <body>
10  <form method="get" action="SelectServlet">
11    <span style="float: left;margin-right: 20px">
12      <label for="job">직업</label>
13      <select id="job" name="job" size="1">
14        <option value="">선택하세요</option>
15        <option value="학생" >학생</option>
16        <option value="컴퓨터/인터넷" >컴퓨터/인터넷</option>
17        <option value="언론" >언론</option>
18        <option value="공무원" >공무원</option>
19        <option value="군인" >군인</option>
20        <option value="서비스업" >서비스업</option>
21        <option value="교육" >교육</option>
22      </select>
23    </span>
24
25      <label for="interest" style="float: left;" >관심분야</label>
26      <select id="interest" name="interest" size='5' multiple="multiple">
27        <option value="에스프레소" >에스프레소</option>
28        <option value="로스팅" >로스팅</option>
29        <option value="생두" >생두</option>
30        <option value="원두" >원두</option>
31        <option value="핸드드립" >핸드드립</option>
32      </select>
33      <br><br>
34    <input type="submit" value="전송" style="float:right;margin-right:50px">
35  </form>
36  </body>
37  </html>
```

직업을 물어보는 콤보 박스

관심분야를 물어보는 ─ 콤보 박스

2. 사용자가 선택한 항목 값을 얻어와 출력하는 서블릿 클래스를 작성합니다.

```java
1    package unit10;
2
3    import java.io.IOException;
4    import java.io.PrintWriter;
5
6    import javax.servlet.ServletException;
7    import javax.servlet.annotation.WebServlet;
8    import javax.servlet.http.HttpServlet;
9    import javax.servlet.http.HttpServletRequest;
10   import javax.servlet.http.HttpServletResponse;
11
12   @WebServlet("/SelectServlet")
13   public class SelectServlet extends HttpServlet {
14     protected void doGet(HttpServletRequest request, HttpServletResponse response)
15                 throws ServletException, IOException {
16       String job = request.getParameter("job");
17       String interests[] = request.getParameterValues("interest");
18
19       response.setContentType("text/html;charset=UTF-8");
20       PrintWriter out = response.getWriter();
21       out.print("<html><body>");
22       out.println("당신이 선택한 직업 : <b>");
23       out.print(job);
24
25       out.println("</b><hr>당신이 선택한 관심 분야 : <b>");
26       if (interests == null) {
27         out.print("선택한 항목이 없습니다.");
28       } else {
29         for (String interest : interests) {
30             out.print(interest + " ");
31         }
32       }
33       out.println("</b><br><a href='javascript:history.go(-1)'>다시</a>");
34       out.print("</body></html>");
35       out.close();
36     }
37   }
```

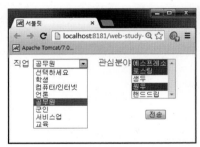 

　이번 장에서는 서블릿 클래스에 대해서 학습하였습니다. 웹 애플리케이션을 만들다보면 한글이 깨지는 현상을 볼 수 있는데, 이를 처리하는 방법도 학습하였습니다, 다음 장에서는 JSP에 대한 전반적인 개념들을 학습하겠습니다.

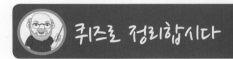

문제의 답은 로드북 홈페이지(http://roadbook.co.kr/126)에서 확인할 수 있습니다.

1. 서블릿 생명주기 이벤트 관련 메소드의 종류와 기능을 설명하시오.

2. 서블릿에서 한글이 깨지지 않도록 하기 위한 처리 방법을 설명하시오.

3. 서블릿을 요청할 때 클래스 이름을 직접 사용하지 않고 URL 매핑을 하는 이유를 설명하시오.

4. 다음은 Servlet에서 선언되는 변수에 대한 설명이다. 틀린 것은?
   ① Servlet의 멤버 변수는 여러 클라이언트가 Servlet을 동시 요청하였을 때 공유된다.
   ② Servlet의 지역 변수는 여러 클라이언트가 Servlet을 동시 요청하였을 때 각 요청마다 개별적으로 할당된다.
   ③ Servlet의 멤버 변수는 Servlet이 요청될 때마다 메모리에 할당된다.
   ④ Servlet의 지역 변수는 Servlet이 요청될 때마다 메모리에 할당된다.

5. Servlet에 대한 설명 중 틀린 것은?
   ① Server + Applet의 합성어로 서버 상에서 실행되는 Applet이란 의미를 가진다.
   ② Java 애플리케이션의 하나로 일반 자바 애플리케이션에 웹 관련 프로토콜을 처리할 수 있는 부분을 추가한 것이다.
   ③ PHP나 ASP와 같이 Servlet에 대한 요청이 들어오면 새로운 프로세스를 생성하여 요청에 응답한다.
   ④ Core Java의 일부가 아니므로 Servlet 클래스는 모든 JVM에 기본적으로 포함되어 있지 않다.

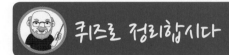

6. 다음 기술 중 웹 애플리케이션의 클라이언트 측 기술은?

① 자바스크립트(Javascript)　　　　② 서블릿(Servlet)

③ JSP(Java Server Page)　　　　④ JDBC(Java DataBase Connectivity)

7. 다음 Servlet의 메소드 중 사용자의 GET 방식의 요청을 처리할 수 있는 메소드는?

① init()　　　　② destroy()　　　　③ doGet()　　　　④ doPost()

8. 다음 중 Apache 웹 서버의 환경 설정 파일은?

① server.xml　　　② httpd.conf　　　③ log4j.properties　　　④ build.xml

9. 다음 중 웹 애플리케이션 개발에 있어 다양한 JSP에서 사용하는 공통된 자바스크립트의 경우 특정 확장자를 가지는 파일로 묶어서 관리합니다. 이 파일의 확장자명은?

① jsp　　　　② js　　　　③ gif　　　　④ html

10. 다음 각 문장에서 설명하는 내용이 맞으면 O, 틀리면 X 표시를 하시오.

① 패스워드를 사용자에게 받아서 웹 서버로 보내기 위해서는 POST 방식보다 GET 방식이 좋다.(　)

② GET 방식은 브라우저에서 웹 서버로 전송할 수 있는 파라미터의 길이에 제한이 있다.(　)

③ POST 방식은 전송해야 할 파라미터를 URL에 붙여서 웹 서버로 전송한다.(　)

④ 웹 브라우저가 웹 서버에 정보를 요청할 때 사용하는 디폴트 방식은 GET 방식이다.(　)

11. 다음 중 〈form〉 태그의 속성으로 사용되지 않는 것은?

① action　　　　② method　　　　③ enctype　　　　④ value

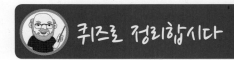
퀴즈로 정리합시다

12. 다음의 글에서 각각의 괄호에 들어갈 올바른 단어를 제시하시오.

> 〈input〉 태그가 지닌 type 속성이 text, password, checkbox, radio일 경우는 (①)
> 속성에 기입한 내용이 기본적으로 설정된 초기 입력 내용으로 쓰여진다. 한편, (②)
> 속성은 type 속성이 text와 password일 때 나타나는 입력 필드에서만 사용되며 문자
> 입력창의 글자 수를 지정하기 위해 사용된다.

13. 다음의 글에서 각각의 괄호에 들어갈 올바른 단어를 제시하시오.

> (①) 태그는 스크롤되는 목록을 화면에 나타내며 그러한 여러 가지 선택 목록 중
> 하나 또는 그 이상을 선택하기 위해 사용된다. 여러 개를 선택하기 위해서는 (②)
> 속성을 지정해야 한다. 〈select〉 태그 내부에 지정하는 (③) 태그는 목록에 들어
> 갈 항목들을 지정하기 위해 사용되며 이 태그에 (④) 속성이 지정되면 그 항목이
> 기본 선택 값으로 지정된다.

14. 다음 중 〈input〉 태그의 type 속성에 적을 수 없는 것을 모두 고르시오.

> text, password, select, checkbox, radio, hidden, textarea, submit, reset

15. http://www.test.com/test.jsp라는 URL에 다음과 같은 정보가 쿼리 스트링 형태
    로 추가되어진 URL을 다시 작성하시오.

> 정보 1 – 이름: userid, 값: pinksung
> 정보 2 – 이름: pwd, 값: 1234
> 정보 3 – 이름: page, 값: 1

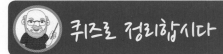
퀴즈로 정리합시다

16. 다음 중 유입되는 인자의 한글 변환 처리에 관여하는 메소드는?

① setCharacterEncoding( )   ② setAttribute( )

③ getSession( )   ④ getWriter( )

17. input.jsp 페이지를 다음과 같은 화면으로 구성한 후 입력된 값을 result.jsp 페이지로 전송하려고 한다.

다음 주어진 조건을 만족하는 input.jsp의 아래 〈form〉 태그 코드를 작성하시오.

```
조건 : 데이터 전송 방식 : post
코드 :
<form (①              )="result.jsp" (②              )="post">
```

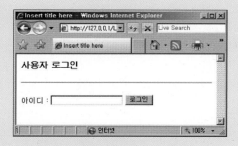

18. 서블릿을 작성하기 위해서 반드시 상속받아야 하는 클래스는 무엇인가?

① Servlet 인터페이스   ② GenericServlet 클래스

③ ServletContext 클래스   ④ HttpServlet 클래스

19. HTTP 요청 방식 중 GET과 POST에 관한 설명입니다. 잘못된 것은?

① GET은 URL에 지정된 문서의 정보를 가져올 때 사용된다.

② 많은 양의 사용자 데이터를 보내려면 POST 방식을 사용해야 한다.

③ GET 방식은 단순한 질의나 검색을 할 때 사용된다.

④ HTML 폼을 사용하여 데이터를 전달할 때는 POST 방식만 가능하다.

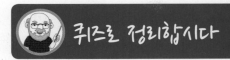

20. 다음은 JSP 수행 흐름과 관련된 설명이다. 틀린 것을 고르시오.

① JSP는 Servlet으로 변환되어 수행된다.

② JSP가 요청될 때마다 Servlet으로 변환된다.

③ JSP를 Servlet으로 변환하는 역할은 JSP 컨테이너가 담당한다.

④ JSP에 의해 변환된 Servlet은 GET과 POST를 모두 지원한다.

21. HttpServlet 상속시 오버라이딩하는 doGet() 메소드의 매개 변수 사양으로 맞는 것은?

① doGet(HttpServletResponse, HttpServletRequest)

② doGet(HttpServletRequest, HttpServletResponse)

③ doGet(ServletRequest, ServletReponse)

④ doGet(ServletResponse, ServletRequest)

22. 다음은 쿼리 스트링의 전달 방식인 URL 인코딩 규칙에 대한 설명이다. 틀린 것은?

① 영문자 대소문자와 숫자는 그대로 전달되며 변환되지 않는다.

② 공백은 생략되어 전달된다.

③ 여러 개의 name=value 들은 & 기호로 구분된다.

④ 한글은 % 기호와 함께 16 진수로 변환되어 전달된다.

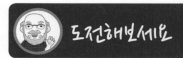

도전해보세요

문제의 답은 로드북 홈페이지(http://roadbook.co.kr/126)에서 확인할 수 있습니다.

"회원 가입 페이지 작성하기"

목표 〈form〉 태그를 사용하여 입력 폼의 대표할 만한 사용 예인 회원 가입 페이지를 작성하고 여기서 입력 받은 값을 서블릿에 받아 처리합니다.

난이도 상

조건 표시된 내용은 회원 가입을 위해 반드시 입력해야 하는 항목입니다. 자바스크립트로 유효성을 체크하세요.

3장

JSP 기본 다루기

이 장을 시작하기 전에

서블릿의 기본 개념까지 잘 따로 오셨습니다.

- 서블릿을 어떻게 만들고 실행하는지 잘 모른다거나
- HTML 문서에서 폼 양식을 만들어 서블릿에서 데이터를 받아 다시 HTML로 출력하는 방법
  을 모른다면.

앞장을 다시 한번 복습한 후에 이 장을 읽기 바랍니다.

- 스트립트릿이나 선언, 표현식 등
- JSP 기본 태그에 익숙하다면

다음 장으로 건너뛰어도 좋습니다.

JSP로 시작하는 웹 프로그래밍

인터넷 사용자에게 정보를 제공하기 위해서는 HTML 태그를 사용하여 웹브라우저 내에 정보를 표시하는데 JSP에서는 이러한 HTML 태그를 사용할 수 있어 웹 애플리케이션의 프리젠테이션 역할을 합니다. 프리젠테이션이란 "보여주기" 정도의 의미를 갖고 있습니다. JSP는 다양한 태그 예를 들면 곧 배우게 될 스크립트릿과 같은 것을 이용하여 쉽게 웹 프로그래밍을 할 수 있게 도와줍니다.

자바 기술을 기반으로 서버에서 실행되는 언어인 JSP를 본격적으로 학습하기에 앞서 2장에서 학습했던 컨텍스트 패스Context Path라는 개념을 좀 더 깊이 있게 학습해 보겠습니다. 컨텍스트 패스는 여러 개의 웹 애플리케이션이 WAS에서 동작할 경우 이를 구분하기 위해서 사용합니다. 다음은 JSP를 요청하기 위한 URL입니다.

요청할 JSP는 앞에 웹 애플리케이션의 컨텍스트 패스(jsp-study)를 기술해야 합니다. 컨텍스트 패스는 톰캣 서버의 server.xml 파일에 등록해야 합니다. 우리는 자동화 툴인 이클립스를 사용하기 때문에 직접 컨텍스트 패스를 지정하지 않고 이클립스가 자동으로 server.xml 파일에 등록한 컨텍스트 패스를 사용해 왔습니다. 이때 이클립스가 자동으로 만들어주는 컨텍스트 패스는 프로젝트 이름과 동일합니다.

하지만 프로젝트 생성시 입력하는 프로젝트 이름은 개발자 입장에서 개발을 위해서 생성된 파일들을 관리하기 위한 폴더입니다. 컨텍스트 패스는 사용자가 해당 웹 애플리케이션을 사용하기 위해서 접근하는 경로가 됩니다.

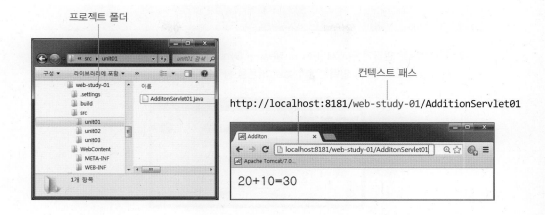

경우에 따라서는 개발자는 컨텍스트 패스 이름을 웹 프로젝트 이름과는 다른 이름으로 바꿀 수 있습니다.

컨텍스트 패스에 대한 이해를 쉽게 하기 위해 이번 장에서 새롭게 생성할 웹 프로젝트의 컨텍스트 패스를 프로젝트 이름과 다른 새로운 이름으로 바꾸는 방법을 배워 보겠습니다.

컨텍스트 패스를 해석해보면 이 용어가 어렵지만은 않습니다. 사용자에게 서비스를 제공해주는 웹 페이지를 컨텍스트(내용)로 보았을 때 이를 저장하는 경로로 의역할 수 있으니까요. 소스가 있는 경로라고 쉽게 이해하면 됩니다. IT에서는 흔히 사용하는 용어이기에 꼭 기억해 두기 바랍니다.

1. 웹 프로젝트를 만들기 위해서 [File → New → Dynamic Web Project]를 선택하여 프로젝트
   이름(web-study-03)을 입력한 후 [Next] 버튼을 클릭합니다.

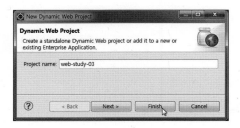

2. 환경 설정을 위한 화면이 나타나면 [Next] 버튼을 클릭합니다.

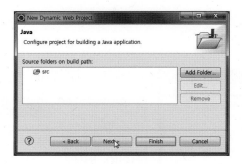

3. 기본적으로 컨텍스트 패스 이름은 프로젝트 이름과 동일하게 설정되어 나타납니다.

4. 컨텍스트 패스 이름을 기본 값인 프로젝트 이름이 아닌 새로운 이름으로 바꾸어 봅시다. 그러
   기 위해서는 위해서 [Next] 버튼을 눌러 웹 프로젝트를 만들기 위한 마지막 단계에서 나타나
   는 화면에서 Context root: 입력란에 jsp-study를 직접 입력합니다.

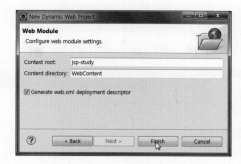

Content directory란?

웹 프로그램에서 제공되는 모든 이미지나 웹 페이지와 같은 자원(Content)을 저장해 두는 경로를 말합니다. 웹 프로그래밍을 하면서 새롭게 만들어지는 jsp 페이지를 Content directory로 지정한 경로에 저장해야 합니다.

5. 이클립스의 화면 왼쪽에 [Project Explorer]에 웹 프로젝트(web-study-03)가 추가되어 나타납니다. 새롭게 나타난 웹 프로젝트를 선택한 후 마우스 오른쪽 버튼을 클릭하여 나타난 바로가기 메뉴에서 [New → JSP File]를 선택합니다. [New JSP File] 창이 나타나면 파일 이름을 입력합니다. 이 책에서는 파일 이름을 01_hello로 합니다. 파일 이름만 입력하면 확장자는 자동으로 .jsp로 붙습니다. 생성된 01_hello.jsp 파일의 〈body〉 태그 안에 〈h1〉 Hello JSP 〈/h1〉을 기술합니다.

```
1   <%@ page language="java" contentType="text/html; charset=UTF-8"
2       pageEncoding="UTF-8"%>
3   <!DOCTYPE html>
4   <html>
5   <head>
6   <meta charset="UTF-8">
7   <title>JSP</title>
8   </head>
9   <body>
10  <h1> Hello JSP </h1>
11  </body>
12  </html>
```

6. [Ctrl+F11]을 눌러 실행하면 다음과 같은 요청 URL이 나타납니다. 프로젝트 이름이 아닌 프로젝트 생성 마지막 단계에서 입력한 Context root 값이 컨텍스트 패스로 나타납니다.

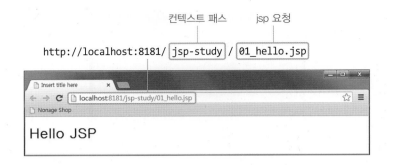

7. 톰캣 서버의 server.xml 파일에 컨텍스트 패스가 어떻게 설정되어 있는지 확인해 봅시다. 이 클립스에 의해 server.xml 파일에 자동 추가된 〈Context〉 태그의 path 속성이 JSP를 요청할 때 지정하는 컨텍스트 패스입니다. 위 그림에서 보면 path 속성값이 프로젝트 생성 마지막 단계에서 입력한 Context root 값인 "/jsp-study"로 지정되어 있음을 확인할 수 있습니다. 덕분에 톰캣이 컨텍스트 패스로 인식하는 path 속성 값이 프로젝트 이름인 "/web-study-03"이 아닌 "jsp-study"로 인식됩니다.

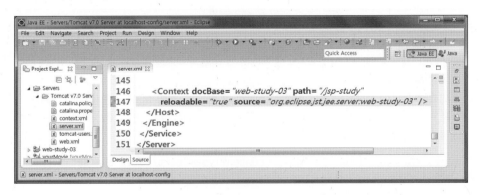

    JSP 학습을 하기 위해서는 웹 프로그래밍 기술이 필요합니다. 여기서 웹 프로그래밍 기술이란 웹사이트 제작 기술입니다. 웹사이트를 구축하기 위해서는 우선 웹브라우저에서 동작하여 결과를 보여주는 HTML 태그와 자바스크립트, CSS, jQuery 등이 있습니다. 이 기술들은 자바를 모르더라도 익힐 수 있는 기술입니다.

[클라이언트측(사용자)]
HTML 태그와 자바스크립트,
CSS, jQuery 번역기가 탑재되어 있음

HTML 태그와 자바스크립트, CSS, jQuery와 같이 웹브라우저만 있으면 동작하는
웹 기술로는 회원가입시 정보를 기억하고 저장해서 로그인시 인증 처리를 하지는 못
합니다. 회원 정보가 데이터베이스에 저장되어 있어야만 이 정보를 읽어 로그인 인증
처리를 할 수 있기 때문입니다. 또한 데이터베이스에 정보를 저장하거나 정보를 읽어
오기 위해서는 JDBC와 같은 자바에서 데이터베이스를 다룰 수 있도록 하는 기술도
필요하고 이렇게 자바로 처리된 로직들의 결과를 HTML 태그로 변환해서 클라이언
트에게 응답해줄 JSP 기술도 필요합니다. 이번 장에서 살펴볼 JSP는 HTML 파일에서
불가능한 자바 코드를 작성하는 방법을 살펴보도록 하겠습니다.

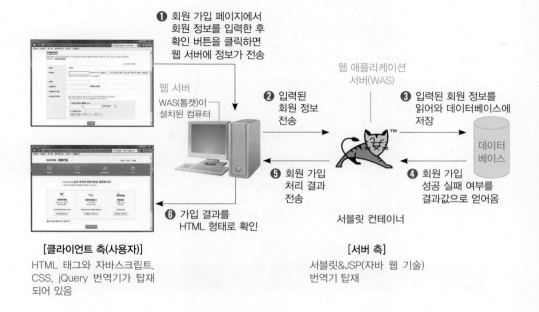

[클라이언트 측(사용자)]
HTML 태그와 자바스크립트,
CSS, jQuery 번역기가 탑재
되어 있음

[서버 측]
서블릿&JSP(자바 웹 기술)
번역기 탑재

JSP와 HTML

JSP는 Java Server Page의 약어로서 HTML 태그에 자바로 프로그래밍하여 브라우
저에 보여주는 특별한 페이지입니다. 아래와 같이 HTML 태그 사이에 〈% %〉를 추가
하려면 이는 JSP 파일로 작성해야 합니다. 반면 JSP 파일은 HTML 파일과는 다르게
동작합니다. HTML 파일은 확장자가 html이고 이는 웹브라우저 내의 번역기가 돌리
는 반면 JSP 파일은 톰캣 서버가 번역하여 그 결과를 HTML 태그로 변환한 후 웹브
라우저에 내려 보냅니다.

```
<%@ page language="java" contentType="text/html; charset=UTF-8"
    pageEncoding="UTF-8"%>
<html>
<body>
<%
    int num1 = 20;
    int num2 = 10;
    int add = num1 + num2;
    out.print( num1 + " + " + num2 + " =" + add);
%>
</body>
</html>
```

—— HTML 태그 사이에
⟨% %⟩를 추가

JSP 문서는 HTML 태그 사이에 ⟨% %⟩(JSP가 제공해주는 스크립트릿 태그)를 추가하여 그 안에 자바 코드를 집어넣으면 서블릿 컨테이너는 이 부분을 JSP로 인식하여 이를 해석한 후 HTML 형태로 변환합니다. 이렇게 변환된 내용이 브라우저를 통해서 나타납니다.

아래 JSP를 만들기 위해 웹 프로젝트(web-study-03)를 선택한 후 마우스 오른쪽 버튼을 클릭하여 나타난 바로가기 메뉴에서 [New → JSP File]를 선택합니다. [New JSP File] 창이 나타나면 파일 이름(02_addition.jsp)을 입력합니다. 02_addition.jsp 파일의 ⟨body⟩ 태그 안에 ⟨%...%⟩의 내용을 코딩하여 넣습니다.

[직접해보세요] 두 수의 합을 출력하는 JSP   [파일 이름 : 02_addition.jsp]

```
1    <%@ page language="java" contentType="text/html; charset=UTF-8"
2        pageEncoding="UTF-8"%>
3    <!DOCTYPE html>
4    <html>
5    <head>
6    <meta charset="UTF-8">
7    <title>JSP</title>
8    </head>
9    <body>
10   <%
11       int num1 = 20;
12       int num2 = 10;
```

```
13          int add = num1 + num2;
14          out.print( num1 + " + " + num2 + " =" + add);
15      %>
16      </body>
17      </html>
```

위 JSP 페이지를 살펴보면 HTML 파일과는 달리 1~2 줄에 페이지 지시자가 기술되어 있고 10~15 줄에서와 같이 자바 코드를 기술할 수 있습니다. HTML 파일에 작성한 태그는 웹브라우저에서 바로 동작하지만 JSP 페이지에 기술한 태그들은 서블릿 내의 자바 코드로 변환됩니다. 그러면서 스크립트릿 내의 자바 코드는 그대로 서블릿 코드로 들어갑니다. 이후에 서블릿과 JSP 관계에서 보다 자세히 설명할 좀 어려운 얘기지만 HTML과 JSP는 엄연히 다른 문서라는 것을 언급하기 위해서 어려운 얘기가 미리 나왔습니다.

클라이언트가 브라우저의 주소 입력란에 요청할 JSP 페이지 이름을 입력하면 웹 서버에게 JSP 페이지를 요청하는 것입니다. 웹 서버는 JSP 페이지를 찾아서 클라이언트에게 전송합니다. 클라이언트에 전송된 결과 페이지가 어떤 내용인지 확인해봅시다. 브라우저에 나타난 페이지의 내용을 확인하려면 해당 웹페이지(JSP 파일)에서 마우스 오른쪽 버튼을 클릭하여 나타난 바로가기 메뉴에서 [페이지 소스 보기]를 선택합니다.

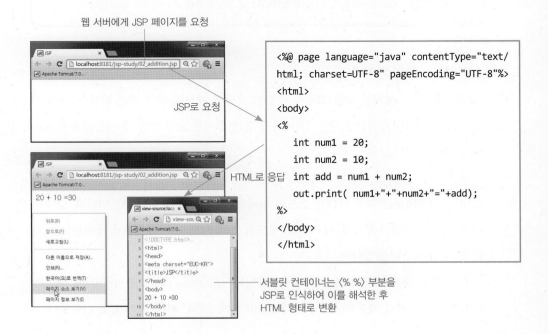

웹 서버에게 JSP 페이지를 요청

JSP로 요청

HTML로 응답

```
<%@ page language="java" contentType="text/
html; charset=UTF-8" pageEncoding="UTF-8"%>
<html>
<body>
<%
    int num1 = 20;
    int num2 = 10;
    int add = num1 + num2;
    out.print( num1+"+"+num2+"="+add);
%>
</body>
</html>
```

서블릿 컨테이너는 〈% %〉 부분을 JSP로 인식하여 이를 해석한 후 HTML 형태로 변환

메모장으로 본 JSP 페이지 소스는 스크립트릿 태그는 없어지고 HTML로만 구성된 문서 형태입니다.

서블릿과 JSP의 차이

JSP로 만들어진 예제를 보면 결과물로 놓고 보았을 때 서블릿과 별반 다른 일을 하지 않습니다. 서블릿과 JSP가 같은 일을 하기 위해 등장한 도구라면 왜 서블릿과 JSP 둘 다 존재할까요?

자바 기반으로 웹 애플리케이션을 작성하기 위한 도구로 서블릿이 먼저 만들어졌습니다. 하지만 서블릿은 HTML 코드가 자바 코드 안에 들어가는 구조입니다. 디자이너가 자바를 이해하지 못한 채 HTML 코드를 자바 형태인 서블릿에서 작성한다는 것은 거의 불가능한 일입니다.

이러한 문제점 때문에 등장한 것이 JSP입니다. JSP는 HTML 문서에 자바 코드가 들어가는 구조이기 때문에 서블릿보다는 JSP로 개발하는 편이 훨씬 쉽고 간단합니다.

JSP는 서블릿보다 간편하게 웹 애플리케이션을 개발하기 위해서 등장한 것이기 때문에 서블릿 컨테이너는 JSP를 있는 그대로 받아들이지 못하고 이를 서블릿으로 변환한 후에 동작시킵니다. 아래 myCount.jsp 파일을 이클립스에서 추가하고 실행하는 방법은 이전 절과 절차가 동일합니다.

[직접해보세요] 변수값을 1 증가하여 출력하는 JSP　　　　　　[파일 이름 : myCount.jsp]

```
1    <%@ page language="java" contentType="text/html; charset=UTF-8"
2        pageEncoding="UTF-8"%>
3    <!DOCTYPE html>
4    <html>
5    <head>
6    <meta charset="UTF-8">
7    <title>JSP</title>
8    </head>
9    <body>
10   <%
11       int count=0;
12       out.print("count : ");
13       out.println(++count);
14   %>
15   </body>
16   </html>
```

개발자가 jsp를　　　　　서블릿 컨테이너가
작성하면　　　　　　　서블릿으로 변환

myCount.jsp　　　　　　myCount_jsp.java

그렇다면 서블릿은 배울 필요가 없지 않을까요? 컨테이너가 알아서 해주기 때문에 굳이 서블릿을 배울 필요는 없을 것 같은데요.

나중에 다시 배우겠지만, Model2 방식인 MVC 패턴으로 웹 프로그램을 작성할 경우 컨트롤러(뜻 그대로 통제를 해주는 역할을 하는 프로그램으로 우선은 이해를 해주세요)로 서블릿이 사용되기 때문에 서블릿은 반드시 공부해야 합니다. 또한 JSP 페이지에서 오류가 발생하면 에러 메시지가 서블릿으로 변환된 코드로 알려줍니다. 서블릿을 모른 채 JSP를 학습하면 발생하는 오류를 잡기도 힘듭니다.

서블릿 컨테이너는 JSP를 직접 해석하지 못하고 JSP를 서블릿으로 변환한 후에 서블릿만 해석합니다. 그렇기 때문에 우리는 JSP로 프로그래밍을 해도 서블릿 컨테이너가 JSP를 서블릿으로 거듭나게 합니다.

서블릿 컨테이너가 만든 서블릿은 다음 경로에서 찾을 수 있습니다.

```
eclipse\web_workspace\.metadata\.plugins\org.eclipse.wst.server.
core\tmp0\work\Catalina\localhost\jsp-study\org\apache\jsp
```

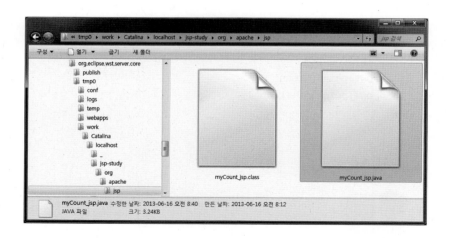

찾아간 위치에 우리가 만든 JSP 문서의 이름(myCount.jsp)과 유사한 이름의 서블릿 파일(myCount_jsp.java)과 서블릿 클래스 파일(myCount_jsp.class)을 확인할 수 있습니다. 이들 파일들은 우리가 만든 JSP 파일을 기본으로 하여 서블릿 컨테이너가 서블릿 파일로 변환해 놓은 것입니다.

우리가 웹 브라우저의 주소란에 "http://localhost:8181/jsp-study/myCount.jsp"를 입력하여 "myCount.jsp" 파일을 요청하면 이를 웹 서버는 myCount_jsp.class을 달라는 것으로 의역합니다.

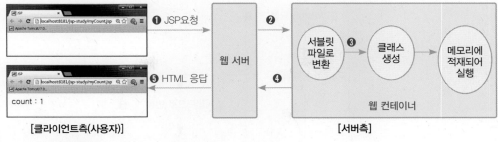

[클라이언트측(사용자)]

웹 브라우저
HTML 태그와 자바스크립트
번역기가 탑재되어 있음

JSP가 서블릿 컨테이너에서 동작하는 순서를 다시 한번 정리하면 아래와 같습니다.

❶ 브라우저에서 JSP 페이지("myCount.jsp")를 웹 서버에게 요청합니다.

❷ 웹 서버는 JSP에 대한 요청을 서블릿 컨테이너에게 넘깁니다. 그러면 서블릿 컨테이너는 해당 JSP를 찾아서 서블릿 파일(myCount_jsp.java)을 생성합니다.

❸ 서블릿 파일은 컴파일되어 서블릿 클래스 파일(myCount_jsp.class)을 생성합니다.

❹ 서블릿 수행 결과가 웹 서버에 전송됩니다.

❺ 사용자는 서블릿의 출력 결과인 HTML 형태로 응답 결과를 보게 됩니다.

JSP가 서블릿에 비해 처리 속도가 느리지 않는 이유

클라이언트가 요청한 것은 JSP 파일(myCount.jsp)이지만 응답하는 것은 JSP 파일이 아니라 .class 확장자를 가지고 있는 서블릿 파일(myCount_jsp.class)입니다.

JSP는 서블릿으로 변환되는 과정이 추가되기 때문에 서블릿보다 응답시간이 느릴 것이라고 생각할 수 있지만, 서블릿과 JSP는 응답하는 데 걸리는 시간 차이가 그리 크지 않습니다.

왜냐하면 JSP가 서블릿으로 변환되는 과정은 JSP 페이지가 최초로 요청되었을 때 단 한 번뿐이고 이미 요청되었던 페이지가 다시 요청되면 이미 변환이 된 서블릿 파일로 서비스가 처리되기 때문입니다.

다음은 웹 컨테이너가 JSP 페이지를 어떻게 처리하는지 순서도로 설명해 보겠습니다.

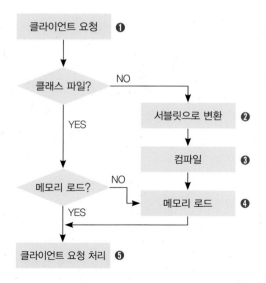

① 사용자가 브라우저 주소 창에 http://localhost:8181/jsp-study/myCount.jsp를 입력하여 요청을 합니다. 웹 서버는 JSP 페이지(myCount.jsp) 형태의 요청에 대해서 웹 컨테이너로 하여금 처리하도록 파일을 넘깁니다.

② JSP 페이지(myCount.jsp)가 처음으로 요청된 것이면 JSP 파일을 변환하여 서블릿 자바 파일(myCount_jsp.java)을 생성합니다.

③ 서블릿 파일은 실행 가능한 상태인 클래스 파일(myCount_jsp.class)로 컴파일 됩니다.

④ 클래스 파일(myCount.jsp.class)이 메모리에 적재되어 실행됩니다.

⑤ 실행 결과가 웹 서버에 넘겨지면 웹 서버는 HTML 형태로 사용자에게 응답하게 됩니다. 사용자는 브라우저에 넘겨진 페이지를 출력하여 결과를 볼 수 있게 됩니다.

두 번째 이후로 동일한 JSP 페이지(myCount.jsp)가 요청되면 ②, ③, ④ 과정은 거치지 않고 메모리에 로드된 클래스 파일이 응답 처리됩니다. 그렇기 때문에 서블릿과 JSP는 응답하는 데 걸리는 시간 차이가 그리 크지 않습니다.

실제 개발을 하면서 웹 컨테이너가 JSP를 변환하여 만들어 낸 서블릿 코드를 들춰볼 필요는 없지만 심도 있게 공부하고자 하는 분들은 한 번씩 보아두는 것도 나쁘지 않을 것 같습니다. 이런 의미로 서블릿 컨테이너가 생성한 서블릿 클래스는 어떻게 생겼는지 살펴보도록 할까요? 다음은 서블릿 컨테이너가 생성한 서블릿 클래스의 예입니다.

```
package org.apache.jsp;

import javax.servlet.*;
import javax.servlet.http.*;
import javax.servlet.jsp.*;
```

HttpJspBase의
하위 클래스를 생성

```
public final class myCount_jsp extends org.apache.jasper.runtime.
HttpJspBase
   implements org.apache.jasper.runtime.JspSourceDependent {
```

요청에 대해 반응하는
jspService( )를 만든다.

```
   public void _jspService(final javax.servlet.http.HttpServletRequest request,
                    final javax.servlet.http.HttpServletResponse response)
      throws java.io.IOException, javax.servlet.ServletException {

   final javax.servlet.jsp.PageContext pageContext;
   javax.servlet.http.HttpSession session = null;
   final javax.servlet.ServletContext application;
   final javax.servlet.ServletConfig config;
   javax.servlet.jsp.JspWriter out = null;
   final java.lang.Object page = this;
   javax.servlet.jsp.JspWriter _jspx_out = null;
   javax.servlet.jsp.PageContext _jspx_page_context = null;
```

—— JSP를 작성할 때 쓰는 out과
request와 같은 내장 객체를
선언한다.

```
   try {
      response.setContentType("text/html; charset=UTF-8");
      pageContext = _jspxFactory.getPageContext(this, request, response,
                    null, true, 8192, true);
      _jspx_page_context = pageContext;
      application = pageContext.getServletContext();
      config = pageContext.getServletConfig();
      session = pageContext.getSession();
      out = pageContext.getOut();
      _jspx_out = out;
```

—————— 내장 객체를 생성한다.

```
      out.write("\r\n");
      out.write("<!DOCTYPE html>\r\n");
      out.write("<html>\r\n");
      out.write("<head>\r\n");
      out.write("<meta charset=\"UTF-8\">\r\n");
      out.write("<title>JSP</title>\r\n");
      out.write("</head>\r\n");
```

————— JSP에 있는 HTML 코드, 스트립트릿을 출력
스트림 out의 출력 메소드로 출력한다.

```
    out.write("<body>\r\n");

    int count=0;
    out.print("count : ");
    out.println(++count);

    out.write("\r\n");
    out.write("</body>\r\n");
    out.write("</html>");
  } catch (java.lang.Throwable t) {
    //중략

  } finally {
    //중략
  }
 }
}
```

JSP가 변환된 서블릿 클래스는 3개의 패키지가 자동으로 import 되어 있음을 확인할 수 있습니다. 웹 페이지의 요청은 get 방식과 post 방식이 있고 서블릿은 요청에 따라 **doGet()** 혹은 **doPost()** 메소드가 각각 호출됩니다. 요청에 대한 처리는 이 두 메소드(doGet 혹은 doPost) 외에 **service()**로 할 수 있습니다.

service()는 get 방식과 post 방식 구분 없이 모든 요청에 대한 처리를 하는 메소드입니다. 서블릿 컨테이너가 JSP를 변환하여 만든 서블릿 클래스에는 요청에 대한 처리를 doGet 혹은 doPost가 아닌 **_jspService()**가 맡아서 처리하도록 정의해 놓습니다.

그리고 아직 배우지는 않았지만 서블릿 컨테이너가 JSP를 서블릿으로 변환하는 과정 중, 서비스 메소드 선언 다음에 내장 객체를 선언하고 값을 할당하는 부분이 있습니다. 이 때문에 서블릿에서 사용했던 out과 같은 내장 객체를 JSP에서 사용할 수 있는 것입니다.

내장 객체를 JSP에서 사용할 수 있다는 의미는 무엇일까요?

객체는 일반적으로 필요할 때마다 개발자가 생성한 후에 사용 가능합니다. 하지만 경우에 따라서는 객체가 이미 생성된 상태로 제공이 되어 그냥 사용만 하면 되는 경우가 있는데 이를 내장 객체라고 합니다. 오피스텔에 빌트인 된 냉장고나 세탁기처럼 JSP 페이지에는 이미 out 객체가 생성된 상태로 제공되어 객체 생성 없이 바로 사용하면 됩니다. 이렇게 생성하지 않고 바로 사용할 수 있는 객체를 내장 객체라고 합니다.

JSP 기본 태그

HTML이나 자바스크립트에 의해 작성된 페이지들은 그 페이지를 사용하는 사용자와 상관없이 항상 동일한 내용만을 제공해주는 정적 페이지입니다.

하지만 웹 프로그램들은 사용자에 따라 서로 다른 내용이 제공되어야 하는데 이러한 동적 페이지를 구현하기 위해서는 다음과 같이 JSP 태그를 사용해야 합니다. 아래 태그들은 서버가 인식하는 JSP 태그입니다.

종류	사용용도	형식
스크립트릿(scriptlet)	자바 코드를 기술함	<% %>
선언(declaration)	변수와 메소드를 선언함	<%! %>
표현식(expression)	계산식이나 함수를 호출한 결과를 문자열 형태로 출력함	<%= %>
주석(Comment)	JSP 페이지에 설명을 넣음	<%-- --%>
지시자(Directive)	JSP 페이지의 속성을 지정함	<%@ %>

위에서 선언(변수와 메소드)과 표현식은 자바 코드의 범주에 포함되지 않나요? 그렇다면 예를 들어 선언의 경우에 스크립트릿 내부에 〈% 〈%! %〉 %〉 이런 형식으로 쓰는지요? 그리고 자바 코드에서의 주석은 //로 쓰는 건가요?

선언과 표현식은 JSP 페이지가 서블릿 코드로 변환되면 클래스 영역으로 들어가는 부분으로 〈%! %〉는 스크립트릿과 전혀 관련 없는 내용입니다. 〈%! %〉는 스크립트릿과는 별개의 JSP 태그로서 〈%! %〉 〈% %〉 이런 형식으로 별도로 기술합니다.

스크립트릿 안에서의 주석은 자바 주석인 //나 /* */를 사용하고 HTML 코드 내에 별도의 태그로 JSP 주석을 알릴 때 〈%-- --%〉를 사용합니다.

JSP 스크립트 요소

JSP 문서는 확장자가 .jsp로 저장된 파일을 의미하며 이는 웹 서버에 의해 컴파일됩니다. JSP 문서는 단순히 JSP 태그로만 구성되지 않고, HTML 태그와 함께 사용됩니다. 앞으로는 자바스크립트와 같은 클라이언트측 스크립트도 함께 사용할 것입니다. 이렇듯 JSP 문서는 JSP만이 아닌 다양한 구성요소들로 이루어지는데, 프로그래밍 언어인 자바도 JSP 문서에 함께 기술할 수 있습니다. JSP 페이지에서는 자바를 사용하려면 특정 태그에 기술해야 합니다. 이러한 기능을 제공하는 JSP 스크립트 요소들은 앞서 언급한 서버가 인식하는 5가지의 JSP 태그 중 스크립트릿(scriptlet), 선언문(declaration), 표현식(expression) 3가지가 있습니다. 이를 JSP 스크립트 요소(JSP Scripting Elements)라고 하며 이러한 JSP 스크립트 요소들에 대해 구체적으로 살펴보겠습니다.

스크립트릿

JSP 문서는 HTML 태그와 자바 코드가 섞여 있습니다. JSP 문서는 HTML 태그로 정적 페이지를 디자인하고 웹 서버에서 처리할 문장들을 자바 언어로 부분적으로 기술하는데 이때 사용하는 자바 언어를 서버 스크립트 언어라고 합니다.

서버 스크립트 언어인 자바를 JSP 문서 내부에 기술하려면 JSP가 제공해주는 스크립트릿 태그를 사용해야 합니다. 다음은 스크립트릿 태그의 기본 형식입니다.

```
<%
    웹 서버에서 실행되는 자바 코드를 기술합니다.
%>
```

JSP에서 자바 코드는 스크립트릿 태그인 〈% %〉 내부에 기술합니다. 다음은 두 정수값을 더하는 자바 코드를 JSP에서 기술하기 위해서 스크립트릿 태그를 사용한 예입니다. 앞절에서 코딩해서 실행해봤던 02_addition.jsp의 일부입니다.

```
<%
    int num1 = 20;
    int num2 = 10;
    int add = num1 + num2;
    out.print( num1 + " + " + num2 + " =" + add);
%>
```

두 정수와 계산된 결과를 화면에 출력하는 코드를 추가하기 위해서는 JSP의 내장
객체인 out을 사용해야 합니다. out은 출력을 담당하는 JSP 내부객체로서 출력하기
위한 print() 메소드를 사용해야 합니다. "02_addition.jsp"를 브라우저에서 띄우면
다음과 같이 출력됩니다.

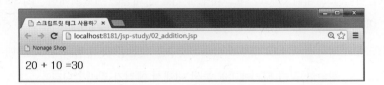

out이라는 내장객체

여기서 out은 일반적인 자바 프로그램의 System.out이 아닙니다. 서블릿에서 요청이 있
을 때마다 호출되는 doGet 혹은 doPost 메소드에서 클라이언트에 응답을 하기 위해서
response.getWriter( ) 메소드로 얻어낸 PrintWriter로 선언한 out 객체와 동일합니다. 서블
릿에는 객체를 생성한 후 사용하지만 JSP 페이지에서는 out이 내장객체 형태로 제공되기에
바로 사용할 수 있습니다.

선언문

JSP에서 변수나 메소드의 선언은 어떻게 하며 화면에 보여지기 위해서는 어떻게 동
작하는지를 알아보겠습니다.

JSP 페이지에서 사용되는 변수나 메소드를 정의하기 위해서 선언문(Declaration)
을 사용합니다.

그렇다면 왜 선언문은 〈%을 사용하지 않고 〈%!을 사용하나요? 같은 자바 소스로 〈%
으로 통일했으면 더 나았을 것 같은데요.

〈% %〉 내에 기술한 코드는 JSP가 서블릿 코드로 변환되었을 때 _jspService() 메소드 내부에 들어갑니다. static 변수나 메소드 정의는 메소드 내부에 할 수 없고 클래스 영역에 선언해야 하는데 〈%! %〉 안에 기술한 코드들은 클래스 영역에 정의되기 때문입니다.

그러면 static 변수가 아닌 일반변수를 스크립틀릿 태그인 〈% %〉 안에 선언하여 사용할 수 있을까요?

모든 언어에서 메소드 내에 static 변수를 선언하거나 메소드 내에 메소드를 정의할 수는 없습니다. JSP 내의 〈% %〉 태그 내부에 기술된 내용은 서블릿에서 _jspService() 메소드 내부에 기술되는 내용이기 때문에 〈% %〉 태그 내부에 static 변수를 선언하거나 메소드를 정의하면 메소드 내부에 static 변수를 선언한 것이 됩니다. 또한 메소드 내부에 메소드를 정의한 것이 되기에 JSP 문서 내에서 에러가 발생합니다.

메소드 내부에 선언되는 변수를 지역변수라고 하면 지역변수는 static 변수가 아니어야 합니다. 그렇기 때문에 _jspService() 메소드 내부로 변환된 코드를 기술하는 〈% %〉 태그 내부에는 static 변수가 아닌 일반 변수 형태로 변수를 선언하고 if문이나 for문과 같은 제어문이나 기타 등등 자바에서 사용되는 문장들을 기술할 수 있습니다. JSP에서는 〈% %〉 태그에서 기술을 하지만 이것은 곧 서블릿의 _jspService() 메소드 내부에 기술하는 것이기 때문입니다.

이제 본론으로 들어가서 선언문의 기본 형식은 다음과 같습니다.

```
<%!
    변수를 선언합니다.
    메소드를 정의합니다.
%>
```

선언문을 의미하는 태그는 〈%! %〉로 표현되며 이 태그 안에 변수를 선언하거나 메소드를 정의합니다. 선언문에서 선언한 변수나 메소드들은 JSP 페이지가 초기화될 때 초기화되어서 페이지 내의 어떠한 스크립트릿이나 표현식에서도 접근해서 사용할 수 있습니다.

선언문에 변수를 선언할 수 있는데 자바와 동일한 방법으로 선언을 하면 됩니다. 선언문 내부에서는 자바의 문법 구조를 따라야 하기 때문에 변수를 선언하는 문장 끝에는 세미콜론(;)을 기술해야 합니다.

```
<%!
   String str="안녕하세요!";
%>
```

선언문에 선언한 변수 str은 JSP 문서 전체에서 사용 가능한 변수이며 "안녕하세요!"를 초기 값으로 지정하였습니다.

하나의 선언문에서 변수 여러 개를 한꺼번에 선언할 수 있습니다.

```
<%!
   String str="안녕하세요!";
   int a=5, b=-5;
%>
```

str은 문자열을 저장하기 위한 String 형 변수로 선언하였고, 변수 a와 b는 둘 다 정수형(int)으로 선언하였습니다.

선언문 태그에는 변수의 선언 이외에도 메소드를 정의할 수 있습니다. JSP에서 메소드 정의는 반드시 선언문 태그 내부에서 해야 합니다. 메소드를 정의하는 방식은 자바와 동일합니다. 다음은 절댓값을 구하는 abs() 메소드 선언의 예입니다.

```
<%!
  public int abs(int n){
    if(n < 0){
       n=-n;
    }
    return n;
  }
%>
```

선언문에서는 변수 선언과 메소드 정의만 할 수 있습니다. 변수의 값을 출력하거나 메소드 호출은 스크립트릿 태그에서 해야 합니다.

```
<%
  out.print(str+"<br>");
  out.print(a+"의 절대값 : "+ abs(a)+"<br>");
  out.print(b+"의 절대값 : "+ abs(b)+"<br>");
%>
```

[직접해보세요] 선언문에 변수 선언과 메소드 정의하기   [파일 이름 : 03_dec.jsp]

```
1    <%@ page language="java" contentType="text/html; charset=UTF-8"
2       pageEncoding="UTF-8"%>
3    <%!
4      String str = "안녕하세요!";
5      int a = 5, b = -5;
6
7      public int abs(int n) {
8        if (n < 0){
9          n = -n;
10       }
11       return n;
12     }
13   %>
14   <!DOCTYPE html>
15   <html>
16   <head>
17   <meta charset="UTF-8">
18   <title>JSP</title>
19   </head>
20   <body>
21   <%
22     out.print(str+"<br>");
23     out.print(a+"의 절대값 : "+ abs(a)+"<br>");
24     out.print(b+"의 절대값 : "+ abs(b)+"<br>");
25   %>
26   </body>
27   </html>
```

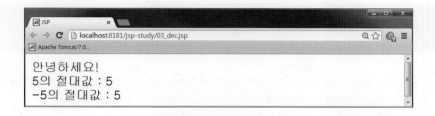

안녕하세요!
5의 절대값 : 5
−5의 절대값 : 5

4 : ""로 둘러싸인 문자열 상수를 String으로 선언한 변수 str에 저장하였습니다. str은 JSP 문서 전체에서 사용 가능한 변수입니다.

5 : 5와 −5를 정수형 변수 a와 b에 각각 저장합니다.

22 : 선언문에서 선언한 변수 str를 출력합니다.

23 : 변수 a를 출력하면서 a에 전달하여 절댓값을 구하는 메소드를 호출하여 이 메소드의 결과로 구한 절댓값을 출력합니다.

24 : 변수 b 역시 abs( )로 절댓값을 구해서 출력합니다.

참고로 3~13라인까지를 제일 뒤로 위치시켜서 실행해보기 바랍니다. 어떤 결과가 나타날까요?

역시 같은 결과가 나타납니다. 선언문의 위치는 아무곳이나 상관없지만 관례적으로 HTML 문서 맨 위에 위치시킵니다.

메소드 정의는 선언문에서만 가능하지만 변수는 선언문과 스크립트릿 모두에서 선언할 수 있습니다. 그렇다면 이 두 변수의 성격이 같을까요?

다음 예제를 통해서 선언문에 선언한 변수와 스크립트릿 변수의 성격이 어떻게 다른지 살펴봅시다.

```
1    <%@ page language="java" contentType="text/html; charset=UTF-8"
2      pageEncoding="UTF-8"%>
3    <%!
4     int global_cnt = 0;
5    %>
6    <!DOCTYPE html>
7    <html>
8    <head>
9    <meta charset="UTF-8">
10   <title>JSP</title>
11   </head>
12   <body>
13   <%
14     int local_cnt=0;
15
16     out.print("<br> local_cnt : ");
17     out.print(++local_cnt);
18
19     out.print("<br> global_cnt : ");
20     out.print(++global_cnt);
21   %>
22   </body>
23   </html>
```

4 :   global_cnt는 선언문에 0으로 초기화하면서 int형 변수로 선언하였습니다.

14 :   local_cnt는 스크립트릿 태그에 0으로 초기화하면서 int형 변수로 선언하였습니다.

17, 20 : local_cnt와 global_cnt 변수 값을 1 증가한 후 이를 출력합니다. 브라우저에 로드된 jsp
를 새로 고침을 여러 번 해보니 스크립트릿 변수는 1만 출력하는 반면 선언문에 선언한
변수는 새로 고침할 때마다 1씩 증가합니다.

위 결과를 이해하려면 웹 컨테이너가 해석하는 서블릿 코드를 살펴보아야 합니다.
다음은 웹 컨테이너가 만든 서블릿 파일입니다.

```
eclipse\web_workspace\.metadata\.plugins\org.eclipse.wst.server.
core\tmp0\work\Catalina\localhost\jsp-study\org\apache\jsp\count_
jsp.java
```

다음은 서블릿 컨테이너가 JSP를 서블릿으로 변환한 내용입니다.

```java
public final class count_jsp extends org.apache.jasper.runtime.HttpJspBase
implements org.apache.jasper.runtime.JspSourceDependent {

int global_cnt = 0;
// 중략
public void _jspService(
            final javax.servlet.http.HttpServletRequest request,
            final javax.servlet.http.HttpServletResponse response)
   throws java.io.IOException, javax.servlet.ServletException {
// 중략
   out.write("<body>\r\n");

   int local_cnt=0;

   out.print("<br> local_cnt : ");
   out.print(++local_cnt);

   out.print("<br> global_cnt : ");
   out.print(++global_cnt);

   out.write("\r\n");
   out.write("</body>\r\n");
   // 중략
```

서블릿 내용이 너무 방대하기 때문에 필요한 코드만 기술하고 나머지는 생략하였습니다. 우선 선언문에 선언한 변수는 서블릿 클래스의 필드로 선언되어 있고 스크립트릿 변수는 _jspService() 메소드 내의 지역변수로 선언되어 있는 것을 확인할 수 있습니다.

서블릿은 첫 번째 요청인 경우에만 서블릿 클래스를 찾아 메모리에 로딩하여 인스턴스(객체)를 생성하고 이 후에 요청에 대해서는 서블릿 인스턴스를 다시 생성하지 않고 이미 메모리에 로딩된 서블릿으로부터 서비스만 받는다고 하였습니다. 그렇기 때문에 필드에 선언된 global_cnt는 새로고침을 여러 번 해도 이미 생성된 필드가 계속 사용되기 때문에 이전의 값을 유지하고 있다가 1 증가시키기 때문에 값이 계속 증가되는 것이고 _jspService() 메소드 내의 지역변수로 선언된 local_cnt는 새로고침을 할 때마다 _jspService() 메소드가 호출되면서 새롭게 메모리 할당을 하면서 0으로 초기화한 후에 1 증가하기 때문에 항상 1만 출력됩니다.

표현식

브라우저에 HTML 형태로 결과를 출력하기 위해서 스크립트릿 태그 내에 jsp 내장 객체 중 출력 담당 out의 print 메소드를 사용했습니다.

```
<%
  out.print(a);
%>
```

JSP에서 브라우저로 출력을 하기 위해서 사용하는 또 다른 방법은 표현식입니다. 이번에는 표현식을 사용하는 방법을 익혀보겠습니다.

표현식(expression)은 변수의 값이나 계산식 혹은 함수를 호출한 결과를 문자열 형태로 웹 문서에 출력할 때 사용되는 태그이며 〈%=로 시작하여 %〉로 끝냅니다. 기본 형식은 다음과 같습니다.

```
<%= 변수 %>
<%= 수식 %>
<%= 메소드 호출 %>
```

〈%=와 %〉 태그 사이에 출력하고자 하는 변수나 수식, 메소드 등을 기술합니다.

```
<%= a %>
```

서블릿 컨테이너는 〈%=와 %〉를 만나면 out.print()로 변환합니다.

표현식에 기술한 내용은 out.print()의 매개 변수가 됩니다. 그렇기 때문에 표현식을 사용할 때 세미콜론(;)을 기술하지 말아야 합니다. 표현식에 세미콜론(;)을 입력했다면 아래와 같이 변환되기 때문입니다.

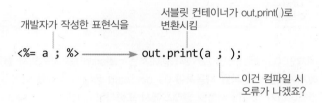

[직접해보세요] **표현식(expression)의 사용 예** [파일 이름 : 04_expr.jsp]

```jsp
1   <%@ page language="java" contentType="text/html; charset=UTF-8"
2     pageEncoding="UTF-8"%>
3   <%!
4     String str = "안녕하세요!";
5     int a = 5, b = -5;
6
7     public int abs(int n) {
8       if (n < 0){
9         n = -n;
10       }
11       return n;
12     }
13  %>
14  <!DOCTYPE html>
15  <html>
16  <head>
17  <meta charset="UTF-8">
18  <title>JSP</title>
19  </head>
```

```
20      <body>
21        <%= str %><br>
22        <%= a %> 의 절대값 : <%= abs(a) %><br>
23        <%= b %> 의 절대값 : <%= abs(b) %><br>
24      </body>
25      </html>
```

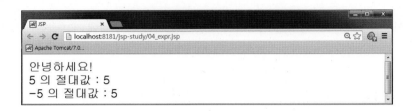

21~23 : 이전 예제인 03_dec.jsp의 22~24: 행에서는 out.print( )를 사용해서 출력하였습니다. 이번 예제에서는 표현식을 사용하여 03_dec.jsp와 동일한 결과를 얻어 보았습니다. 서블릿 컨테이너가 생성한 서블릿 클래스에서 표현식이 out 객체의 print( ) 메소드로 변화된 것을 확인할 수 있습니다.

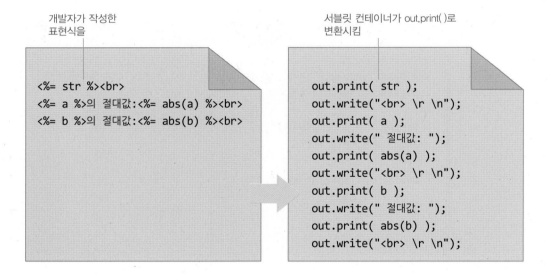

개발자가 작성한 표현식을

```
<%= str %><br>
<%= a %>의 절대값:<%= abs(a) %><br>
<%= b %>의 절대값:<%= abs(b) %><br>
```

서블릿 컨테이너가 out.print( )로 변환시킴

```
out.print( str );
out.write("<br> \r \n");
out.print( a );
out.write(" 절대값: ");
out.print( abs(a) );
out.write("<br> \r \n");
out.print( b );
out.write(" 절대값: ");
out.print( abs(b) );
out.write("<br> \r \n");
```

주석문

프로그램을 작성하다 보면 작성한 문장이 어떤 용도로 기술된 것인지에 대한 설명을 부가적으로 기술해야 할 경우가 있습니다. 이런 경우 기술하는 설명은 프로그램에 아무런 영향을 주지 않으면서 단지 프로그램을 작성하는 이의 이해를 돕기 위한 문장입니다. 이와 같이 설명을 위한 문장을 주석문(Comments)이라고 합니다.

프로그램이 커질수록 각 부분에 대한 설명이 없으면 프로그램을 이해하기가 어려우므로 각 코드 부분에 주석문을 추가합니다. 앞으로 설명할 예제에도 주석문을 기술하여 여러분이 JSP를 보다 잘 이해할 수 있도록 도울 것입니다.

JSP에서 사용할 수 있는 언어는 HTML, 자바, 자바스크립트 등 다양하기 때문에 제공되는 주석문도 다양합니다.

HTML을 작성하다가 설명을 덧붙이려면 〈!-- 와 --〉 태그 사이에 기술합니다.

```
<!-- 주석문 -->
```

JSP 주석문은 주석의 시작은 〈% 기호 다음에 연속적으로 --을 기술하고 주석의 끝은 --%〉 기호로 나타냅니다.

```
<%-- 주석문 --%>
```

HTML의 주석문과 JSP의 주석문은 실행에 아무런 영향을 주지 않는다는 공통점은 있지만 JSP 컨테이너는 두 주석문을 서로 다르게 인식합니다.

HTML 주석문은 웹 컨테이너가 그대로 클라이언트에 보냅니다. 브라우저는 이 부분을 주석으로 처리합니다. 반면 JSP 주석문은 브라우저에 보내지지 않아 공개되지 않습니다.

HTML 주석문과 JSP 주석문은 적절하게 사용되어야 합니다. JSP 문장에 대한 주석이라면 이를 JSP 주석문으로 처리하는 것이 바람직합니다. JSP 문장에 대한 주석 처리를 HTML 주석으로 했다면 클라이언트가 소스보기를 했을 경우 JSP 소스는 공개되지 않는데 그에 대한 주석문(HTML 주석 형식이라면)만 공개되기에 사용자에게 혼동을 초래할 수 있기 때문입니다.

[직접해보세요] HTML 주석문과 JSP 주석문의 사용   [파일 이름 : 05_comment.jsp]

```
1  <%@ page language="java" contentType="text/html; charset=UTF-8"
2      pageEncoding="UTF-8"%>
3  <!DOCTYPE html>
4  <html>
```

```
 5      <head>
 6      <meta charset="UTF-8">
 7      <title>JSP</title>
 8      </head>
 9      <body>
10      <!-- 간단한 인삿말 출력하기 -->
11      <%-- 인삿말을 String 변수에 저장한다.  --%>
12      <% String name="Angel"; %>
13      Hello <%= name %>
14      </body>
15      </html>
```

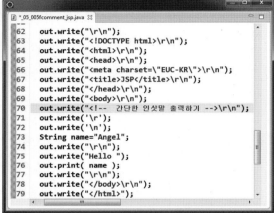

10 : 브라우저에 출력된 실행결과를 보면 10:줄의 HTML 주석문과 11:줄의 JSP 주석문 둘 다 나타나지 않습니다. 하지만 브라우저에서 [소스보기]를 하면 HTML 주석문을 확인할 수 있습니다. HTML 주석문은 웹 컨테이너가 서블릿 클래스를 만들면서 out 객체에 의해 문자열 형태로 클라이언트에 출력되기 때문입니다.

11 : JSP 주석문은 [소스보기]를 해도 JSP 주석문이 있던 부분이 빈 공간으로 처리되어 볼 수 없습니다. 개발자가 JSP 페이지를 직접 열었을 때만 볼 수 있습니다. JSP가 Servlet으로 변환될 자바 클래스 소스 파일을 열어보아도 JSP 전용 주석문의 내용은 Servlet 코드로 변환되지 않았음을 확인할 수 있습니다.

스크립트릿은 JSP 페이지에 자바 코드를 기술하기 위해 만들어진 태그이므로 자바에서 지원되는 모든 기능이 가능합니다. 주석문 역시 자바에서 사용하던 형태 그대로 사용할 수 있습니다. 자바에서 사용할 수 있는 주석문에는 다음과 같이 두 종류가 있습니다.

한 줄 주석(//)

//를 기술한 위치부터 해당 줄 끝까지에 대해서만 주석으로 간주합니다. 그러므로 여러 줄을 주석처리 하려면 줄 마다 매번 //를 기술해야 합니다.

```
<%
  //여러 줄을
  //주석으로 처리하려면
  //여러 번 기술하여야 합니다.
%>
```

여러 줄에 거쳐서 사용할 수 있는 주석(/* ... */)

/*로부터 시작하여 */에 도달하기 전까지의 모든 문장을 주석문으로 간주합니다. 여러 줄에 대해서 주석 처리할 때 //보다 유리합니다.

```
<%
  /* 여러 줄을
     주석으로 처리하려면
     시작 주석 기호와 끝 주석 기호를 기술하여야 합니다.
  */
%>
```

위에 주석문은 자바 언어에서 사용하는 주석문이므로 자바 문법이 기술될 수 있는 스크립트릿 태그 (<% 와 %>) 사이에서만 사용해야 합니다.

지시자

JSP 지시자(directive)는 태그 안에서 @로 시작하며 page, include, taglib 3가지 종류가 있습니다. 지시자는 클라이언트의 요청에 의해 JSP 페이지가 실행되면서 지시자에 언급된 설정을 JSP 페이지 전체에서 사용 가능하도록 합니다. 지시를 내리는 것도 방법이 있고 규칙이 있는데 뒤이어 설명하겠습니다.

지시자(Directive)는 JSP 페이지에 대한 전체 속성을 지정하며 JSP 문서의 제일 위 부분에 위치합니다. 형식은 다음과 같습니다.

```
<%@ 지시자 속성="값" . . . %>
```

JSP 페이지에서 JSP 컨테이너에 대해 지시할 각종 정보들을 포함하는 문장입니다. JSP 지시자의 종류에는 page, include, taglib 3가지 종류가 있습니다.

종류	사용 용도
page	해당 JSP 페이지 전반적으로 환경을 설정할 내용을 지정한다.
include	현재 페이지에 다른 파일의 내용을 삽입할 때 사용한다.
taglib	태그 라이브러리에서 태그를 꺼내와 사용할 수 있는 기능을 제공한다.

표 내용만 봐서는 뭔지 감이 오질 않을 것 같기 때문에 뒤이은 설명을 계속 봐주시기 바랍니다.

page 지시자

다음은 페이지 지시자의 기본 형식입니다.

```
<%@ page 속성="값" . . . %>
```

page 지시자는 JSP 페이지에 여러 가지 정보를 나타내기 위해서 사용되는 JSP 문법으로 이를 위해서는 다음에 언급되는 다양한 page 지시자에 관련된 속성을 사용해야 합니다.

language 속성

JSP에서 사용할 언어를 결정합니다.

```
<%@ page language="java" %>
```

현재 JSP에서 java 이외의 언어로는 스크립트 언어로 사용하지 못하고 오로지 java만이 가능합니다. 그러므로 language 속성 다음에는 "java" 만을 기술할 수 있습니다. language 속성은 디폴트값으로 "java"로 설정되어 있으므로 language 속성을 생략하더라도 아무런 문제가 없습니다.

그렇다면 굳이 왜 language 속성을 넣었을까요?

명확하게 JSP 페이지에서는 자바를 서버 스크립트 언어로 사용한다고 정의하기 위해서입니다. 생략해도 개발자만 language 속성을 생략한 것이고 톰캣은 기본값으로 있는 것으로 인식합니다.

extends 속성

JSP 페이지가 특정 클래스로부터 상속을 받으려면 extends 속성에 상위 클래스로 누구를 설정할지를 기술해야 합니다.

```
<%@ page extends = "javax.servlet.jsp.HttpJspBase" %>
```

서블릿 클래스로 변환되는 과정에서 상속받을 부모 클래스를 지정하는 속성이 extends 속성입니다. 기본적으로 서블릿 컨테이너에서 알아서 처리하므로 개발자가 특별히 지정하는 경우는 없습니다.

import 속성

import 속성은 자바 프로그램에서 사용하던 import 구문과 동일한 목적으로 사용합니다. 자바에서 이미 만들어진 자바 클래스를 가져다 사용할 때 해당 클래스가 소속된 패키지를 명시해주듯이 JSP에서도 마찬가지로 import 속성에 JSP에서 사용될 클래스의 풀네임으로 기술해 놓으면 클래스명만 기술해서 해당 클래스를 사용할 수 있게 되어 편리합니다. 오늘 날짜를 출력하기 위해서 날짜 관련 클래스를 사용하기 위한 예입니다.

```
<%@page import="java.util.Calendar"%>
```

[직접해보세요] **오늘 날짜 출력하기**   [파일 이름 : 06_import.jsp]

```
1    <%@page import="java.text.SimpleDateFormat"%>
2    <%@page import="java.util.Calendar"%>
3    <%@ page language="java" contentType="text/html; charset=UTF-8"
4        pageEncoding="UTF-8"%>
5    <!DOCTYPE html>
6    <html>
7    <head>
```

```
8      <meta charset="UTF-8">
9      <title>JSP</title>
10     </head>
11     <body>
12     <%
13     Calendar date=Calendar.getInstance();
14     SimpleDateFormat today=new SimpleDateFormat("yyyy년 MM월 dd일");
15     SimpleDateFormat now=new SimpleDateFormat("hh시 mm분 ss초");
16     %>
17     오늘은 <b> <%= today.format(date.getTime()) %> </b> 입니다. <br>
18     지금 시각은 <b> <%= now.format(date.getTime()) %> </b> 입니다.
19     </body>
20     </html>
```

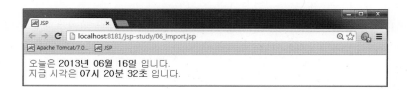

1 :   SimpleDateFormat 클래스를 사용하면 날짜와 시간 정보를 원하는 형태로 깔끔하게 얻어올 수 있습니다. SimpleDateFormat 클래스를 사용하기 위해서도 import 속성에 SimpleDateFormat 클래스가 소속된 패키지를 명시해야 합니다.

2 :   날짜와 시간 정보를 관리하는 Calendar 클래스를 사용하기 위해서 페이지 지시자를 추가 하여 import 속성에 Calendar 클래스가 소속된 패키지를 명시해야 합니다.

```
<%@page import="java.text.SimpleDateFormat" import="java.util.Calendar"%>
```

와 같이 import 속성은 두 번 정의하여 하나의 page 지시자(directive)로 표현할 수도 있 습니다.

13 :   Calendar 클래스로 오늘 날짜를 얻어오기 위해서는 static 메소드인 getInstance( )를 호 출해야 합니다. 이렇게 얻어진 Calendar 객체인 date를 출력하면 다음과 같이 현재 시스 템에 저장된 날짜 정보들이 한꺼번에 출력됩니다.

14 :   SimpleDateFormat 객체를 생성할 때 문자열 패턴을 지정해서 날짜 정보를 얻어올 수 있습니다. y는 year의 약어로 년도를 얻어오기 위해서 사용하며 M은 month의 약어로 월을 얻어올 수 있습니다. 소문자 m은 분을 얻어오기 때문에 반드시 대문자 M을 사용 해야 합니다. d는 day의 약어로 일자를 얻어올 때 사용하는 문자열 패턴입니다.

15 : 이번에는 h(hour, 시)와 m(minute, 분)과 s(second, 초)를 이용하여 현재 시간을 얻어오기 위한 SimpleDateFormat 객체를 생성합니다.

17, 18 : SimpleDateFormat 객체의 format( ) 메소드는 객체 생성하면서 정해준 형태로 날짜를 문자열 형식으로 변환해 주는 메소드입니다. 이 메소드를 사용할 때 주의할 점은 Calendar 객체를 직접 기술하지 못한다는 점입니다. 그래서 getTime( ) 메소드로 Calendar 형을 Date 형으로 변환한 후에 사용해야 합니다.

session 속성

session 속성은 "true" 또는 "false" 값으로 세션을 사용할지 말지를 결정하는 속성입니다. session 속성은 기본적으로 true 값으로 설정되어 있어 JSP 페이지에서는 사용할 수 있습니다. 하지만 세션을 사용하지 않으면 다음과 같이 false 속성을 지정해야 합니다.

```
<%@ page session="false" %>
```

참고

세션이란?

뒤에 자세히 설명하겠지만, JSP로 웹 페이지를 구축할 때 기본적으로 알아야 할 개념 중에 하나가 바로 "세션(session)"입니다. 세션은 웹 서버의 서비스를 받는 사용자를 구분할 수 있는 단위입니다. 클라이언트들은 브라우저를 실행한 후 하나의 웹사이트에만 머무르지 않고 쉬지 않고 여러 웹사이트들을 이동합니다. 그러다가 다시 이전 웹사이트로 되돌아갈 경우가 있습니다. 다른 사이트로 이동하였다가 다시 그 사이트를 접속해도 이전에 로그인 한 정보라든지 구입한 상품 내역들이 그대로 유지되는 것을 볼 수 있습니다. 이것은 세션을 사용하기 때문입니다. 여러 사이트를 돌아다녀도 사용자가 웹 서버의 세션에 의해 가상적으로 연결되어 있으므로 그에 대한 정보 역시 잃지 않게 되는 것입니다.

buffer 속성

브라우저에서 동영상 파일을 보기 위해 클릭하면 "buffering...."이란 메시지가 나타나고 조금 있다가 원하는 화면이 제공됩니다. 얼마간의 시간이 지나고 나면 다시 "buffering...."이란 메시지가 나타나고 얼마간의 시간이 흘러야 동영상 파일을 볼 수 있습니다.

웹 서버로부터 동영상 서비스를 받기 위해서는 서버로부터 데이터들이 출력 스트림을 통해서 제공될 때까지 기다려야 합니다. 동영상 파일이 지정된 사이즈만큼 출력 버퍼에 보내질 때까지 기다렸다가 꽉 차면 출력 스트림을 통해 클라이언트에 전송됩니다. 데이터의 사이즈가 크면 블록 단위로 나뉘어서 전송됩니다. 전송할 데이터의 블록의 크기를 설정하는 것이 바로 버퍼 사이즈를 설정하는 것입니다. 출력 스트림을 출력되기 전에 버퍼에 데이터가 찰 때까지 기다렸다가 보내집니다.

buffer 속성의 기본 값은 8KB로 설정되어 있으므로 buffer 속성을 지정하지 않으면 JSP 엔진(JSP&서블릿 컨테이너)은 buffer 사이즈를 8KB로 사용합니다.

여기서 8KB는 데이터 전송을 위한 단위라고 생각하면 됩니다. 내가 보낼 데이터가 8KB만 전송되는 건 아니고 8KB씩 여러 번 나눠서 전송하는 것입니다. 버퍼 용량을 크게 마련해 두었는데 그 용량이 차지 않으면 찰 때까지 전송을 하지 않고 다 찰 때까지 기다리기 때문에 오히려 용량을 적게 여러 번 전송하는 것이 데이터가 전송되지 않고 기다리게 되는 일을 방지할 수 있습니다.

다음은 버퍼를 사용하는 예입니다.

```
<%@ page buffer="none" %>
```

버퍼를 사용하지 않을 경우에는 buffer 속성 값을 "none"으로 설정합니다.

autoFlush

flush는 버퍼를 비운다는 의미입니다. 버퍼를 비우면 저장되어 있던 데이터가 송신됩니다. 버퍼는 일반적으로 꽉 차야 비워집니다. 하지만 강제로 버퍼를 비우려면 flush를 사용합니다.

autoFlush 속성은 기본값이 true로 되어 있으며 이는 버퍼가 꽉 차게 되면 자동으로 버퍼를 비우도록 합니다. 만일 autoFlush 속성을 false로 지정하면 버퍼가 꽉 차게 되었을 때 에러를 발생하게 됩니다. autoFlush 속성을 false로 지정하려면 buffer 속성을 "none"으로 설정하지 말아야 합니다. 다음은 버퍼가 꽉 차게 되었을 때 에러를 발생시키는 예입니다.

```
<%@ page autoFlush="false" %>
```

버퍼를 사용하지 않는 경우는 autoFlush 속성을 사용하지 않고 버퍼를 사용하되 버퍼가 다 차면 에러가 발생하게 될지 아니면 버퍼를 비우고 새로운 데이터를 받아올지를 결정하기 위한 속성입니다. 버퍼를 사용하되 다 차지 않아도 버퍼를 비우게 하는 작업은 JSP 내장 객체인 out 객체에 flush( ) 메소드로 비울 수 있습니다. 즉, autoFlush="false"로 주고 out 객체에 flush( ) 메소드를 사용할 수도 있습니다.

isThreadSafe 속성

멀티스레드란 하나의 프로그램을 여러 개의 스레드로 처리하는 것을 말합니다. 프로세스를 스레드로 처리하였을 때 자원을 공유할 수 있으므로 오버헤드를 줄일 수 있는 장점이 있습니다. JSP는 자바 프로그램의 일종이므로 멀티스레드가 가능합니다.

하지만 멀티스레드로 처리할 경우 주의할 점이 있습니다. 여러 사용자가 동시에 접속하여 동시에 요청을 하였을 때 동시에 스레드가 생성되어 동시에 처리가 일어났을 경우 문제가 발생할 수 있습니다. 만일 은행의 동일한 계좌에서 동시에 돈을 인출하게 된다면 어떻게 될까요? 이러한 경우에는 동기화를 시켜야 합니다. 동기화는 하나의 스레드 작업이 완료되어야 다음 스레드가 작업을 시작할 수 있게 해주는 것입니다.

isThreadSafe 속성을 "true"로 설정하면 각각 페이지의 스레드들이 안전하게 동작할 수 있습니다. 안전할 수 있는 이유는 여러 클라이언트로부터 웹 페이지를 요청받더라고 한 개씩 순서대로 일을 처리하기 때문입니다. isThreadSafe 속성을 "false"로 지정하면 여러 클라이언트의 요청에 대해 한꺼번에 스레드를 만들어 처리하므로 공유되는 객체들은 따로 동기화시켜야 하기에 일반적으로 사용하지 않는 방법입니다.

```
<%@ page isThreadSafe="true" %>
```

info 속성

info 속성은 JSP 페이지에 대한 간략한 설명을 기록하는 용도로 사용됩니다. 현재 페이지에 대한 정보를 알려주는 역할을 합니다. 주로 JSP 문서를 작성한 프로그래머가 페이지 관리를 손쉽게 하기 위해 설정하는 속성입니다. 이 속성은 설정하지 않더라도 페이지 처리에는 아무런 영향을 주지 않습니다.

```
<%@ page info="JSP페이지에 대한 정보" %>
```

errorPage 속성

errorPage 속성에는 JSP 페이지에서 에러가 발생하였을 때 보여줄 에러 페이지를 설정합니다.

```
<%@ page errorPage="error.jsp" %>
```

isErrorPage 속성

isErrorPage 속성은 현재의 페이지가 에러 페이지인지 아닌지를 설정하기 위한 속성입니다. isErrorPage 속성이 "true"로 설정되어 있으면 현재 페이지가 에러 페이지가 되며 exception 객체를 사용하여 예외의 원인을 알 수 있게 됩니다. 현재 페이지가 에러 페이지일 경우는 드물기 때문에 isErrorPage 속성의 기본값은 "false"입니다.

```
<%@ page isErrorPage="true" %>
```

다음은 만들어 볼 에러 관련 파일 목록입니다.

파일 이름	설명
07_divide.jsp	고의로 예외를 발생하도록 하는 내용이 있는 JSP이다.
error.jsp	에러 페이지이다.

07_divide.jsp 페이지를 띄우면 예외가 발생하여 예외 처리 페이지인 error.jsp로 제어가 넘어가기 때문에 다음과 같은 결과가 출력됩니다.

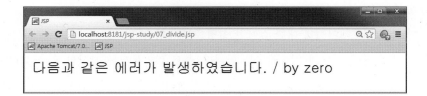

1. 고의로 예외를 발생하도록 하는 내용이 있는 07_divide.jsp를 작성합니다.

```
1    <%@ page language="java" contentType="text/html; charset=UTF-8"
2        pageEncoding="UTF-8"%>
3    <%--JSP 페이지에서 에러가 발생하였을 때 보여줄 에러 페이지로 error.jsp를 설정 --%>
4    <%@ page errorPage="error.jsp" %>
5    <!DOCTYPE html>
6    <html>
7    <head>
8    <meta charset="UTF-8">
9    <title>JSP</title>
10   </head>
11   <body>
12   0으로 나누는 것은 불능입니다.
13   <%--강제로 예외를 발생시킴 --%>
14   <%= 2/0 %>
15   </body>
16   </html>
```

2. isErrorPage 속성으로 에러 페이지를 error.jsp란 이름으로 작성합니다.

```
1    <%@ page language="java" contentType="text/html; charset=UTF-8"
2        pageEncoding="UTF-8"%>
3    <%--현재 페이지가 에러 페이지임을 설정 --%>
4    <%@ page isErrorPage="true" %>
5    <!DOCTYPE html>
6    <html>
7    <head>
8    <meta charset="UTF-8">
9    <title>JSP</title>
10   </head>
11   <body>
12   다음과 같은 에러가 발생하였습니다.
13   <%= exception.getMessage() %>
14   </body>
15   </html>
```

contentType 속성

contentType 속성은 JSP 페이지의 MIME 타입을 결정합니다. MIMEMultipurpose Internet Mail Extensions은 서버가 브라우저(클라이언트)에게 "이런 데이터를 보낼 것이다!"라고 헤더에 포함하여 미리 알려주는 역할을 결정합니다. MIME 타입을 적절하게 지정하지 않으면 클라이언트의 브라우저에 데이터가 제대로 보이지 않습니다.

웹 서버가 브라우저에 전송할 페이지가 html일 경우에 "text/html"를 MIME 타입으로 지정합니다.

```
<%@ page contentType="text/html" %>
```

contentType 속성을 지정하지 않으면 기본적으로 "text/html"로 설정됩니다. 서블릿을 학습하면서 사용했던 response.setContentType("text/html")로 MIME 타입을 지정하던 것을 JSP에서는 페이지 지시자를 사용하여 지정합니다.

contentType 속성을 지정할 때 charset 속성을 지정할 수 있습니다. charset 속성은 contentType 속성 다음을 콜론(;)으로 연결하여 "charset=인코딩방식" 형태로 지정합니다. charset 속성은 문자의 코드 방식을 결정합니다. charset 속성은 일반적으로 한글 출력 문제를 해결하기 위해 설정합니다.

한글 HTML 문서를 깨지지 않고 깨끗하게 출력하기 위해서는 인코딩 방식을 "UTF-8"로 지정합니다.

```
<%@ page contentType="text/html;charset=UTF-8" %>
```

charset 속성을 지정하지 않으면 기본적으로 "ISO-8859-1"로 설정됩니다. "ISO-8859-1"은 알파벳을 표현하기 위해 사용되는 8bit로 구성된 charset입니다. 그러므로 charset 속성을 "UTF-8"로 지정하여야 한글을 16bit 확장 완성형으로 처리하기 때문에 한글이 깨지지 않고 올바르게 나타납니다.

include 지시자

include 지시자는 현재 페이지에 다른 HTML 문서나 JSP 페이지의 내용을 삽입할 때 사용합니다. include 지시자의 유일한 속성인 file에는 삽입할 파일의 URL을 기술합니다.

```
<%@ include file="URL" %>
```

JSP 페이지에 include 지시자를 사용하면 서블릿 컨테이너는 file 속성 다음에 기술한 파일을 JSP 파일 안으로 포함시킵니다.

웹사이트를 구축하다보면 모든 페이지에서 공통적으로 보여주어야 할 부분이 있습니다. 예를 들어 로고나 페이지 하단에 보이는 저작권 표시 등입니다. 다음은 저작권을 보여주는 내용을 footer.jsp에 저장하고 이를 include 지시자로 포함시키는 예입니다.

```
<%@ include file="footer.jsp" %>
```

우리가 만들어 볼 파일 목록입니다.

파일 이름	설명
footer.jsp	모든 페이지에 공통적으로 사용되는 저작권 관련 내용이 있는 페이지
08_main.jsp	메인 페이지
08_sub.jsp	서브 페이지

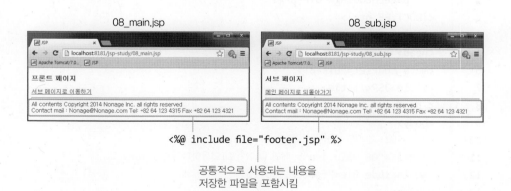

08_main.jsp   08_sub.jsp

```
<%@ include file="footer.jsp" %>
```

공통적으로 사용되는 내용을
저장한 파일을 포함시킴

1. 저작권 관련 내용이 있는 footer.jsp를 작성합니다.

```
1   <%@ page language="java" contentType="text/html; charset=UTF-8"
2       pageEncoding="UTF-8"%>
3   <hr>
4   <div id="copytight">
5   All contents Copyright 2014 Nonage Inc. all rights reserved<br>
6   Contact mail : Nonage@Nonage.com Tel: +82 64 123 4315 Fax +82 64 1234321
7   </div>
```

2. 메인 페이지인 08_main.jsp를 작성합니다.

```
1   <%@ page language="java" contentType="text/html; charset=UTF-8"
2       pageEncoding="UTF-8"%>
3   <!DOCTYPE html>
4   <html>
5   <head>
6   <meta charset="UTF-8">
7   <title>JSP</title>
8   </head>
9   <body>
10  <h3> 프론트 페이지 </h3>
11  <a href="08_sub.jsp"> 서브 페이지로 이동하기</a><br>
12  <%@ include file="footer.jsp" %>
13  </body>
14  </html>
```

3. 서브 페이지인 08_sub.jsp를 작성합니다.

```
1   <%@ page language="java" contentType="text/html; charset=UTF-8"
2       pageEncoding="UTF-8"%>
3   <!DOCTYPE html>
4   <html>
5   <head>
6   <meta charset="UTF-8">
7   <title>JSP</title>
8   </head>
9   <body>
10  <h3> 서브 페이지 </h3>
11  <a href="08_main.jsp"> 메인 페이지로 되돌아가기</a><br>
12  <%@ include file="footer.jsp" %>
13  </body>
14  </html>
```

12 :   08_sub.jsp에 기술된 HTML 태그가 차례대로 브라우저를 통해 나타나다가 include 지시
자를 만나면 file 속성에 지정한 "footer.jsp" 파일을 현재 페이지에 그대로 포함시킵니다.

08_sub.jsp

```
<%@ page language="java" contentType="text/html;
charset=UTF-8"
    pageEncoding="UTF-8"%>
<!DOCTYPE html>
<html>
<head>
<meta charset="UTF-8">
<title>JSP</title>
</head>
<body>
<h3> 서브 페이지 </h3>
<a href="08_main.jsp"> 메인 페이지로 되돌아가기</a><br>
<%@ include file="footer.jsp" %>
```

http://localhost:8181/jsp-study/08_sub.jsp

footer.jsp

```
<%@ page language="java" contentType="text/html;
charset=UTF-8"
    pageEncoding="UTF-8"%>
<hr>
<div id="copyright">
All contents Copyright 2014 Nonage Inc. all rights
reserved<br>
Contact mail : Nonage@Nonage.com Tel: +82 64 123 4315
Fax +82 64 1234321
</div>
</ body>
</ html>
```

문제의 답은 로드북 홈페이지(http://roadbook.co.kr/126)에서 확인할 수 있습니다.

1. JSP가 무엇의 약어인지 표시하고 정의하시오.

2. 사용자가 JSP를 요청하면 이를 서블릿 컨테이너에서 어떻게 처리하는지 순서대로 각 단계를 상세히 기술하시오.

3. 웹 컨테이너가 JSP 페이지를 어떻게 처리하는지 순서도로 설명하시오.

4. page 지시문의 속성 중에서 exception이라는 내장객체 변수를 사용하려고 할 때 true로 설정해야 하는 속성은?
   ① isErrorPage ② errorPage ③ contentType ④ buffer

5. 다음 JSP 코드가 수행되었을 때 출력되는 결과를 제시하시오.

```jsp
<%@ page contentType="text/html;charset=utf-8" %>
<body>
<table border="1">
<%
    int n = 3;
    for ( int i = 0; i < n; i++ ) {
%>
    <tr>
      <td>Number</td>
      <td><%= i+1 %></td>
    </tr>
<%
    }
%>
</table>
</body>
```

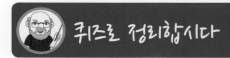

6. 다음 중에서 JSP의 지시자(directive) 태그로 처리할 수 있는 일이 아닌 것은?

   ① JSP가 Servlet으로 변환할 때 지정되는 부모 클래스 설정

   ② HttpSession 객체의 생성 여부

   ③ JSP에서 사용될 지역변수 선언

   ④ Content-type 설정

7. 다음은 지시자(directive)에 정의되는 속성에 대한 설명입니다. 틀린 것은?

   ① session은 디폴트가 true이므로 HttpSession 객체 생성이 자동적으로 처리된다.

   ② 모든 속성들은 한 번만 정의될 수 있다.

   ③ buffer는 디폴트로 8KB가 설정된다.

   ④ errorPage 속성에는 동일한 Web Application에 존재하는 파일만을 지정할 수 있다.

8. 다음은 JSP가 Servlet으로 변환될 때 적용되는 규칙입니다. 틀리게 설명하고 있는 것은?

   ① JSP 전용 주석문의 내용은 Servlet 코드로 변환되지 않는다.

   ② 표현식(expression)의 내용은 out.print() 메소드의 매개 변수가 된다.

   ③ 선언문(〈%!-- --%〉)의 내용은 _jspService() 메소드 안에 들어간다.

   ④ 페이지 지시자에 import 구문에 지정할 클래스 이름은 풀네임으로 기술한다.

9. 다음은 두 수의 곱셈 결과를 나타내는 JSP 소스 코드입니다. 빈칸에 알맞은 코딩을 채우시오.

```
<%@ page contentType="text/html;charset=utf-8" %>

(   ①   )

    public int multiply(int a, int b){
      int c = a * b;
      return c;
    }

(   ②   )

<html>
<head><title>선언부를 사용한 두 정수값의 곱</title></head>
<body>
10 * 25 =
(   ③   )

</body>
</html>
```

10. JSP 언어에 관한 설명으로 잘못된 것은?

   ① 스크립트 방식으로 프로그램을 작성할 수 있다.

   ② Java 언어의 특성을 활용할 수 있다.

   ③ 서블릿 기술에 기초한다.

   ④ 웹 애플리케이션 서버의 하나이다.

11. JSP 태그의 종류와 형태가 잘못 짝지어진 것은?

   ① 지시어 〈%@ %〉   ② 표현식 〈%! %〉

   ③ 스크립트릿 〈% %〉   ④ 주석 〈%-- --%〉

12. 다음은 스크립트릿을 사용하지 않고 변수나 수식의 값을 표현하는 것입니다. 무엇이라 하는가?

```
<%=expr %>
```

① 표현식   ② 표현 언어   ③ 태그 속성   ④ 템플릿 데이터

13. request 객체에 대한 설명입니다. 잘못된 것은?

① JSP 페이지에서 선언 없이 사용할 수 있는 내장 객체이다.

② 서블릿 컨테이너가 doGet()이나 doPost()와 같은 서비스 메소드에 인자로 제공하는 객체이다.

③ 클라이언트에 보낼 응답을 만들 때 사용하는 객체이다.

④ HTTP 요청의 경우에 HttpServletRequest 인터페이스를 구현한 객체이다.

14. 웹 애플리케이션에 포함된 JSP 페이지의 설정 정보를 가지고 있는 파일은 무엇인가?

① web.xml   ② server.xml   ③ .tld 파일   ④ .tag 파일

15. 다음은 JSP 수행 흐름과 관련된 설명입니다. 틀린 것을 고르시오.

① JSP는 Servlet으로 변환되어 수행된다.

② JSP가 요청될 때마다 Servlet으로 변환된다.

③ JSP를 Servlet으로 변환하는 역할은 JSP 컨테이너가 담당한다.

④ JSP에 의해 변환된 Servlet은 GET과 POST를 모두 지원한다.

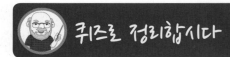

16. 다음은 각 스크립팅 요소에 대한 설명입니다. 각 문장에서 설명하는 내용이 맞으면 O, 틀리면 X 표시를 하시오.

① 스크립트릿은 JSP 페이지 내에 Java 코드를 기술하기 위하여 사용되는 코드 블록을 의미하며 〈%로 시작하여 %〉로 끝나고 그 사이에는 Java 코드가 위치한다. (   )

② 표현식은 간단한 데이터 출력을 위하여 사용하며 〈%= 로 시작하여 %〉로 끝나고 그 사이에는 출력해야 할 값을 입력한다. (   )

③ 표현식을 나타내는 〈%= 과 %〉 사이에 작성되는 Java 코드문 마지막에는 세미콜론(;)이 필요하다. (   )

④ 선언은 스크립트릿이나 표현식에서 사용할 수 있는 멤버 변수 및 멤버 메소드를 작성할 때 사용하고 〈%!로 시작하여 %〉로 끝나며 그 사이에는 Java 코드가 위치한다. (   )

⑤ 선언을 나타내는 〈%! 과 %〉 사이에 작성되는 Java 코드문 마지막에는 세미콜론(;)이 필요하다. (   )

⑥ 선언 블록 내부에서 작성되는 코드는 Servlet으로 변환이 될 때 _jspService() 메소드 내부에 위치하게 된다. (   )

문제의 답은 로드북 홈페이지(http://roadbook.co.kr/126)에서 확인할 수 있습니다.

"두 정수를 더하는 함수를 만들고 사용하기"

컨텍스트 패스

http://localhost:8181/jsp-self-study/add.jsp

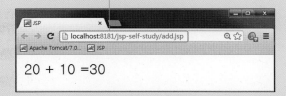

목표   1장에서 만든 워크스페이스(self_study)에 웹 프로젝트(self-study-03)를 새롭게 만들되 컨텍스트 이름은 프로젝트 이름과는 다른(jsp-self-study)로 환경설정을 하며 두 정수를 더하는 함수 `public int add(int a, int b)`를 만들어 호출하는 과정을 익힙니다.

난이도   중

참고   컨텍스트 이름을 개발자가 지정하기 위해서는 웹 프로젝트를 만드는 마지막 단계에서 Context root: 입력란에 jsp-self-study를 입력합니다.

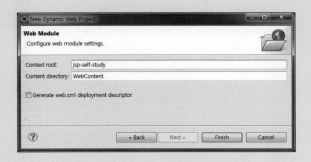

百見不如一打

4장

JSP 내장 객체와
액션 태그

이 장을 시작하기 전에

지금까지 따라오셨다면 이클립스에서 프로젝트를 만들고 기본적인 JSP와 서블릿 웹 애플리케이
션은 작성하실 줄 아는 단계가 되었으리라 믿습니다.

- 아직도 서블릿과 JSP의 개념이 모호하고 동작원리가 이해가 안 된다면
- 프로젝트를 만들고 서블릿과 JSP 파일을 코딩하여 실행하는 방법을 모른다면

앞장을 다시 한번 학습한 후에 이 장을 읽기 바랍니다.

- JSP의 내장 객체와
- 액션 태그에 익숙하다면

다음 장으로 건너뛰어도 좋습니다.

JSP 내장 객체

JSP 내장 객체는 JSP 페이지에서 프로그래머가 객체를 생성하는 과정 없이 바로 사용할 수 있는 객체를 말합니다. JSP에서 내장 객체를 바로 사용할 수 있는 이유는 JSP가 서블릿 파일로 변환될 때 JSP(서블릿) 컨테이너가 객체를 자동으로 생성해 주기 때문입니다.

객체를 생성하는 과정 없이 바로 사용 가능하다는 의미가 무엇인지를 간단한 메시지("Hello JSP")를 출력하는 hello.jsp 파일을 살펴보도록 합시다.

hello.jsp의 스크립트릿 내부에 out이란 객체가 사용된 것을 확인할 수 있습니다.

```
<%@ page language="java" contentType="text/html; charset=UTF-8"
    pageEncoding="UTF-8"%>
<!DOCTYPE html>
<html>
<head>
<meta charset="UTF-8">
<title>JSP</title>
</head>
<body>
<%                          ──── JSP 문서의 스크립트릿 내부에서
    out.print("Hello JSP");       out 객체를 선언 없이 사용함
%>
</body>
</html>
```

2장의 서블릿을 학습하면서는 out 객체를 사용하기 위해서는 다음과 같이 response 객체의 getWriter()를 호출하여 얻어온 후에 사용하였습니다.

```
PrintWriter out=response.getWriter();
```

서블릿과는 달리 JSP에서는 out 객체를 선언하지 않고 바로 사용하였는데 이는 바로 out 객체가 JSP 내장 객체이기 때문입니다. JSP 내장 객체가 서블릿 파일로 변환될 때 JSP 컨테이너가 내장 객체를 자동으로 생성해 준다고 하였는데 이를 확인하기 위해 hello.jsp 파일이 변환된 서블릿 파일(hello_jsp.java)을 찾아가 보도록 합시다.

서블릿 컨테이너가 만든 서블릿은 다음 경로에서 찾을 수 있습니다.

```
eclipse\web_workspace\.metadata\.plugins\org.eclipse.wst.server.
core\tmp0\work\Catalina\localhost\jsp-study\org\apache\jsp
```

내장 객체는 _jspService() 메소드 안에서 객체화됩니다. hello.jsp 파일에서 사용한 out 객체 역시 _jspService() 메소드 안에서 객체화된 것을 46줄, 59줄(❼)에서 확인할 수 있습니다.

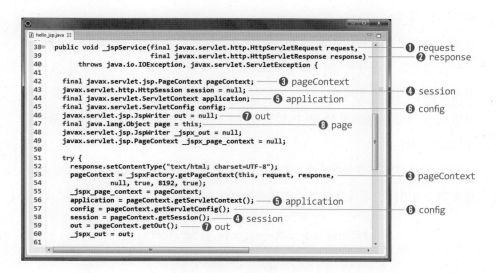

JSP 페이지가 변환된 서블릿 파일을 살펴보면 8개의 객체들이 존재함을 확인할 수 있습니다. 이외에도 에러 페이지로 지정되면 만들어지는 exception 객체가 내장 객체로 제공되는데 exception 객체까지 포함해서 JSP 페이지에는 총 9개의 내장 객체가 제공됩니다. 이들은 4가지 형태로 분류됩니다. 다음은 JSP의 내장 객체에 대해 정리한 표입니다.

내장 객체의 분류	내장 객체	hello_jsp.java 파일
입출력 관련 객체	❶ request ❷ response ❼ out	38:줄에서 HttpServletRequest로 선언됨 39:줄에서 HttpServletResponse로 선언됨 46:줄에서 JspWriter로 선언됨
서블릿 관련 객체	❽ page ❻ config	47:줄에서 Object로 선언됨 45:줄에서 ServletConfig로 선언됨

내장 객체의 분류	내장 객체	hello_jsp.java 파일
외부 환경 정보를 제공하는 객체	❹ session ❺ application ❻ pageContext	43:줄에서 HttpSession으로 선언됨 44:줄에서 ServletContext로 선언됨 55:줄에서 PageContext로 선언됨
예외 관련 객체	❾ exception	JSP 페이지가 에러 페이지로 지정되면 만들어짐 hello_jsp.java 파일에서는 발견되지 않음

out 내장 객체

out은 서버에서 클라이언트로 열려있는 출력 스트림을 의미합니다. out 객체는 JSP의 실행결과를 클라이언트의 브라우저로 출력할 때 가장 효율적으로 사용할 수 있는 객체입니다. 서블릿 컨테이너가 JSP 문서를 변환시켜 생성해 준 서블릿 파일을 살펴보면 앞선 그림의 ❼을 보면 알 수 있듯이 out 객체가 JspWriter로 선언됨을 확인할 수 있었습니다.

바로 앞에서도 언급했다시피, JSP에서는 내장되어 사용되는 out 객체가 2장 서블릿을 학습하면서는 개발자가 직접 코딩해서 얻어와 사용했었습니다.

```
PrintWriter out=response.getWriter();
```

PrintWriter 객체를
리턴하는 메소드

그러나 JSP에서는 출력 객체인 out이 내장되어 제공되기 때문에 서블릿보다는 편리하게 출력을 할 수 있게 되었습니다.

또한 다음 그림을 살펴보면 JSP 프로그램을 작성하는 과정에서 HTML 태그가 서블릿 파일로 변환된 후에는 out 객체의 출력 메소드를 통해서 브라우저에 출력됨을 알 수 있습니다.

```
[J] hello_jsp.java ⊠
64    out.write("<!DOCTYPE html>\r\n");
65    out.write("<html>\r\n");
66    out.write("<head>\r\n");
67    out.write("<meta charset=\"UTF-8\">\r\n");
68    out.write("<title>JSP</title>\r\n");
69    out.write("</head>\r\n");
70    out.write("<body>\r\n");
71
72  out.print("Hello JSP");
73
74    out.write(" \r\n");
75    out.write("</body>\r\n");
76    out.write("</html>");
```

out은 출력을 전담하는 내장 객체입니다. JSP를 학습한다는 것은 JSP 내장 객체의 사용법을 익히는 것이라고 할 수 있을 만큼 종류도 다양하고 알아야 할 내용이 많습니다. 첫술에 배부를 수는 없으므로 앞으로 JSP를 배우면서 계속 새로운 내장 객체가 나오므로 그때마다 하나씩 익혀가도록 합시다.

request 내장 객체

웹 서비스라 함은 웹 기반으로 클라이언트의 요청을 받아서 어떤 응답을 제공해주는 서비스를 말합니다. 이런 웹 서비스를 위한 클라이언트와 웹 서버 사이의 요청과 관련된 정보는 request 객체에 저장되어 관리됩니다. 그러므로 request 객체를 파악하면 클라이언트에서 서버로 전송되는 데이터를 알 수 있습니다. 다음은 브라우저의 요청이 있을 때 이와 관련된 정보들을 알려주는 메소드입니다.

메소드	설명
getContextPath()	JSP 페이지가 속한 웹 애플리케이션의 컨텍스트 패스를 구합니다.
getMethod()	요청 방식이 GET 방식인지 POST 방식인지 알려줍니다.
getRequestURL()	요청 URL을 구합니다.
getRequestURI()	요청 URL에서 쿼리 스트링을 제외한 부분을 구합니다.
getQueryString()	요청 URL 다음에 오는 쿼리 스트링을 구합니다.
getSession(flag)	요청 관련된 세션 객체를 구합니다.
getRequestDispacher(path)	지정 로컬 URL에 대한 RequestDispacher 객체를 구합니다.
getRemoteHost()	요청한 호스트의 완전한 이름을 구합니다.
getRemoteAddr()	요청한 호스트의 네트워크 주소를 구합니다.
getRemoteUser()	요청한 사용자의 이름을 구합니다.
getSession()	세션 객체를 구합니다.
getServerName()	서버의 이름을 구합니다.
getProtocol()	사용 중인 프로토콜을 알려줍니다.

다음 예제에서 메소드의 쓰임새를 확인해 보세요. 프로젝트 이름은 새롭게 web-study-04로 하기 바랍니다.

```
1   <%@ page language="java" contentType="text/html; charset=UTF-8"
2       pageEncoding="UTF-8"%>
3   <!DOCTYPE html>
4   <html>
5   <head>
6   <meta charset="UTF-8">
7   <title>JSP</title>
8   </head>
9   <body>
10  컨텍스트 패스 : <%= request.getContextPath() %> <br>
11  요청방식 :    <%= request.getMethod() %>       <br>
12  요청한 URL :  <%= request.getRequestURL() %>   <br>
13  요청한 URI :  <%= request.getRequestURI() %>   <br>
14  서버의 이름 :  <%= request.getServerName() %>   <br>
15  프로토콜 :    <%= request.getProtocol() %>      <br>
16  </body>
17  </html>
```

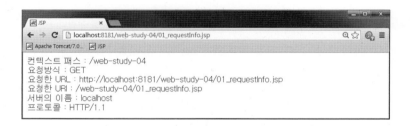

위의 실행 결과를 보면 요청 관련 메소드가 어떨 때 쓰이는지 한눈에 파악할 수 있을 겁니다. 지금까지 요청(request) 관련 정보를 알려주는 메소드를 살펴보았습니다. 이번에는 request 객체의 요청 파라미터 관련 메소드에 대해서 살펴보겠습니다. 다음은 요청 파라미터 관련 메소드를 정리한 표입니다.

메소드	설명
getParameter(String name)	지정한 이름의 파라미터를 구한다. 지정한 이름의 파라미터가 여러 개 있을 경우에는 첫 번째 파라미터의 값을 구한다.
getParameterNames()	모든 파라미터의 이름을 구한다.
getParameterValues(String name)	지정한 이름의 파라미터가 여러 개 있을 경우 사용하며 지정한 이름을 가진 파라미터의 모든 값을 String[]으로 구한다.

요청(request) 파라미터 관련 메소드는 이미 2장 서블릿을 학습하면서 살펴보았지만, 복습 차원에서 어떤 용도로 사용되는지 설명하도록 하겠습니다.

인터넷에서 로그인이나 회원 가입 등의 작업을 할 경우 사용자가 입력한 값을 서버로 보내기 위해서 HTML에서 〈form〉 태그를 사용한다고 하였습니다. 다음은 2장에서 학습했던 서블릿 예제로 로그인 작업을 하는 페이지입니다.

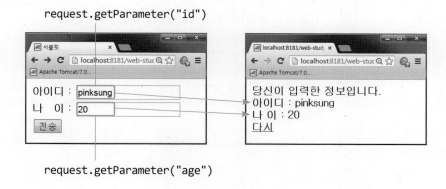

로그인 처리를 위해서는 사용자에게 아이디를 입력받아 와야 합니다. 아이디를 서버에서 받아오기 위해서는 다음과 같이 입력 양식을 만들어야 합니다.

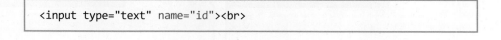

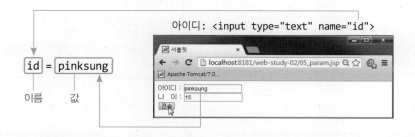

서버에 있는 JSP에서는 request 객체로 이 값들을 얻어올 수 있습니다. 이렇게 넘겨진 값을 파라미터라고 합니다. 파라미터는 클라이언트가 폼에 데이터를 입력한 후 서버에 요청할 때 전송되는 폼에 입력된 정보 형태를 말합니다.

사용자가 입력한 값을 서버에서 얻기 위해서는 입력 양식의 name 속성 값을 메소드의 전달인자로 기술합니다.

String id = req.getParameter("id");

input 태그의 name 속성값

<input type="text" name="id">

　　서블릿에서 요청 파라미터 관련 메소드를 이해하기 위해서 로그인 페이지를 만들어 보았지만 이번 장에서는 좋아하는 계절을 설문 조사하는 페이지를 만들면서 요청 파라미터 관련 메소드의 사용법을 좀더 자세히 배워보겠습니다.

파일 이름	역할
02_researchForm.jsp	설문 조사를 위한 폼 양식이다. [전송] 버튼을 클릭하면 서블릿으로 입력된 값이 전송되고 JSP 페이지(02_research.jsp)에서 입력받은 값을 받아 처리한다.
02_research.jsp	02_researchForm.jsp의 입력 양식의 내용을 읽어와 처리하는 JSP 파일이다.

설문 조사를 위한 폼 양식
02_researchForm.jsp

입력 양식의 내용을 읽어 와서
처리하는 JSP
02_research.jsp

[직접해보세요] 설문 조사 폼 만들기

1. 좋아하는 계절을 선택받기 위한 입력 폼을 02_researchForm.jsp라는 이름으로 작성합니다.

```
1    <%@ page language="java" contentType="text/html; charset=UTF-8"
2        pageEncoding="UTF-8"%>
3    <!DOCTYPE html>
4    <html>
5    <head>
```

```
6     <meta charset="UTF-8">
7     <title>설문 조사</title>
8     </head>
9     <body>
10    <h2>설문 조사</h2>
11    <form action="02_research.jsp" method="post">
12      <table>
13        <tr>
14          <td> 이름    :  </td>
15          <td>
16           <input type="text"    name="name"  size="20">
17          </td>
18        </tr>
19        <tr>
20          <td> 성별    :   </td>
21          <td>
22          <input type="radio" name="gender" value="male" checked="checked"> 남자
23          <input type="radio" name="gender" value="female"> 여자
24          </td>
25        </tr>
26        <tr>
27          <td> 좋아하는 계절: </td>
28          <td>
29          <input type="checkbox" name="season" value="1"> 봄
30          <input type="checkbox" name="season" value="2" checked="checked"> 여름
31          <input type="checkbox" name="season" value="3"> 가을
32          <input type="checkbox" name="season" value="4"> 겨울
33          </td>
34        </tr>
35        <tr align="center">
36          <td><input type="submit" value="전송"> </td>
37          <td><input type="reset"  value="취소"> </td>
38        </tr>
39      </table>
40    </form>
41    </body>
42    </html>
```

22 : 페이지를 실행하자마자 남자, 여자 2개의 라디오 버튼 중 남자가 선택된 상태로 나타나도록 하기 위해서 checked="checked" 속성을 추가하였습니다.

30 : 페이지를 실행하자마자 봄, 여름, 가을, 겨울 4개의 계절 중에 여름이 선택된 상태로 나타나도록 하기 위해서 checked="checked" 속성을 추가하였습니다.

2. 사용자가 입력한 내용을 읽어와 출력하는 JSP 파일을 02_research.jsp란 이름으로 작성합니다.

```jsp
<%@ page language="java" contentType="text/html; charset=UTF-8"
  pageEncoding="UTF-8"%>
<!DOCTYPE html>
<html>
<head>
<meta charset="UTF-8">
<title>설문 조사 결과</title>
<style type="text/css">
b {
  font-size: 16pt;
}
</style>
</head>
<body>
  <h2>설문 조사 결과</h2>
  <%
    request.setCharacterEncoding("UTF-8");

    String name = request.getParameter("name");
    out.println("이름 : <b>" + name +"</b><br>");

    String gender = request.getParameter("gender");
    out.println("성별 : ");
    if (gender.equals("male")) {
      out.println("<b>남자</b><br>");
    } else {
      out.println("<b>여자</b><br>");
    }

    String seasonArr[] = request.getParameterValues("season");
    out.println("당신이 좋아하는 계절은 ");
    for (String season : seasonArr) {
      int n = Integer.parseInt(season);
      switch (n) {
      case 1:  out.println("<b> 봄 </b>입니다.");
               break;
      case 2:  out.println("<b> 여름 </b>입니다.");
               break;
      case 3:  out.println("<b> 가을 </b>입니다.");
               break;
      case 4:  out.println("<b> 겨울 </b>입니다.");
               break;
```

```
43            }
44          }
45      %>
46
47      <br>
48      <b><a href='javascript:history.go(-1)'>다시</a></b>
49    </body>
50    </html>
```

8 : 이전 페이지에서 얻어온 값을 출력할 때 다른 텍스트들 보다 크게 출력하기 위해서 b 태
     그에 글자 크기를 16pt로 지정하였습니다.

17 : 02_researchForm.jsp에서 02_research.jsp를 post 전송 방식으로 요청을 하기 때문에
     요청 파라미터 값에 대한 한글 처리를 해야 합니다.

19 : 폼의 입력 양식에서 전달되는 파라미터 값을 얻어와 변수에 저장해 둡니다.

22 : 선택된 라디오 버튼에 대해서 value 속성 값이 male 혹은 female을 얻어오기 때문에 남
     자 혹은 여자로 출력하기 위해서 조건문을 사용하였습니다.

30 : 이름을 입력받는 입력 폼이나 라디오 버튼은 한 개의 값만 넘어오지만 체크 박스는 여
     러 개의 값을 선택할 수 있습니다. 즉, 좋아하는 계절이 봄과 가을이라면 이 두 개를 한
     꺼번에 선택할 수 있습니다. 이렇게 다중 선택이 가능한 체크 박스의 name 속성을 02_
     researchForm.jsp에서 모두 season으로 주었습니다. 봄과 여름을 선택하면 season이란
     이름에 2개의 값을 저장하기 위해서 배열에 선택된 값을 저장합니다. 하나의 값만 전송될
     경우에는 변수에 저장하면 되기 때문에 getParameter() 메소드를 호출하여 값을 전달 받
     지만, 체크 박스와 같이 여러 개의 값이 전송될 경우에는 배열에 저장되어 전송되어 오기
     때문에 요청(request) 객체의 파라미터 관련 메소드 중에서 getParameterValues()를 사
     용해서 값을 전달받습니다.

35 : 파라미터로 얻어오는 값들은 String 형이어서 switch 문으로 조건을 체크하기 위해서는
     int형으로 변환해야 하기 때문에 Integer.parseInt() 메소드를 사용합니다.

response 내장 객체

클라이언트에 대한 응답 처리를 하는 객체인 response는 실행결과를 브라우저로 되
돌려 줄 때 사용하는 내장 객체입니다. JSP에서는 response 객체의 기능 중 리다이
렉트 기능을 많이 사용하는데, 리다이렉트는 response 객체의 **sendRedirect()** 메소
드를 사용하여 웹 서버가 브라우저에게 지정한 페이지로 이동하도록 지시합니다.

```
response.sendRedirect("http://www.roadbook.co.kr");
                                   |
                          이동할 페이지 지정
```

다음은 03_redirect.jsp 페이지를 로드하면 로드북 홈페이지로 이동하도록 하는 예제입니다.

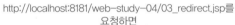

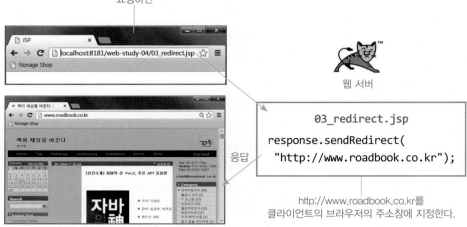

```
1    <%@ page language="java" contentType="text/html; charset=UTF-8"
2        pageEncoding="UTF-8"%>
3    <!DOCTYPE html>
4    <html>
5    <head>
6    <meta charset="UTF-8">
7    <title>JSP</title>
8    </head>
9    <body>
10   로드북 홈페이지로 이동
11   <%
12     response.sendRedirect("http://www.roadbook.co.kr");
13   %>
14   </body>
15   </html>
```

12 :   sendRedirect( )는 웹 페이지를 다른 위치로 강제로 이동시킵니다.

10 :   화면에 출력한 내용은 보일 사이도 없이 로드북 홈페이지로 이동하기 때문에 아무런 의미가 없습니다.

190   4장

리다이렉트를 이해하기 위해서 로그인 과정을 살펴보겠습니다. 우선 NAVER의 로그인 페이지가 어떤 과정으로 진행되는지 살펴봅시다.

사용자가 회원 전용으로 운영되는 네이버 카페에 접속하려면 로그인에 성공해야 합니다.

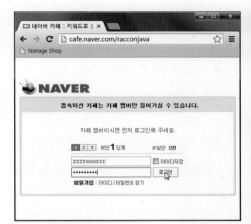 

만일 로그인에 실패했다면 로그인 실패를 알리는 페이지로 이동합니다.

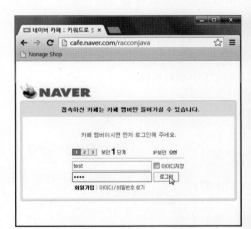 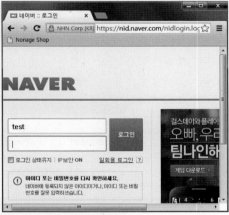

이와 같은 로그인 처리를 하기 위해서는 로그인 성공 실패에 따라 서로 다른 페이지로 이동해야 하기 때문에 리다이렉트 기능을 사용해야 합니다.

포털 사이트인 네이버의 로그인 과정을 살펴보았으니 우리도 웹사이트에서 흔히 접할 수 있는 로그인 과정을 시뮬레이션해 보도록 합시다. 로그인 과정을 완벽하게 구현하기 위해서는 데이터베이스와 세션session에 대해서 알고 있어야 하지만, 이 내용은 아직 학습하지 않은 상태이기 때문에 아쉽지만 완벽한 로그인 처리는 하지 못합니다. 하지만 리다이렉트를 이해하기 위해서 간단한 로그인 화면을 작성해서 로그인 과정과 비슷한 흐름으로 동작하는 예제를 만들어 봅시다. 다음은 우리가 작성할 예제들에 필요한 파일들과 그에 대한 간단한 설명을 정리해 둔 표입니다.

파일	설명
04_loginForm.jsp	클라이언트가 ID와 암호를 입력할 수 있는 화면을 제공하기 위한 페이지
04_testLogin.jsp	로그인 화면에서 제공한 정보를 가져와 회원 인증 절차를 거치는 페이지
04_main.jsp	로그인 인증을 받은 회원이 다양한 정보를 제공받을 수 있는 페이지 제공

이 예제를 통해서 로그인 과정에서 어떤 식으로 리다이렉트 기능이 사용되는지 살펴보도록 합시다. 우리가 작성할 예제에 대한 대략적인 흐름에 대한 이해를 돕도록 하기 위해서 미리 실행 결과를 살펴보겠습니다.

04_loginForm.jsp는 다음과 같이 아이디와 암호를 입력받는 페이지입니다. 아이디는 "pinksung"으로 입력하고 암호는 "1234"로 입력하면 다양한 정보를 제공받을 수 있는 메인 페이지가 나타납니다. 데이터베이스를 사용하지 않았기 때문에 여기서는 아이디가 "pinksung"이고 암호가 "1234"인 사용자에 한해서만 로그인이 가능하도록 하였습니다. 데이터베이스와 연동하는 방법을 배우고 나서 회원 가입한 회원 모두에 대해서 인증 처리 가능한 예제로 업그레이드할 것입니다.

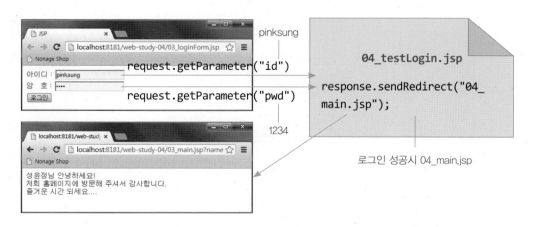

사용자에게는 04_loginForm.jsp에서 곧바로 다양한 정보를 제공받을 수 있는 메인 페이지인 04_main.jsp 파일로 넘어가는 것처럼 보이지만, 04_main.jsp로 바로 넘어가지 않고 중간에 04_testLogin.jsp 파일을 거쳐서 회원인지를 검사합니다. 사용자에게 04_testLogin.jsp 파일이 보이지는 않습니다. 회원이라는 것이 판명되어야만 04_testLogin.jsp 파일은 리다이렉트 기능을 사용하여 04_main.jsp 파일로 넘어갑니다.

만일 아이디나 암호를 잘못 입력하였다면 04_testLogin.jsp 파일을 거쳐서 아이디나 암호가 불일치하다는 것이 판명되어 04_main.jsp 파일로 넘어가지 못하고 04_loginForm.jsp로 되돌아가서 아이디와 암호를 다시 입력받도록 합니다.

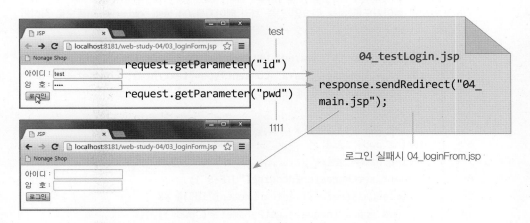

[직접해보세요] 로그인 인증 처리하기

1. 아이디와 암호를 입력받는 로그인 폼인 04_loginForm.jsp를 작성합니다.

```
1    <%@ page language="java" contentType="text/html; charset=UTF-8"
2        pageEncoding="UTF-8"%>
3    <!DOCTYPE html>
4    <html>
5    <head>
6    <meta charset="UTF-8">
7    <title>JSP</title>
8    </head>
9    <body>
```

```
10    <form method="post" action="04_testLogin.jsp">
11      <label for="userid"> 아이디 : </label>
12      <input type="text" name="id" id="userid"><br>
13
14      <label for="userpwd"> 암   호 : </label>
15      <input type ="password" name="pwd" id="userpwd"><br>
16
17      <input type="submit"  value="로그인">
18    </form>
19  </body>
20  </html>
```

2. 아이디와 암호 입력 후 로그인이 성공했을 때는 04_main.jsp로, 실패했을 때에는 다시 로그
   인 폼으로 돌아가도록 하는 로그인 인증 처리 페이지를 04_testLogin.jsp란 이름으로 작성합
   니다.

```
1   <%@page import="java.net.URLEncoder"%>
2   <%@ page language="java" contentType="text/html; charset=UTF-8"
3       pageEncoding="UTF-8"%>
4   <%
5   String id="pinksung";
6   String pwd="1234";
7   String name="성윤정";
8   request.setCharacterEncoding("UTF-8");
9   if(id.equals(request.getParameter("id")) &&
10      pwd.equals(request.getParameter("pwd")) ){
11    response.sendRedirect("04_main.jsp?name="+
12              URLEncoder.encode(name, "UTF-8"));
13  }
14  else{
15    response.sendRedirect("04_loginForm.jsp");
16  }
17  %>
```

1 : 12줄에서 URLEncoder란 클래스를 사용하기 위해서는 java.net.URLEncoder를 import 하
고 사용하여야 합니다.

5~7 : 데이터베이스와 접목하면 여러 명의 회원 정보를 저장할 수 있으므로 다양한 사용자에
대해서 회원 인증 서비스를 해 줄 수 있지만, 아직 데이터베이스와 연동하는 방법을 배우
지 않았으므로 이번 예제는 오로지 한명의 회원만이 존재합니다.

8 : post 전송 방식일 경우에 요청 파라미터 값에 대한 한글 처리를 해야 합니다.

9~10 : 아이디와 암호가 모두 일치하여 로그인에 성공하면 메인 페이지로 이동합니다.

11~12 : 메인 페이지로 회원 이름을 쿼리 스트링으로 넘겨주어 메인 페이지에서 로그인한 회원의 이름이 출력되도록 합니다. 이때 주의할 점은 개발자가 직접 한글을 쿼리 스트링으로 만들어 페이지로 전송할 경우에는 `URLEncoder.encode()` 메소드로 인코딩 과정을 거쳐야 합니다.

14 : 아이디나 암호 중 어느 하나라도 불일치하면 로그인에 실패한 것이므로 로그인 페이지로 이동합니다.

3. 마지막으로 로그인 성공시 제공되는 04_main.jsp를 작성합시다.

```
1   <%@ page language="java" contentType="text/html; charset=UTF-8"
2       pageEncoding="UTF-8"%>
3   <!DOCTYPE html>
4   <html>
5   <head>
6   <meta charset="UTF-8">
7   <title>JSP</title>
8   </head>
9   <body>
10  <%= request.getParameter("name") %>님 안녕하세요!
11  <br>
12  저희 홈페이지에 방문해 주셔서 감사합니다.<br>
13  즐거운 시간 되세요....<br>
14  </body>
15  </html>
```

웹사이트를 구축하기 위해서 웹 페이지에서 웹 페이지로 이동하도록 하는 것은 필수입니다. JSP에서 다른 페이지로 이동하기 위한 방법은 다음과 같은 두 가지가 있습니다.

1. 리다이렉트 방식

2. 포워드 방식

리다이렉트 방식은 response 객체의 `sendRedirect()`로 페이지를 이동하는 방법을 말합니다. 리다이렉트 방식은 브라우저의 URL을 변경하도록 하여 페이지를 이동하는 방식으로 request와 response 객체가 유지되지 않습니다. 다음 그림은 리다이렉트 방식의 데이터 전송 흐름을 보여줍니다.

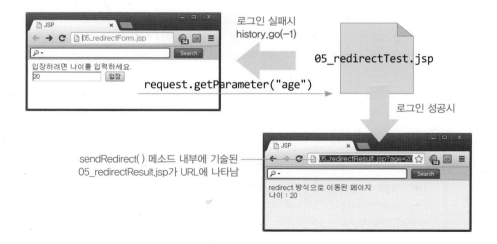

sendRedirect() 메소드로 페이지를 이동하면서 데이터를 전송하기 위해 파라미터 값을 이동할 페이지 뒤에 쿼리 스트링 형태로 덧붙여 주었습니다.

$$response.sendRedirect("04\_main.jsp?\ \boxed{age}\ =" + \boxed{20}\ );$$

파라미터 이름 파라미터 값

리다이렉트 방식은 response 객체의 **sendRedirect()** 메소드를 사용하여 페이지를 이동하는 것입니다. 이번에는 포워드 방식으로 페이지를 이동해 보도록 합시다. forward() 메소드도 sendRedirect()와 마찬가지로 다른 페이지로 이동하기 위해서 사용합니다.

```
RequestDispatcher dispatcher=request.getRequestDispatcher("05_forwardResult.jsp");
dispatcher.forward(request, response);
```
이동할 페이지 지정

forward() 메소드는 requestDispatcher 객체로 접근해야만 호출이 가능합니다. requestDispatcher 객체는 request 객체의 **getRequestDispatcher()** 메소드를 호출하여 얻어냅니다. 이렇게 얻어낸 requestDispatcher 객체로 **forward()** 메소드를 호출하면 getRequestDispatcher() 메소드의 매개 변수로 지정한 페이지로 이동됩니다.

포워드 방식은 서버 상에서 페이지가 이동되기 때문에 브라우저는 알아채지 못하고 URL도 변경되지 않습니다. 또한 기존의 request와 response는 유지되어 이동됩니다.

페이지 이동을 위해서 포워딩을 하면 요청 당시의 현재 페이지에 대한 URL만 나타날 뿐 제어가 넘어간 특정 페이지의 URL이 전혀 나타나지 않습니다. 다음은 포워드 방식의 데이터 전송 흐름을 보여주는 그림입니다.

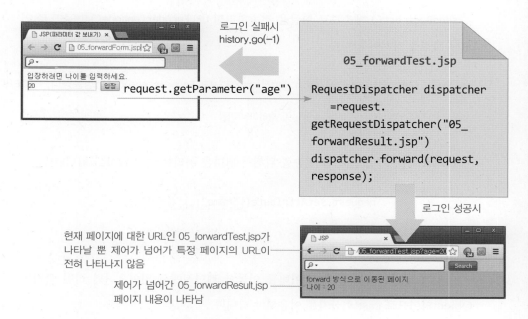

포워딩 방식으로 페이지를 이동하면 클라이언트의 웹 브라우저의 주소란에 보이는 URL과 실제 웹 브라우저에서 로드하고 있는 문서가 서로 다르므로 사용자는 내부적으로 어떠한 일들이 일어나고 있는지 감지할 수가 없습니다.

sendRedirect()에서는 쿼리 스트링 형태로 데이터 전송을 했다면 forward() 메소드로 페이지를 이동하면서 데이터를 전송하고 싶을 경우에는 기존의 request 객체가 그대로 유지되기 때문에 setAttribute() 메소드로 request 객체에 속성 값으로 저장해서 보내줍니다.

request.setAttribute("age" , 20);

속성 이름 속성 값

반면 이동한 페이지에서 속성 값을 얻어 와서 사용하려면 getAttribute() 메소드의 매개 변수로 속성 이름을 지정해야 합니다. getAttribute() 메소드는 리턴 타입이 Object형이므로 정수형(int) 변수에 저장하려면 cast 연산자를 이용해야 합니다.

```
int age =(Integer)request.getAttribute( "age" );
    속성 값                                    속성 이름
```

sendRedirect() 메소드로 한글을 전송하려면 URLEncoder.encode() 메소드로 인
코딩 과정을 거쳐야 합니다.

```
response.sendRedirect("04_main.jsp? name ="+URLEncoder.encode( "성윤정" , "UTF-8"));
                          파라미터 이름                      파라미터 값
```

forward() 메소드는 한글 전송을 위해서 별다른 처리를 하지 않아도 됩니다.

```
request.setAttribute( "name" , "성윤정" );
                      속성 이름   속성 값
```

이렇게 넘겨진 String 형 데이터를 이동한 페이지에서 얻어오려면 리턴 타입이
Object형이므로 cast 연산자를 이용해야 합니다.

```
String name =(String)request.getAttribute( "name" );
       속성 값                                   속성 이름
```

다음은 예제를 통해 실제 동작원리를 학습해보겠습니다. 아래 표는 예제 사이트에
서 필요한 파일 목록입니다.

파일	설명
05_forwardForm.jsp	나이를 입력할 수 있는 화면을 제공하기 위한 페이지
05_forwardTest.jsp	입력받은 나이가 19세 미만이면 페이지 이동이 불가능하고 나이가 20세 이상이면 05_forwardResult.jsp로 이동시킴
05_forwardResult.jsp	전송한 나이와 이름 출력

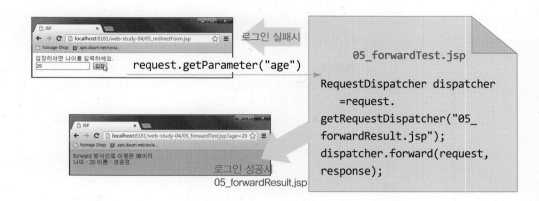

실행 결과를 보면 로그인 성공시 05_forwardResult.jsp 파일에 기술된 내용들만 화면에 나타납니다. 하지만 브라우저 내의 주소 입력란에 나타난 주소는 05_forwardTest.jsp 파일명이 나타나는 것을 확인할 수 있습니다. 왜냐하면 requestDispatcher 객체의 **forward()** 메소드로 페이지를 이동하면 URL이 변경되지 않기 때문입니다.

[직접해보세요] 성년만 입장 가능한 사이트 만들기

1. 나이를 입력할 수 있는 화면인 05_forwardForm.jsp를 작성합니다.

```
1    <%@ page language="java" contentType="text/html; charset=UTF-8"
2        pageEncoding="UTF-8"%>
3    <!DOCTYPE html>
4    <html>
5    <head>
6    <meta charset="UTF-8">
7    <title>JSP</title>
8    </head>
9    <body>
10    입장하려면 나이를 입력하세요. <br>
11    <form action="05_forwardTest.jsp">
12      <input type="text" name="age">
13      <input type="submit" value="입장">
14    </form>
15    </body>
16    </html>
```

2. 05_forwardForm.jsp에서 입력받은 나이가 19세 미만이면 페이지 이동이 불가능하고 나이가 20세 이상이면 05_forwardResult.jsp로 이동시키는 페이지를 05_forwardTest.jsp란 이름으로 작성합니다.

```
1    <%@ page language="java" contentType="text/html; charset=UTF-8"
2        pageEncoding="UTF-8"%>
3    <%
4    int age=Integer.parseInt(request.getParameter("age"));
5    if(age<=19){
6      %>
7      <script type="text/javascript">
8        alert("19세 미만이므로 입장 불가능")
9        history.go(-1)
10     </script>
11     <%
12   }else{
13     request.setAttribute("name", "성윤정");
14     RequestDispatcher dispatcher
15         =request.getRequestDispatcher("05_forwardResult.jsp");
16     dispatcher.forward(request, response);
17   }
18   %>
```

9 : 이전 페이지인 나이를 입력할 수 있는 화면으로 되돌아가게 하도록 하기 위해서 자바스 크립트의 history 객체를 사용하였습니다. 다음은 history 객체의 속성과 메소드를 정리한 표입니다.

속성	내용
length	브라우저의 history 목록에 저장된 URL의 갯수
메소드	내용
back()	한 단계 전 URL로 이동
forward()	한 단계 뒤 URL로 이동
go()	지정된 단계의 URL로 이동

history는 브라우저에 기록되어 있는 히스토리 정보를 제어하는 객체입니다. 위 언급된 메소드 중에서 go( ) 함수에 −1를 지정하면 바로 이전 단계인 05_forwardForm.jsp 페이지로 되돌아가게 됩니다. history.go(−1)과 동일한 용도로 사용할 수 있는 함수는 history. back( )이 있습니다.

12~17 : 나이가 20세 이상이면 RequestDispatcher 객체의 forward( ) 메소드로 05_
forwardResult.jsp로 이동시킵니다. 이때 회원 이름을 05_forwardResult.jsp로 넘겨주
기 위해서는 속성 값으로 전송합니다.

3. 성년일 경우 입장 가능한 05_forwardResult.jsp를 작성합니다.

```
1    <%@ page language="java" contentType="text/html; charset=UTF-8"
2        pageEncoding="UTF-8"%>
3    <%
4      String age=request.getParameter("age");
5      String name=(String)request.getAttribute("name");
6    %>
7    <!DOCTYPE html>
8    <html>
9    <head>
10   <meta charset="UTF-8">
11   <title>JSP</title>
12   </head>
13   <body bgcolor=pink>
14   forward 방식으로 이동된 페이지 <br>
15    나이 : <%=age %>
16    이름 : <%=name %>
17   </body>
     </html>
```

4 : forward 방식으로 이동하면 기존의 request와 response 객체가 유지됩니다. 그렇기 때
문에 05_forwardResult.jsp를 요청한 05_forwardTest.jsp가 아닌 그 전 페이지인 05_
forwardForm.jsp에서 입력받은 나이 값을 request 객체의 getParameter( ) 메소드로 얻
어올 수 있습니다.

5 : 속성 값으로 전송된 회원 이름을 얻어옵니다.

application 내장 객체

application 내장 객체는 하나의 웹 애플리케이션을 관리하고 웹 애플리케이션 안에서
의 자원을 공유합니다. 하나의 웹 애플리케이션이란 하나의 웹 프로젝트를 의미합니다.
지금까지 여러분들이 web-study-04 이런 식으로 만든 프로젝트를 의미합니다.

　지금까지는 이번 페이지에서 사용한 정보(자원)를 다음 페이지에서까지 사용하도
록 하기 위해서 속성을 새로 생성해서 request 객체에 저장하여 사용했습니다.

```
request.setAttribute("name", "request man");
```

application 객체도 정보(자원)를 속성에 저장할 수 있습니다.

```
application.setAttribute("name", "application man");
```

application 객체에 저장된 내용은 하나의 프로젝트 내의 모든 JSP 페이지에서 공
통적으로 사용할 수 있게 됩니다.

jsp 페이지에서 생성하지 않고 그냥 가져다 쓰는 application 내장 객체는 어떤 자
료 형태인지 살펴봅시다. 이를 위해서는 jsp가 자동 변환되는 서블릿 파일을 살펴보
아야 합니다. 다음 그림은 hello.jsp 페이지가 변환된 서블릿 클래스입니다. 44줄을
살펴보면 application은 **javax.servlet.ServletContext** 인터페이스를 구현한 객체
임을 알 수 있습니다.

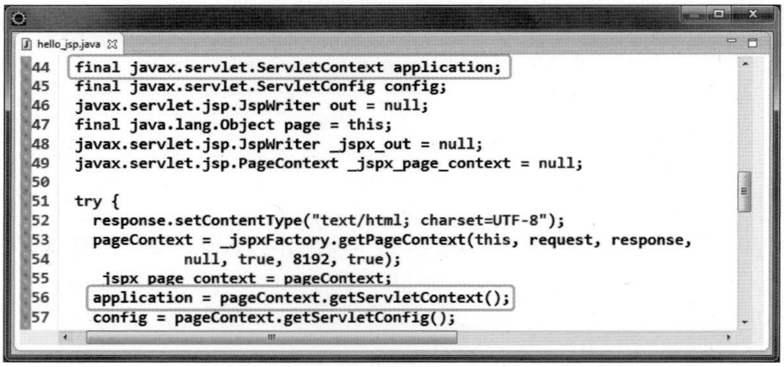

서블릿에서 제공하는 ServletContext로 선언된 application 내장 객체는 서버 기
동 시 웹 애플리케이션 당 하나만 생성되며 서블릿 컨테이너의 정보를 제공하는 일,
컨테이너에게 로그 처리를 요청하는 일 등을 구현할 수 있는 다양한 메소드를 지원합
니다.

JSP가 서블릿 컨테이너에 의해 서블릿으로 변환될 때, 자동으로 ServletContext
인터페이스를 구현해서 애플리케이션 내장 객체를 활용할 수 있게 해줍니다.

다음은 application 객체 관련 메소드를 정리한 표입니다.

메소드	설명
getServerInfo()	컨테이너의 이름과 버전을 반환합니다.
getContextPath()	웹 애플리케이션의 URL 경로 중 컨텍스트 패스명을 반환합니다.
getRealPath()	JSP의 실제 경로를 반환한다.
getMimeType(filename)	지정된 파일의 MIME 타입을 반환합니다.
log(message)	지정된 message의 로그를 저장합니다.

위의 메소드들은 컨텍스트 이름이나 프로젝트 내에 수많은 JSP 파일의 경로를 알고 싶을 때 사용합니다.

웹 애플리케이션의 URL 중 컨텍스트 패스명을 반환하기 위한 메소드인 getContextPath()와 웹 애플리케이션의 파일 경로명을 가져오는 메소드인 getRealPath()에 대해서 학습해 봅시다.

[직접해보세요] application의 실제 경로 알아보기 [파일 이름 : 06_application.jsp]

```
1   <%@ page language="java" contentType="text/html; charset=UTF-8"
2       pageEncoding="UTF-8"%>
3   <!DOCTYPE html>
4   <html>
5   <head>
6   <meta charset="UTF-8">
7   <title>JSP</title>
8   </head>
9   <body>
10  <%
11    String appPath = application.getContextPath();
12    String filePath = application.getRealPath("06_application.jsp");
13  %>
14  웹 애플리케이션의 컨텍스트 패스명<br>
15  <b><%=appPath%></b><hr>
16  웹 애플리케이션의 파일 경로명<br>
17  <b><%=filePath%></b><br>
18  </body>
19  </html>
```

11 : 웹 애플리케이션의 URL 경로 중 컨텍스트 패스명을 반환합니다. 서블릿을 요청하기 위한 URL은 다음과 같이 입력하여야 합니다.

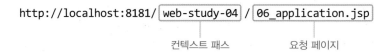

서블릿을 요청하기 위한 URL의 구성을 보면 http://localhost는 웹 서버에 접속하기 위한 IP 주소이고 톰캣을 설치하면서 지정한 포트 번호(8181)와 요청 페이지(06_application. jsp) 사이에 기술된 것을 컨텍스트 패스라고 합니다. `application.getContextPath()` 메소드는 컨텍스트 패스를 얻습니다.

12 : `application.getRealPath()`는 실행되고 있는 06_application.jsp 파일의 현재 위치를 알려 줍니다.

내장 객체의 영역

내장 객체의 영역은 객체의 유효기간이라고도 불립니다. 즉 해당 객체가 얼마 동안이나 살아있는가를 지정해 주는 것을 영역이라고 볼 수 있습니다. 영역은 총 4개로 page, request, session, application이 있습니다.

영역	설명
page	하나의 JSP 페이지를 처리할 때 사용되는 영역
request	하나의 요청을 처리할 때 사용되는 영역
session	하나의 브라우저와 관련된 영역
application	하나의 웹 애플리케이션과 관련된 영역

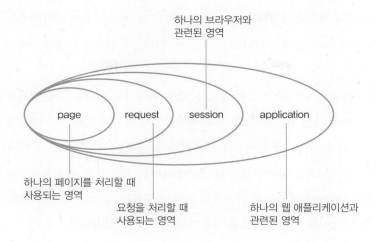

각각의 영역은 관련된 내장 객체를 가지고 있습니다.

page 영역

page 영역은 한 번의 클라이언트 요청에 하나의 JSP 페이지를 범위로 갖습니다. 즉, 브라우저의 요청이 들어오면 JSP 페이지를 실행하게 되는데, 이때 실행되는 JSP 페이지의 범위가 하나의 page 영역이 됩니다. 브라우저의 요청을 처리하는 JSP 페이지는 요청에 대해 새로운 page 영역을 갖게 되며, 그에 해당하는 pageContext 내장 객체를 할당 받습니다. 내장 객체를 할당받는다는 것은 pageContext라는 객체가 하나 생겨서 메모리에 로딩된다는 의미입니다. 이렇게 생성된 pageContext 객체에 정보를 저장하면 해당 페이지 내에서만 사용할 수 있게 됩니다.

request 영역

request 영역은 브라우저에서 오는 한 번의 요청과 관련됩니다. 즉 브라우저의 주소창에 URL을 입력하거나 페이지 링크를 클릭할 때, 브라우저가 웹 서버에 전송하는 요청이 하나의 request 영역이 됩니다.

사용자가 페이지를 요청하면 요청한 페이지와 요청을 받은 페이지 사이에 request 내장 객체에 정보를 저장할 수 있습니다. 브라우저가 결과를 받으면 그 요청과 관련된 request 내장 객체는 사라집니다. 즉 브라우저가 요청을 할 때마다 새로운 request 내장 객체가 생성되고 매번 새로운 request 영역이 생성됩니다.

page 영역과 차이점이 있다면 page 영역은 오직 하나의 JSP 페이지만을 포함하는 데 반해, request 영역은 하나의 요청을 처리하는 데 사용되는 모든 JSP 페이지를 포함합니다.

이렇게 request 영역에 저장된 정보를 얻기 위해서 request 객체가 필요합니다. 입력 폼에서 사용자가 입력한 값을 다음 페이지에서 처리해야 하는데 페이지 이동이 있은 후에는 이전 페이지의 상태가 유지되지 않습니다. 하지만 request 객체는 이전 페이지에서 입력된 값(파라미터)을 getParameter() 메소드로 얻어올 수 있습니다. 또한 setAttribute() 메소드로 파라미터가 아닌 원하는 정보도 저장해 두면 다음 페이지에서 getAttribute() 메소드를 사용하여 얻어올 수 있습니다.

session 영역

세션이란 웹 브라우저를 닫기 전까지 페이지를 이동하더라도 사용자의 정보를 잃지 않고 서버에 보관할 수 있도록 하는 객체로 모든 웹 서버에서 제공되는 것입니다. 세션에 대한 자세한 내용은 다음 장에서 살펴보도록 하겠지만, session 영역을 이해하기 위해서 간단하게 세션의 대표적인 예인 로그인 인증 처리로 세션에 대해서 설명하도록 하겠습니다.

회원 전용 페이지의 경우 로그인 과정을 통해 해당 페이지를 사용할 수 있는 권한을 얻으면 브라우저를 닫기 전까지는 그 권한에 대한 상태가 유지가 되기 때문에 다른 페이지로 갔다가 돌아오더라도 다시 로그인을 하지 않고 바로 회원 전용 페이지를 사용할 수 있게 됩니다.

이러한 처리를 가능하게 하는 것이 웹 서버에 제공되는 세션 객체입니다. session 영역은 하나의 브라우저와 관련된 영역입니다. 이 영역이 세션 객체에 의해서 관리됩니다.

application 영역

application 영역은 하나의 웹 애플리케이션과 관련된 전체 영역을 포함합니다. 하나의 웹 애플리케이션에 속한 모든 페이지, 그 페이지에 대한 요청, 세션은 모두 하나의 application 영역에 속하게 됩니다. 한 웹 애플리케이션에 속한 모든 JSP 페이지는 하나의 application 내장 객체를 공유하며 이 application 내장 객체는 application 영역에 포함됩니다.

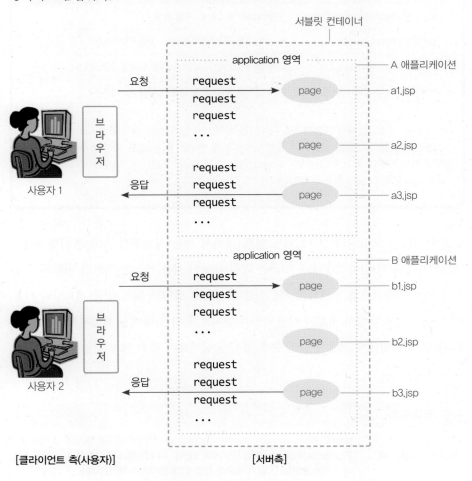

JSP 내장 객체에서 정보를 주고 받기 위한 메소드

page, request, session, application과 같은 JSP 내장 객체는 JSP 페이지들과 서블릿 간에 정보를 간단히 주고받을 수 있습니다. 정보를 저장하는 방식은 속성 형태로 이름을 주어서 값을 저장하는 형태인데 이렇게 저장된 값은 어떤 내장 객체에 저장했느냐에 따라서 네 가지 영역 내에서 사용 가능하게 됩니다.

속성에 정보를 저장하기 위해서는 set으로 시작하는 메소드를 사용하고 정보를 얻어오기 위해서는 get으로 시작하는 메소드, 제거하기 위해서는 remove로 시작하는 메소드 등이 사용됩니다.

메소드	설명
setAttribute(name, value)	이름(name)에 값(value)을 설정합니다.
getAttribute(name)	매개 변수로 준 이름에 설정된 값을 얻어냅니다.
getAttributeNames()	현재 객체에 관련된 모든 속성의 이름을 뽑아냅니다.
removeAttribute(name)	매개 변수로 준 이름에 설정된 값을 제거합니다.

속성 관련 메소드들에서 공통적으로 사용되는 매개 변수인 이름을 주기 위한 name 매개 변수는 String 형이고 값을 저장하기 위한 value 매개 변수는 어떤 값도 저장할 수 있도록 하기 위해서 자바의 최상위 클래스인 Object 형으로 정의되어 있습니다. 이름을 주어 값을 찾아올 경우에도 Object 형으로 리턴됩니다.

지금까지 정보를 저장할 때 어느 영역 내에서 사용 가능한지 유효 범위를 4가지 영역으로 나누어 설명했습니다. 원하는 영역 내에서 사용 가능한 정보를 저장하기 위해서는 어떤 방식으로 코딩해야 하는지를 살펴보고 설명한 대로 내장 객체마다 서로 다른 유효 범위 내에서 정보가 사용되는지 살펴보기 위한 예제를 작성해봅시다. 다음은 내장 객체 영역에 저장된 값의 유효 범위를 살펴보기 위한 예제 관련된 파일을 정리한 표입니다.

파일 이름	역할
07_firstPage.jsp	pageContext, request, session, application 객체에 새로운 속성을 추가한 후 07_secondPage.jsp 페이지로 포워딩한다. 이 페이지에서 설정한 속성 값은 브라우저에 출력할 수 없기 때문에 콘솔 창에 출력해서 확인합니다.
07_secondPage.jsp	07_firstPage.jsp에서 설정한 속성 값을 브라우저에 출력합니다.
07_thirdPage.jsp	07_secondPage.jsp의 [또 다른 페이지]를 클릭하여 리다이렉트 방식으로 요청되는 페이지로 07_firstPage.jsp에서 설정한 속성 값을 브라우저에 출력합니다.

이 예제는 3개의 jsp 파일을 모두 작성한 후 07_firstPage.jsp부터 실행시켜야 합니다. 07_firstPage.jsp를 실행하면 브라우저 내에 07_secondPage.jsp 페이지 내용이 출력됩니다. 07_firstPage.jsp 페이지는 마지막 문장에 07_secondPage.jsp 페이지로 포워딩하도록 하였기 때문입니다. 07_firstPage.jsp에서 4개의 내장 객체에 속성 값을 설정한 후 이를 콘솔 창에 출력하도록 하였기 때문에 콘솔 창을 열어보면 4개의 내장 객체에 설정된 속성 값을 확인할 수 있습니다. 하지만 브라우저에 출력된 07_secondPage.jsp에는 이전 페이지인 07_firstPage.jsp에서 pageContext 내장 객체에 저장한 속성 값 이외에 값만 출력됨을 확인할 수 있습니다.

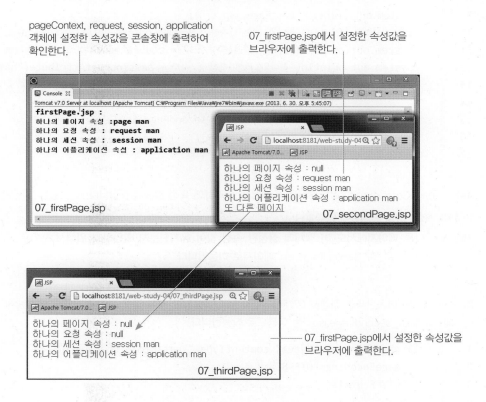

07_secondPage.jsp의 [또 다른 페이지]를 클릭하여 리다이렉트 방식으로 07_thirdPage.jsp 페이지로 이동하면 세션과 애플리케이션에 저장된 속성 값만 계속 사용할 수 있음을 알 수 있습니다.

07_thirdPage.jsp 페이지만 단독적으로 실행시키면 이번에는 세션이 끊긴 후이기 때문에 애플리케이션에 저장된 속성 값만 출력됩니다.

1. 내장 객체의 속성에 값을 설정하는 페이지를 07_firstPage.jsp라는 이름으로 작성합니다.

```
1   <%@ page language="java" contentType="text/html; charset=UTF-8"
2       pageEncoding="UTF-8"%>
3   <%
4     pageContext.setAttribute("name", "page man");
5     request.setAttribute("name", "request man");
6     session.setAttribute("name", "session man");
7     application.setAttribute("name", "application man");
8
9     System.out.println("firstPage.jsp : ");
10    System.out.println("하나의 페이지 속성 :"+ pageContext.getAttribute("name"));
11    System.out.println("하나의 요청 속성 : " + request.getAttribute("name"));
12    System.out.println("하나의 세션 속성 :    " + session.getAttribute("name"));
13    System.out.println("하나의 애플리케이션 속성 : " +
14                        application.getAttribute("name"));
15    request.getRequestDispatcher("07_secondPage.jsp")
16            .forward(request, response);
17  %>
```

4~7 : pageContext, request, session, application 객체에 속성 값을 설정합니다.

9~14 : 속성 값을 콘솔창에 출력합니다.

15~16 : 다른 페이지에서도 이 객체에 설정한 속성 값이 유지되는지 확인하기 위해서 포워드
방식으로 "07_secondPage.jsp" 페이지로 이동합니다.

2. 포워딩으로 이동한 페이지에서 07_firstPage.jsp에서 설정한 속성 값을 브라우저에 출력하는
페이지를 07_secondPage.jsp라는 이름으로 작성합니다.

```
1   <%@ page language="java" contentType="text/html; charset=UTF-8"
2       pageEncoding="UTF-8"%>
3   <!DOCTYPE html>
4   <html>
5   <head>
6   <meta charset="UTF-8">
7   <title>JSP</title>
8   </head>
9   <body>
10  하나의 페이지 속성 : <%= pageContext.getAttribute("name") %> <br>
11  하나의 요청 속성 :    <%= request.getAttribute("name") %> <br>
```

```
12    하나의 세션 속성 :   <%= session.getAttribute("name") %> <br>
13    하나의 애플리케이션 속성 : <%= application.getAttribute("name") %> <br>
14
15    <a href="07_thirdPage.jsp"> 또 다른 페이지 </a>
16    </body>
17    </html>
```

10~13 : 포워딩 방식으로 이동하면 07_firstPage.jsp에서 설정한 속성 값 중 실행되는 JSP 페이지의 범위인 page 영역에서만 값을 유지하는 pageContext 내장 객체의 속성 값만 유실됩니다. 페이지 이동을 하면 새로운 page 영역을 갖게 되기 때문입니다.

3. 리다이렉트로 이동한 또 다른 페이지에서 07_firstPage.jsp에서 설정한 속성 값을 브라우저에 출력하는 페이지를 07_thirdPage.jsp라는 이름으로 작성합니다.

```
1    <%@ page language="java" contentType="text/html; charset=UTF-8"
2        pageEncoding="UTF-8"%>
3    <!DOCTYPE html>
4    <html>
5    <head>
6    <meta charset="UTF-8">
7    <title>JSP</title>
8    </head>
9    <body>
10   하나의 페이지 속성 : <%= pageContext.getAttribute("name") %> <br>
11   하나의 요청 속성 :   <%= request.getAttribute("name") %> <br>
12   하나의 세션 속성 :   <%= session.getAttribute("name") %> <br>
13   하나의 애플리케이션 속성 : <%= application.getAttribute("name") %> <br>
14
15   </body>
16   </html>
```

10~13 : 리다이렉트 방식으로 페이지를 이동하면 pageContext 내장 객체의 속성 값은 물론 request 객체가 새로 생성되어 이전 페이지에서 requset 객체에 설정한 속성 값이 유실됩니다.

그렇다면 내장 객체의 영역을 어떻게 활용할 수 있을까요?

내장 객체가 해당 영역을 벗어나면 해당 속성의 값을 사용할 수 있는 유효 범위가 다르기 때문에 값을 출력할 수 없습니다. 예를 들어 pageContext 내장 객체에 저장한 속성 값은 해당 페이지에서만 상태 유지가 되고 request 내장 객체에 저장한 속성 값은 해당 페이지와 다음 페이지까지 상태 유지가 되지만 session 내장 객체에 저장한 속성 값은 브라우저를 다시 열기 전까지 계속 상태 유지가 되어 있습니다. 이처럼 어떤 내장 객체에 값을 저장했느냐에 따라서 사용할 수 있는 유효범위가 달라질 수 있다는 것을 기억해야 합니다. 페이지마다 동일한 속성이라도 서로 다른 값이 저장되어 있어야 한다면 pageContext 내장 객체에 속성 값을 저장해야 하고 세션이 끊기기 전까지 계속 상태가 유지되어야 할 값은 session 내장 객체에 속성 값을 저장해야 하는 등 어느 범위 내에서 값이 유효하도록 할 것인지 용도에 따라서 값을 저장할 수 있어야 합니다.

액션 태그

액션 태그는 스크립트릿, 주석, 디렉티브와 함께 JSP 페이지를 이루고 있는 요소 중 하나입니다. 다음은 액션 태그를 정리한 표입니다.

태그의 종류	설명
`<jsp:forward>`	다른 사이트로 이동할 때 사용 페이지의 흐름을 제어할 때 사용
`<jsp:include>`	정적 혹은 동적인 자원을 현재 페이지의 내용에 포함시킨다. 페이지를 모듈화할 때 사용
`<jsp:param>`	`<jsp:forward>`, `<jsp:include>`, `<jsp:plugin>`과 같이 사용되어 파라미터를 추가할 때 사용
`<jsp:useBean>`	빈(Bean)을 생성하고 사용하기 위한 환경을 정의하는 액션 태그
`<jsp:setProperty>`	액션은 빈에서 속성 값을 할당
`<jsp:getProperty>`	액션은 빈에서 속성 값을 얻어올 때 사용

위 표에 정리한 액션 태그 중 페이지의 흐름을 제어할 때 사용하는 〈jsp:forward〉와 페이지를 모듈화할 때 사용하는 〈jsp:include〉에 대해서만 이번 장에서 학습하고 〈jsp:useBean〉, 〈jsp:setProperty〉, 〈jsp:getProperty〉는 자바 빈과 연관된 액션 태그이기에 6장에서 다루기로 하고 이번 장에서는 다루지 않도록 하겠습니다.

〈jsp:forward〉나 〈jsp:include〉와 같은 액션 태그가 제공하는 기능은 JSP의 내장 객체를 통해서 자바 코드 형태로도 작성할 수 있는 것을 태그로 표현할 수 있도록 한 것입니다.

그런데, 액션 태그가 왜 필요한 것일까요?

그 이유는 jsp 페이지에서는 동일한 내용이라도 자바 코드를 기술하기보다는 태그를 기술하는 것이 지저분하지 않고 깔끔하게 코딩할 수 있어 가독성 높은 소스코드를 작성할 수 있습니다. 뿐만 아니라 액션태그를 사용하면 자바로 기술했을 때보다 코드 양을 대폭 줄일 수 있기 때문입니다.

액션 태그는 XML 문법을 따릅니다. 즉 시작 태그와 함께 반드시 종료 태그를 포함해야 합니다. 다음은 액션 태그의 기본 형식입니다.

```
<jsp: . . . 속성="값" > 내용 </jsp: . . .>
```

다음은 XML 형식을 따르는 간단한 액션 태그의 예입니다.

```
<jsp:forward page="yellow02.jsp">
  <jsp:param name = "url" value="red02.jsp"/>
  <jsp:param name = "news" value="Happy New Year!"/>
</jsp:forward>
```

JSP 액션 태그는 XML 형식을 따르기 때문에 시작 태그(〈jsp:forward〉)가 있으면 반드시 끝나는 태그(〈/jsp:forward〉)가 있어야 합니다. 또한 액션 태그는 접두어(prefix) "jsp:"을 붙여서 "〈jsp:"로 시작해야 합니다.

액션 태그에 속성값만 지정하고 내용이 없을 경우에는 XML 규칙에 의해 끝나는 태그를 따로 하지 않고 시작 태그의 마지막 부분을 "/〉"로 마무리합니다.

내용이 없는 액션 태그의 형식입니다.

```
<jsp: . . . 속성="값" />
```

내용이 없는 액션 태그의 예입니다.

```
<jsp:forward page="yellow.jsp" />
```

〈jsp:forward〉 액션 태그

〈jsp:forward〉 태그는 현재 JSP 페이지에서 URL로 지정한 특정 페이지로 넘어갈 때 사용하는 태그입니다. 형식은 다음과 같습니다.

```
<jsp:forward page="relativeURLspec"/>
```

포워드 방식으로 페이지를 이동하는 것으로 기존의 request 연결을 유지하면서 서버상의 url로 request 정보를 전달합니다. 서블릿상에서 다음 코드와 동일한 동작을 합니다.

```
RequestDispatcher dispatcher = getServletContext().getRequestDispatcher("url");
dispatcher.forward(request, response);
```

어~ 자바 코드로 포워딩하는 방식도 위에서 배웠는데, 액션 태그로도 이러한 방식이 있네요. 왜 그럴까요?

앞서 배웠던 페이지 이동 방식(리다이렉트, 포워드) 중에서 포워드 방식으로 이동하기 위해서 forward() 메소드를 사용하였습니다. 액션 태그에서는 〈jsp:forward〉를 사용하여 포워딩할 수 있습니다. 자바 코드를 사용하는 것보단 액션 태그를 사용하는 것이 훨씬 깔끔하기 때문에 액션 태그가 등장하게 된 것이다. 액션 태그를 사용하는 것이 깔끔하고 가독성 높은 페이지를 만들 수 있습니다.

그럼 〈jsp:forward〉 태그의 동작 원리를 이해하기 위해서 간단한 JSP 예제를 만들어보겠습니다. 우선 먼저 우리가 작성할 예제의 결과부터 봅시다.

브라우저의 주소란에 다음과 같이 입력합니다.

```
http://localhost:8181/web-study-04/08_red.jsp
```

08_red.jsp 페이지가 요청되지만 〈jsp:forward〉 태그가 08_yellow.jsp 파일로 제어의 흐름을 이동시킵니다.

08_red.jsp를 요청하였지만 브라우저에 나타나 내용은 yellow.jsp 파일에 기술된 내용이다. 하지만, 주소 입력란에 나타난 url은 여전히 08_red.jsp이다.

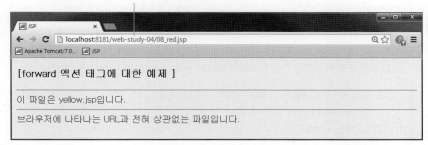

다음은 페이지 이동 예제를 위한 JSP 파일들 목록입니다.

파일	설명
08_red.jsp	브라우저로 로드할 파일. 웹 문서의 배경색을 빨간색으로 지정한다. 이 파일에 〈jsp:forward〉 태그로 yellow.jsp 파일을 요청한다.
08_yellow.jsp	red.jsp에 의해 요청되는 페이지이다. 웹 문서의 배경색을 노란색으로 지정한다.

예제를 실행해 보면 화면에 나타나는 것은 빨간 배경색을 가진 08_red.jsp가 아닌 노란 배경색을 가진 08_yellow.jsp 파일임을 알 수 있습니다. 이는 〈jsp:forward〉 태그로 08_yellow.jsp로 포워딩했기 때문입니다.

[직접해보세요] 페이지 이동

1. 브라우저로 로드할 페이지를 08_red.jsp라는 이름으로 작성합니다.

```
1    <%@ page language="java" contentType="text/html; charset=UTF-8"
2        pageEncoding="UTF-8"%>
3    <!DOCTYPE html>
4    <html>
5    <head>
```

```
6     <meta charset="UTF-8">
7     <title>JSP</title>
8     </head>
9     <body bgcolor="red">
10    이 파일은 red.jsp입니다. <br>
11    브라우저에 배경색이 빨간색으로 나타날까요?<br>
12    노란색으로 나타날까요?<hr>
13    forward 액션 태그가 실행되면 이 페이지의 내용은 출력되지 않습니다. <br>
14    <jsp:forward page="08_yellow.jsp" />
15    </body>
16    </html>
```

2. 08_red.jsp에서 포워딩으로 이동할 페이지를 08_yellow.jsp라는 이름으로 작성합니다.

```
1     <%@ page language="java" contentType="text/html; charset=UTF-8"
2         pageEncoding="UTF-8"%>
3     <!DOCTYPE html>
4     <html>
5     <head>
6     <meta charset="UTF-8">
7     <title>JSP</title>
8     </head>
9     <body bgcolor="yellow">
10    <h3> [forward 액션 태그에 대한 예제]</h3>
11    <hr>
12    이 파일은 yellow.jsp입니다.
13    <br>
14    <hr>
15    브라우저에 나타나는 URL과 전혀 상관없는 파일입니다.
16    </body>
17    </html>
```

〈jsp:param〉 액션 태그

〈jsp:forward〉 액션 태그로 이동하는 페이지에 정보를 추가하고 싶을 경우가 있습니다. 이럴 경우 사용하는 액션 태그가 〈jsp:param〉입니다.

〈jsp:param〉 태그는 요청한 페이지로 정보를 전달할 때 사용하는 태그입니다. 〈jsp:param〉 태그는 단독으로 사용하지 못하고 〈jsp:include〉나 〈jsp:forward〉 태그의 내부에 기술하여 사용합니다.

```
<jsp:forward page="main.jsp">
   <jsp:param value="Bae Su Ji" name="username"/>
</jsp:forward>
```

즉 로그인 처리에서 로그인 인증 처리한 후 〈jsp:forward〉으로 회원전용 페이지로 이동하면서 로그인에 성공한 사용자의 이름을 파라미터 값으로 다음 페이지에 전달하기 위해서 사용하는 태그입니다.

다음은 〈jsp:param〉 태그의 일반적인 형식입니다.

```
<jsp:param name="파라미터" value="파라미터값" />
```

현재 페이지에서 요청한 페이지로 파라미터와 파라미터 값(value) 형태로 정보를 넘겨줍니다.

〈jsp:forward〉 page 속성 값으로 호출하고자 하는 페이지를 지정할 수 있습니다. 단순히 page 속성에 지정된 페이지로 이동할 것이 아니라 이동할 페이지에 자신의 정보를 파라미터 형식으로 전달할 수 있는데 이때 사용하는 태그가 〈jsp:param〉 태그입니다. 〈jsp:param〉 태그는 〈jsp:forward〉 태그 내부에 기술해야 합니다.

```
<jsp:forward page="이동할 페이지 경로" >
    <jsp:param name="파라미터" value="파라미터값" />
</jsp:forward>
```

〈jsp:param〉 태그의 name 속성에 이름을 지정하고 value 속성에 값을 기술하여 이동할 페이지에 값을 실어 줍니다.

다음은 〈jsp:forward〉 태그와 〈jsp:param〉 태그를 사용하여 조건에 따라 서로 다른 페이지로 이동하는 예제입니다. 라디오 버튼을 두어 사용자로 로그인할지 관리자로 로그인할지를 선택하도록 합니다.

사용자 라디오 버튼을 선택한 후에 로그인하면 사용자 페이지로 이동합니다.

사용자로 로그인

관리자 라디오 버튼을 선택한 후에 로그인하면 관리자 페이지로 이동합니다.

관리자로 로그인

파일	설명
09_actionTagForm.jsp	라디오 버튼을 두어 사용자로 로그인할지 관리자로 로그인할지를 선택하도록 한다.
09_actionTagTest.jsp	〈jsp:forward〉 태그와 〈jsp:param〉 태그의 관계를 이해하기 위한 간단한 JSP 파일이다. 조건에 따라 이동할 페이지를 달리 한다.
09_userMain.jsp	사용자 페이지이다.
09_managerMain.jsp	관리자 페이지이다.

[직접해보세요] 조건에 따른 페이지 이동

1. 사용자로 로그인할지 관리자로 로그인할지를 선택하는 라디오 버튼을 갖는 페이지를 09_actionTagForm.jsp라는 이름으로 작성합니다.

```
1    <%@ page language="java" contentType="text/html; charset=UTF-8"
2        pageEncoding="UTF-8"%>
3    <!DOCTYPE html>
4    <html>
5    <head>
6    <meta charset="UTF-8">
7    <title>JSP</title>
8    </head>
9    <body>
10   <form action="09_actionTagTest.jsp">
11   아이디 :        <input type="text" name="userID"><br>
12   암   호 : <input type="password" name="userPwd"><br>
13   <input type="radio" name="loginCheck" value="user"
14   checked="checked"> 사용자
15   <input type="radio" name="loginCheck" value="manager"> 관리자 <br>
16   <input type="submit" value="로그인">
17   </form>
18   </body>
19   </html>
```

2. 이전 페이지에서 선택한 라디오 버튼에 따라 〈jsp:forward〉 태그를 이용하여 이동할 페이지를 달리하는 페이지를 09_actionTagTest.jsp라는 이름으로 작성합니다.

```
1    <%@page import="java.net.URLEncoder"%>
2    <%@ page language="java" contentType="text/html; charset=UTF-8"
3        pageEncoding="UTF-8"%>
4    <%
5    String userID=request.getParameter("userID");
6    String userPwd=request.getParameter("userPwd");
7    String loginCheck=request.getParameter("loginCheck");
8
9    if(loginCheck.equals("user")){
10   %>
11    <jsp:forward page="09_userMain.jsp">
12    <jsp:param value='<%=URLEncoder.encode("전고객", "UTF-8")%>'
     name="userName"/>
13    </jsp:forward>
14   <%}else{ %>
15    <jsp:forward page="09_managerMain.jsp">
16    <jsp:param value='<%=URLEncoder.encode("성관리", "UTF-8")%>'
     name="userName"/>
17    </jsp:forward>
18   <%} %>
```

3. 사용자 페이지를 09_userMain.jsp라는 이름으로 작성합니다.

```jsp
1    <%@page import="java.net.URLDecoder"%>
2    <%@ page language="java" contentType="text/html; charset=UTF-8"
3        pageEncoding="UTF-8"%>
4    <!DOCTYPE html>
5    <html>
6    <head>
7    <meta charset="UTF-8">
8    <title>JSP</title>
9    </head>
10   <body bgcolor="pink">
11   <h3>사용자로 로그인 성공 </h3>
12   <%=URLDecoder.decode(request.getParameter("userName"), "UTF-8")%>
13   (<%=request.getParameter("userID")%>)님 환영합니다 .
14   </body>
15   </html>
```

4. 관리자 페이지를 09_managerMain.jsp라는 이름으로 작성합니다.

```jsp
1    <%@page import="java.net.URLDecoder"%>
2    <%@ page language="java" contentType="text/html; charset=UTF-8"
3        pageEncoding="UTF-8"%>
4    <!DOCTYPE html>
5    <html>
6    <head>
7    <meta charset="UTF-8">
8    <title>JSP</title>
9    </head>
10   <body bgcolor="yellow">
11   <h3>관리자로 로그인 성공 </h3>
12   <%=URLDecoder.decode(request.getParameter("userName"), "UTF-8")%>
13   <%=request.getParameter("userID") %>님 환영합니다 .
14   </body>
15   </html>
```

페이지와 페이지 사이에 데이터를 전송하기 위한 방법으로 쿼리 스트링을 사용할 수 있지만 이번 예제에서는 〈jsp:param〉을 사용하여 데이터를 전송하는 방법을 학습하였습니다.

⟨jsp:include⟩ 액션 태그

웹사이트를 구축하다보면 페이지 상단의 로고나 메인 메뉴, 페이지 하단의 저작권 표시 등은 모든 페이지에서 공통적으로 사용됩니다.

이런 공통된 내용까지 하나의 JSP 페이지에 기술하고 다른 페이지에서 이 내용이 필요할 때 코드를 복사 붙여넣기 하는 것보다는 페이지 상단에 보여야 할 로고나 메인 메뉴는 header.jsp에 페이지, 하단에 보여야 할 저작권에 표시 등은 footer.jsp로 나누어 두고 본문에 해당되는 내용을 기술하는 페이지에서 이들 header.jsp와 footer.jsp를 동적으로 포함하는 것이 좋습니다. 이렇게 현재 페이지에 다른 페이지의 내용을 동적으로 포함시키고자 할 경우 사용하는 액션 태그가 ⟨jsp:include⟩ 태그입니다.

내용을 기술하는 페이지에서 페이지 상단을 작성하면서 ⟨jsp:include⟩ 태그를 사용하여 header.jsp 페이지를 포함시키고 페이지 하단을 작성하면서는 ⟨jsp:include⟩ 태그를 사용하여 footer.jsp 페이지를 포함시켜서 웹 사이트를 구축하는데 이렇듯 하나의 결과 화면을 모듈별로 개별적인 여러 개의 페이지로 나눠서 작성하는 것을 모듈화라고 합니다.

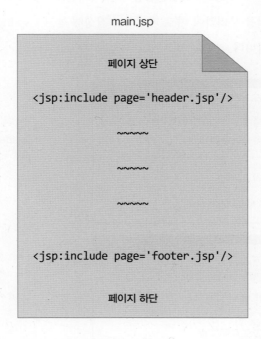

main.jsp

페이지 상단

```
<jsp:include page='header.jsp'/>

        ~~~~~

        ~~~~~

        ~~~~~

<jsp:include page='footer.jsp'/>
```

페이지 하단

페이지를 포함시키기 위한 〈jsp:include〉 태그의 형식은 다음과 같습니다.

```
<jsp:include page="urlSpec" flush="true" 또는 "false"/>
```

page 다음에는 삽입할 페이지의 주소를 기술하되 상대 경로나 절대 경로 둘 다 설정할 수 있습니다. flush 속성은 출력 버퍼에 저장되어 있는 데이터를 내준다는 의미로 사용됩니다. 다음의 예는,

```
<jsp:include page="sub.jsp" flush="true"/>
```

현재 페이지에 sub.jsp 파일의 내용이 출력됩니다. 다른 페이지의 내용을 현재 페이지에 끼워 놓을 수 있다는 점에서 〈jsp:include〉 태그는 지시자의 〈%@ include〉 태그와 유사한 기능을 합니다. 기능은 유사하지만 동작하는 원리에 있어서 차이가 있습니다.

웹사이트들을 살펴보면 메인 페이지와 서브 페이지에 나타나는 헤더와 푸터 부분에는 동일하고 가운데 부분만 매번 변경됩니다. 이러한 레이아웃을 효율적으로 개발하려면 헤더와 푸터를 분리하여 따로 페이지로 작성해 놓고 〈jsp:include〉 태그로 이들 페이지를 포함합니다.

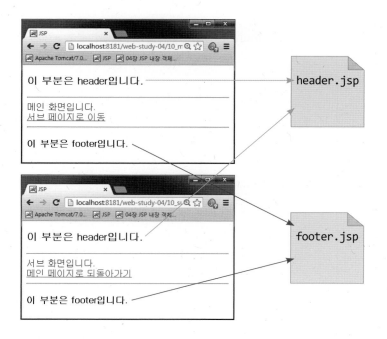

이렇게 모듈화하면 헤더와 푸터가 변경되더라도 포함된 페이지만 변경하고 메인 페이지나 서브 페이지는 수정하지 않아도 변경된 내용이 그대로 적용되어 나타납니다.

〈jsp:include〉액션 태그는 3장에서 학습한 include 지시자(〈%@ include file='url'%〉)처럼 여러 페이지를 한 페이지에 포함하는 기능을 합니다. 하지만 〈jsp:include〉액션 태그와 include 지시자는 내부적으로 동작하는 원리가 다릅니다.

include 지시자는 지정된 페이지가 현재 페이지에 포함되어서 하나로 합쳐진 상태에서 컴파일하여 실행되는 구조입니다. 포함되는 페이지를 독립적인 형태가 아니고 페이지의 일부분으로 구성할 수 있습니다. 즉, 변수를 서로 공유해서 사용할 수 있습니다.

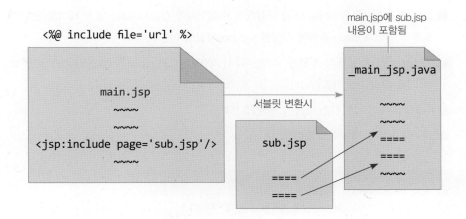

〈jsp:include〉액션 태그는 컴파일할 때 합쳐지지 않고 제어권이 지정한 페이지로 넘어갔다가 다시 되돌아옵니다. 서로 독립적으로 컴파일되고 실행할 때 독립적으로 실행되는 두 페이지가 서로 연락을 취하여 하나의 페이지인 것처럼 동작하기 때문에 변수를 서로 공유해서 사용할 수 없습니다. 그러므로 포함될 페이지가 독립적인 하나의 페이지여야만 합니다.

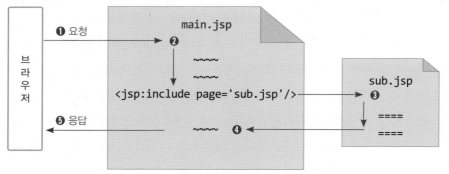

❶ main.jsp가 요청됩니다.

❷ 그러면 요청받은 main.jsp 내의 문장들이 수행되다가 〈jsp:include〉 액션 태그를 만나면 흐름의 제어가 page 속성에 지정된 sub.jsp 파일로 이동됩니다.

❸ sub.jsp 내의 문장들이 수행된 후에는 다시 제어가 main.jsp 내의 〈jsp:include〉 액션 태그 다음 문장으로 이동됩니다.

❹ main.jsp 내의 남아있는 내용이 수행됩니다.

❺ 결과를 브라우저에 응답합니다.

파일	설명
10_header.jsp	화면 상단에 출력할 공통 페이지이다.
10_footer.jsp	화면 하단에 출력할 공통 페이지이다.
10_main.jsp	메인 페이지로 헤더와 풋터를 포함하고 있다.
10_sub.jsp	서브 페이지로 헤더와 풋터를 포함하고 있다.

[직접해보세요] 〈jsp:include〉 액션 태그를 사용한 모듈화

1. 화면 상단에 출력할 공통 페이지를 10_header.jsp라는 이름으로 작성합니다.

```
1    <%@ page language="java" contentType="text/html; charset=UTF-8"
2        pageEncoding="UTF-8"%>
3    <h3> 이부분은header입니다.</h3>
4    <hr>
```

2. 화면 하단에 출력할 공통 페이지를 10_footer.jsp라는 이름으로 작성합니다.

```
1  <%@ page language="java" contentType="text/html; charset=UTF-8"
2      pageEncoding="UTF-8"%>
3  <hr>
4  <h4> 이부분은footer입니다.</h4>
```

3. 메인 페이지로 헤더와 풋터를 포함하고 있는 페이지를 10_main.jsp라는 이름으로 작성합니다.

```
1  <%@ page language="java" contentType="text/html; charset=UTF-8"
2      pageEncoding="UTF-8"%>
3  <!DOCTYPE html>
4  <html>
5  <head>
6  <meta charset="UTF-8">
7  <title>JSP</title>
8  </head>
9  <body>
10 <jsp:include page="10_header.jsp"/>
11 메인 화면입니다. <br>
12 <a href="10_sub.jsp">서브 페이지로 이동</a>
13 <jsp:include page="10_footer.jsp"/>
14 </body>
15 </html>
```

4. 서브 페이지로 헤더와 풋터를 포함하고 있는 페이지를 10_sub.jsp라는 이름으로 작성합니다.

```
1  <%@ page language="java" contentType="text/html; charset=UTF-8"
2      pageEncoding="UTF-8"%>
3  <!DOCTYPE html>
4  <html>
5  <head>
6  <meta charset="UTF-8">
7  <title>JSP</title>
8  </head>
9  <body>
10 <jsp:include page="10_header.jsp"/>
11 서브 화면입니다. <br>
12 <a href="10_main.jsp">메인 페이지로 되돌아가기</a>
13 <jsp:include page="10_footer.jsp"/>
14 </body>
15 </html>
```

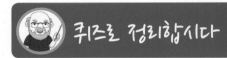

문제의 답은 로드북 홈페이지(http://roadbook.co.kr/126)에서 확인할 수 있습니다.

1. 액션 태그의 종류와 그 기능을 설명하시오.

2. JSP 내장 객체 9개를 기술하고 간단한 설명을 덧붙이시오.

3. 4개의 내장 객체에 대해서 다음 표를 채우시오.

내장 객체	패키지	클래스
request		
response		
application		
out		

4. 〈jsp:forward〉와 동일한 기능을 수행하는 forward() 메소드를 가진 JSP 내장 객체는 무엇인가?

① request　　② response　　③ application　　④ out

5. request 객체에 대한 설명으로 틀린 것은?

① HttpServletRequest가 원본이다.

② 클라이언트의 응답 정보를 저장한다.

③ Servlet의 doPost 메소드에도 이 객체를 처리할 수 있는 파라미터가 있다.

④ 폼에서 전송하는 파라미터를 처리할 때는 getParameter()를 사용한다.

6. 다음에 제시된 것은 JSP에서 사용 가능한 내장 객체 변수명과 그 변수들이 참조하는 객체의 유형이다 틀린 것은?

① request - HttpServletRequest　　② session - HttpSession

③ config - ServletConfig　　④ page - PageContext

7. 다음은 폼 데이터의 전달 방식인 get과 post 방식에 대한 설명이다. 올바른 설명에는 ○를 기입하고 틀린 설명에는 ×를 기입하시오.

① 패스워드를 사용자에게 받아서 웹 서버로 보내기 위해서는 post 방식보다 get 방식이 좋다.( )

② get 방식은 브라우저에서 웹 서버로 전송할 수 있는 파라미터의 길이에 제한이 있다.( )

③ post 방식은 전송해야 할 파라미터를 URL에 붙여서 웹 서버로 전송한다.( )

④ get 방식과 post 방식 중에 get 방식이 처리 속도면에서 더 빠르다.( )

⑤ post 방식은 HTTP 헤더 뒤에 입력스트림 데이터로 전달된다.( )

⑥ 폼 데이터를 전달받는 jsp에서 request.setCharacterEncoding("UTF-8");라는 코드를 활용하는 이유는 get 방식으로 전달되는 데이터 중 한글을 올바로 처리하기 위함이다.( )

8. 다음에 제시된 JSP의 액션 태그 중에서 요청을 다른 자원으로 완전히 넘기고자 할 때 사용되는 태그는?

① 〈jsp:getProperty〉   ② 〈jsp:forward〉

③ 〈jsp:include〉   ④ 〈jsp:param〉

9. JSP에는 속성(attribute)을 정의할 수 있는 네 개의 객체가 존재하는데 각각 request, response, session, application과 같은 역할을 하는 서블릿 객체들의 각각의 이름을 기술하시오.

10. 다음 중 forward 메소드에 대한 설명으로 옳지 않은 것은?

① 요청을 서버 내의 자원으로 전달해 JSP 페이지를 직접 호출하기 때문에 응답 시간이 빠르다.

② 데이터 전송을 위해 get/setAttribute에 객체(값)을 넣어 전달한다.

③ request 속성으로 저장된 객체를 유지할 수 없다.

④ 서블릿 컨테이너에서 처리되기 때문에 URL 변화가 없다.

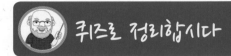

11. include 지시자와 include 액션에 대한 설명으로 옳지 않은 것은?

① include 액션은 실행 시점에서 파일을 개별적으로 컴파일한다.

② include 액션은 파일 두개가 합쳐졌을 때, 완전한 JSP 파일이 아니어도 상관없다.

③ include 지시자는 ⟨%@include page="sub.jsp"%⟩로 표기한다.

④ include 액션은 ⟨jsp:include page="sub.jsp"/⟩로 표기한다.

12. 다음 중 forward 액션에 대한 설명이 잘못된 것은?

① include 액션과 유사하지만 현재 페이지의 제어권을 완전히 다른 페이지로 전달한다.

② 주소창의 주소가 이전의 주소로 남아 있다.

③ request의 객체를 전달할 수 있다.

④ ⟨jsp:forward file="포워딩할파일명" /⟩으로 쓴다.

13. 다음 두 개의 코드는 ⟨input⟩ 폼 파라미터와 관련된 홈페이지와 이 홈페이지에서 제공되는 [전송]버튼을 클릭했을 경우 사용자가 선택한 내용을 출력하는 jsp 파일의 내용입니다. jsp 파일의 ①~③에 알맞은 소스 코드를 제시하시오.

```
infoForm.jsp
<html>
<head>
  <meta http-equiv="Content-Type" content="text/html;charset=utf-8">
</head>
<body>
  가입할 ID와 Password 및 자기소개를 입력하세요.
    <form action="infoResult.jsp" method="post">
    ID : <input type="text" name="id"><br/>
    Password : <input type="password" name="pw"><br/>
    자기소개<br/>
    <textarea name="desc" cols="50" rows="4"></textarea><br>
    <input type="submit" value="전송">
    <input type="reset" value="초기화">
  </form>
</body>
</html>
```

```
infoResult.jsp
<%@ page contentType="text/html; charset=utf-8" %>
<%
  request.setCharacterEncoding("utf-8");
%>
<html>
<head><title>Textform 처리</title></head>
<body>
  당신이 입력한 정보입니다.<br/>
  <b>ID</b> : <%= ①_____%><br/>
  <b>Password</b> : <%= ②_____%><br/>
  <b>자기소개</b><br/>
  <%= ③_____ %> <br/>
</body>
</html>
```

14. 다음 두 개의 코드는 〈select〉 폼 파라미터와 관련된 홈페이지와 이 홈페이지에서
    제공되는 [전송] 버튼을 클릭했을 경우 사용자가 선택한 내용을 출력하는 jsp 파일
    의 내용입니다. jsp 파일의 ①~⑤에 알맞은 소스 코드를 제시하시오.

```
selectForm.jsp
<html>
<body>
<form action="selectResult.jsp" method="post">
<table border=1>
<tr>
<td>학력</td>
<td>
<select name="edu">
  <option selected>재학생</option>
  <option>학사</option>, <option>석사</option>, <option>박사</option>
</select>
</td>
</tr>
<tr>
<td>소속국가</td>
```

```
<td>
<select name="na" size="3">
  <option selected>Korea</option>, <option>USA</option>,
<option>Japan</option>
</select>
</td>
</tr>
<tr>
<td>관심분야</td>
<td><select name="like" size="4" multiple>
  <option >광고/ 미디어</option>, <option selected>프로듀서</option>
  <option selected>컨설팅</option>, <option >그래픽디자이너</option>
</select>
</td>
</tr>
</table>
<Input type="submit" value="전송" >
<Input type="reset" value="초기화" >
</form>
</body>
</html>
```

selectResult.jsp

```
<%@ page contentType="text/html; charset=euc-kr" %><%request.
setCharacterEncoding("UTF-8"); %><html>
<body>당신의 학력, 소속국가 및 관심분야는 다음과 같습니다.<br><br><%  String
edu = ①_____  String na = ②_____
_____  String [] likes = ③_____
_____  %><b> <%= edu%> </b> 과 <b> <%=na%> </b> <br><br><%
for ( int i = 0; i < ④_____ ; i++) {%>    <b>⑤
_____</b><br> <% } %></body>
</html>
```

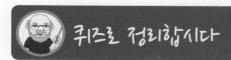

15. response 기본 객체가 지닌 메소드 중 현재 페이지에 대한 요청을 다른 페이지의 요청으로 전환해 주는 기능을 지닌 메소드는?

16. JSP 내장 객체 중에서 웹브라우저 화면상에 출력하는 부분과 연관된 객체는 다음 중 무엇인가?

① application   ② out   ③ session   ④ page

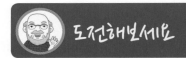

문제의 답은 로드북 홈페이지(http://roadbook.co.kr/126)에서 확인할 수 있습니다.

"웹 사이트 이동하기"

목표 콤보 박스에서 항목을 선택하면 해당 사이트로 이동하는 프로그램을 작성합니다.

난이도 초

"자연수 합 구하기"

다음 실행결과 화면을 참조하여 forForm.jsp 페이지에서 끝(마지막) 값을 입력받아 1부터 마지막까지의 자연수를 더하는 for.jsp를 작성하시오.

5장
쿠키와 세션

○ 이 장을 시작하기 전에

이제부터는 좀더 웹 서비스의 고급 기능을 배우기 시작합니다.
여러분이,

- 클라이언트와 웹 서버 간의 응답 구조와 기법을 정확하게 이해하고 있고
- 쇼핑몰과 같은 웹사이트에서 한번 접속한 회원의 정보가 페이지가 이동되더라도 회원의 상태 정보가 그대로 유지되는 기법을 제대로 구현할 줄 안다면,

이 장을 건너뛰어도 됩니다.

이제는,

- 이클립스로 프로젝트를 만들고 서블릿을 추가하고 JSP 페이지를 만들어내고
- 에러가 있으면 고칠 줄 알며 기본적으로 사용하는 용어에 대해서는 충분히 숙지가 되어 있어야 합니다.

그렇지 못하다면 여러분은 앞장에 대한 학습이 충분히 안 된 상태입니다. 이해가 안 되는 부분은 앞장의 해당 부분을 다시 한번 학습하시기 바랍니다.
그럼, 과자 이름과 같은 쿠키와 세션을 맛있게 학습해보도록 합시다.

쿠키(cookie)

우리가 일상적으로 사용하는 인터넷 서비스에서는 연결(connection)이 지속됩니다. 연결이 지속된다는 말은, 예를 들어 온라인 쇼핑몰에서 찜해 놓은 상품 목록을 다른 웹사이트를 방문했다 돌아와도 여전히 확인할 수 있다는 것을 의미입니다. 이렇듯 인터넷 서비스는 연결이 지속되어야 사용자들이 편리하게 웹사이트를 사용할 수 있습니다.

인터넷에서 사용 가능한 웹 서비스로는 FTP, HTTP 등이 있습니다. 이들 서비스는 일정한 규칙을 준수해야 하는데 이를 프로토콜(표준 인터넷 규약)이라고 합니다.

FTPFile Transfer Protocol는 원격 서버 사이에 파일을 교환하기 위한 TCP/IP 프로토콜이고 HTTPHyper Text Transfer Protocol는 HTML 문서의 송수신을 위해 사용하는 프로토콜입니다.

웹 서비스를 가능하게 하는 프로토콜 중 가장 핵심적인 HTTP 프로토콜은 비 연결(connectionless) 지향형 통신 프로토콜입니다. 즉 바로 위에서 쇼핑몰 예를 든 것처럼 할 수 없다는 얘기죠. 이 통신 방법은 클라이언트가 서버에 정보를 요청하면 웹 서버가 해당 페이지를 클라이언트에게 전송(응답)한 후 연결을 끊습니다. 매몰차게 끊어버린다는 표현이 적당하겠네요.

또 정보를 요청하면 서버는 이전 정보를 기억하지 않고, 새로운 연결을 만든 후 응답합니다. 클라이언트가 서버에 정보를 요청할 때마다 새로운 연결을 설정하고 요청에 대한 응답을 한 후 연결을 끊는 것을 반복합니다. 이러한 웹 서버는 이전에 전송한 정보를 전혀 기억하지 못하므로 무 상태(stateless) 서버라고 합니다. 왜 무 상태(stateless)라는 말을 썼을까요? 현재 상태를 그대로 유지하지 못하기 때문에 무 상태 서버라고 합니다. HTTP 프로토콜의 구조를 그림으로 나타내면 다음과 같습니다.

[클라이언트 측]　　　　　　　　　[서버 측]

HTTP 프로토콜은 사용자의 요청에 대한 응답만 합니다. 사용자가 다른 페이지로 이동을 할 때 한 페이지에서 다른 페이지로 이동하는 것처럼 보이지만 이는 해당 페이지를 서버에 요청해서 이를 일방적으로 클라이언트에서 내려 받게 되는 것입니다. 즉, 서버로 웹 페이지를 요청하면 응답해 주고 또 다시 서버에게 페이지를 요청하면 응답하는 식으로 서버가 일방적으로 페이지를 내려 보내주는 것이지 페이지가 다른 페이지로 연결되는 것이 아니기 때문입니다.

서로 연관 없는 페이지들을 접속할 때에는 비 연결지향형 프로토콜인 HTTP 프로토콜은 아무런 문제가 없습니다. 대부분의 웹 페이지에서는 이러한 방식으로 웹 서비스를 해도 충분하며 이러한 서비스는 서버의 자원 낭비를 최소화할 수 있는 장점을 제공합니다. 이러한 특성은 웹 서비스를 빠르게 성장시켰던 요인이기도 합니다.

하지만 웹사이트 구축시 쇼핑몰처럼 이전 페이지에서 골라놓은 상품을 장바구니에 담아 두면 다음 페이지로 이동하더라고 장바구니에 담긴 정보가 그대로 유지되도록 하려면 비 연결(non connectionless) 지향형 통신 프로토콜인 HTTP로 웹 서비스를 하는 웹 페이지에서는 구현하는 데 많은 어려움이 있습니다.

구두를 장바구니에 담은 후 자켓을 구입하기 위해서 다른 웹 페이지로 이동하는 과정은 자켓을 진열한 페이지가 일방적으로 서버에서 내려 보내져서 클라이언트 화면에 출력되는 것이기 때문에 이전에 장바구니에 담긴 정보는 잃어버리게 됩니다.

우리가 일반적으로 사용하는 온라인 쇼핑몰처럼 장바구니에 담았던 물건을 다른 페이지에서도 그대로 확인할 수 있으려면 여러 가지 기법들이 있어야 합니다. 물론 웹 서버에 데이터베이스나 텍스트 파일을 두고 여기에 정보들을 저장하고 관리할 수도 있습니다. 하지만 쇼핑몰과 같이 쇼핑을 하다가 마음에 드는 물건을 쇼핑 카트에 담았다가 언제든지 마음에 들지 않으면 취소할 수 있는 정보들을 서버에 저장하는 것은 서버의 부하를 높여 웹 서비스의 속도를 느리게 하는 원인이 될 수 있습니다.

이러한 HTTP의 비 연결지향형 서비스의 단점을 극복하기 위해서 쿠키를 사용합니다. 쿠키는 사용자의 정보를 지속적으로 유지하기 위한 방법으로 사용됩니다.

쿠키는 서버가 아닌 클라이언트 컴퓨터의 하드디스크에 사용자의 정보를 저장하기 때문에 서버의 동작에 무리를 주지 않으면서 사용자의 정보를 적절하게 사용할 수 있습니다.

클라이언트의 일정 폴더에 정보를 저장하기 때문에 서버의 부하를 줄일 수 있다는 것이 쿠키를 사용함으로써 얻을 수 있는 장점입니다. 서버가 쿠키를 클라이언트에 저장해 두면 쿠키에 대한 정보를 필요로 하는 웹 페이지가 웹 서버에 요청될 때 저장해 놓은 쿠키에 대한 정보를 웹 서버에 다시 건네줍니다. 쿠키는 사용자측에 대한 정보를 보관해 두었다가 웹 서버의 요청에 의해 그 정보를 원하는 순간 사용할 수 있게 합니다.

쿠키는 클라이언트에 저장된 적은 양의 정보입니다. 크기는 4KB 이하로 제한되어 있고 300개까지의 데이터 정보 배열을 저장할 수 있습니다. 즉 쿠키를 사용할 수 있는 최대 용량은 4KB×300개 = 1.2MB가 됩니다. 쿠키의 크기는 4KB 이하로 제한되어 있으므로 작은 정보 형태로 저장되고 오래된 정보는 자동으로 삭제됩니다. 참고로 이미지 정보는 대부분 용량이 크기 때문에 경로만 저장합니다.

이제 본격적으로 쿠키를 사용해봅시다. 쿠키를 이용하기 위해서는 response 객체를 사용해서 쿠키 정보를 클라이언트에 저장해두었다가 이를 request 객체를 사용하여 가져옵니다.

우선 쿠키의 정보를 클라이언트에 저장하는 방법부터 살펴봅시다. 서버가 클라이언트에 쿠키를 설정하기 위해서는 다음과 같은 단계를 거칩니다.

① 쿠키 객체를 생성합니다.

② 쿠키에 속성 값을 설정해 줍니다.

③ response 객체의 **addCookie()** 메소드를 호출하여 쿠키를 추가합니다.

쿠키는 클래스 형태로 제공되므로 쿠키 객체를 생성합니다. 생성할 때 생성자가 호출됩니다. 쿠키 생성자는 다음과 같이 두 개의 인자를 갖습니다. 첫 번째 인자에는 쿠키의 이름을 지정하고 두 번째 인자에는 쿠키의 값을 설정합니다.

```
Cookie(java.lang.String name, java.lang.String value)
```

쿠키에 저장할 값이 여러 개일 수 있기 때문에 이를 이름으로 구분하여 저장해둡니다. 다음은 간단한 메시지(I am First Cookie!)를 testCookie란 이름으로 쿠키에 저장해 두기 위해서 쿠키 객체를 생성하는 예입니다.

```
Cookie info = new Cookie("testCookie","I am First Cookie!");
```

Cookie 객체가 생성되었으면 쿠키 관련 메소드들을 사용할 수 있습니다. 쿠키 객체가 info로 선언되었으므로 info.쿠키관련메소드()를 호출하면 됩니다.

다음은 JSP에서 쿠키를 사용하는 데 자주 사용되는 메소드들을 정리한 표입니다. 쿠키 관련 메소드는 크게 두 가지로 나뉩니다. 쿠키에 새로운 값을 설정하는 set으로 시작하는 메소드와 쿠키에 설정된 값을 알아내는 목적으로 사용하는 get으로 시작하는 메소드입니다.

메소드	설명
void setComment(String)	쿠키에 대한 설명을 설정
void setDomain(String)	쿠키의 유효한 도메인을 설정
void setMaxAge(int)	쿠키의 유효한 기간을 설정
void setPath(String)	쿠키의 유효한 디렉토리를 설정
void setSecure(boolean)	쿠키의 보안을 설정
void setValue(String)	쿠키의 값을 설정
void setVersion(int)	쿠키의 버전을 설정
String getComment()	쿠키에 대한 설명을 알려줌
String getDomain()	쿠키의 유효한 도메인 정보를 알려줌
int getMaxAge()	쿠키의 사용할 수 있는 기간에 대한 정보를 알려줌
String getName()	쿠키의 이름을 알려줌
String getPath()	쿠키의 유효한 디렉토리 정보를 알려줌
boolean getSecure()	쿠키의 보안이 어떻게 설정되어 있는지를 알려줌
String getValue()	쿠키에 설정된 값을 알려줌
int getVersion()	쿠키의 버전을 알려줌

 참고

아주 바보같은 질문?

쿠키 정보를 클라이언트에서 저장한다면, 클라이언트는 그것을 거부할 수도 있지 않을까요? 보안상의 이유일 수도 있고. 이럴 때는 쿠키를 사용하는 웹 서비스를 이용할 수 없는 거겠죠? 인터넷 쇼핑몰의 장바구니 내용이 이런 쿠키의 대표적인 예라고 볼 수 있나요?

클라이언트가 거부하도록 하지는 못하기 때문에 웹 애플리케이션을 기획하면서 보안상의 문제가 있을 경우에는 쿠키를 사용하지 않고 다른 기술(세션이나 데이터베이스 등)을 사용하도록 기획을 합니다.

쿠키 정보가 1년 동안 유효할 수 있도록 이미 생성된 쿠키 객체(info)에 유효기간을 결정하는 메소드인 setMaxAge()를 사용해봅시다.

```
info.setMaxAge(365*24*60*60);  //365일
```

setMaxAge()에는 초 단위로 시간을 설정해야 합니다. 1년을 초 단위로 환산한 "$365 \times 24 \times 60 \times 60$"을 setMaxAge()의 인자로 주어 쿠키 객체(info)에 저장된 정보가 1년 동안 유효할 수 있도록 하였습니다.

이렇게 생성한 쿠키 객체의 정보는 클라이언트 측에 보내 저장해 두어야만 나중에 다시 사용할 수 있게 됩니다. 그러기 위해서는 response 객체에 쿠키 객체를 추가하면 됩니다.

```
response.addCookie(info);
```

response 객체의 addCookie 메소드로 Cookie 클래스로 선언된 객체인 info를 설정하면 클라이언트의 일정 폴더에 info 쿠키의 정보를 기록하게 됩니다.

[직접해보세요] 쿠키를 생성하는 JSP

1. web-study-05로 새로운 웹 프로젝트를 만든 후 여기에 쿠키를 생성하기 위한 JSP 페이지를 만듭시다. [파일 이름 : 01_setCookies.jsp]

```
1   <%@ page language="java" contentType="text/html; charset=UTF-8"
2       pageEncoding="UTF-8"%>
3   <!DOCTYPE html>
4   <html>
5   <head>
6   <meta charset="UTF-8">
7   <title>Cookie &amp; Session</title>
8   </head>
9   <body>
10  <%
11    // 1. Cookie 객체 생성
12    Cookie c=new Cookie("id", "pinksung");
13    // 2. 유효기간 설정
```

```
14    c.setMaxAge(365*24*60*60);
15    // 3. 클라이언트에 쿠키 전송
16    response.addCookie(c);
17    //4. 쿠키를 생성하여 클라이언트에 전송
18    response.addCookie(new Cookie("pwd", "test1234"));
19    response.addCookie(new Cookie("age", "20"));
20    %>
21    <h3> 쿠키 설정</h3>
22    </body>
23    </html>
```

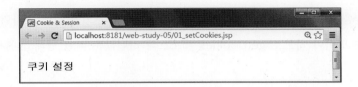

위와 같은 작업을 하게 되면 서버가 보낸 데이터가 클라이언트의 일정 폴더에 저장됩니다.

쿠키가 저장되는 곳은 클라이언트 측의 아래 디렉토리,

C:\Users\컴퓨터이름\AppData\Roaming\Microsoft\Windows\Cookies

에 저장됩니다. 그러나 Windows 폴더에서 Cookies 폴더가 안 보이기 때문에 경로 창에 직접 입력해야 합니다. 쿠키를 확인하기 위해서 수정한 날짜를 보고 최근에 생성된 파일을 열어 봅시다.

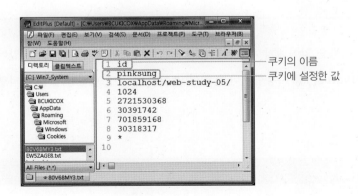

위 예제 01_setCookies.jsp를 실행함으로써 클라이언트에 쿠키의 정보가 기록되었습니다.

이번에는 서버가 클라이언트로부터 쿠키의 정보를 얻어오는 예제를 작성해 보도록 합시다. 클라이언트에 설정된 쿠키를 읽어오기 위해서는 다음과 같은 단계를 거칩니다.

① 쿠키 객체를 얻어옵니다.
② 쿠키 객체에 설정된 값을 알아냅니다.

각 단계를 자세히 살펴보겠습니다.

request 객체의 **getCookies()** 메소드를 사용하면 클라이언트에 설정된 모든 쿠키 객체들을 얻어올 수 있습니다. 클라이언트에 설정된 쿠키가 여러 개라면 이를 다 제어할 수 있어야 하므로 getCookies 메소드의 리턴값은 배열 형태입니다. 다음의 예는,

```
Cookie[] cookies = request.getCookies();
```

request 객체의 **getCookies()**로 얻어온 쿠키들을 Cookie 클래스의 배열인 cookies에 저장합니다. 배열에 저장된 모든 쿠키의 정보를 알아내기 위해서 아래와 같이 for문을 이용합니다.

```
for (Cookie c : cookies) {
  out.println(c.getName()+" : +c.getValue()+"<br>");
}
```

쿠키의 이름을 알아내기 위해서는 **getName()**을, 쿠키에 설정된 값을 알아내기 위해서는 **getValue()**를 사용합니다. getValue()는 쿠키에 설정된 값을 문자열 형태로 알려줍니다.

[직접해보세요] **설정된 모든 쿠키를 얻어와 출력하기**   [파일 이름 : 02_getCookies.jsp]

```
1    <%@ page language="java" contentType="text/html; charset=UTF-8"
2        pageEncoding="UTF-8"%>
3    <!DOCTYPE html>
```

```
4     <html>
5     <head>
6     <meta charset="UTF-8">
7     <title>Cookie &amp; Session</title>
8     </head>
9     <body>
10    <h3> 클라이언트로부터 얻어온 Cookie </h3>
11    <%
12       Cookie[] cookies = request.getCookies();
13       for (Cookie c : cookies) {
14          out.println(c.getName()+" : "+c.getValue()+"<br>");
15       }
16    %>
17    </body>
18    </html>
```

특정 쿠키를 더 이상 사용하지 못하게 하려면 쿠키의 유효기간을 만료시켜야 합니다. 쿠키를 사용할 수 있는 유효기간을 결정하는 메소드인 **setMaxAge()**에 유효기간을 0으로 설정하면 만료됩니다.

[직접해보세요] id 쿠키 삭제하기 [파일 이름 : 03_removeCookies.jsp]

```
1     <%@ page language="java" contentType="text/html; charset=UTF-8"
2         pageEncoding="UTF-8"%>
3     <!DOCTYPE html>
4     <html>
5     <head>
6     <meta charset="UTF-8">
7     <title>Cookie &amp; Session</title>
8     </head>
```

```
9      <body>
10     <%
11        Cookie cookie = new Cookie("id", "");
12        cookie.setMaxAge(0);  // 쿠키의 유효기간을 만료시킴
13        response.addCookie(cookie);
14     %>
15     <h3> id 쿠키가 삭제되었습니다. </h3>
16     <a href="02_getCookies.jsp">
17        쿠키 삭제를 확인하려면 클릭하세요.
18     </a>
19     </body>
20     </html>
```

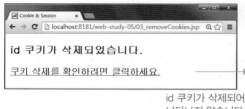

id 쿠키가 삭제되어 나타나지 않습니다.

JSESSIONID

아직 세션을 배우지는 않았지만 쿠키의 정보 중 JSESSIONID에 대해서 의문을 가질 분들이 있을 것입니다. 세션 기술에서는 웹 브라우저로 세션 ID를 보낼 때 쿠키 형태로 만들어서 전송하는데, JSESSIONID가 바로 세션 정보를 저장한 쿠키의 이름입니다.

세션(session)

쿠키를 설명할 때 (다른 페이지로 이동하더라도 그 전 페이지의 정보가 유지되어야 하는) 상태 유지를 위한 특별한 기법이 필요하다는 설명을 하였습니다. 상태 유지의 한 방법인 쿠키는 클라이언트의 컴퓨터에 정보를 저장하여 하드웨어에 저장해 두었던 정보를 가져와 페이지가 이동되더라도 상태가 유지되도록 합니다. 하지만 이 방법은 쿠키가 저장되는 디렉토리만 뒤지면 얼마든지 정보를 알아낼 수 있으므로 PC 방과 같이 여러 사람이 PC를 공유하는 경우에는 개인 정보가 유출될 수 있다는 우려가 있어 보안 유지가 되지 않는다는 단점이 있습니다. 또한 저장할 수 있는 데이터도 1.2MB로 한계가 있습니다.

이러한 단점을 극복하기 위해서 나온 상태 유지 방법 중의 하나가 세션입니다. 세션은 다음과 같은 장점이 있습니다.

- JSP(서버)에서만 접근 가능하므로 보안 유지에 강력합니다.
- 저장할 수 있는 데이터에 한계가 없습니다.

세션은 서버 상에 존재하는 객체로서 브라우저 단위당 한 개씩 존재하게 됩니다. 세션은 웹 브라우저를 닫기 전까지 페이지를 이동하더라도 사용자의 정보를 잃지 않고 서버에 보관할 수 있도록 하는 객체입니다.

이러한 세션이 활용되는 대표적인 예는 로그인 페이지입니다. 회원 전용 페이지의 경우 로그인 과정을 통해 해당 페이지를 사용할 수 있는 권한을 설정해야 합니다. 이러한 권한 설정을 할 때 세션이 사용됩니다.

세션에 의해서 로그인 인증 처리를 하면 해당 페이지를 사용할 수 있는 권한에 대한 상태가 유지되기 때문에 다른 페이지로 갔다가 돌아오더라도 다시 로그인을 하지 않고 바로 회원 전용 페이지를 사용할 수 있게 됩니다.

HTTP 프로토콜은 비 상태 프로토콜이기에 기본적으로 이전의 정보를 저장하고 있지 못하는 데도 불구하고 다른 페이지로 이동했다 다시 이전 페이지로 돌아오더라도 로그인한 상태가 유지됩니다. 이는 내부적으로 세션을 활용하여 로그인 과정에서 해당 페이지를 사용할 수 있는 권한을 부여해 두었기 때문입니다.

앞서도 언급했지만 이러한 세션은 웹 브라우저 당 하나씩만 발급됩니다. 이를 증명하기 위해서 웹 브라우저를 하나 더 새롭게 띄워 봅시다. 새롭게 띄운 웹 브라우저에는 해당 페이지를 사용할 수 있는 권한이 없음을 알 수 있습니다. 그러므로 새롭게 띄운 웹 브라우저에서 다시 로그인을 해야만 해당 사이트를 사용할 수 있는 권한을 부여 받을 수 있게 됩니다.

하나 더 새롭게 띄운 웹브라우저에
서는 다시 로그인을 해야 합니다.

세션 사용하기

JSP는 세션의 상태 관리를 위한 내장 객체 session을 제공합니다. 다음은 session에
서 자주 사용되는 메소드를 정리한 표입니다.

메소드	설명
Object getAttribute(String name)	이름에 해당되는 객체 값을 가져온다. 없을 경우에는 null을 반환한다. 반환값은 Object 형이므로 반드시 형 변환을 하여 사용해야 한다.
Enumeration getAttributeNames()	세션에서 모든 객체의 이름을 Enumeration 형으로 얻어 준다.
long getCreationTime()	세션이 만들어진 시간을 반환한다.
String getId()	해당 세션을 가리키는 고유 id 값을 String 형으로 변환한다.
long getLastAccessedTime()	해당 세션이 클라이언트가 마지막으로 request를 보낸 시간을 long 형으로 반환한다.
int getMaxInactiveInterval()	사용자가 다음 요청을 보낼 때까지 세션을 유지하는 최대 시간(초 단위)을 반환한다.
boolean isNew()	해당 세션이 처음 생성되었으면 true 값을 반환하고 이전에 생성된 세션이라면 false를 반환한다.
void removeAttribute(String name)	지정된 이름에 해당하는 객체를 세션에서 제거한다.
void setAttribute(String name, Object value)	세션에 지정된 이름에 객체를 추가한다.
void setMaxInactiveInterval(int interval)	사용자가 다음 요청을 보낼 때까지 세션을 유지하는 최대 시간(초 단위)을 설정한다. 이 시간을 넘기면 서블릿 컨테이너는 세션을 종료한다.
void invalidate()	해당 세션을 없애고 세션에 속해있는 값들을 없앤다.

상태유지를 위해서는 세션에 값을 저장한 후 이를 가져와서 사용합니다. 이를 위해서는 세션에 값을 저장하는 setAttribute()와 세션에 저장된 값을 얻기 위한 getAttribute()가 사용됩니다.

다음은 setAttribute()의 기본 형식입니다.

```
session.setAttribute(String name, Object value);
```

setAttribute()로 세션에 값을 지정할 때 원하는 값을 찾아오기 위해서 이름을 지정해 주어야 하는데, setAttribute()의 기본 형식에서 볼 수 있듯이 저장한 값을 식별하기 위한 이름은 String 형이어야 합니다. 세션에 저장하는 값은 Object 형이므로 어떠한 자료 형태라도 저장할 수 있습니다.

다음은 세션에 "pinksung"이란 문자열 값을 "id"이란 이름으로 저장하는 예입니다.

```
session.setAttribute("id", "pinksung");
```

이제 세션에 값을 저장하는 예제를 만들어봅시다.

[직접해보세요] 세션에 값 설정하기 　　　　　　　　　[파일 이름 : 04_setSession.jsp]

```
1   <%@ page language="java" contentType="text/html; charset=UTF-8"
2       pageEncoding="UTF-8"%>
3   <!DOCTYPE html>
4   <html>
5   <head>
6   <meta charset="UTF-8">
7   <title>Cookie &amp; Session</title>
8   </head>
9   <body>
10  <%
11    session.setAttribute("id", "pinksung");
12    session.setAttribute("pwd", "test1234");
13    session.setAttribute("age", 20);
14  %>
```

```
15      <h3> 세션 설정</h3>
16      </body>
17      </html>
```

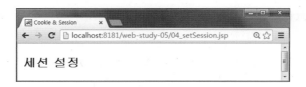

11 :   "id"란 이름에 문자열인 "pinksung"을 저장합니다.

13 :   "age"란 이름에 정수인 20을 저장합니다.

04_setSession.jsp 예제에서 세션에 저장한 값을 가져오도록 합시다. 세션에 저장된 값을 얻어오기 위해서는 **getAttribute()**를 사용합니다.

```
Object getAttribute(String name)
```

세션에 값을 저장하면서 **setAttribute()**의 첫 번째 파라미터로 준 name을 **gettAttribute()**의 파라미터로 주면 이름에 해당되는 값을 찾아서 Object 형으로 반환합니다. 찾지 못할 경우에는 null 값을 반환합니다.

다음은 "id"에 설정된 문자열 값을 찾아오는 예제입니다.

```
String id = (String) session.getAttribute("id");
```

찾은 값은 Object 형이기 때문에 반드시 적절한 형 변환을 해야 합니다. "id"에 설정된 값은 String 형이므로 cast 연산자로 형 변환했습니다.

이번에는 정수 값을 얻어와 봅시다.

```
Integer age = (Integer) session.getAttribute("age");
```

age에 저장된 20을 얻기 위해서는 래퍼 클래스인 Integer로 형 변환해야 합니다.

```
1   <%@ page language="java" contentType="text/html; charset=UTF-8"
2       pageEncoding="UTF-8"%>
3   <!DOCTYPE html>
4   <html>
5   <head>
6   <meta charset="UTF-8">
7   <title>Cookie &amp; Session</title>
8   </head>
9   <body>
10  <h3> 세션 값 얻어오기 </h3>
11  <%
12    String id = (String) session.getAttribute("id");
13    String pwd = (String) session.getAttribute("pwd");
14    Integer age = (Integer) session.getAttribute("age");
15  %>
16  id : <%= id %><br>
17  pwd : <%= pwd %><br>
18  age : <%= age %><br>
19  </body>
20  </html>
```

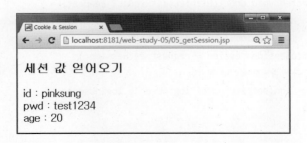

12 : session.getAttribute( )의 매개 변수에 "id"를 지정하여 호출하면 문자열인 "pinksung"이 Object 형으로 반환(리턴)됩니다. 그래서 String 형 변수에 저장하려면 cast 연산자로 명시적인 형 변환을 해야 합니다.

14 : "age"에 저장된 값은 역시 Object 형으로 반환(리턴)됩니다. 이 메소드로 얻어진 결과값인 Object 형은 Integer로 형 변환합니다.

16~18 : 세션에서 받아온 값을 출력합니다.

서블릿에서 세션 활용하기

2장 서블릿을 다루면서 세션 객체를 얻어오는 방법을 언급했어야 했는데 세션에 대한 개념을 정리하고 설명하기 위해서 그 내용은 건너뛰었습니다. 여기에서 간단히 서블릿에서 어떻게 세션을 사용하는지 방법을 살펴보도록 하겠습니다

JSP 페이지에서는 세션 객체가 내장되어 있기 때문에 바로 사용할 수 있지만 서블릿에서 세션을 다루기 위해서는 다음과 같이 doGet, doPost 메소드의 첫 번째 매개 변수인 HttpServletRequest로 getSession( ) 메소드를 호출해야 합니다. getSession( )은 세션 정보를 포함하는 javax.servlet.http.HttpSession 객체를 얻어줍니다.

```
protected void doGet(HttpServletRequest request, HttpServletResponse response)
                                throws ServletException, IOException {

        HttpSession session = request.getSession();

}                   ❷ 변수에 저장함        ❶ 세션 객체를 얻음
```

이렇게 얻어온 세션에 브라우저가 닫히기 전까지 유지되어야 하는 정보를 저장해 둡니다. 즉 로그인 인증 처리가 완료된 사용자 정보를 로그인 페이지가 아닌 다른 페이지에서도 사용하려면 다음과 같이 회원 정보를 세션 속성에 저장합니다.

```
@WebServlet("/SetSessionServlet")
public class SetSessionServlet extends HttpServlet {
    protected void doGet(HttpServletRequest request,
        HttpServletResponse response) throws ServletException,
        IOException {
      HttpSession session = request.getSession();
      //회원 정보를 세션에 저장하기
      session.setAttribute("loginUser", loginUser);
    }
}
```

이번에는 세션에 저장된 모든 값을 얻어오도록 합시다. 우선 getAttributeNames() 메소드로 세션에서 이름을 java.util.Enumeration 형으로 얻어옵니다. Enumeration 형은 여러 개의 데이터를 집합처럼 관리하는 인터페이스입니다.

Enumeration에서 여러 데이터를 뽑아오기 위해서는 hasMoreElements()와 nextElement() 메소드를 적절하게 하게 사용해야 합니다.

메소드	설명
boolean hasMoreElements()	Enumeration 객체에 뽑아올 데이터가 있는지를 검사하여 있다면 true를, 더 이상 데이터가 존재하지 않는다면 false를 리턴합니다.
E nextElement()	다음 아이템이 존재한다는 전제 하에서 아이템을 하나씩 뽑아오는 역할을 합니다.

Enumeration 객체로 세션에 저장된 모든 값들을 얻어오기 위한 방법은 다음과 같습니다.

```
Enumeration names = session.getAttributeNames();          ── ❶
while(names.hasMoreElements()){                           ── ❷
  String name=names.nextElement().toString() ;           ── ❸
  String value=session.getAttribute(name).toString();    ── ❹
  out.println(name + " : " + value + "<br>");
}
```

session 객체로 **getAttributeNames()**를 호출(❶)하면 세션에 저장된 항목들의 이름들을 Enumeration 형으로 얻어옵니다. Enumeration 객체에 저장된 이름들은 while 문을 사용(❷)하여 여러 번 반복하여 뽑아옵니다. while의 조건에서 사용된 **hasMoreElements()**는 현재 뽑아올 데이터가 있는지를 검사하여 있으면 true 없으면 false 값으로 되돌려 줍니다.

아이템이 존재하면 while문 안의 문장이 수행되며 여기서는 **nextElement()** 메소드를 사용하여(❸) 항목의 이름을 하나씩 뽑아옵니다. 이렇게 얻어진 이름을 세션의 **getAttribute()** 메소드에 전달해 주어(❹) 세션에 저장되어 있는 값(value)을 꺼내옵니다.

이전 예제에서는 특정 세션 정보만 얻어오지만 다음과 같이 모든 정보를 얻어올 수도 있다는 것을 예제를 통해서 살펴보겠습니다.

컬렉션 프레임워크에 속하는 Enumeration은 제너릭 클래스로 원소(구성원)의 자료 타입을 언급하여 Enumeration⟨String⟩과 같이 표현해야 하지만 굳이 원소의 자료 타입을 밝힐 필요가 없을 경우에는 예전 방식대로 Enumeration과 같이 표현해도 됩니다. 하지만 예전 방식을 사용할 경우에는 경고 메시지가 발생합니다. 경고 메세지는 프로그램 실행에 직접적인 영향을 끼치지 않기 때문에 무시하셔도 됩니다.

```
1    <%@page import="java.util.Enumeration"%>
2    <%@ page language="java" contentType="text/html; charset=UTF-8"
3        pageEncoding="UTF-8"%>
4    <!DOCTYPE html>
5    <html>
6    <head>
7    <meta charset="UTF-8">
8    <title>Cookie &amp; Session</title>
9    </head>
10   <body>
11   <h3> 세션에 설정된 모든 값 얻어오기 </h3>
12   <%
13   Enumeration names = session.getAttributeNames();
14   while(names.hasMoreElements()){
15     String name=names.nextElement().toString() ;
16     String value=session.getAttribute(name).toString( );
17     out.println(name + " : " + value + "<br>");
18   }
19   %>
20   </body>
21   </html>
```

1 : 13줄에서 Enumeration 객체를 사용하기 위해서는 java.util.Enumeration 패키지를 import 해 두어야 합니다 .

13 : getAttributeNames( ) 메소드를 사용하여 세션에 들어 있는 모든 이름에 대한 정보를 얻어옵니다.

14 : 세션에 저장된 항목이 존재할 때까지 이름과 그에 대한 값을 반복적으로 출력하기 위한 반복문입니다. 이 반복문에서는 Enumeration 객체의 hasMoreElements( ) 메소드를 사용하여 항목이 존재하는지를 판단하여 존재하면 반복문을 계속 진행하고 항목이 존재하지 않으면 반복문을 벗어납니다.

15 : Enumeration 객체의 nextElement( ) 메소드는 세션에 저장된 항목의 이름을 하나씩 뽑아오는 역할을 합니다. 뽑아온 객체를 문자열로 변경하여 name 변수에 저장합니다.

16 : 이름이 저장된 name 변수를 session의 getAttribute( ) 메소드에 지정하여 값을 얻어와 toString( ) 메소드를 사용하여 문자열로 변경한 후 value에 저장합니다.

17 : 문자열 형태로 저장된 세션 이름과 세션 값을 출력합니다.

세션 관련 메소드

세션에 대한 여러 정보를 알아오기 위해서는 세션 객체에 대한 메소드를 사용해야 합니다. 세션 객체의 메소드들 중에서 세션에 대한 정보를 얻어오는 함수들을 다시 살펴보겠습니다.

세션 객체는 JSP 내장 객체로 항상 존재하고 있습니다. 하지만, 브라우저가 실행될 때마다 서로 다른 세션이라는 것을 구분하기 위해서 고유의 ID 값을 저장하고 있습니다. 세션의 ID가 궁금하다면 **getId()** 메소드로 알 수 있습니다. 이 메소드는 해당 세션을 가리키는 고유 ID 값을 String 형으로 변환합니다.

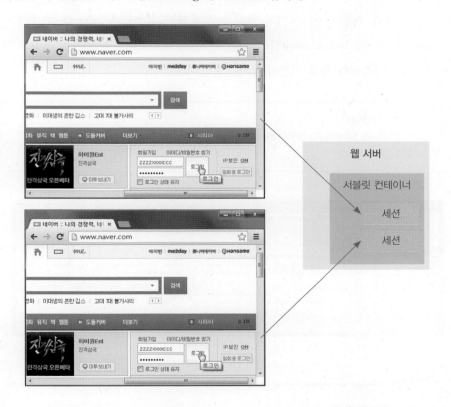

getCreationTime()은 세션이 만들어진 시간을 반환합니다. 웹 브라우저를 띄울 때마다 세션이 생성되므로 그 시간을 알려줍니다.

getLastAccessedTime()은 새롭게 웹 브라우저를 띄우지 않고 이미 띄운 웹 브라우저에서 다른 페이지로 이동했다가 돌아오는 경우가 있는데 만일 사이트를 떠날 당시의 시간을 얻고 싶을 때가 있다면 **getLastAccessedTime()**을 사용합니다.

getLastAccessedTime()은 해당 세션에 클라이언트가 마지막으로 request를 보낸 시간을 long형으로 반환합니다.

isNew()는 해당 세션이 처음 생성되었으면 true값을 반환하고 이전에 생성된 세션이라면 false를 반환하는 메소드입니다. 웹 브라우저를 새로 띄워서 사이트에 접속하면 true를 다른 페이지로 갔다가 해당 페이지로 돌아왔을 경우에는 false를 되돌립니다.

getMaxInactiveInterval()은 세션의 유효 시간을 얻습니다. 유효 시간은 사용자의 마지막 요청(request)이 있은 후로부터 기본적으로 30분입니다.

세션의 유효 시간은 웹 서버로 톰캣을 사용하는 경우는 C:\Program Files\Apache Software Foundation\Tomcat 7.0\conf 디렉토리의 web.xml 파일로 가면 지정되어 있습니다. 유효 시간의 단위는 분입니다.

```
<session-config>
    <session-timeout>30</session-timeout>
</session-config>
```

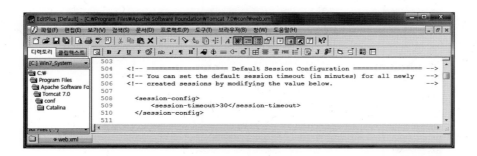

참고

세션의 유효 시간 변경

임의로 세션의 유효 시간을 변경하려면 session 객체의 메소드인 setMaxInactiveInterval(초단위)을 사용하여 변경할 수 있습니다. 주의할 점은 단위가 초입니다.

만일 session 객체가 사라지지 않도록 하게 하기 위해서는 즉, 무한대로 지정하고 싶을 때에는 -1을 지정합니다.

```
session.setMaxInactiveInterval(-1)
```

```
1    <%@page import="java.util.Enumeration"%>
2    <%@ page language="java" contentType="text/html; charset=UTF-8"
3        pageEncoding="UTF-8"%>
4    <!DOCTYPE html>
5    <html>
6    <head>
7    <meta charset="UTF-8">
8    <title>Cookie &amp; Session</title>
9    </head>
10   <body>
11   <h3> 세션 정보를 얻어오는 메소드를 사용하기 </h3>
12   <%
13   String id_str = session.getId();
14   long lasttime = session.getLastAccessedTime();
15   long createdtime = session.getCreationTime( );
16   long time_used= (lasttime - createdtime) / 60000 ;
17   int inactive = session.getMaxInactiveInterval() / 60;
18   boolean b_new = session.isNew( );
19   %>
20   [1] 세션 ID는 [ <%= session.getId() %>] 입니다. <br><hr>
21   [2] 당신이 웹 사이트에 머문 시간은 <%= time_used %> 분입니다.<br><hr>
22   [3] 세션의 유효 시간은 <%= inactive %> 분입니다.<br><hr>
23   [4] 세션이 새로 만들어졌나요?<br>
24   <%
25   if(b_new)
26     out.print("  예! 새로운 세션을 만들었습니다.");
27   else
28     out.print("  아니오! 새로운 세션을 만들지 않았습니다.");
29   %>
30   </body>
31   </html>
```

13 :   고유한 세션 객체의 ID를 되돌려줍니다.

14 :   세션에 마지막으로 액세스한 시간을 되돌려줍니다.

15 :   세션이 생성된 시간을 되돌려줍니다.

16 :   세션에 마지막으로 액세스한 시간에서 세션이 생성된 시간을 빼면 웹 사이트에 머문 시
       간이 계산됩니다.

17 :   세션의 유효을 시간 얻어 옵니다.

18 :   세션이 새로 만들어졌는지를 알려 줍니다.

웹 브라우저를 새로 띄워서 "http://localhost:8181/web-study-05/07_
infoSession.jsp"를 주소란에 입력합니다. 웹 브라우저 단위당 세션 ID가 부여되는
데 getId 메소드로 세션 ID 값을 얻어올 수 있습니다. 새로운 세션이 생성되었으므로
머문 시간은 0분이라고 출력됩니다. 당연히 세션이 새로 만들어졌기 때문에 isNew()
메소드는 true를 리턴합니다.

어느 정도의 시간이 흐른 후 웹 브라우저를 다시 띄우지 않고 새로 고침을 하게 되면
다음과 같이 세션 ID는 동일하고 웹사이트에 머문 시간은 5분이라고 출력됩니다. 당연
히 세션이 새로 만들어지지 않게 되므로 isNew() 메소드가 false를 리턴하게 됩니다.

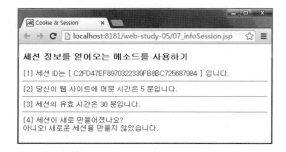

톰캣을 재시동한 후 다시 접속하면 다음과 같이 세션이 새롭게 생성됩니다.

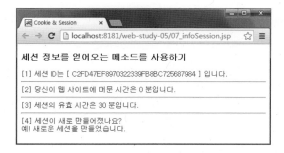

위의 세션 관련 메소드는 현업 프로젝트에서 어떤 경우에 사용할까요? 우선 세션 ID는 서로 다른 세션인지를 구분하기 위해서 사용되는 것으로써 세션이 바뀌면 이전에 세션에 저장되었던 정보를 더 이상 사용하지 못하도록 해서 보안 유지를 하는 경우에 사용합니다.

웹사이트에 머문 시간을 알아보는 이유는 온라인상에서 은행 업무를 보는 경우 일반적으로 일정 시간이 지나면 자동 로그아웃이 되는데 이러한 처리를 위해서는 세션이 생성된 시간과 액세스된 시간을 비교해서 머문 시간을 계산해보아야 합니다.

한번 생성된 세션 객체는 무한정 사용할 수 있는 것이 아닙니다. 유효 시간을 지정해 두면 그 시간까지만 사용 가능합니다. 사용자가 웹사이트에 로그인한 후 브라우저를 닫지 않고 자리를 비웠을 경우 개인 정보가 유출될 위험이 있기 때문에 보안상의 이유로 세션을 30분까지만 사용할 수 있도록 제한을 둘 경우 세션의 유효 시간을 사용합니다.

세션 제거하기

로그인되어 있는 상태에서 브라우저를 닫지 않고 자리를 비운다면 그 사이에 개인 정보가 유출될 수 있습니다. 그래서 로그아웃 후에 자리를 비워야 합니다.

로그아웃 처리 과정에서 세션이 설정되어야만 사용 가능한 회원 전용 페이지에는 접근하지 못하도록 하기 위해서 세션에 저장된 속성 값을 제거해야 합니다

이렇게 세션에 저장된 특정 속성 값을 제거하기 위해서 사용하는 메소드가 removeAttribute() 메소드입니다.

[직접해보세요] 세션에 저장된 특정 객체 삭제하기　[파일 이름 : 08_removeAttribute.jsp]

```jsp
1    <%@page import="java.util.Enumeration"%>
2    <%@ page language="java" contentType="text/html; charset=UTF-8"
3        pageEncoding="UTF-8"%>
4    <!DOCTYPE html>
5    <html>
6    <head>
7    <meta charset="UTF-8">
8    <title>Cookie &amp; Session</title>
9    </head>
10   <body>
```

```
11      <%
12      session.setAttribute("s_name1", "저는 세션에 저장된 첫 번째 값이에요. ^o^ ");
13      session.setAttribute("s_name2", "저는 세션에 저장된 두 번째 값이에요. ^o^ ");
14      session.setAttribute("s_name3", "저는 세션에 저장된 세 번째 값이에요. ^o^ ");
15
16      out.print( " <h3> >> 세션값을 삭제하기 전 << </h3> ");
17      Enumeration names;
18      names= session.getAttributeNames();
19      while(names.hasMoreElements()){
20        String name=names.nextElement().toString() ;
21        String value=session.getAttribute(name).toString( );
22        out.println(name + " : " + value + "<br>");
23      }
24
25      // 이름을 지정하여 세션에 저장된 객체를 제거합니다.
26      session.removeAttribute("s_name2");
27
28      out.print( "<hr> <h3> >>세션값을 삭제한 후<< </h3> ");
29      names= session.getAttributeNames();
30      while(names.hasMoreElements()){
31        String name=names.nextElement().toString() ;
32        String value=session.getAttribute(name).toString( );
33        out.println(name + " : " + value + "<br>");
34      }
35      %>
36      </body>
37      </html>
```

s_name2에 해당되는 세션값이 삭제된 것을 출력된 결과를 보고 알 수 있습니다.

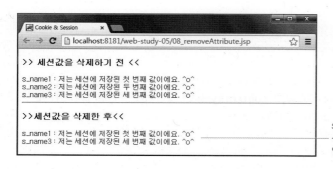

s_name2에 해당되는 세션값이 삭제된 것을 출력된 결과를 보고 알 수 있습니다.

12~14 : 세션에 이름을 지정하여 값들을 저장합니다. 저장하는 값은 확인하기 편하게 하려고 설정하는 순서대로 첫 번째, 두 번째, 세 번째라는 메시지를 저장하였습니다. 세션 키 이름도 "s_name1", "s_name2", "s_name3"와 같이 설정하는 순으로 번호를 붙였습니다.

18 : session 객체의 getAttributeNames 메소드를 사용하여 현재 세션에 설정된 모든 이름에 대한 정보를 저장하고 있는 Enumeration 객체를 받아옵니다.

19~23 : 반복문을 돌면서 Enumeration 객체에 세션들이 존재하는지를 검사합니다. 존재하면 해당 세션에 저장된 이름과 값을 뽑아 와서 출력하는 것을 반복합니다.

26 : 이번엔 removeAttribute( )를 사용하여 이름이 s_name2인 세션값을 삭제합니다.

29~34 : 세션에서 s_name2 이름에 해당되는 값을 삭제한 후 삭제된 결과를 관찰하기 위해 다시 세션에 저장된 모든 정보를 출력합니다.

세션에는 여러 키들을 지정하여 값들을 저장할 수 있습니다. 저장된 값들이 유지되면 이전의 정보를 다른 웹 페이지에서도 가져다 쓸 수 있습니다. 이러한 세션의 유효 시간은 기본적으로 30으로 잡혀 있습니다. 하지만 세션이 더 이상 사용되지 않는다면 세션 정보도 더 이상 필요하지 않았습니다. 이 때 설정된 세션의 값들을 모두 사라지도록 하려면 세션 객체의 invalidate()를 사용합니다. invalidate()는 해당 세션을 없애고 세션에 속해있는 값들을 모두 없앱니다.

[직접해보세요] **설정된 모든 세션 제거하기**　　　　[파일 이름 : 09_invalidate.jsp]

```
1    <%@page import="java.util.Enumeration"%>
2    <%@ page language="java" contentType="text/html; charset=UTF-8"
3        pageEncoding="UTF-8"%>
4    <!DOCTYPE html>
5    <html>
6    <head>
7    <meta charset="UTF-8">
8    <title>Cookie &amp; Session</title>
9    </head>
10   <body>
11   <%
12   session.setAttribute("s_name1", "저는 세션에 저장된 첫 번째 값이에요. ^o^ ");
13   session.setAttribute("s_name2", "저는 세션에 저장된 두 번째 값이에요. ^o^ ");
14   session.setAttribute("s_name3", "저는 세션에 저장된 세 번째 값이에요. ^o^ ");
15
16   out.print( " <h3> >> 세션값을 삭제하기 전 << </h3> ");
17   Enumeration names;
18   names= session.getAttributeNames();
19   while(names.hasMoreElements()){
```

```
20        String name=names.nextElement().toString() ;
21        String value=session.getAttribute(name).toString( );
22        out.println(name + " : " + value + "<br>");
23    }
24
25    //설정된 세션의 값들을 모두 사라지도록 합니다.
26    session.invalidate();
27
28    out.print( "<hr> <h3> >>세션값을 삭제한 후<< </h3> ");
29    out.print(" Q : 과연 세션 아이디가 유효할까요?<br>");
30    if(request.isRequestedSessionIdValid()==true)
31      out.print(" A : 세션 아이디가 유효합니다.<hr>");
32    else
33      out.print(" A : 세션 아이디가 유효하지 않습니다.<hr>");
34    %>
35    </body>
36    </html>
```

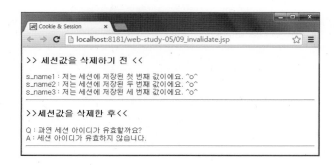

12~23 : 08_removeAttribute.jsp 예제와 동일한 내용으로 세션에 이름과 값을 설정하여 설정된 값들을 확인하는 과정입니다.

26 : session 객체의 invalidate( ) 메소드가 실행되고 난 이후의 문장을 살펴보도록 합니다.

30 : 세션 객체가 유효한지를 물어보기 위해서 request 객체의 isRequestedSessionIdValid( ) 메소드를 호출하면 26 행에서 invalidate( )로 세션에 설정된 모든 값을 제거한 후이기 때문에 false 값을 반환합니다. 그러므로 else로 제어가 이동하여 "세션 아이디가 유효하지 않습니다."라고 화면에 출력됩니다. 만일 26 행을 주석 처리하면 세션이 제거되지 않기 때문에 isRequestedSessionIdValid( ) 메소드가 true 값을 반환합니다. invalidate( ) 메소드 대신 setMaxInactiveInterval(0)과 같이 유효 시간을 0으로 설정하여 세션을 유효하지 않도록 할 수도 있습니다.

세션을 이용한 로그인 처리

쇼핑을 하다가 자신의 쇼핑 정보가 궁금하여 마이페이지를 클릭하면 다음과 같이 로그인 페이지로 이동합니다.

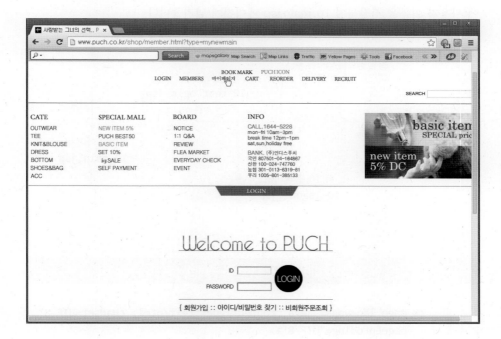

개인 정보가 유출되는 것을 막기 위해서 개인 정보를 제공해주는 페이지는 반드시 로그인 과정을 거쳐야 합니다. 로그인 과정은 회원 가입시 입력한 아이디와 패스워드를 비교하여 일치하면 마이페이지나 장바구니와 같은 해당 웹사이트의 회원 전용 페이지를 언제든지 사용할 수 있도록 하는 권한을 부여하는 것입니다. 로그인 인증된 정보를 웹사이트 전반에서 사용할 수 있으려면 이 정보를 세션에 저장해 두어야 합니다.

지금까지 배운 세션 관련 메소드를 사용하여 로그인 인증 처리를 하는 예제를 구현해보겠습니다. 다음은 로그인 인증 처리를 위해 필요한 파일들을 정리한 표입니다.

파일	설명
10_loginForm.jsp	클라이언트가 ID와 암호를 입력할 수 있는 화면을 제공하기 위한 페이지
10_testLogin.jsp	로그인 화면에서 제공한 정보를 가져와 회원 인증 절차를 거치는 페이지
10_main.jsp	로그인 인증 받은 회원이 다양한 정보를 제공받을 수 있는 페이지
10_logout.jsp	인증된 사용자의 인증을 무효화하는 페이지

10_loginForm.jsp는 아이디와 패스워드를 입력받아 10_testLogin.jsp에서 회원인지를 판단하여 아이디와 패스워드가 "pinksung"과 "1234"로 일치하면 세션에 사용자 이름을 저장한 후 10_main.jsp로 넘어갑니다. 이때 10_testLogin.jsp에서 세션에 사용자 이름을 저장하여 10_main.jsp 페이지에 넘겨줍니다.

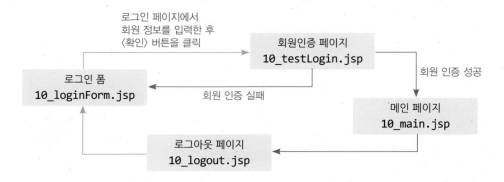

```
1    <%@ page language="java" contentType="text/html; charset=UTF-8"
2         pageEncoding="UTF-8"%>
3    <!DOCTYPE html>
4    <html>
5    <head>
6    <meta charset="UTF-8">
7    <title>JSP</title>
8    </head>
9    <body>
10   <form method="post" action="10_testLogin.jsp">
11      <label for="userid"> 아이디 : </label>
12      <input type="text" name="id" id="userid"><br>
13
14      <label for="userpwd"> 암   호 : </label>
15      <input type ="password" name="pwd" id="userpwd" ><br>
16
17      <input type="submit" value="로그인">
18   </form>
19   </body>
20   </html>
```

```
1    <%@ page language="java" contentType="text/html; charset=UTF-8"
2        pageEncoding="UTF-8"%>
3    <%
4    String id="pinksung";
5    String pwd="1234";
6    String name="성윤정";
7
8    if(id.equals(request.getParameter("id"))  &&
9        pwd.equals(request.getParameter("pwd")) ){
10     session.setAttribute("loginUser", name);
11     response.sendRedirect("10_main.jsp");
12   }
13   else{
14     response.sendRedirect("10_loginForm.jsp");
15   }
16   %>
```

8~9 : 폼으로부터 입력받은 아이디와 비밀번호를 얻어 와서 4:~5:에서 임의로 지정한 아이디와 비밀번호와 일치하는지 살펴본 후 일치하면 세션에 이름을 저장한 후 10_main.jsp 페이지로 이동합니다.

```
1    <%@ page language="java" contentType="text/html; charset=UTF-8"
2        pageEncoding="UTF-8"%>
3    <!DOCTYPE html>
4    <html>
5    <head>
6    <meta charset="UTF-8">
7    <title>JSP</title>
8    </head>
9    <body>
10   <%
11   if(session.getAttribute("loginUser")==null){
12      response.sendRedirect("10_loginForm.jsp");
13   }else{
14   %>
15      <%=session.getAttribute("loginUser")%>님 안녕하세요!<br>
```

```
16        저희 홈페이지에 방문해 주셔서 감사합니다.<br>
17        즐거운 시간 되세요....<br>
18        <form method="post" action="10_logout.jsp">
19            <input type="submit" value="로그아웃">
20        </form>
21    <%
22    }
23    %>
24    </body>
25    </html>
```

11 : 이름이 loginUser인 세션이 null인 10_loginForm.jsp 페이지로 이동하여 다시 아이디와 패스워드를 입력받아 옵니다.

15 : 인증된 회원이라면 인증이 성공되었음을 표시하기 위해서 세션에서 회원 이름을 얻어 와 출력합니다.

18~20 : 로그아웃할 수 있게 〈로그아웃〉 버튼을 만들고 이를 클릭하면 로그아웃 처리를 위해 logout.jsp로 이동하도록 합니다. logout.jsp에서는 인증된 사용자의 인증을 무효화합니다.

[직접해보세요] 인증된 사용자의 인증을 무효화하는 JSP 페이지 [파일 이름 : 10_logout.jsp]

```
1     <%@ page language="java" contentType="text/html; charset=UTF-8"
2           pageEncoding="UTF-8"%>
3     <!DOCTYPE html>
4     <html>
5     <head>
6     <meta charset="UTF-8">
7     <title>JSP</title>
8     <body>
9     <%
10    session.invalidate();
11    %>
12    <script>
13        alert("로그 아웃 되었습니다.");
14        location.href="10_loginForm.jsp";
15    </script>
16    </body>
17    </html>
```

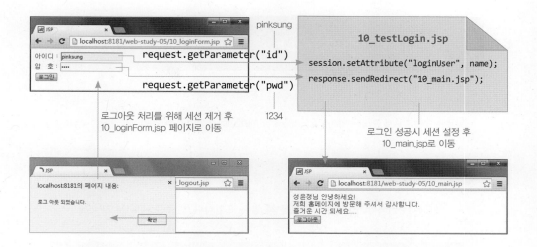

우리는 이번 장에서 흔히 접하는 웹사이트에서 한번 로그인한 후에 여러 페이지를 서핑하더라도 로그인한 정보가 유지될 수 있는 이유는 서블릿과 JSP에서 제공하는 세션 기술을 사용했기 때문이라는 것을 알게 되었습니다. 다음 장에서는 서버로 보낼 데이터를 개별적으로 보내기보다는 한꺼번에 묶어서 보낼 수 있는 자바 빈즈에 대해서 학습하겠습니다.

문제의 답은 로드북 홈페이지(http://roadbook.co.kr/126)에서 확인할 수 있습니다.

1. 쿠키를 사용하는 가장 주된 이유와 문제점을 기술하시오.

2. 다음은 쿠키과 세션에 대한 비교를 해 놓은 표입니다. 빈곳을 채워 넣으시오.

구분	쿠키	세션
사용 클래스 및 인터페이스		
관련 내장 객체		
저장 값 유형		
정보 크기		
보안		
만료 시점		

3. 세션의 필요성을 설명하시오.

4. Session과 Cookie객체에 대한 설명 중 틀린 것은?

① Session 객체는 클라이언트마다 고유한 값을 가지는 객체로 웹 서버의 메모리 상에 저장된다.

② Cookie 객체는 클라이언트마다 고유한 값을 가지며 Session과 마찬가지로 웹 서버의 메모리상에 저장된다.

③ Cookie를 사용하려면 브라우저에서 이를 지원해야 한다.

④ Session에 담긴 정보는 서버 상에 지정된 시간 동안 유지된다.

5. 웹 애플리케이션에서 브라우저마다 고유한 값을 가지며 웹 서버의 메모리에 저장 되며 지정된 시간 동안 유지되는 객체는?

① Cookie   ② Context   ③ Session   ④ request

6. 클라이언트의 고유한 정보를 브라우저가 받아서 PC의 특정 영역에 저장하고 있는 것은?

   ① jsp   ② Session   ③ asp   ④ Cookie

7. 다음에서 Cookie의 구현 시(설정과 추출) 사용되는 API 가 아닌 것은?

   ① Cookie

   ② ServletContext

   ③ HttpServletRequest

   ④ HttpServletResponse

8. 다음은 Session 관련 API 설명이다. 틀린 것을 고르시오.

   ① getSession() – HttpSession 객체를 찾아서 반환한다.

   ② invalidate() – HttpSession 객체를 삭제한다.

   ③ setAttribute() – HttpSession 객체에 일정시간 동안 유지하는 정보를 얻어온다.

   ④ getCreationTime() – 세션이 만들어진 시간을 반환한다.

9. 다음은 Session Tracking 구현 관련 메소드들이다. 이 중에서 HttpSession 인터페이스에 존재하는 것이 아닌 것은?

   ① getSession()   ② invalidate()   ③ setAttribute()   ④ isNew()

10. 다음 중 쿠키에 대한 설명이 잘못된 것은 무엇인가?

   ① 쿠키 조회는 Cookie[] c = request.getCookies(); c[0].getValue(); 로 한다.

   ② 유효 시간은 c.setMaxAge(초);로 설정한다.

   ③ 데이터를 문자열형으로 클라이언트에 보관한다.

   ④ 쿠키 생성은 Cookie c = request.getCookie("id", "pinkpanda");로 한다.

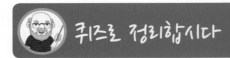

11. 다음 중 세션에 대한 설명이 잘못된 것은 무엇인가?

    ① 세션 조회는 session.getAttribute("속성명"); 로 한다.

    ② 매번 접속마다 고유 세션 ID를 서버로 전송한다.

    ③ 세션 생성은 HttpSession ss = response.getSession(); 로 한다.

    ④ 모든 정보를 서버가 관리하며 객체(Object)형식으로 저장된다.

12. 세션을 사용해 다음과 같은 기능을 구현하기 위해서 호출해야 할 메소드로 옳지 않은 것은?

    ① getCreationTime()은 세션을 시작한다.

    ② invalidate()는 해당 세션을 없애고 세션에 속해있는 값들을 없앤다.

    ③ setAttribute()는 세션에 지정된 이름에 객체를 추가한다.

    ④ getAttribute()는 세션에서 이름으로 객체를 얻어온다.

13. 다음 코드는 쿠키를 이용해 데이터를 저장하기 위한 JSP 코드의 일부이다. 다음 _____ 안에 알맞은 코드를 작성하시오.

```
_____(new Cookie("id", "pinksung"));
```

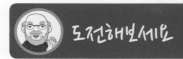

문제의 답은 로드북 홈페이지(http://roadbook.co.kr/126)에서 확인할 수 있습니다.

"로그인 처리하기"

목표　세션으로 로그인 처리했던 것을 쿠키를 사용하여 작성합니다. 각 JSP 페이지의 밑줄 친 부분을 채워서 완성시킵니다.

난이도　중

회원 인증을 위해 아이디와 비밀번호를 입력받는 폼 [파일 이름 : loginForm.jsp]

```
1    <%@ page language="java" contentType="text/html; charset=UTF-8"
2        pageEncoding="UTF-8"%>
3    <!DOCTYPE html>
4    <html>
5    <head>
6    <meta charset="UTF-8">
7    <title>JSP</title>
8    </head>
9    <body>
10   <form method="post" action="testLogin.jsp">
11       <label for="userid"> 아이디 : </label>
12       <input type="text" name="id" id="userid"><br>
13
14       <label for="userpwd"> 암   호 : </label>
15       <input type ="password" name="pwd" id="userpwd" ><br>
16
17       <input type="submit"  value="로그인">
18   </form>
19   </body>
20   </html>
```

회원 인증 처리하기 [파일 이름 : testLogin.jsp]

```jsp
1   <%@ page language="java" contentType="text/html; charset=UTF-8"
2       pageEncoding="UTF-8"%>
3   <%
4   //실제로는 DB에서 가져와야하는 값
5   String id="pinksung";
6   String pwd="1234";
7   String name="성윤정";
8
9   if( id.equals(request.getParameter("id"))  &&
10      pwd.equals(request.getParameter("pwd")) ){
11    // id, pwd가 같을 때만 쿠기 생성하고 client에 추가
12    // 1. Cookie 객체 생성(username에 성윤정을 맵핑)
13    _____
14    // 2. 속성 부여
15
16    // 3. 클라이언트에 전송
17    _____
18  %>
19   <h2> 성공적으로 로그인하셨습니다.</h2>
20   <p> <a href="main.jsp"> 들어가기 </a>
21  <%
22  }else{
23  %>
24   <h2> 로그인에 실패했습니다.</h2>
25   <p> <a href="loginForm.jsp"> 되돌아가기 </a>
26  <%
27  }
28  %>
```

로그인 인증 받은 회원에게 제공되는 페이지 [파일 이름 : main.jsp]

```jsp
1   <%@ page language="java" contentType="text/html; charset=UTF-8"
2       pageEncoding="UTF-8"%>
3   <!DOCTYPE html>
4   <html>
5   <head>
6   <meta charset="UTF-8">
7   <title>JSP</title>
```

```
9    <body>
10   <%
11   //Cookie에서 name과 value를 얻어와서 비교
12   Cookie ck[] = null;
13   //1. 클라이언트로부터 Cookie[]을 얻어옴
14   _____
15   if( ck != null  ) {
16      //2. 쿠키의 name을 얻어서 "username"인지 비교하여 같으면
17      _____
18      //3. 쿠키의 value을 얻어와 출력
19      _____
20   %>
21   _____님 안녕하세요!<br>
22   저희 홈페이지에 방문해 주셔서 감사합니다.<br>
23   즐거운 시간 되세요....<br>
24   <form method="post" action="logout.jsp">
25      <input type="submit" value="로그아웃">
26   </form>
27   <%
28   } else {
29   %>
30      <h2> 로그인에 실패했습니다.</h2>
31      <p> <a href="loginForm.jsp"> 되돌아가기 </a>
32   <%
33   }
34   %>
35   </body>
36   </html>
```

인증된 사용자의 인증을 무효화하는 JSP 페이지 [파일 이름 : logout.jsp]

```
1    <%@ page language="java" contentType="text/html; charset=UTF-8"
2       pageEncoding="UTF-8"%>
3    <!DOCTYPE html>
4    <html>
5    <head>
6    <meta charset="UTF-8">
7    <title>JSP</title>
```

```
8      <body>
9      <%
10     _____
11     %>
12     <script>
13         alert("로그 아웃 되었습니다.");
14         location.href="10_loginForm.jsp";
15     </script>
16     </body>
17     </html>
```

6장
자바 빈과 액션 태그

❓ 이 장을 시작하기 전에

자바 빈은 데이터를 저장하는 하나의 자료구조입니다. 어떤 규칙에 맞게 설계되어야 하는 클래스라고 보면 됩니다.

- 데이터는 숨겨놓고 그 데이터는 메소드로만 접근하게 한다는 캡슐화의 개념에 대해 잘 모른다거나
- 자바의 클래스를 어떻게 설계할지 모른다면

자바의 기본 문법을 먼저 숙지해야 합니다.
액션 태그에 대해 잘 모른다면,

- 5장에 설명한 액션 태그에 대해서 다시 한번 숙지하고 이 장을 보셔야 합니다.

액션 태그를 이용해 자바 빈을 어떻게 JSP에서 활용할 수 있는지를 알려주기 때문입니다.
이제 자료구조와 같은 멋진 클래스를 활용하는 묘미를 한번 느껴보시기 바랍니다.

자바 빈과의 첫 데이트

자바 빈을 처음 배우는 분이라면 자바 빈이 무엇인지 무슨 일을 하는지 궁금할 것입니다. 자바 빈을 만드는 방법과 사용 방법을 학습하기 전에 자바 빈의 개념부터 알아봅시다.

자바 빈의 개념은 쉽지 않은 내용이기 때문에 자바 빈이 유용하게 사용되는 회원 가입 페이지를 예를 들어 자바 빈의 개념을 알아보도록 하겠습니다.

여러분은 지금까지 사용자 입장에서 네이버와 같은 포털 사이트를 이용해 왔습니다. 사용자로서 네이버를 이용하기 위해서는 우선적으로 회원 가입을 해야 합니다. 이러한 회원 가입 페이지는 어떻게 만들어진 것일까요? 웹 개발자를 꿈꾸는 여러분은 사용자 입장이 아닌 개발자 입장에서 회원 가입을 위한 프로그래밍 절차가 어떻게 진행되는지 전반적인 흐름을 알아야 합니다.

개발자 입장에서 회원 가입 절차를 살펴보면 회원 가입 페이지에서 입력한 정보는 서버로 전송되고 서버에서는 이 정보를 데이터베이스에 저장합니다.

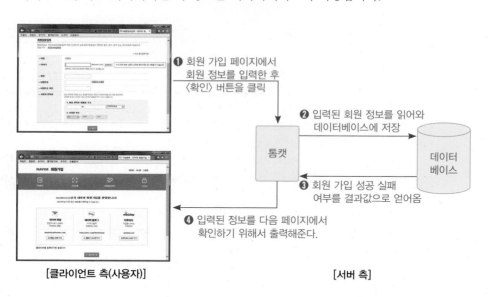

[클라이언트 측(사용자)]   [서버 측]

회원 가입 페이지에서 입력한 정보는 다음 두 가지 방법으로 서버에 전송됩니다.

1. 이름, 아이디, 별명, 비밀번호 등을 개별적으로 전송하는 방법

2. 회원 정보를 하나로 묶어서 전송하는 방법

여러분은 두 가지 방법 중 어떤 방식으로 서버로 데이터를 전송하겠습니까?

저라면 당연히 두 번째 방법을 택하겠습니다. 첫 번째 방법처럼 개별적으로 여러 번 전송하는 것보다는 두 번째 방법인 하나의 묶음으로 전송하는 것이 훨씬 효율적이기 때문입니다. 회원 정보를 하나의 묶음으로 관리하기 위해 나온 메커니즘이 자바 빈입니다.

자바 빈은 정보의 덩어리로 데이터 저장소라고 정의할 수 있습니다. 프로그램에서 사용되는 정보가 여러 개라면 이를 변수에 저장하고 필요할 때마다 개별적으로 접근해서 사용하기보다는 자바 빈을 사용하면 필요한 정보를 객체를 구성하는 멤버로 기술해 두고 한꺼번에 데이터에 접근해서 사용할 수 있습니다.

자바 빈은 단순히 데이터를 저장만 하는 것이 아니고 자바의 데이터 은닉(Data Hiding)이란 개념을 사용합니다. 데이터 은닉은 객체 외부에서 데이터를 직접 다루면 데이터가 손상될 수 있으므로 이를 막기 위해서 나온 객체지향의 개념입니다. 데이터를 은닉하기 위해서 데이터는 private 접근 제한자를 사용하고 public 접근 제한자로 공개된 메소드를 통해서만 접근할 수 있도록 합니다.

자바 빈은 데이터를 저장하기 위한 필드와 데이터를 컨트롤하는 getter/setter 메소드를 하나의 쌍으로 가지고 있는 클래스입니다. getter/setter는 자바 빈의 필드에 데이터를 저장하고 조회하는 작업을 합니다.

잠깐만요. 자바 기본 문법 좀 살펴보고 갈께요.

자바 기본 문법에 속하는 내용이기는 하지만, 필드가 뭔지 객체 단위로 다룬다는 것도 어떤 뜻인지 한번 정리해보겠습니다.

객체(object)는 데이터(실체)와 그 데이터에 관련되는 동작(절차, 방법, 기능)을 모두 포함한 것으로 객체지향 프로그램의 기본 단위이며 객체지향 기술의 핵심입니다. 우리가 주변에서 흔히 볼 수 있는 자동차, 냉장고, 커피 자판기와 같은 사물(무생물)도 객체이고 너구리, 앵무새, 사람과 같은 생물도 객체입니다. 생물이든지 무생물이든지 움직이든지 움직이지 않든지 간에 모든 물체가 객체입니다. 객체(물체) 하나하나는 자신만의 특징(상태, 속성)과 동작(기능, 메소드)을 갖고 있습니다. 예를 들어 컴퓨터는 CPU 사양, 메모리, 하드디스크 용량, 전원, 음향 조절을 위한 부품들로 구성되어 있고, 전원을 끄거나 켜고, 볼륨을 높여서 음악을 듣거나 게임을 하거나 문서를 작성하거나 게임을 하는 등 여러 가지의 작업을 할 수 있는데, 이를 다음 그림처럼 속성과 기능으로 나눌 수 있고 이를 자바에서는 필드와 메소드로 구현합니다.

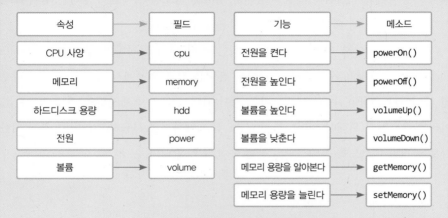

객체의 특징적인 속성을 담아두기 위한 변수와 상수를 필드라고 합니다. 객체 단위로 다룬다는 것은 프로그램에서 사용되는 정보들을 개별적으로 변수 단위로 저장하고 얻어오는 것이 아니고 필요한 정보들을 필드에 저장하고 필드를 하나의 묶음으로 다룰 수 있는 객체 단위로 저장하고 얻어오는 것을 의미합니다.

컴퓨터를 객체로 구현한다면 필드와 메소드를 모두 갖는 하나의 컴포넌트(부품)를 가져다 사용할 수 있으나 객체로 구현하지 않으면 개별적으로 데이터를 변수에 저장하고 이를 다루기 위한 함수도 매번 따로 기술해야 하기 때문에 프로그램이 복잡해지겠죠? 이러한 점이 바로 객체지향의 묘미입니다.

자바 빈을 사용하는 이유를 살펴보기 위해서 다음 2개의 코드를 비교해 봅시다. 첫 번째 코드는 회원 가입에서 입력한 정보를 얻어오는 일반적인 JSP 코드입니다.

```
<%
member.setName(request.getParameter("name"));
member.setUserid(request.getParameter("userid"));
member.setNickname(request.getParameter("nickname"));
member.setPwd(request.getParameter("pwd"));
member.setEmail(request.getParameter("email"));
member.setPhone(request.getParameter("phone"));
%>
```

회원 가입을 위한 정보인 이름, 아이디, 별명, 비밀번호 등을 개별적으로 여러 번 얻어옵니다.

반면에 두 번째 코드는 액션 태그를 사용하여 다음과 같이 회원 정보를 하나로 묶어서 한 번에 얻어옵니다.

```
<jsp:setProperty property="*" name="member"/>
```

액션 태그를 사용하면 데이터를 담기 위한 getter/setter를 명시적으로 호출하지 않고 자동으로 호출할 수 있기 때문에 코드의 양도 줄고 쉽게 정보를 담아 옮길 수 있습니다.

참고

아직 배우지 않은 자바 빈 관련 액션 태그

자바 빈은 액션 태그와 함께 사용됩니다. 액션 태그의 종류로는 forward, include, usebean, setProperty, getProperty가 있는데 5장에서 forward, include 액션 태그에 대해서만 학습하였습니다. usebean, setProperty, getProperty 액션 태그는 자바 빈과 함께 사용되는 것이기 때문에 이번 장에서 자바 빈을 학습하려고 미루어 두었던 것입니다.

본격적으로 자바 빈 관련 액션 태그를 학습하기에 앞서 간단하게 setProperty, getProperty에 대해서 설명하면 private 필드를 사용하기 위해서 getter와 setter 메소드를 주로 사용하는데 이를 대용하기 위해서 나온 액션 태그가 바로 setProperty, getProperty입니다. 위에서 살펴본 예도 setter를 여러 번 호출해서 객체 각각의 필드에 데이터 값을 저장하는 대신 setProperty 액션 태그를 이용하여 간단하게 객체 단위로 필드값을 저장할 수 있음을 보여준 예입니다.

자바 빈 클래스 만들기

자바 빈도 역시 클래스입니다. 그러므로 자바 빈 역시 클래스를 구성하는 요소인 필드와 메소드로 구성됩니다. 좀 더 구체적으로 이야기하면 자바 빈은 필드와 getter/setter 메소드를 하나의 쌍으로 갖는 특별한 클래스입니다. 즉, 자바 빈은 클래스의 특별한 형태라 할 수 있습니다. 자바 빈은 서블릿에서만 사용되는 기술이 아닙니다. 자바에서 사용되는 개념인데 그것을 서블릿에서 가져다 사용하는 것입니다.

구성 요소	의미
필드	빈이 가진 속성을 의미합니다. 멤버변수 형태로 제공됩니다.
메소드	빈을 외부에서 조작할 수 있도록 하는 방식들을 제공해 줍니다. 멤버함수 형태로 제공됩니다.

자바 빈 클래스 정의하기

프로그래밍을 위해서는 다양한 로직이 필요한데 자바 빈은 단순히 데이터를 저장할 목적으로 사용한 클래스입니다. 자바 빈 클래스는 자바에서 클래스 선언을 위해서 사용하는 예약어인 class로 다음과 같이 정의합니다.

```
public class MemberBean {     //자바 빈 클래스 정의

}
```

회원 정보를 저장할 자바 빈 클래스는 회원을 의미하는 Member 뒤에 Bean을 덧붙여 다른 클래스와 차별화를 두기도 하지만 꼭 그럴 필요는 없습니다. 개발자의 성향에 따라 Member라는 이름을 사용하기도 합니다.

패키지 선언 방법

자바 빈을 위한 클래스는 패키지를 주어 정의합니다. 패키지는 유사한 기능을 하는 클래스를 모아 라이브러리로 만드는 용도로 사용됩니다. 또한 개발을 하다 보면 동일한 이름의 클래스가 필요할 경우도 생깁니다. 이럴 경우 패키지 이름을 달리 주면 동

일한 이름의 클래스를 서로 다른 패키지에 저장하여 사용하기도 합니다. 이러한 패키지 선언은 예약어인 package로 다음과 같이 선언합니다.

```
package 패키지이름;
```

패키지 이름은 자유롭게 만들어 사용할 수 있지만 패키지 이름마저도 동일하여 문제가 발생될 수 있기 때문에 패키지는 다음과 같은 규칙에 따라 지정합니다.

```
도메인이름.폴더이름.클래스이름
```

다행히도 회사의 인터넷 주소인 도메인은 이를 관리하는 기관이 있기 때문에 위와 같은 식으로 패키지를 지정하다 보면 패키지 이름까지 동일해서 혼돈을 초래하게 하는 일은 생기지 않기 때문에 도메인 이름을 패키지명에 기술합니다.

회원 정보를 저장하는 MemberBean 클래스의 패키지는 "com.saeyan.javabeans"로 지정합니다.

```
package com.saeyan.javabeans;       //패키지명

public class MemberBean{            //자바 빈 클래스 정의

}
```

필드 선언하기

다음은 회원 가입을 위한 페이지입니다.

회원 가입을 위한 입력 폼이 위와 같다면 회원 정보를 저장할 자바 빈은 데이터를 저장하기 위한 필드(클래스의 구성원이 되는 변수)가 다음과 같이 구성되어야 합니다.

```
package com.saeyan.javabeans;
public class MemberBean {
    private String name;        // 이름을 저장할 필드 선언
    private String userid;      // 아이디를 저장할 필드 선언
    private String nickname;    // 별명을 저장할 필드 선언
    private String pwd;         // 비밀번호를 저장할 필드 선언
    private String email;       // 이메일을 저장할 필드 선언
    private String phone;       // 전화번호를 저장할 필드 선언
}
```

회원 정보를 저장할 자바 빈인 MemberBean 클래스의 필드는 제한자를 private로 하여 외부에서 직접 필드에 접근하지 못하게 하고 필드에 값을 저장하고 얻어오기 위해서는 메소드를 사용합니다. 메소드를 정의하는 방법을 살펴봅시다.

자바 빈 프로퍼티

자바 빈에서는 데이터를 은닉하기 위해서 필드를 private 접근 제한자로 선언하였기 때문에 직접 접근할 수 없습니다. 자바 빈은 private 필드를 외부에서 접근하기 위해서 공개형 접근 제한자인 public으로 메소드를 정의해 놓고 이를 통해서 간접적으로 필드에 접근합니다. 이와 같은 방식을 프로퍼티property라고 합니다. 프로퍼티라는 개념은 자바 이외에 닷넷이나 다른 언어에서 통상적으로 사용하는 개념으로 필드 형태로 기술하되 결국은 간접적으로 메소드를 호출하는 것을 말합니다.

```
public class MemberBean {
    private String name;

    // getter(필드 값을 알려줌)
    public String getName() {
        return name;    // 회원의 이름을 알려줌
    }

    // setter(필드 값을 변경함)
    public void setName(String name) {
        this.name=name;    //회원의 이름을 전달받은 값으로 변경함
    }
```

프로퍼티는 private 필드와 이를 위한 public 메소드인 getXxx와 setXxx로 구성됩니다. 자바 빈을 사용하기 위한 메소드는 get으로 시작하는 메소드와 set으로 시작하는 메소드로 구성되는데 get으로 시작하는 메소드를 getter라고 부르고 set으로 시작하는 메소드를 setter라고 부릅니다.

필드 값을 읽어오기 위해서는 get 다음에 필드 이름 중 첫 글자만 대문자로 지정하여 메소드를 정의해야 합니다. 필드 이름이 name이라면 getName이 됩니다. private로 선언된 필드는 직접 접근하지 못해서 이를 간접적으로 접근하기 위해서 사용되므로 public으로 선언합니다. 그런데 만약 이름을 달리하면 어떻게 될까요? 예를 들면 getName2로 메소드를 정의하고 이를 name으로 접근하려고 하면 컴파일 에러가 발생합니다. 반면 name2로 접근해서 사용한다면 별 문제가 없습니다.

```
public String getName() {
    return name;
}
```

getName은 내부에 저장된 값을 외부에 알려주어야 하기 때문에 파라미터는 없고 메소드의 리턴형이 필드와 동일한 자료형태(String)로 선언합니다.

필드에 값을 저장하기 위한 방법으로 set으로 시작하는 메소드를 제공합니다. set 다음에는 필드의 이름을 따릅니다. 필드의 이름이 name이라면 필드의 첫 글자만 대문자로 해서 setName이라고 메소드 이름을 정합니다. set으로 시작하는 메소드를 통해서 외부에서 필드에 값을 저장합니다.

set으로 시작하는 메소드는 private로 선언된 필드를 다룰 수 있도록 하기 위한 방법으로 사용되기 때문에 public으로 선언하는 것이 일반적입니다.

```
public void setName(String name) {
  this.name=name;
}
```

setName은 외부에서 값을 얻어 와서 필드에 값을 저장해야 하기에 매개 변수가 필드와 동일한 자료형태(String)로 선언되어 있습니다. 매개 변수 값을 필드에 저장해야 하는데 위와 같이 매개 변수가 필드와 이름이 동일할 경우에는 필드 앞에 this를 붙여서 매개 변수와 구분해 줍니다.

this는 객체 자신을 참조할 수 있는 레퍼런스입니다. 우리가 사용하는 객체 참조를 위한 레퍼런스 변수와 유사한 용도로 사용됩니다.

```
MemberBean memberBean=new MemberBean ();    // 객체 생성
memberBean.setName("전수빈");                   // 레퍼런스 변수로 메소드 참조
```

위 예에서 new를 사용하여 생성한 객체를 참조하기 위해서 = 연산자 왼쪽에 레퍼런스 변수를 기술하였습니다.

this 역시 객체를 참조한다는 점에서는 지금까지 사용한 레퍼런스 변수와 동일하지만, 다음과 같은 특징이 있습니다.

- 메소드 내부에서 선언하지 않아도 지역 변수처럼 사용할 수 있다.
- 자기 자신만을 가리키는 레퍼런스이다.
- 메소드 내부의 모든 필드와 메소드 앞에 암시적으로 사용된다.
- 필요에 따라서는 명시적으로 사용할 수 있다.

모든 메소드의 내부에는 this가 존재해 있으며 우리가 직접 기술하지 않았더라도 숨겨진 채 사용되고 있었던 것입니다.

■ this를 암시적으로 사용

```
String getName(){
    return name;
}
```

■ this를 명시적으로 사용

```
String getName(){
    return this.name;
}
```

메소드의 모든 멤버 앞에는 오른쪽과 같이 this가 붙어 있지만, 우리 눈에 보이지 않을 뿐입니다. 단지 컴파일러만 인식할 뿐입니다. this에는 객체 자신의 주소가 저장되어 있고 메소드 내부의 모든 필드 앞에 숨겨진 채 붙어서 자신의 필드에 접근할 수 있도록 합니다.

getName() 메소드에서는 왼쪽처럼 필드 앞에 굳이 this를 붙이지 않더라도 숨겨진 채 this가 존재하므로 별 문제가 없습니다.

그럼 this를 어떤 경우에 명시적으로 사용해야 하는지 살펴봅시다.

■ 매개 변수의 이름이 필드와 다를 경우

```
void setName(String argName){
    //필드에 매개 변수의 값을 저장
    name = argName;
}
```

■ 매개 변수의 이름이 필드와 같은 경우

```
void setName(String name){
    //매개 변수에 매개 변수의 값을 저장
    name = name;
}
```

왼쪽 코드의 name = argName;는 매개 변수로 선언된 지역 변수 argName의 값을 필드인 name에 저장합니다. 클래스 MemberBean의 메소드인 setName() 내부에 name이란 이름의 변수가 선언되지 않았기 때문에 클래스 MemberBean에 name이란 필드가 존재하는지를 살펴본 후 그렇다면 지역 변수 argName의 값을 필드에 저장합니다.

반면, 오른쪽 코드에서처럼 매개 변수의 이름이 필드의 이름과 동일하게 선언된 경우, 메소드 내부에 name이란 이름의 변수가 지역 변수 형태(매개 변수도 지역 변수이다)로 선언되어 있는지 살펴본 후에 존재한다면 메소드 내부에 선언된 name이 사용됩니다. 프로그래밍 언어적인 원리에 의해서 가까운 변수가 더 큰 영향력이 있습니다. 메소드 내부에 선언되어 있는데 굳이 멀리에 선언된 필드까지 찾아보지 않습니다. 즉, 지역 변수가 필드보다 우선순위가 높습니다.

그렇기 때문에 오른쪽의 setName() 메소드를 호출해 봤자 매개 변수로 받은 값을 매개 변수에 저장하기 때문에 외부에서 들어온 데이터로 필드값을 변경할 수 없습니다.

필드값이 외부에서 들어온 데이터로 변경되도록 하려면 this.name = name;과 같이 =의 왼쪽에 오는 변수에 this를 덧붙임으로써 필드와 매개 변수를 구분해야 합니다.

■ 매개 변수의 이름이 필드와 같은 경우 this로 필드와 매개 변수를 구분

```
void setName(String name ){
    // 필드에 매개 변수값을 저장
    this.name  = name ;
}
```

this는 해당 객체의 멤버임을 알리는 표시 방법으로 사용됩니다. 지역 변수와 필드의 이름이 같은 특수한 상황이 아니라면 this를 붙이지 않아도 무방합니다. 다음은 회원 정보를 위한 자바 빈의 전체적인 그림입니다.

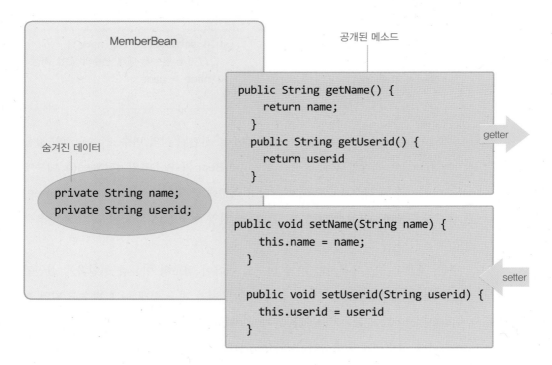

필드는 외부에서 준 값으로 변경해야 하므로 대입연산자 왼쪽에 오게 되어 있습니다. 위 예제에서도 this가 대입연산자 왼쪽에 기술된 name 앞에 붙였습니다.

자바 빈은 자바 프로그램이므로 이클립스에서 클래스로 생성합니다. 자바 빈으로 사용할 클래스를 만들려면 [New → Class] 메뉴를 선택합니다. [New Java Class]

창이 나타나면 [Package:]와 [Name:] 입력란에 패키지 이름과 클래스 이름을 입력합니다. 패키지는 관련된 클래스가 모여 있는 폴더로 소문자로 구성하고 클래스는 대문자로 시작합니다.

또한 각 필드에 대한 getter와 setter를 일일이 개발자가 만들어 주지 않더라도 이클립스에서 [Source → Generate Getters and Setters] 메뉴를 선택하여 각 필드에 대해 getter와 setter를 자동으로 생성할 수 있습니다.

[직접해보세요] 첫 자바 빈 만들기

1. 6장에서는 Dynamic Web Project를 web-study-06이란 이름으로 따로 만듭니다. 여기에 자바 빈을 위한 자바 소스 파일을 작성해 봅시다. 이 파일을 추가하기 위해서는 이클립스 화면 왼쪽에서 프로젝트를 선택한 후에 마우스 오른쪽 버튼을 클릭하여 나타난 바로가기 메뉴에서 [New → Class]를 선택합니다.

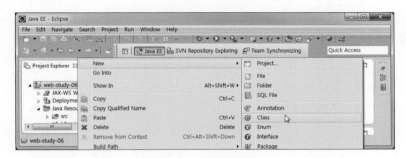

2. [Package:] 입력란에 패키지 이름(com.saeyan.javabeans)을, [Name:] 입력란에 클래스 이름(MemberBean)을 입력한 후 [Finish] 버튼을 클릭합니다.

3. 자바 빈의 실행 단위인 클래스가 이클립스에 의해서 MemberBean.java란 파일 이름으로 자동 생성됩니다. 다음은 이클립스가 2단계에서 지정한 패키지와 클래스를 바탕으로 자동 생성한 코드입니다.

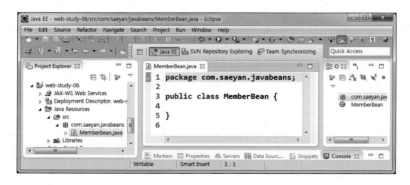

4. 자동 생성된 MemberBean.java 파일에는 회원 정보를 저장할 필드가 필요합니다. 다음 코드를 보면서 직접 코딩하여 선언합니다. 이 필드들은 데이터 은닉이라는 개념을 적용하여 직접 접근하지 못하도록 private 접근 제한자로 선언합니다.

```java
public class MemberBean {
    private String name;
    private String userid;
    private String nickname;
    private String pwd;
    private String email;
    private String phone;
}
```

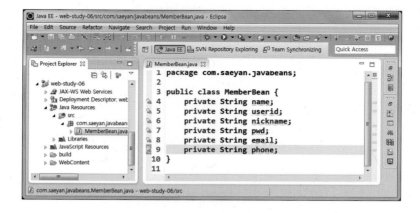

5. 필드는 직접 접근하지 못하기 때문에 자바 빈에 정보를 조회하고 저장하기 위해서는 getter, setter를 작성해야 합니다. getter, setter를 위한 코드는 이클립스에서 자동으로 만들어 줍니다. MemberBean 클래스 내부에서 [Source → Generate Getters and Setters]를 선택하여 MemberBean을 구성하는 모든 필드에 대해서 getter, setter를 일괄적으로 생성할 수 있습니다.

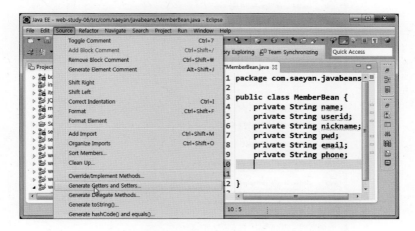

6. [Generate Getters and Setters] 창에 나타난 화면 구성을 살펴보면 회원 정보를 위한 필드에 대해서 getter, setter를 선택적으로 만들 수 있다는 것을 알 수 있습니다. 우리는 회원 가입을 위한 필드 전부에 대해서 getter, setter를 만들 것이기 때문에 [Select All] 버튼을 선택합니다. 모든 필드가 체크된 것을 확인하고 [OK] 버튼을 클릭합니다.

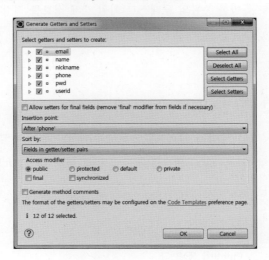

7. [Generate Getters and Setters] 창이 닫히고 나면 필드에 대해서 각각 get으로 시작하는 메소드(getter)와 set으로 시작하는 메소드(setter)가 MemberBean.java 소스 파일에 추가된 것을 확인할 수 있습니다.

```java
MemberBean.java ⊠
  1   package com.saeyan.javabeans;
  2
  3   public class MemberBean {
  4       private String name;
  5       private String userid;
  6       private String nickname;
  7       private String pwd;
  8       private String email;
  9       private String phone;
 10       public String getName() {
 11           return name;
 12       }
 13       public void setName(String name) {
 14           this.name = name;
 15       }
 16       public String getUserid() {
 17           return userid;
 18       }
 19       public void setUserid(String userid) {
 20           this.userid = userid;
 21       }
 22       public String getNickname() {
 23           return nickname;
 24       }
 25       public void setNickname(String nickname) {
 26           this.nickname = nickname;
 27       }
 28       public String getPwd() {
 29           return pwd;
 30       }
 31       public void setPwd(String pwd) {
 32           this.pwd = pwd;
 33       }
 34       public String getEmail() {
 35           return email;
 36       }
 37       public void setEmail(String email) {
 38           this.email = email;
 39       }
 40       public String getPhone() {
 41           return phone;
 42       }
 43       public void setPhone(String phone) {
 44           this.phone = phone;
 45       }
 46   }
```

여기까지 자바 빈을 한번 만들어보았습니다. 클래스는 사람 객체, 강아지 객체와 같이 특정 객체 정보를 저장하기 위한 템플릿이라고 볼 수 있습니다. 우리가 간단히 만들어본 자바 빈도 특별한 종류의 클래스로 회원 객체 정보를 저장하기 위한 템플릿이라고 볼 수 있습니다.

자바 빈 관련 액션 태그

자바 빈의 의미와 작성 방법을 살펴보았으므로 이제 JSP에서 어떻게 활용하는지를 알아보겠습니다. JSP에서는 자바 빈을 사용하기 위한 액션 태그를 다음과 같이 3가지 종류로 제공됩니다.

액션 태그의 종류	설명
<jsp:useBean>	자바 빈을 생성한다.
<jsp:getProperty>	자바 빈에서 정보를 얻어온다.
<jsp:setProperty>	자바 빈에 정보를 저장한다.

자바 빈 객체를 생성하는 〈jsp:useBean〉 액션 태그

〈jsp:useBean〉 액션 태그는 JSP와 자바 빈을 연결하기 위한 자바 빈 객체를 생성합니다.

자바에서 객체를 생성하는 다음 코드와 동일한 동작을 한다고 생각하면 이해가 빠를 것입니다.

```
<%@ page import="com.saeyan.javabeans.MemberBean" %>
<%
MemberBean member=new MemberBean();
%>
```

3장에서는 언급한 것처럼 page 지시자에 import 속성을 추가하면 위와 같이 간단하게 객체 생성을 할 수 있습니다. 하지만 액션 태그에서 빈 객체를 생성할 경우에는 풀 네임 형식(패키지를 포함한 형태의 클래스 이름을 의미)으로 적어 주어야합니다.

그래서 위와 같은 표현을 다음과 같이 import 속성을 갖는 page 지시자를 추가하지 않고 길게 기술해 보았습니다.

```
<%
com.saeyan.javabeans.MemberBean member=new com.saeyan.javabeans.MemberBean();
%>
```

자바에서는 new 다음에 클래스(com.saeyan.javabeans.MemberBean)명을 기술하여 객체를 생성합니다. 이렇게 생성한 객체는 레퍼런스(참조) 변수(member)로 접근할 수 있습니다. 다음은 레퍼런스 변수(member)로 이름과 아이디를 얻어오기 위해서 getter를 호출한 예입니다.

```
<%=member.getName()%>
<%=member.getUserid()%>
```

다음은 레퍼런스 변수(member)로 이름과 아이디에 새로운 값을 설정하기 위해서 setter를 호출한 예입니다.

```
<%
member.setName("전수빈");
member.setUserid("pinksunbin");
%>
```

JSP에서 자바 빈 객체를 생성하기 위해서는 〈jsp:useBean〉 액션 태그를 사용합니다. 다음은 〈jsp:useBean〉 액션 태그의 기본 형식입니다.

```
<jsp:useBean  class="클래스 풀 네임"
              id="빈이름"
              [scope="범위"]/>
```

형식을 언급하면서 []이 나오는데 []으로 둘러싸인 부분은 생략 가능한 부분입니다.

〈jsp:useBean〉 액션 태그로 객체를 생성하기 위해서는 class 속성에 패키지를 포함한 자바 빈 클래스의 풀 네임을 기술해야 합니다. 그리고 id 속성은 새롭게 생성하는 자바 빈 객체의 이름을 기술합니다. scope 속성에는 자바 빈 객체가 사용되는 유효 범위를 지정하기 위해서 page, request, session, application 중 하나를 사용해야 합니다. 다음은 〈jsp:useBean〉 액션 태그를 사용하여 객체를 생성하는 예 입니다.

```
<jsp:useBean class="com.saeyan.javabeans.MemberBean"    ...❶
             id="member"                                ...❷
             scope="page" />                            ...❸
```

위 내용은 com.saeyan.javabeans.MemberBean 클래스의 자바 빈 객체를 생성해서(❶) 이름이 member인 변수에 할당하고(❷) page 객체의 속성 값으로 위 객체를 저장한다(❸)는 의미입니다. 즉 위 액션 태그가 실행되면 다음과 같은 코드가 내부적으로 자동으로 생성된다고 생각하면 됩니다.

```
<%
com.saeyan.javabeans.MemberBean member=new com.saeyan.javabeans.MemberBean();
pageContext.setAttribute("member", member);
%>
```

자바 언어에서와 마찬가지로 JSP에서 자바 빈 객체를 생성하기 위해서는 클래스를 지정해야 합니다. class 다음에는 자바 빈 클래스 이름을 기술합니다. 특정 패키지에 존재하는 클래스일 경우에는 패키지 이름까지 기술해야 합니다. class 속성 값은 자바에서 객체를 생성할 때 기술한 클래스 이름과 매핑됩니다.

```
com.saeyan.javabeans.MemberBean member = new com.saeyan.javabeans.MemberBean();
```

```
<jsp:useBean id="member" class="com.saeyan.javabeans.MemberBean"/>
```

자바에서는 생성한 객체에 접근하기 위해서 레퍼런스 변수를 사용합니다. id 속성에 지정한 "member"는 객체에 접근하기 위한 레퍼런스 변수와 동일한 역할을 합니다. id 속성 값은 자바에서 객체를 생성할 때 기술한 레퍼런스 변수와 매핑됩니다.

```
com.saeyan.javabeans.MemberBean member = new com.saeyan.javabeans.MemberBean();
pageContext.setAttribute("member", member);
```

```
<jsp:useBean id="member" class="com.saeyan.javabeans.MemberBean" />
```

scope 속성은 〈jsp:useBean〉 태그에 의해 생성된 객체가 사용될 수 있는 유효 범위를 결정합니다. scope 속성 값으로는 page, request, session, application 네 가지 중 하나로 지정할 수 있습니다.

4장에서 내장 객체를 다루면서 내장 객체는 객체가 사용될 수 있는 유효 기간이 다음과 같이 4가지 영역으로 나누어 있다고 하였습니다.

scope 속성 값	의미
page	자바 빈은 생성된 페이지 내에서만 접근되어 사용할 수 있다.
request	자바 빈이 생성된 요청을 수행하는 페이지들에서 사용할 수 있다.
session	자바 빈이 생성된 세션에서 요청을 처리하는 페이지들에서 사용할 수 있다.
application	자바 빈이 생성된 응용 프로그램에 포함된 모든 페이지들에서 사용할 수 있다.

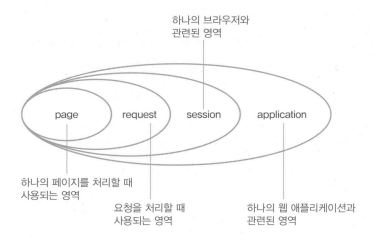

하나의 브라우저와
관련된 영역

page　request　session　application

하나의 페이지를 처리할 때
사용되는 영역

요청을 처리할 때
사용되는 영역

하나의 웹 애플리케이션과
관련된 영역

scope 속성 값을 page로 설정하면 해당 페이지에서만 자바 빈 객체를 사용할 수 있습니다.

```
<jsp:useBean class="com.saeyan.javabeans.MemberBean" id="member"
scope="page" />
```

요청 페이지에서까지 자바 빈 객체를 사용하기 위해서는 다음과 같이 scope 속성 값을 request로 설정합니다.

```
<jsp:useBean class="com.saeyan.javabeans.MemberBean" id="member"
scope="request" />
```

5장에서 학습한 세션에 속성 값을 추가하여 브라우저가 닫히기 전까지 자바 빈 객체를 계속 사용할 수 있으려면 scope 속성 값을 session으로 설정합니다.

```
<jsp:useBean class="com.saeyan.javabeans.MemberBean" id="member"
scope="session" />
```

톰캣을 restart시켜 서버를 재시작하기 전까지 자바 빈 객체를 계속 사용하려면 scope 속성 값을 application으로 설정합니다.

```
<jsp:useBean class="com.saeyan.javabeans.MemberBean" id="member"
scope="application" />
```

만일 scope 속성을 생략하면 page가 기본적으로 설정됩니다.

```
<jsp:useBean class="com.saeyan.javabeans.MemberBean" id="member"/>
```

scope 속성을 생략한 채 생성한 자바 빈 객체는 해당 페이지에서만 사용 가능하고 다른 페이지로 이동하였을 경우에는 자바 빈 객체를 사용할 수 없게 됩니다.

[직접해보세요] 자바 빈 객체 생성하기(useBean 액션 태그) [파일 이름 : 01_useBeanDemo.jsp]

```
1    <%@ page language="java" contentType="text/html; charset=UTF-8"
2                 pageEncoding="UTF-8"%>
3    <!DOCTYPE html>
4    <html>
5    <head>
6    <meta charset="UTF-8">
7    <title>자바 빈 객체 생성하기(useBean 액션 태그)</title>
8    </head>
9
10   <body>
11   <jsp:useBean id="member" class="com.saeyan.javabeans.MemberBean"/>
12
13   ◎ 자바 빈 객체 생성 후 저장된 정보 출력하기 <br><br>
14   이름 : <%= member.getName() %> <br>
15   아이디 : <%= member.getUserid() %>
16   <hr>
17
18   ◎ 정보 변경한 후 변경된 정보 출력하기 <br><br>
19   <%
20   member.setName("전수빈");
21   member.setUserid("pinksubin");
22   %>
23   이름 : <%= member.getName() %> <br>
24   아이디 :  <%= member.getUserid() %>
25   </body>
26   </html>
```

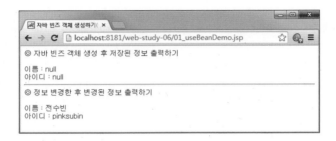

11 : useBean 액션 태그로 자바 빈 객체를 생성합니다.

14, 15 : 자바 빈 객체의 필드 중 이름과 아이디만 출력합니다. 객체의 String 형 필드에 초기값을 주지 않으면 null로 자동 초기화됩니다. 그러므로 이름과 아이디 필드 값을 getter로 얻어와 출력하면 null이 출력됩니다.

20, 21 : setter로 이름에는 전수빈을 아이디에는 pinksubin을 저장합니다.

23, 24 : 이름과 아이디를 변경한(20, 21행에서) 후 다시 getter로 이름과 아이디를 얻어와 출력하면 20, 21행에서 변경된 내용이 출력됩니다.

자바 빈에서 정보를 얻어오는 〈jsp:getProperty〉 액션 태그

다음은 회원의 이름을 얻기 위해서 getName()을 호출한 예입니다.

```
<%= member.getName() %>
```

JSP에서 getter를 호출하기 위해서 스크립트릿(〈% %〉) 안에 자바 코드를 기술해야 합니다.

다음은 회원의 이름을 얻기 위해서 getName()을 호출하는 대신 〈jsp:getProperty〉 액션 태그를 사용한 예입니다.

```
<jsp:getProperty name="member" property="name" />
```

JSP에서는 getter를 위와 같이 호출하기보다는 액션 태그인 〈jsp:getProperty〉를 사용합니다. 왜냐하면 JSP에서 HTML 태그와 자바 코드를 혼용하면 코드가 지저분해지기 때문입니다. JSP 페이지에서는 HTML 태그와 함께 액션 태그를 사용하는 것이 코드가 깔끔해져서 가독성이 높아집니다. 〈jsp:getProperty〉 액션 태그는 자바 빈 객체 필드에 저장된 값을 알려줍니다.

〈jsp:getProperty〉 액션 태그는 getter를 호출하겠다는 의미이며 형식은 다음과 같습니다.

```
<jsp:getProperty name="빈이름"          ...❶
              property="프로퍼티이름"    ...❷
/>
```

get으로 시작하는 메소드인 getter는 액션 태그 중 〈jsp:getProperty〉를 사용합니다. 〈jsp:getProperty〉 액션 태그는 private 필드인 name 대신 **getName()**을 호출하는 것이며 이를 위해서는 property에 메소드 이름에서 get 다음에 나오는 첫 글자를 소문자로 바꾸어서 property 속성 값으로 적어줍니다.

name(❶) 속성에는 〈jsp:useBean〉 태그에서 id와 반드시 일치해야 합니다.

```
<jsp:useBean id="member" class="com.saeyan.javabeans.MemberBean" />
```

```
<jsp:getProperty name="member" property="name"/>
```

〈jsp:useBean〉 액션 태그의 id 값과 일치하는 값인 "member"를 〈jsp:getProperty〉 태그의 name 속성 값으로 기술하여 〈jsp:useBean〉 액션 태그로 생성한 자바 빈 객체에 접근합니다. 이렇게 접근하면 자바 빈 객체의 정보를 얻어올 수 있습니다. property(❷) 속성은 자바 빈을 구성하는 여러 개의 필드 값을 알려주기 위한 여러 개의 getter 중에 어떤 것을 호출하는지를 구분하기 위해서 존재합니다. property에 설정한 값이 name이면 첫 글자만 대문자로 지정하여 get 다음에 기술합니다. 이렇게 조합된 **getName()**이 호출할 getter가 됩니다.

자바 코드와 매핑시켜 보면 이해하기 쉽습니다.

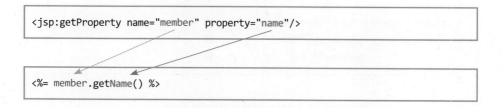

```
<jsp:getProperty name="member" property="name"/>
```

```
<%= member.getName() %>
```

〈jsp:getProperty〉 액션 태그의 name 속성 값은 메소드 앞에 붙은 레퍼런스 변수 이름인 member를 의미합니다. property 속성 값은 get 다음에 기술된 Name의 첫 글자만 소문자로 변경한 것입니다. property 속성 값으로 "name"을 설정하면 〈jsp:getProperty〉 액션 태그는 getName()을 호출합니다.

자바 빈에 정보를 새롭게 설정하는 〈jsp:setProperty〉 액션 태그

〈jsp:setProperty〉 액션 태그는 자바 빈 객체 필드에 새로운 값을 설정합니다. 회원의 이름을 변경하기 위해서도 접근 제한자가 private로 선언된 name에 직접 접근할 수 없기 때문에 setter인 setName()을 호출해야 합니다. 다음은 MemberBean 클래스로 선언된 member 객체의 name 속성을 "전수빈"이라는 값으로 변경하는 예입니다.

```
<% member.setName("전수빈"); %>
```

〈jsp:setProperty〉 액션 태그는 이름을 변경하기 위해서 private 필드인 name 대신 public 메소드인 setName()을 호출하기 위해서 사용합니다.

〈jsp:setProperty〉 액션 태그는 setter를 호출하겠다는 의미이며 형식은 다음과 같습니다.

```
<jsp:setProperty name="자바빈이름" property="프로퍼티이름" value="값"
```

다음은 회원의 이름을 새롭게 설정하기 위해서 setName()을 호출하는 대신 〈jsp:setProperty〉 액션 태그를 사용한 예입니다. set으로 시작하는 메소드인 setter는 액션 태그 중 〈jsp:setProperty〉를 사용합니다. 다음은 〈jsp:setProperty〉 액션 태그로 setName()을 호출한 예입니다.

```
<jsp:setProperty name="member"        ...❶
                property="name"        ...❷
                value="전수빈" />       ...❸
```

〈jsp:setProperty〉 태그에 사용되는 속성을 살펴봅시다.

name

name 속성에는 반드시 〈jsp:useBean〉 태그에서 id로 설정한 값과 일치시켜야 합니다.

```
<jsp:useBean id="member" class="com.saeyan.javabeans.MemberBean" />
```

```
<jsp:setProperty name="member" property="name" value="전수빈"/>
```

property

〈jsp:setProperty〉 태그는 set으로 시작하는 setter를 호출하기 위한 액션 태그입니다. property 속성에 지정한 값에 의해서 호출하고자 하는 setter의 이름이 결정됩니다. property 속성 값 "name"의 첫 글자를 대문자로 변경하여 set 다음에 기술하면 setName이 됩니다. 이렇게 조합된 **setName()**이 호출할 setter가 됩니다.

이번에도 자바 코드와 매핑시켜 보겠습니다.

```
<jsp:setProperty name="member" property="name" value="전수빈"/>
```

```
member.setName("전수빈");
```

value

setter는 변경할 값을 전달해 주어야 합니다. 자바 코드에서는 매개 변수로 변경할 값을 전달하지만 〈jsp:setProperty〉 액션 태그에서는 새롭게 변경할 값을 value 속성에 기술합니다. value 속성 값인 "전수빈"이 name에 저장할 값이 됩니다.

〈jsp:setProperty〉 액션 태그도 어떤 의미를 갖는지 자바 코드와 매핑시켜 보겠습니다.

```
<jsp:setProperty name="member" property="name" value="전수빈"/>
```

```
member.setName("전수빈");
```

```
1    <%@ page language="java" contentType="text/html; charset=UTF-8"
2                pageEncoding="UTF-8"%>
3    <!DOCTYPE html>
4    <html>
5    <head>
6    <meta charset="UTF-8">
7    <title>자바 빈 프로퍼티 값 얻고 변경(getProperty, setProperty 액션 태그)</
     title>
8    </head>
9
10   <body>
11   <jsp:useBean id="member" class="com.saeyan.javabeans.MemberBean"/>
12   <hr>
13   ◎ 자바 빈 객체 생성 후 저장된 정보 출력하기 <br><br>
14   이름 : <jsp:getProperty name="member" property="name" /> <br>
15   아이디 : <jsp:getProperty name="member" property="userid" />
16   <hr>
17
18   ◎ 정보 변경한 후 변경된 정보 출력하기 <br><br>
19   <jsp:setProperty name="member" property="name" value="전수빈"/>
20   <jsp:setProperty name="member" property="userid"
     value="pinksubin"/>
21   이름 : <jsp:getProperty name="member" property="name" /> <br>
22   아이디 : <jsp:getProperty name="member" property="userid" />
23   </body>
24   </html>
```

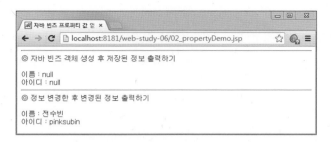

11 :　　useBean 액션 태그로 자바 빈 객체를 생성합니다.

14 :　　이름을 얻어오기 위해서는 getter인 getName( ) 대신 〈jsp:getProperty〉 액션 태그를 사
용합니다. 자바 빈 객체의 필드 name 값을 출력하기 위해서 property 속성 값에 get 다
음에 기술된 Name의 첫 글자만 소문자로 변경한 값을 지정합니다.

15 : 아이디를 얻어오기 위해서는 getter인 getUserid() 대신 〈jsp:getProperty〉 액션 태그를 사용합니다. 자바 빈 객체의 필드 userid 값을 출력하기 위해서 property 속성 값에 get 다음에 기술된 Userid의 첫 글자만 소문자로 변경한 값을 지정합니다.

19 : 이름을 전수빈으로 변경하기 위해서 setter인 setName( ) 대신 〈jsp:setProperty〉 액션 태그를 사용합니다. property 속성 값에 set 다음에 기술된 Name의 첫 글자만 소문자로 변경한 값을 지정합니다.

20 : 아이디를 pinksubin으로 변경하기 위해서 setter인 setUserid( ) 대신 〈jsp:setProperty〉 액션 태그를 사용합니다. property 속성 값에 set 다음에 기술된 Userid의 첫 글자만 소문자로 변경한 값을 지정합니다.

21, 22 : 이름과 아이디를 변경한(19, 20행에서) 후 다시 getter로 이름과 아이디를 얻어와 출력하면 변경된 내용이 출력됩니다.

자바 빈으로 회원 정보 처리하기

이번 장 서두에서 언급했듯이 자바 빈의 장점은 회원 가입시 입력한 회원 정보를 하나로 묶어서 서버로 전송할 수 있다는 점입니다. 회원 가입 폼에서 입력받은 정보를 자바 빈 com.saeyan.javabeans.MemberBean에 저장하고 이를 조회하는 프로그램을 작성해 봅시다.

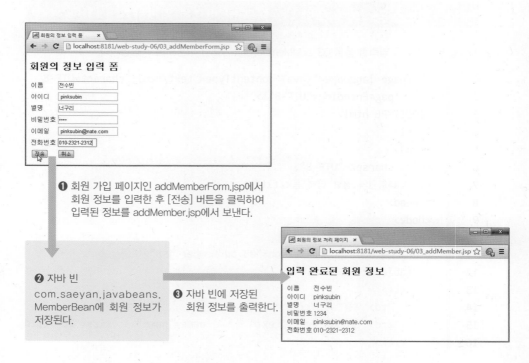

❶ 회원 가입 페이지인 addMemberForm.jsp에서 회원 정보를 입력한 후 [전송] 버튼을 클릭하여 입력된 정보를 addMember.jsp에서 보낸다.

❷ 자바 빈 com.saeyan.javabeans. MemberBean에 회원 정보가 저장된다.

❸ 자바 빈에 저장된 회원 정보를 출력한다.

이번 예제에서 중점적으로 살펴볼 내용은 〈jsp:setProperty〉 액션 태그를 사용해서 요청 파라미터 값을 손쉽게 자바 빈의 프로퍼티에 저장하는 과정입니다. 이를 위해서는 회원 정보를 입력받는 〈input〉 태그의 name 속성 값과 자바 빈 프로퍼티의 이름을 반드시 일치시켜야 합니다.

이번 예제에서 작성할 파일들을 정리한 표입니다.

파일 이름	설명
MemberBean.java	회원의 정보를 저장하는 자바 빈
03_addMemberForm.jsp	이름, 아이디, 별명, 비밀번호, 이메일, 전화번호를 입력 받는 폼이다. [전송] 버튼을 누르면 JSP 파일(addMember.jsp)로 입력된 정보가 전송된다.
03_addMember.jsp	addMemberForm.jsp 문서에서 입력한 정보를 읽어 와서 자바 빈에 저장하고 자바 빈에 저장된 회원 정보를 얻어와 출력한다.

회원의 정보를 저장하는 MemberBean 클래스는 이미 만들어 두었기 때문에 이번 실습에서는 addMemberForm.jsp와 addMember.jsp 파일만 작성해 보겠습니다.

[직접해보세요] 폼 양식에 입력한 내용을 자바 빈으로 처리하기

1. 회원의 정보를 입력할 폼을 03_addMemberForm.jsp란 이름으로 작성합니다.

```
1   <%@ page language="java" contentType="text/html; charset=UTF-8"
2           pageEncoding="UTF-8"%>
3   <!DOCTYPE html>
4   <html>
5   <head>
6   <meta charset="UTF-8">
7   <title>회원의 정보 입력 폼</title>
8   </head>
9   <body>
10  <h2>회원의 정보 입력 폼</h2>
11  <form method="post" action="03_addMember.jsp">
12    <table>
13      <tr>
14        <td> 이름     </td>
15        <td> <input type="text"      name="name"    size="20"></td>
16      </tr>
```

```
17        <tr>
18          <td> 아이디   </td>
19          <td> <input type="text"      name="userid"   size="20"></td>
20        </tr>
21        <tr>
22          <td> 별명      </td>
23          <td> <input type="text"      name="nickname" size="20"></td>
24        </tr>
25        <tr>
26          <td> 비밀번호 </td>
27          <td> <input type="password" name="pwd"      size="20"></td>
28        </tr>
29        <tr>
30          <td> 이메일    </td>
31          <td> <input type="text"      name="email"    size="20"></td>
32        </tr>
33        <tr>
34          <td> 전화번호 </td>
35          <td> <input type="text"      name="phone"    size="11"></td>
36        </tr>
37        <tr>
38          <td><input type="submit" value="전송"> </td>
39          <td><input type="reset"  value="취소"> </td>
40        </tr>
41      </table>
42    </form>
43  </body>
44  </html>
```

2. 입력받은 정보를 자바 빈으로 처리하기 위한 03_addMember.jsp를 작성합니다.

```
1   <%@ page language="java" contentType="text/html; charset=UTF-8"
2       pageEncoding="UTF-8"%>
3   <%
4     request.setCharacterEncoding("UTF-8");
5   %>
6   <jsp:useBean id="member" class="com.saeyan.javabeans.MemberBean"/>
7   <jsp:setProperty name="member" property="*"/>
8
9   <!DOCTYPE html>
10  <html>
11  <head>
12  <meta charset="UTF-8">
```

```
13      <title>회원의 정보 처리 페이지</title>
14      </head>
15      <body>
16      <h2>입력 완료된 회원 정보</h2>
17      <table>
18        <tr>
19          <td> 이름     </td>
20          <td><jsp:getProperty name="member" property="name"/></td>
21        </tr>
22        <tr>
23          <td> 아이디   </td>
24          <td><jsp:getProperty name="member" property="userid"/></td>
25        </tr>
26        <tr>
27          <td> 별명     </td>
28          <td><jsp:getProperty name="member" property="nickname"/></td>
29        </tr>
30        <tr>
31          <td> 비밀번호</td>
32          <td><jsp:getProperty name="member" property="pwd"/></td>
33        </tr>
34        <tr>
35          <td> 이메일   </td>
36          <td><jsp:getProperty name="member" property="email"/></td>
37        </tr>
38        <tr>
39          <td> 전화번호</td>
40          <td><jsp:getProperty name="member" property="phone"/></td>
41        </tr>
42        </table>
43      </body>
44      </html>
```

4 : 폼 양식에서 post 방식으로 전달되는 요청 파라미터 값에 대해 한글이 깨지지 않도록 한글 처리를 합니다.

6 : MemberBean 클래스로 member란 이름으로 객체를 생성합니다.

7 : 이번 예제에서 중점적으로 살펴볼 내용이 바로 폼 양식에서 전달되는 매개 변수 값을 얻어 와서 member 객체의 프로퍼티 값으로 저장하기 위해서 〈jsp:setProperty〉 액션 태그를 사용한 코드입니다.

액션 태그의 property 속성 값으로 "*"를 사용하여 손쉽게 요청 파라미터 값을 한꺼번에 자바 빈의 프로퍼티에 저장할 수 있습니다. 하지만 사용자가 폼 양식에 입력한 값을 자바 빈 객체에 한꺼번에 저장하기 위해서는 반드시 파라미터의 이름과 자바 빈의 프로퍼티 이름이 일치해야 한다는 조건을 만족해야 합니다.

만일 액션 태그를 사용하지 않는다면 7행과 같이 한 줄로 간단하게 요청 파라미터 값을 한꺼번에 자바 빈의 프로퍼티에 저장하는 대신 여러 줄에 걸쳐서 코딩해야 합니다.

```
<%
member.setName(request.getParameter("name"));
member.setUserid(request.getParameter("userid"));
member.setNickname(request.getParameter("nickname"));
member.setPwd(request.getParameter("pwd"));
member.setEmail(request.getParameter("email"));
member.setPhone(request.getParameter("phone"));
%>
```

이번 장에서는 서버로 데이터를 전송할 때 개별적으로 데이터를 전송하기보다는 하나로 묶어서 전송하는 자바 빈을 학습하였습니다. 다음 장에서는 스크립트릿을 사용하다보면 HTML 태그와 뒤섞여 가독성이 떨어지기 때문에 등장하게 된 표현 언어와 JSTL에 대해서 학습합니다.

퀴즈로 정리합시다

문제의 답은 로드북 홈페이지(http://roadbook.co.kr/126)에서 확인할 수 있습니다.

1. 자바 빈즈가 무엇인지 개념을 설명해 보시오.

2. 다음 〈jsp:getProperty〉 액션 태그에 연결된 빈즈 메소드를 기술하시오.

```
<jsp:getProperty name="member" property="name" />
```

3. 다음 〈jsp:setProperty〉 액션 태그에 연결된 빈즈 메소드를 기술하시오.

```
<jsp:setProperty name="member" property="name" value="전수빈"/>
```

4. 다음 중에서 JSP에서 자바 빈 클래스 활용과 관련되어 사용되는 태그가 아닌 것은?
   ① 〈jsp:useBean〉   ② 〈jsp:setProperty〉
   ③ 〈jsp:getProperty〉   ④ 〈jsp:include〉

5. JSP의 태그 중 Java Bean을 참조하기 위해 사용하는 useBean 태그가 있습니다.
   다음 중 useBean 태그의 속성이 아닌 것은?
   ① page   ② session   ③ request   ④ ServletContext

6. 다음 중에서 JSP에서 자바 빈 객체 생성시 사용되는 〈jsp:useBean〉 태그의 속성
   이 아닌 것은?
   ① name   ② class   ③ scope   ④ id

7. 요청이 끝날 때까지 유효한 자바 빈 객체를 생성하는 scope는?
   ① application   ② page   ③ request   ④ session

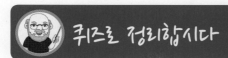

8. 다음은 〈jsp:useBean〉 액션 태그를 사용하는 두 개의 JSP 간에, 생성되는 자바 빈 객체를 공유하려고 할 때 적용해야 하는 규약에 대한 설명입니다. 틀린 것은?

① id 속성의 값은 틀려도 관계없다.

② scope 속성의 값이 동일해야 한다.

③ class 속성의 값이 동일해야 한다.

④ scope 속성의 값을 page로 지정해서는 안 된다.

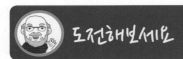

문제의 답은 로드북 홈페이지(http://roadbook.co.kr/126)에서 확인할 수 있습니다.

"게시글 정보를 위한 자바 빈 작성하기"

목표   자바 빈 프로그래밍의 기초를 익힙니다.

난이도   초

참고   com.mission.javabeans 패키지에 BoardBean 클래스를 만든 후 게시글 정보를 입력 받는 JSP 페이지(boardWriteForm.jsp)와 이를 처리하는 JSP 페이지(boardWrite.jsp)를 작성하시오.

[게시글 정보를 입력 받는 JSP 페이지]

[게시글 정보를 처리하는 JSP 페이지]

게시글 정보를 저장하기 위해서 필요한 속성은 다음과 같습니다.

필드명	자료형	설명
name	String	작성자 이름
pass	String	게시글 삭제와 수정을 위한 비밀번호
email	String	작성자 이메일
title	String	게시글 제목
content	String	게시글 내용

"상품 정보를 위한 자바 빈 작성하기"

목표 자바 빈 프로그래밍의 기초를 익힙니다.

난이도 초

참고 com.mission.javabeans 패키지에 ItemBean 클래스를 만든 후 상품 정보를 입력 받는 JSP 페이지(itemWriteForm.jsp)와 이를 처리하는 JSP 페이지(itemWrite.jsp) 를 작성하시오.

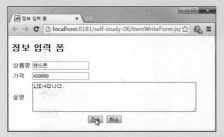

[상품 정보를 입력 받는 JSP 페이지]

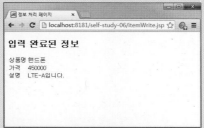

[상품 정보를 처리하는 JSP 페이지]

상품 정보를 저장하기 위해서 필요한 속성은 다음과 같습니다.

필드명	자료형	설명
name	String	상품제목
price	int	가격
description	String	상품설명

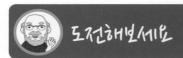
도전해보세요

"영화 정보를 위한 자바 빈 작성하기"

목표 자바 빈 프로그래밍의 기초를 익힙니다.

난이도 초

참고 com.mission.javabeans 패키지에 MovieBean 클래스를 만든 후 영화 정보를 입력 받는 JSP 페이지(movieWriteForm.jsp)와 이를 처리하는 JSP 페이지 (movieWrite.jsp)를 작성하시오.

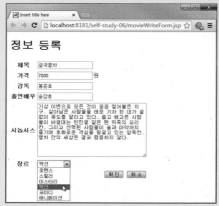

[영화 정보를 입력 받는 JSP 페이지]

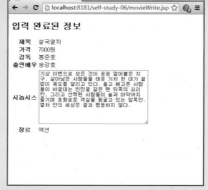

[영화 정보를 처리하는 JSP 페이지]

영화 정보를 저장하기 위해서 필요한 속성은 다음과 같습니다.

필드명	자료형	설명
title	String	영화제목
price	int	가격
director	String	감독
actor	String	출연배우
synopsis	String	시놉시스
genre	String	장르

7장
표현 언어와
JSTL

Q 이 장을 시작하기 전에

- JSP 페이지를 기본적으로 만들 줄 알고
- 내장 객체 등에 대한 개념이 정립되어 있다면

이 장을 읽는 데 큰 무리가 없습니다.

- 아직도 JSP 페이지를 어떻게 만드는지 모르거나 그 구조를 이해하지 못한다면
- JSP 스크립트 요소 등에 대해서도 가물가물하다면

3장을 한번 더 복습한 후에 이 장을 읽기 바랍니다.

본문에서도 설명하겠지만, JSP에서 자바 코드를 사용하려면 HTML 문서에서 스크립트릿을 추가한 후 사용합니다. 하지만 HTML 태그 사이에 자바 코드가 뒤섞여 사용되면 가독성이 떨어집니다.
이번 장에서는 표현 언어(Expression Language)와 JSTL(JSP Standard Tag Library)을 사용하여 자바 코드를 줄여 보다 읽기 편한 웹 페이지를 작성하는 방법을 학습합니다.
표현 언어(Expression Language)와 JSTL은 코드를 간결하게 해주고 가독성을 높여주기 때문에 실무에서 많이 사용되는 기능이므로 잘 정리해 두기 바랍니다.

표현언어로 표현단순화하기

표현 언어EL: Expression Language는 값(데이터)을 웹 페이지에 표시(표현)하는 데 사용되는 태그입니다.

> **EL(Expression Language)?**
> JSP 출력에 대한 부분을 쉽게 하기 위해 개발한 tag(태그)이다.

　JSP에서 출력을 위해서 표현식을 사용합니다. 기억이 날지 모르겠지만, 표현식은 3장에서 이미 학습한 내용입니다. 하지만 다시 한 번 정리해 봅시다.

　JSP에서는 스크립트 요소를 제공해주는데, 그 중에 표현식 스크립트 요소는 계산식, 함수 호출 결과를 문자열 형태로 출력해주는 역할을 합니다. 표현식이 기억이 나지 않으면 3장을 복습하고 다시 이번 장을 학습하면 도움이 될 수 있습니다. 표현 언어는 표현식보다 사용 방법이 간단하고 문법 체계가 직관적이어서 아주 쉽습니다. 표현 언어는 ${}를 사용하여 값을 표현합니다.

■ 예 : 표현식	■ 예 : 표현 언어
<%=expr%>	${expr}

　예를 들어 표현식에서는 <%="Hello"%>로 기술했던 코드를 표현 언어로 표현할 때에는 ${"Hello"}와 같이 기술합니다.

표현식(expression)　　　　표현 언어(Expression Language)

　표현식은 자바에 익숙한 초보 JSP 개발자들이 기초적인 웹 애플리케이션을 학습하면서 사용한 것이라면 앞으로 다룰 예제들은 표현식 대신 표현 언어를 사용합니다. 요즘은 순수 JSP로만 웹사이트를 개발하지 않고 스트럿츠나 스프링과 같은 프레임워크로 웹 개발을 하는데, 이때도 표현 언어를 사용합니다. 프레임워크는 기본적인 것들이 갖추어진 큰 틀이라고 생각하면 됩니다. 여러분들이 이 책을 학습한 후 한 걸음 더 나아간다면 스프링과 같은 프레임워크를 학습하는 것이 될 것입니다.

　7장에서는 프로젝트를 web-study-07이란 이름으로 따로 만듭니다.

```
1    <%@ page language="java" contentType="text/html; charset=UTF-8"
2       pageEncoding="UTF-8"%>
3    <!DOCTYPE html>
4    <html>
5    <head>
6    <meta charset="UTF-8">
7    <title>EL과 JSTL</title>
8    </head>
9    <body>
10   <!--표현 언어(EL, Expression Language : 이렇게 값을 가져오면 편하다-->
11   ${"Hello"}                    <br>
12   <%="Hello"%> <br>  <!--표현식( Expression)-->
13   <% out.println("Hello"); %> <br> <!--스크립트릿-->
14   </body>
15   </html>
```

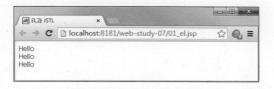

11 : 이번 장에서 학습하는 표현 언어로 "Hello"라는 문자열을 출력하는 방법은 ${"Hello"}입니다.

12~13 : 표현 언어를 학습하기 전에는 표현식을 사용해서 〈%="Hello"%〉와 같이 문자열을 출력하거나 스크립트릿에서 내장 객체인 out을 사용해서 〈% out.println("Hello"); %〉와 같이 문자열을 표기할 수 있습니다.

위 예제에서는 표현을 위한 방법 세 가지(표현 언어, 표현식, 스크립트릿)를 설명하기 위해서 "Hello"라는 문자열을 사용하였습니다.

문자열 외에 표현 언어에서 사용 가능한 데이터 타입으로는 정수형, 실수형, 논리형, null 등이 있는데 Model2 방식에서는 표현식이나 스크립트릿 대신 표현 언어를 사용해야 하기 때문에 다양한 데이터 타입이 표현 언어에서 어떻게 사용되는지 살펴보아야 합니다. Model2 방식은 11장에서 자세히 설명합니다.

다음 예제는 표현 언어에서 사용 가능한 데이터 타입들을 사용한 예입니다.

```
1  <%@ page language="java" contentType="text/html; charset=UTF-8"
2      pageEncoding="UTF-8"%>
3  <!DOCTYPE html>
4  <html>
5  <head>
6  <meta charset="UTF-8">
7  <title>EL과 JSTL</title>
8  </head>
9  <body>
10 정수형 : ${10}       <br>
11 실수형 : ${5.6}      <br>
12 문자열형: ${"성윤정"} <br>
13 논리형: ${true}      <br>
14 null : ${null}      <br>
15 </body>
16 </html>
```

표현 언어가 자바와는 다른 특징 중 하나는 null은 결과 화면에 공백으로 처리되는 점입니다. 표현 언어는 식을 계산해서 그 결과를 출력하는 것을 목적으로 합니다. 다음과 같이 표현할 수 있는 문법을 EL 식이라고 합니다.

${expr}

프로그래밍 언어에는 문장 단위로 프로그램을 기술하는데 한 문장을 식이라고 표현합니다. EL을 사용한 문장을 EL 식이라고 합니다. 표현 언어는 EL 식으로 접근된 데이터를 조작 및 비교할 여러 연산자를 포함하고 있습니다. 다음은 표현 언어 연산자 목록입니다.

종류	연산자
산술	+, -, *, / (or div), % (or mod)
관계형	== (or eq), != (or ne), < (or lt), > (or gt), <= (or le), >= (or ge)
조건	a ? b : c
논리	&& (or and), || (or or), ! (or not)
null 검사	empty

EL 식에는 위의 표에서 언급한 연산자를 포함할 수 있습니다. 표에서 괄호 안의 연산자는 같은 역할을 하는 연산자입니다. 산술 연산자는 더하기, 빼기, 나누기를 지원합니다.

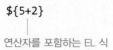

${5+2}

연산자를 포함하는 EL 식

관계형 연산자는 숫자 또는 텍스트 데이터를 비교할 수 있도록 합니다. 비교한 결과는 부울 값(true or false)으로 리턴됩니다. 같은지를 물어보기 위한 연산자는 == 이지만 eq를 사용할 수도 있습니다. 2가지 중에 하나를 사용해서 같은지를 물어볼 수 있습니다.

```
${3==3}
```

```
${3 eq 3}
```

조건 연산자(a ? b : c)는 조건(a)을 테스트하여 참이면 : 앞에 기술된 식(b)을, 거짓이면 : 뒤에 기술된 식(c)을 수행하고 논리적 연산자는 부울 값이 결합될 수 있도록 하며 새로운 부울 값(true or false)을 리턴합니다.

empty 연산자는 검사할 객체가 텅 빈 객체(null)인지를 검사하기 위해서 사용하며 표현식을 인자로 취합니다.

```
${empty input}
```

일반적으로 객체에 저장할 값이 없을 경우 null을 저장합니다. 다음은 문자열을 저장하기 위해서 String 클래스로 선언한 레퍼런스 변수 input에 null을 저장한 예입니다.

```
String input=null;
```

null이 저장된 상태에서 그 객체를 사용하게 되면 예외가 발생하기 때문에 객체를 사용하기 전에 null이 저장되어 있는지를 물어보고 사용하는 것이 일반적인데 이럴 때 사용되는 연산자가 empty입니다. ${empty input}과 같이 표현하면 결과값은 true로 반환됩니다.

EL 식 안에 여러 연산자를 함께 사용하면 왼쪽부터 오른쪽으로 순서대로 처리되지만, 우선순위가 다른 연산자가 섞여 있으면 다음 표에 의해서 연산하는 순서가 정해집니다(위->아래, 왼쪽->오른쪽).

[], .
()
unary -, not, !, empty
*, /, div, %, mod
+, binary -
() <, >, <=, >=, lt, gt, le, ge
==, !=, eq, ne
&&, and
||, or
? :

[직접해보세요] **표현 언어의 연산자 사용하기**   [파일 이름 : 03_el.jsp]

```
1    <%@ page language="java" contentType="text/html; charset=UTF-8"
2        pageEncoding="UTF-8"%>
3    <!DOCTYPE html>
4    <html>
```

```
5    <head>
6    <meta charset="UTF-8">
7    <title>EL과 JSTL</title>
8    </head>
9    <body>
10   \${5+2} : ${5+2} <br>
11   \${5/2} : ${5/2} <br>
12   \${5 div 2} : ${5 div 2} <br>
13   \${5 mod 2} : ${5 mod 2}<br>
14   \${5 > 2} : ${5 > 2}<br>
15   \${2 gt 10} : ${2 gt 10}<br>
16   \${(5 > 2) ? 5 : 2} : ${(5 > 2) ? 5 : 2}<br>
17   \${(5 > 2) || (2 < 10)} : ${(5 > 2) || (2 < 10)}<br>
18   <%
19     String input=null;
20   %>
21   \${empty input} : ${empty input}<br>
22   </body>
23   </html>
```

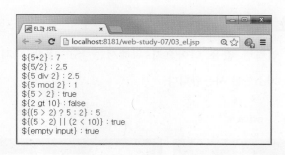

10 : ${5+2}는 표현 언어로 5와 2를 더한 결과값인 7이 출력합니다. 만일 7이 어떻게 얻어진 값인지를 표현하고자 할 경우에는 표현 언어인 ${5+2}가 컴파일되지 않고 단순한 문자열로 그대로 화면에 출력되도록 해야 합니다. 이럴 경우 ${5+2} 앞에 \를 덧붙이면 표현 언어가 아닌 단순 문자열로 인식되어 EL 식이 그대로 출력됩니다.

위와 같은 표현 언어는 뒤에서 살펴볼 JSTL에서 제공되는 조건식과 함께 사용됩니다. 예를 들어 input에 null이 저장되어 있는지를 물어보기 위해서 스크립트릿을 사용한다면 다음과 같이 코딩해야 하기 때문에 가독성이 떨어집니다.

```
<% if(input==null) {%>
    텅 빈 객체(null)입니다.
<%}%>
```

JSTL을 아직 학습하지 않았지만 표현 언어를 사용하면 다음과 같이 코드가 단순해집니다.

```
<c:if test=${empty input}>
    텅 빈 객체(null)입니다.
</c:if>
```

JSTL의 조건식 내에 비교를 위한 관계형 연산자는 반드시 표현 언어로 기술해야 합니다.

표현언어로 요청 파라미터 처리하기

사용자가 폼에 입력한 값을 얻어오기 위해서는 JSP 내장 객체인 request의 getParameter() 메소드를 사용합니다.

표현 언어에서는 request.getParameter() 대신 param 객체를 사용합니다. 표현 언어의 내장 객체인 param에 대해서 살펴보도록 합시다. 다음은 표현 언어에서 요청 파라미터 관련 내장 객체입니다.

내장 객체	설명
param	JSP의 내장 객체인 request의 getParameter()와 동일한 역할인 파라미터 값을 알려준다.
paramValues	동일한 이름으로 전달되는 파라미터 값들을 배열 형태로 얻어오는 데 사용하는 request의 getParameterValues()와 동일한 역할을 한다.

param 객체는 표현 언어에서 request.getParameter() 대신 사용자가 폼에 입력한 값을 얻어오기 위해서 사용합니다. param 객체는 . 혹은 [] 둘 중에 하나를 이용해서 사용자가 입력한 값을 얻어옵니다. 아이디와 암호는 서로 다른 이름의 입력 양식이기에 param 객체로 전달된 데이터를 얻어옵니다.

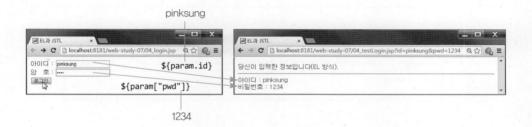

이번에는 paramValues가 언제 사용되는지를 살펴보기 위해서 간단한 예를 들어보겠습니다.

4장에서 request 내장 객체를 설명하면서 요청(request) 파라미터 관련 메소드를 위한 예로 설문 조사를 하는 페이지를 만들었고 좋아하는 계절을 조사하기 위해서 다음과 예제(04_researchForm.jsp)에서와 같이 체크 박스를 만들었습니다.

```
<form action="04_research.jsp">
좋아하는 계절:
<input type="checkbox" name="season" value="spring"> 봄
<input type="checkbox" name="season" value="summer" > 여름
<input type="checkbox" name="season" value="fall"> 가을
<input type="checkbox" name="season" value="winter"> 겨울
</form>
```

체크 박스는 한 개 이상일 수 있기 때문에 다중 선택할 수 있습니다.

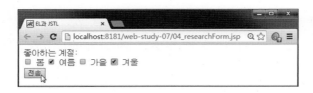

여름과 겨울을 선택하였다면 04_researchForm.jsp에서 체크 박스의 이름을 모두 season으로 주었기 때문에 season이란 이름에 2개의 값이 저장됩니다. 브라우저의 주소 입력란을 확인해 보세요.

```
http://localhost:8181/web-study-07/04_research.
jsp?season=summer&season=winter
```

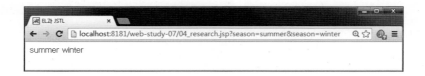

선택된 값을 얻어오려면 04_research.jsp에서 요청(request) 객체의 파라미터 관련 메소드 중에서 getParameterValues()를 사용해서 배열 형태로 값을 전달받아야 합니다.

```
<%
  String seasonArr[] = request.getParameterValues("season");
  out.println("당신이 좋아하는 계절 : ");
  for (String season : seasonArr) {
    out.println(season+" ");
  }
%>
```

그런데 표현 언어에서는 paramValues를 이용하여 아직 JSTL을 배우지 않았지만 JSTL의 forEach를 이용하여 다음과 같이 간편하게 체크 박스에서 선택한 값을 얻어 올 수 있습니다.

```
<c:forEach items="${paramValues.season}" var="season">
  ${season}
</c:forEach>
```

다음은 로그인 화면에서 입력한 값을 표현 언어의 param 내장 객체를 이용해서 얻어오기 위한 예입니다.

파일	설명
04_login.jsp	클라이언트가 ID와 암호를 입력할 수 있는 화면을 제공하기 위한 페이지이다.
04_testLogin.jsp	로그인 화면에서 제공한 정보를 가져와 출력하는 페이지이다.

[직접해보세요] 로그인 폼 만들기

1. 아이디와 암호를 입력 받기 위한 입력 폼을 04_login.jsp란 이름으로 작성합니다.

```
1    <%@ page language="java" contentType="text/html; charset=UTF-8"
2        pageEncoding="UTF-8"%>
3    <!DOCTYPE html>
4    <html>
5    <head>
6    <meta charset="UTF-8">
7    <title>EL과 JSTL</title>
8    </head>
9    <body>
10   <form method="get" action="04_testLogin.jsp">
11       <label for="userid"> 아이디 : </label>
12       <input type="text" name="id" id="userid"><br>
13
14       <label for="userpwd"> 암   호 : </label>
15       <input type ="password" name="pwd" id="userpwd"><br>
16
17       <input type="submit"  value="로그인">
18   </form>
19   </body>
20   </html>
```

2. 사용자가 입력한 아이디와 암호를 읽어와 출력하는 JSP 페이지를 04_testLogin.jsp란 이름으로 작성합니다.

```
1   <%@ page language="java" contentType="text/html; charset=UTF-8"
2       pageEncoding="UTF-8"%>
3   <!DOCTYPE html>
4   <html>
5   <head>
6   <meta charset="UTF-8">
7   <title>EL과 JSTL</title>
8   </head>
9   <body>
10    당신이 입력한 정보입니다(고전적인 방식).              <hr>
11    아이디 :    <%= request.getParameter("id")%>    <br>
12    비밀번호 : <%= request.getParameter("pwd")%>   <br><br>
13
14    당신이 입력한 정보입니다(EL 방식).                 <hr>
15    아이디 :    ${param.id}                        <br>
16    비밀번호 : ${param["pwd"]}
17  </body>
18  </html>
```

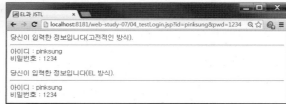

이번에는 자바 코드와 EL 식을 비교해 보도록 합시다. EL 식에서 자바 코드와 다른 특성 중 하나가 null 값 대신 공백을 출력한다는 점이었습니다.

- 예 : null 값 처리 비교 [파일 이름 : 05_null.jsp]

```
1   <%@ page language="java" contentType="text/html; charset=UTF-8"
2               pageEncoding="UTF-8"%>
3   <!DOCTYPE html>
4   <html>
5   <head>
6   <meta charset="UTF-8">
```

```
7        <title>EL과 JSTL</title>
8        </head>
9        <body>
10       자바 코드 : <%=request.getParameter("id") %> <br>
11       EL 식 : ${param.id}
12       </body>
13       </html>
```

05_null.jsp 페이지를 요청하면서 파라미터를 쿼리 스트링 형태로 넘겨주면 다음
과 같은 결과를 출력합니다.

http://localhost:8181/web-study-07/05_null.jsp?id=pinksung

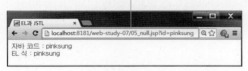

이번에는 파라미터를 주지 않은 채 05_null.jsp 페이지를 요청해 봅시다.

http://localhost:8181/web-study-07/05_null.jsp

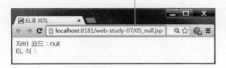

그러면 id란 이름의 파라미터를 찾지 못하기 때문에 request.getParameter("id")
의 결과는 null로 출력됩니다. 하지만 EL 식에서는 공백으로 출력되어 프로그램을 작성
하는 것이 수월합니다.

EL 식에서 null 값을 이해하는 방식 이외에도 자바와는 또 다른 독특한 특성이 있
습니다. 자바에서 == 연산자는 수치형 데이터에 대해서만 값을 비교하고 객체에 대
해서는 참조되는 객체의 레퍼런스 값을 비교하지만, EL 식에서는 == 연산자로 객체
에 저장된 값(내용)을 비교합니다. 객체 레퍼런스 값을 비교한다는 객체의 값(내용)
을 비교하기 위해서는 equals() 메소드를 사용해야만 합니다. 다음은 지금 설명한 내
용을 확인하기 위한 예제입니다.

■ 예 : 자바 코드에서 == 연산자 사용 예 [파일 이름 : 05_old.jsp]

```
1    <%@ page language="java" contentType="text/html; charset=UTF-8"
2                pageEncoding="UTF-8"%>
3    <!DOCTYPE html>
4    <html>
5    <head>
6    <meta charset="UTF-8">
7    <title>EL과 JSTL</title>
8    </head>
9    <body>
10   자바 코드 <br>
11   == 연산자 사용 결과 : <%=request.getParameter("id")=="pinksung" %><br>
12   equals() 사용 결과 : <%=request.getParameter("id").equals("pinksung") %><br>
13   </body>
14   </html>
```

11 : == 연산자로 파라미터로 넘겨진 값이 pinksung인지 비교하면 참조되는 객체가 다르므로 false를 리턴합니다.

12 : equals( ) 메소드를 사용하여 비교하면 값(내용)을 비교하기 때문에 true를 리턴합니다. 하지만 EL 식에서의 == 연산자는 수치 데이터뿐만 아니라 문자열 데이터에 대해서도 값을 비교할 수 있습니다.

05_old.jsp 페이지를 요청하여 실행 결과를 확인해 봅시다. 위 예제를 실행하여 결과를 얻으려면 주소 입력란에 다음과 같이 파라미터를 쿼리 스트링 형태로 넘겨주어야 합니다.

http://localhost:8181/web-study-07/05_old.jsp?id=pinksung

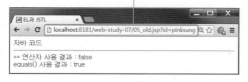

■ 예 : EL 식에서 == 연산자 사용 예 [파일 이름 : 05_new.jsp]

```
1    <%@ page language="java" contentType="text/html; charset=UTF-8"
2                pageEncoding="UTF-8"%>
3    <!DOCTYPE html>
4    <html>
5    <head>
6    <meta charset="UTF-8">
```

```
7      <title>EL과 JSTL</title>
8      </head>
9      <body>
10     EL 식 <hr>
11     == 연산자 사용 결과 : ${param.id=="pinksung"}<br>
12     </body>
13     </html>
```

11: EL 식에서의 == 연산자는 자바 코드의 equals 메소드와 동일한 개념으로 파악하여 파라미터로 넘겨진 값을 비교하기 때문에 true를 리턴합니다.

05_new.jsp 페이지 역시 05_old.jsp 페이지를 실행하는 방법처럼 파라미터를 쿼리 스트링 형태로 넘겨주어야 실행 결과를 얻을 수 있습니다.

http://localhost:8181/web-study-07/05_new.jsp?id=pinksung

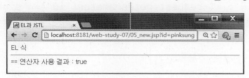

자바 코드에서는 `request.getParameter()` 메소드는 파라미터를 찾지 못할 경우 null 값을 리턴하기 때문에 예외가 발생합니다.

http://localhost:8181/web-study-07/05_old.jsp

그렇기 때문에 파라미터가 넘겨졌는지 미리 비교해서 예외 처리를 해야 한다는 불편함이 있습니다.

■ 예 : 자바 코드에서 null에 대한 예외 처리 [파일 이름 : 05_oldRenual.jsp]

```
1   <%@ page language="java" contentType="text/html; charset=UTF-8"
2                 pageEncoding="UTF-8"%>
3   <!DOCTYPE html>
4   <html>
5   <head>
6   <meta charset="UTF-8">
7   <title>EL과 JSTL</title>
8   </head>
9   <body>
10  자바 코드 <hr>
11  <% if(request.getParameter("id") != null){ %>
12    == 연산자 사용 결과 : <%=request.getParameter("id")=="pinksung" %><br>
13    equals() 사용 결과 : <%=request.getParameter("id").equals("pinksung") %><br>
14  <% }else{
15    out.print("id를 전달해 주세요.");
16  }
17  %>
18  </body>
19  </html>
```

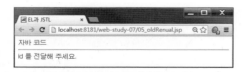

파라미터를 찾지 못해 request.getParameter() 메소드의 리턴값이 null일 경우 equals() 메소드를 적용하면 예외가 발생하므로 null이 아닌 경우에만 equals() 메소드를 호출하도록 예외를 처리하였기에 파라미터를 넘겨주지 않아도 정상적으로 동작합니다.

하지만 EL 식에서는 파라미터를 찾지 못하면 공백으로 처리되기 때문에 예외가 발생되지 않아 따로 예외 처리를 하지 않아도 됩니다.

다음은 자바 코드와 EL 식에서 수치 데이터를 어떻게 처리하는지 비교하기 위해 두 수치 데이터를 입력받아 합을 구하는 예제입니다.

[직접해보세요] EL로 형 변환 없이 두 수를 입력받아 합을 구하기

1. 덧셈을 위해 두 숫자를 입력 받기 위한 입력 폼을 06_addForm.jsp란 이름으로 작성합니다.

```
1   <%@ page language="java" contentType="text/html; charset=UTF-8"
2       pageEncoding="UTF-8"%>
3   <!DOCTYPE html>
4   <html>
5   <head>
6   <meta charset="UTF-8">
7   <title>EL과 JSTL</title>
8   </head>
9   <body>
10  <form action="06_addition.jsp">
11    숫자 1 : <input type="text" name="num1"><br>
12    숫자 2 : <input type="text" name="num2"><br>
13    <input type="submit" value="전송">
14  </form>
15  </body>
16  </html>
```

2. 사용자가 입력한 숫자 두 개를 읽어와 더한 결과를 출력하는 JSP 페이지를 06_addition.jsp 란 이름으로 작성합니다.

```
1   <%@ page language="java" contentType="text/html; charset=UTF-8"
2       pageEncoding="UTF-8"%>
3   <!DOCTYPE html>
4   <html>
5   <head>
6   <meta charset="UTF-8">
7   <title>EL과 JSTL</title>
8   </head>
```

```
9   <body>
10      고전적인 방식 : <%--스크립트릿에서의 복잡한 자바 코드 --%>
11      <%
12        String str1 = request.getParameter("num1");
13        String str2 = request.getParameter("num2");
14
15        int num1 = Integer.parseInt(str1);
16        int num2 = Integer.parseInt(str2);
17      %>
18      <%=num1%> + <%=num2%> = <%=num1 + num2%> <hr>
19
20      EL 방식 : <%-- 보다 깔끔하고 간단한 코드 --%>
21      ${param.num1} + ${param.num2} = ${param.num1+param.num2}
22   </body>
23   </html>
```

15~16 : request.getParameter는 리턴형이 무조건 String형이기에 산술 연산을 하려면 int형으로 변환해야 한다는 단점이 있습니다.

21 : 반면 EL로 표현할 경우에는 형변환을 할 필요가 없기 때문에 코드가 무척 간단해짐을 알 수 있습니다.

이번 절에서는 스크립트릿에서 자바 코드 사용의 불편함을 해소하기 위해서 나온 표현 언어에 대해서 살펴보았습니다. 이번에는 표현 언어에서 내장 객체에 접근하는 방법을 학습하기로 합시다.

표현 언어로 내장 객체 접근하기

JSP는 웹 애플리케이션을 구현하는 데 필요한 정보를 JSP 내장 객체(request, session 등)에 속성 값으로 저장해서 사용했습니다. 속성에 저장된 값을 표현 언어에서는 다음 표에서와 같은 형태로 접근해서 사용할 수 있습니다.

Category	내장 객체	설명
범위	pageScope	page 기본 객체에 저장된 속성의 〈속성, 값〉 매핑을 저장한 Map 객체
	requestScope	request 기본 객체에 저장된 속성의 〈속성, 값〉 매핑을 저장한 Map 객체
	sessionScope	session 기본 객체에 저장된 속성의 〈속성, 값〉 매핑을 저장한 Map 객체
	applicationScope	application 기본 객체에 저장된 속성의 〈속성, 값〉 매핑을 저장한 Map 객체

참고로 앞에서도 계속 언급하였지만, 자바 코드로 내장 객체에 저장된 속성 값에 접근하면 코드가 길어지고 지저분해집니다. 그래서 나온 것이 표현 언어입니다. 그래서 본격적인 웹 프로그래밍을 위해서는 표현 언어로 간결한 코드를 작성해야 합니다. 또한 지금은 표현 언어에 대한 설명만 하고 있는데, 표현 언어는 JSTL과 함께 사용됩니다. JSTL을 학습한 후에 배우는 JSTL을 표현 언어와 함께 사용하면 자바 코드보다 코드가 훨씬 간단해진다는 것을 알 수 있을 것입니다. 다소 지루한 문법 설명이 이어지더라도 열심히 손에 익혀두시기 바랍니다. 모두 필요하니까 배우겠죠?

표현 언어(expression language)는 표현식(expression)처럼 연산자와 피연산자의 조합을 ${와 }로 둘러싸서 표현할 수 있지만 ${}에 기술한 표현은 표현식과는 다른 의미로 해석됩니다.

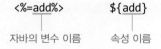

표현식(expression)에 add를 기술하면 이를 자바의 변수 이름으로 인식합니다. 반면 표현 언어에서 사용된 add는 속성 이름으로 인식합니다. 속성이란 04장 JSP 내장 객체를 학습할 때 언급했던 JSP 내장 객체에서 정보를 주고받기 위한 메소드로 관리되는 정보를 말합니다. 다음은 JSP 내장 객체의 정보를 주고받기 위한 메소드 목록입니다.

메소드	설명
setAttribute(name, value)	주어진 이름(name)에 값(value)을 설정한다.
getAttribute(name)	주어진 이름(name)에 설정된 값(value)을 얻어낸다.
getAttributeNames()	현재 객체에 관련된 모든 속성 이름을 얻어낸다.
removeAttribute(name)	주어진 이름(name)에 설정된 값(value)을 제거한다.

위 표에 언급된 메소드의 매개 변수로 사용된 name은 String 객체의 형태이고, value는 java.lang.Object 객체의 형태입니다. 또한 **getAttribute(name)**으로 얻어 낸 값 역시 java.lang.Object 객체의 형태입니다.

다음 예제는 1장에서 언급했듯이 JSP에서는 표현에만 집중하고 비즈니스 로직은 서블릿에서 구현하는 방식으로 작성한 것입니다. 그래서 서블릿에서 합을 구하고 그 결과를 JSP에서 받아 출력하는 것을 보여줍니다. 참고로 JSP로만 웹 프로그래밍을 하 는 것을 모델 1방식이라고 합니다. 이번 장 이후에는 모델 1이 아닌 모델 2방식으로 웹 프로그래밍을 하는 방법을 학습할 텐데, 모델2에서는 서블릿에서 비즈니스 로직 을 구현하고 JSP에서는 그 결과를 사용자에게 어떻게 보여줄 것인지 표현만 하게 됩 니다.

[직접해보세요] 서블릿 클래스에서 두 수에 대한 합을 구해 JSP에서 출력하기

1. 서블릿 클래스를 생성하기 위해서 웹 프로젝트(web-study-07)를 클릭하여 선택한 후 [New → Servlet]을 선택합니다.

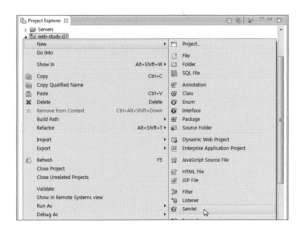

2. 패키지 명은 JSP 페이지 앞에 붙인 07_와 맞추어서 unit07을 입력합니다. 이는 JSP 페이지와 연결되는 서블릿을 찾기 쉽게 하기 위해서입니다. 두 수에 대한 합을 구한 서블릿 클래스의 이름은 AdditionServlet으로 입력합니다.

```
1    package unit07;
2
3    import java.io.IOException;
4
5    import javax.servlet.RequestDispatcher;
6    import javax.servlet.ServletException;
7    import javax.servlet.annotation.WebServlet;
8    import javax.servlet.http.HttpServlet;
9    import javax.servlet.http.HttpServletRequest;
10   import javax.servlet.http.HttpServletResponse;
11
12   @WebServlet("/AdditionServlet")
13   public class AdditionServlet extends HttpServlet {
14
15     protected void doGet(HttpServletRequest request,
16        HttpServletResponse response) throws ServletException, IOException {
17       int num1 = 20;
         int num2 = 10;
18       int add = num1 + num2;
19
20       request.setAttribute("num1", num1);
21       request.setAttribute("num2", num2);
22       request.setAttribute("add", add);
23
```

```
24        RequestDispatcher dispatcher = request
25            .getRequestDispatcher("07_addition.jsp");
26        dispatcher.forward(request, response);
27    }
28  }
```

3. 서블릿에서 넘겨 준 숫자 두 개를 더한 결과를 출력하는 JSP 페이지를 07_additon.jsp란 이름으로 작성합니다.

```
1   <%@ page language="java" contentType="text/html; charset=UTF-8"
2       pageEncoding="UTF-8"%>
3   <html>
4   <head>
5   <meta charset="UTF-8">
6   <title>Addition</title>
7   </head>
8   <body>
9      고전적인 방식 :
10     <%
11     int num1 = (Integer) request.getAttribute("num1");
12     int num2 = (Integer) request.getAttribute("num2");
13     %>
14     <%=num1%> + <%=num2%> = <%=num1 + num2%><hr>
15
16     EL 방식 :
17     ${num1} + ${num2} = ${add}
18  </body>
19  </html>
```

11~12 : request.getAttribute( )는 리턴형이 무조건 Object 형이기에 Integer로 형 변환해야 한다는 단점이 있습니다.

17 : 서블릿의 request.setAttribute("num1", num1);로 넘겨준 값을 얻어오기 위해서 자바 코드에서는 request.getAttribute("num1");와 같이 명확하게 request 객체의 속성 값을 얻어오지만 표현 언어에서는 ${num1}과 같이 표현했습니다. 표현 언어에서 ${} 안에 기술한 이름을 속성 이름으로 해석하기 때문입니다.

즉, ${num1}은 서블릿 코드에서 request 객체의 setAttribute( ) 메소드를 호출하면서 지정한 num1이란 이름에 저장한 20을 얻어오겠다는 의미입니다.

JSP에서는 웹 애플리케이션에서 사용 가능한 네 개의 내장 객체(page, request, session, application)에 속성 값을 저장할 수 있습니다. 위 예에서는 표현 언어에서 속성을 어떻게 다루는지 설명하기 위해서 가장 자주 사용되는 request 객체에 대해서 속성을 설정해 본 것입니다.

이제 나머지 JSP 내장 객체에 대해서도 속성이 어떻게 사용되는지 살펴보겠습니다. 다음은 이들 JSP 내장 객체를 표현 언어에서 어떻게 사용하는지 비교해 놓은 표입니다.

속성	JSP 내장 객체	서블릿 클래스	표현 언어의 내장 객체
page 속성	pageContext	javax.servlet.jsp.JspContext 클래스	pageScope
request 속성	request	javax.servlet.ServletRequest 인터페이스	requestScope
session 속성	session	javax.servlet.http.HttpSession 인터페이스	sessionScope
application 속성	application	javax.servlet.ServletContext 인터페이스	applicationScope

JSP 내장 객체가 표현 언어에서 어떻게 사용되는지 예를 들어 설명하겠습니다. 저장된 속성은 표현 언어의 내장 객체를 지정해야 합니다.

JSP 내장 객체인 pageContext에 저장된 속성 값은 pageContext.getAttribute("num1");와 같이 기술해서 얻을 수 있습니다. 반면 표현 언어에서는 내장 객체 pageScope를 사용해서 ${pageScope.num1}와 같이 얻어옵니다.

■ 예 : 자바 코드

```
pageContext.getAttribute("num1");
```

■ 예 : 표현 언어

```
${pageScope.num1}
```

request에 저장된 속성 값은 다음과 같이 얻어 와야 합니다.

■ 예 : 자바 코드

```
request.getAttribute("num1");
```

■ 예 : 표현 언어

```
${requestScope.num1}
```

이번에는 session에 저장된 속성 값을 얻어와 봅시다.

■ 예 : 자바 코드	■ 예 : 표현 언어
`session.getAttribute("num1");`	`${sessionScope.num1}`

이제 마지막으로 application에 저장된 속성 값을 얻어와 봅시다.

■ 예 : 자바 코드	■ 예 : 표현 언어
`application.getAttribute("num1");`	`${applicationScope.num1}`

07_additon.jsp에서 사용한 **${num1}**은 서블릿 클래스인 AdditionServlet에서 request 내장 객체 속성을 저장하였기 때문에 request 영역에 있는 속성 값을 가져온 것입니다. num1은 request에 저장한 속성이기 때문에 **${requestScope.num1}**이라고 표현해야 합니다. 내장 객체를 명시해서 속성을 지정하는 것이 혼동을 막을 수 있지만 생략하고 **${num1}**과 같이 기술할 수 있습니다.

표현 언어에서 내장 객체를 명시하지 않고 **${num1}**과 같이 간단하게 표현하면 속성을 다음과 같은 순서로 자동으로 검색해서 속성 값을 얻어와 출력합니다.

```
pageScope -> requestScope -> sessionScope -> applicationScope
```

가장 협소한 범위 내에서 사용 가능한 pageScope 객체에서부터 속성을 찾아 보다가 없으면 좀 더 넓은 범위 내에서 사용 가능한 requestScope 객체에서 찾습니다. 07_addition.jsp에서는 내장 객체를 명시하지 않고 **${num1}**으로 표현해도 아무런 문제가 없고 오히려 코드가 간단해집니다.

동일한 속성 이름의 속성 값을 찾아오는 방법을 살펴보기 위해서 4개의 내장 객체에 동일한 속성 이름으로 속성 값을 저장해봅시다.

```
pageContext.setAttribute("name", "page man");
request.setAttribute("name", "request man");
session.setAttribute("name", "session man");
application.setAttribute("name", "application man");
```

표현 언어에서 **${name}**와 같이 기술할 경우 어떤 결과가 출력될까요?

이름을 중복해서 기술하여 발생하는 문제를 이름이 충돌되었다고 하는데 표현 언어에서는 이럴 경우 사용 범위가 좁은 내장 객체에서부터 사용 범위가 넓은 내장 객체 순서로 속성 값을 찾아오도록 정해져 있습니다.

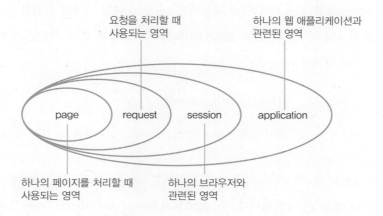

4장 내장 객체를 학습할 때 이미 살펴보았지만, 다시 복습하자면 위 그림에서 보듯이 page 내장 객체의 사용 범위가 가장 좁고 application 내장 객체의 사용 범위가 가장 넓습니다. 그러므로 ${name}이라고 기술하면 당연히 page 속성에 저장된 "page man"가 출력됩니다.

하지만 이름 충돌에 의해 출력되지 못하는 다른 내장 객체에 저장된 속성 값 역시 모두 출력하고 싶을 경우에는 다음과 같이 속성 이름 앞에 표현 언어의 내장 객체를 명시적으로 기술하면 됩니다.

pageContext 내장 객체에 저장한 "page man"을 출력하려면 pageScope를 속성 이름 앞에 덧붙이면 즉, pageContext.getAttribute("name")과 같이 기술한 것과 동일한 결과를 얻게 됩니다.

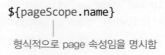

형식적으로 page 속성임을 명시함

requestScope를 속성 이름 앞에 덧붙이면 request 내장 객체에 저장한 "request man"이 출력됩니다. 즉, request.getAttribute("name")과 같이 기술한 것과 동일한 결과를 얻게 됩니다.

$${requestScope.name}

명시적으로 request 속성임을 명시함

sessionScope를 속성 이름 앞에 덧붙이면 session 내장 객체에 저장한 "session man"이 출력됩니다. 즉, session.getAttribute("name")과 같이 기술한 것과 동일한 결과를 얻게 됩니다.

$${sessionScope.name}

명시적으로 session 속성임을 명시함

applicationScope를 속성 이름 앞에 덧붙이면 application 내장 객체에 저장한 "application man"이 출력됩니다. 즉, application.getAttribute("name")과 같이 기술한 것과 동일한 결과를 얻게 됩니다.

$${applicationScope.name}

명시적으로 application 속성임을 명시함

[직접해보세요] 표현 언어의 내장 객체 명시적으로 사용하기 [파일 이름 : 08_scope.jsp]

```
1    <%@ page language="java" contentType="text/html; charset=UTF-8"
2        pageEncoding="UTF-8"%>
3    <%
4      pageContext.setAttribute("name", "page man");
5      request.setAttribute("name", "request man");
6      session.setAttribute("name", "session man");
7      application.setAttribute("name", "application man");
8    %>
9
10   name : ${name} <hr>
11   page 속성 : ${pageScope.name} <br>
12   request 속성 : ${requestScope.name} <br>
13   session 속성 : ${sessionScope.name} <br>
14   application 속성 : ${applicationScope.name} <br>
```

10 :   내장 객체를 명시하지 않으면 가장 협소한 범위 내에서 사용 가능한 pageScope 객체에
서부터 속성을 찾아옵니다. 결과는 page man이 출력됩니다.

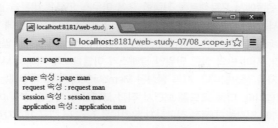

6장에서 회원 정보를 저장하는 자바 빈 객체의 프로퍼티를 액션 태그를 사용하여
출력하였습니다. 표현 언어는 액션 태그보다 간단하게 프로퍼티를 얻어 올 수 있습니
다. 6장 예제를 표현 언어로 리뉴얼해 봅시다.

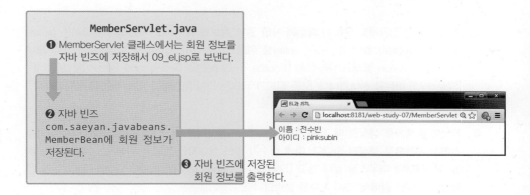

파일 이름	설명
MemberBean.java	회원의 정보를 저장하는 자바 빈입니다.
MemberServlet.java	회원 정보를 저장한 자바 빈 객체를 생성하기 위한 서블릿 클래스입니다.
09_el.jsp	MemberServlet에서 생성한 자바 빈에 저장된 회원 정보를 얻어와 출력합니다.

표현 언어로 프로퍼티 값을 얻는 방법을 학습하기 위해 우선 자바 빈부터 준비해
놓도록 합시다. 6장에서 자바 빈을 학습하면서 만들었던 방식으로 회원정보를 저장
하는 자바 빈을 만들어 봅시다.

1. 이클립스 화면 왼쪽에서 프로젝트를 선택한 후에 마우스 오른쪽 버튼을 클릭하여 나타난 바로가기 메뉴에서 [New → Class]를 선택합니다. [Package:] 입력란에 패키지 이름(com.saeyan.javabeans)을 [Name:] 입력란에 클래스 이름(MemberBean)을 입력한 후 [Finish] 버튼을 클릭합니다. 자바 빈의 실행 단위인 클래스가 이클립스에 의해서 MemberBean.java란 파일 이름으로 자동 생성됩니다. 자동 생성된 MemberBean.java 파일에는 회원 정보를 저장할 필드가 필요합니다. 다음 코드를 보면서 직접 코딩하여 선언합니다. 이 필드들은 데이터 은닉이라는 개념에 입각해서 직접 접근하지 못하도록 private 접근 제한자로 선언합니다.

```java
public class MemberBean {
    private String name;
    private String userid;
}
```

2. 필드는 직접 접근하지 못하기 때문에 자바 빈에 정보를 조회하고 저장하기 위해서는 getter, setter를 작성해야 합니다. getter, setter를 위한 코드는 이클립스에서 자동으로 만들어 줍니다. MemberBean 클래스 내부에서 [Source → Generate Getters and Setters]를 선택하여 [Select All] 버튼을 선택합니다. 모든 필드가 체크된 것을 확인하고 [OK] 버튼을 클릭합니다.

3. 자바에서 객체를 생성할 때 자동 호출되는 메소드를 생성자라고 합니다. 생성자 역시 이클립스에서 자동으로 생성해 줍니다. 매개 변수가 있는 생성자를 만들기 위해서는 MemberBean 클래스 내부에 마우스를 갖다 놓고 [Source → Generate Constructor Using Fields...]을 선택하여 나타난 창에서 [OK] 버튼을 클릭합니다.

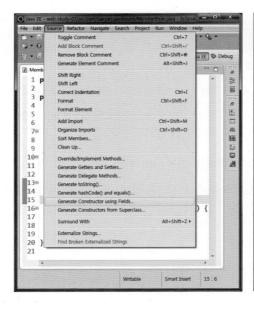

4. 매개 변수가 있는 생성자를 만들면 매개 변수 없는 디폴트 생성자가 사라지기 때문에 디폴트 생성자도 추가합니다. 이번에는 [Source → Generate Constructors From Superclass...]를 선택하여 나타난 창에서 [OK] 버튼을 클릭합니다.

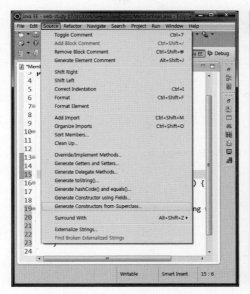

5. 자바 빈 객체에 저장된 필드 값을 이를 접근해서 사용하는 레퍼런스 변수만 기술해도 출력될 수 있도록 하기 위해서는 toString( ) 메소드를 오버라이딩해야 합니다. 이 역시 이클립스를 사용하면 자동으로 오버라이딩해 줍니다. 이번에는 [Source → Generate toString( )...]을 선택하여 나타난 창에서 [OK] 버튼을 클릭합니다.

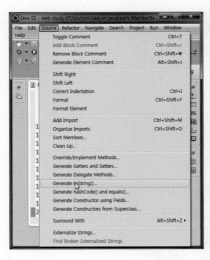

6. MemberBean.java 소스 파일에 다음과 같이 getter, setter와 생성자와 toString( ) 메소드가
   추가된 것을 확인할 수 있습니다.

```
1    package com.saeyan.javabeans;
2
3    public class MemberBean {
4        private String name;
5        private String userid;
6        public String getName() {
7            return name;
8        }
9        //getter, setter
10       public void setName(String name) {
11           this.name = name;
12       }
13       public String getUserid() {
14           return userid;
15       }
16       public void setUserid(String userid) {
17           this.userid = userid;
18       }
19       //매개 변수가 있는 생성자
20       public MemberBean(String name, String userid) {
21           this.name = name;
22           this.userid = userid;
23       }
24       //매개 변수 없는 디폴트 생성자
25       public MemberBean() {
26       }
27
28       @Override
29       public String toString() {
30           return "MemberBean [name=" + name + ", userid=" + userid   "]";
31       }
32   }
```

이렇게 생성된 자바 빈을 EL에서 어떻게 표현하는지 설명하겠습니다. EL 식에서
자바 빈의 필드에 저장된 정보를 얻어올 때는 프로퍼티 이름을 사용합니다.

${member.name}

자바 빈즈   프로퍼티 이름

자바 빈 객체의 이름 뒤에 마침표를 찍고 그 다음에 프로퍼티 이름을 씁니다. 이렇게 닷dot 연산자(.)로 접근하면 자바 빈 객체의 정보를 얻어 오기 위한 getter가 호출됩니다. 마침표 다음에 기술한 프로퍼티 이름이 name이면 **getName()**이, userid이면 **getUserid()**가 호출됩니다.

표현 언어에서는 닷dot 연산자(.) 외에도 배열과 컬렉션의 요소를 검색하는 데 사용되는 브라켓 연산자([])를 사용해서 자바 빈의 필드에 저장된 정보를 얻어올 수 있습니다.

$${member["userid"]}

자바 빈즈　　　프로퍼티 이름

브라켓 연산자([]) 내의 값인 속성의 이름은 큰따옴표(") 혹은 작은따옴표(')로 둘러싸야 합니다.

[직접해보세요] 표현 언어로 자바 빈 객체 속성 값 얻어오기

1. 회원 정보를 저장한 자바 빈 객체를 생성하기 위한 서블릿 클래스를 생성합니다. 패키지는 unit09로 클래스 이름은 MemberServlet로 작성합니다.

```
1    package unit09;
2
3    import java.io.IOException;
4
5    import javax.servlet.RequestDispatcher;
6    import javax.servlet.ServletException;
7    import javax.servlet.annotation.WebServlet;
8    import javax.servlet.http.HttpServlet;
9    import javax.servlet.http.HttpServletRequest;
10   import javax.servlet.http.HttpServletResponse;
11
12   import com.saeyan.javabeans.MemberBean;
13
14   @WebServlet("/MemberServlet")
15   public class MemberServlet  extends HttpServlet {
16       protected void doGet(HttpServletRequest request,
17           HttpServletResponse response) throws ServletException, IOException {
18
```

```
19          MemberBean member=new MemberBean("전수빈", "pinksubin");
20
21          request.setAttribute("member", member);
22
23          RequestDispatcher dispatcher = request.getRequestDispatcher("09_el.jsp");
24          dispatcher.forward(request, response);
25      }
26  }
```

19 : MemberBean 클래스로 이름은 전수빈, 아이디는 pinksubin으로 회원 정보를 초기화하여 member란 이름의 객체를 생성합니다.

21 : request의 속성에 회원 정보를 저장한 자바 빈 객체인 member를 저장합니다.

23~24 : 09_el.jsp로 포워딩합니다.

2. 이번에는 자비 빈즈의 프로퍼티를 출력하는 JSP 페이지를 09_el.jsp란 이름으로 작성합니다.

```
1   <%@ page language="java" contentType="text/html; charset=UTF-8"
2               pageEncoding="UTF-8"%>
3   <!DOCTYPE html>
4   <html>
5   <head>
6   <meta charset="UTF-8">
7   <title>EL과 JSTL</title>
8   </head>
9   <body>
10  이름 : ${member.name}<br>
11  아이디 : ${member["userid"]}
12  </body>
13  </html>
```

10 : MemberServlet 서블릿 클래스의 doGet() 메소드에서 생성한 객체를 request의 속성에 회원 정보를 저장한 자바 빈 객체인 member를 저장한 후에 JSP 페이지인 09_el.jsp로 포워딩하였기 때문에 자바 빈의 프로퍼티 값(필드에 저장된 정보)을 얻어올 수 있습니다. 이름은 EL 식에 닷(dot) 연산자(.)을 사용하여 출력합니다.

11 : 아이디 역시 "${member.id}"와 같이 출력할 수 있지만 이번에는 브라켓 연산자([])를 사용해서 자바 빈의 프로퍼티 값을 얻어왔습니다.

이번 예제를 실행하기 위해서는 서블릿 클래스를 요청해야 합니다. 주소 입력란에 "http://localhost:8181/web-study-07/MemberServlet"와 같이 입력하거나 이클립스에서 서블릿 클래스를 선택한 후 단축키 [Ctrl + F11]을 누르거나 [Run on Server] 메뉴를 선택하여 서블릿을 요청합니다.

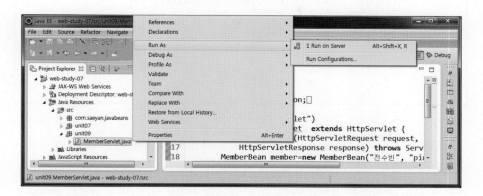

이번 절에서는 JSP 내장 객체에 저장된 속성 값을 표현 언어에서 어떻게 사용하는지 살펴보았습니다. 다음 절에서는 JSP에서 추가적으로 제공되는 다양한 태그를 활용하여 흐름을 제어해 보도록 합시다.

JSTL

JSTL은 JSP Standard Tag Library의 약어로 JSP에서 사용 가능한 표준 태그 라이브러리입니다. JSTL에서 제공하는 태그를 사용하면 JSP 코드가 깔끔하고 가독성이 좋게 됩니다.

JSTL 라이브러리를 사용하는 이유

다음은 JSTL의 학습에 앞서 JSTL이 등장하게 된 배경을 설명하기 위한 예입니다. JSP에서 조건에 따라 서로 다른 HTML의 태그가 수행될 수 있도록 하기 위해서 스크립트릿에서 제어문을 사용한 예입니다.

```
<%
if(request.getParameter("color").equals("1")){
%>
    <span style="color: red;">빨강</span>
<%
}else if(request.getParameter("color").equals("2")){
%>
```

```
    <span style="color: green;">초록</span>
<%
}else if(request.getParameter("color").equals("3")){
%>
    <span style="color: blue;">파랑</span>
<%
}
%>
```

HTML 코드와 스크립트릿을 함께 사용하게 되면 위의 예제처럼 코드가 복잡하고
가독성이 떨어집니다. 이러한 문제점을 해결하기 위해 JSTL이 등장하게 되었습니다.
JSTL은 다양한 태그를 제공함으로써 다음 예에서 살펴볼 수 있듯이 코드를 깔끔하게
하고 가독성을 좋게 합니다.

```
<c:if test="${param.color == 1}">
    <span style="color: red;">빨강</span>
</c:if>
<c:if test="${param.color == 2}">
    <span style="color: green;">초록</span>
</c:if>
<c:if test="${param.color == 3}">
    <span style="color: blue;">파랑</span>
</c:if>
```

위 문장은 파라미터로 넘겨진 color에 저장된 값인 1일 경우 빨간색으로 '빨강'이
라고 출력하고 2일 경우 초록색으로 '초록'으로 출력하고 3일 경우 파란색으로 '파
랑'이라고 출력하는 예입니다.

JSTL 라이브러리

JSP는 스크립트릿과 자바 코드 등 여러 코드들이 섞여서 복잡한 구조로 되어 있는데,
간결하고 이해하기 쉽게 코딩을 하기 위해 자신만의 태그를 추가할 수 있습니다. 이
렇게 기본적으로 제공되는 것이 아닌 자신이 추가한 태그를 커스텀 태그라고 합니다.
즉 커스텀 태그는 JSP를 작성할 때 자주 사용되는 자바 코드를 웹에서 사용할 수 있
는 태그 형태로 만드는 기술을 말합니다.

작성한 커스텀 태그를 모아서 압축한 후 이를 배포해서 사용하는데 이를 커스텀 태그 라이브러리라고 합니다. 라이브러리란 여러 프로그램이 공통으로 사용하는 코드를 모아놓은 코드의 집합을 말합니다.

JSTL(JSP 표준 태그 라이브러리의 약어)은 커스텀 태그들을 개별적으로 만들어 쓰다 보니 일관성이 없어서 이를 표준화한 것으로 JSTL도 공통으로 사용되는 코드의 집합입니다. 하지만 이 라이브러리는 우리가 보통 프로그래밍을 할 때 사용하는 라이브러리와는 달리 JSP 페이지 안에서 사용할 수 있는 커스텀 태그를 제공합니다.

JSTL에서 제공해주는 기능은 다음과 같습니다.

- 간단한 프로그램 로직의 구현(자바의 변수 선언, if문, for문 등에 해당하는 로직)
- 다른 JSP 페이지 호출 (〈c:redirect〉, 〈c:import〉)
- 날짜, 시간, 숫자의 포맷
- JSP 페이지 하나를 가지고 여러 가지 언어의 웹 페이지 생성
- 데이터베이스로의 입력, 수정, 삭제, 조회
- XML 문서의 처리
- 문자열을 처리하는 함수 호출

JSTL 라이브러리는 위 기능을 크게 core, format, xml, sql, functions 5가지 커스텀 태그로 나누어서 제공해 줍니다.

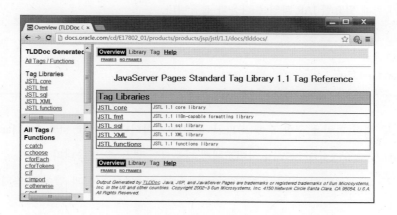

위 그림은 JSTL을 제공해 주는 사이트에서 제공해주는 JSTL API Document 페이지로 주소는 다음과 같습니다.

```
http://java.sun.com/products/jsp/jstl/1.1/docs/tlddocs/
```

JSTL에 대해 궁금증이 생길 때 위 사이트에서 도움을 얻을 수 있으므로 위 주소를 기억해 둡시다.

5가지 커스텀 태그는 이름이 말해주듯, 기본 기능, 형식화, sql 처리, xml 처리, 함수 처리를 기능별로 나누어 제공해 줍니다.

커스텀 태그	설명
기본 기능(core)	일반 프로그램이 언어에서 제공하는 것과 유사한 변수 선언, 실행 흐름의 제어 기능을 제공하고, 다른 JSP 페이지로 제어를 이동하는 기능도 제공한다.
형식화(format)	숫자, 날짜, 시간을 포매팅하는 기능과 국제화, 다국어 지원 기능을 제공한다.
데이터베이스(sql)	데이터베이스의 데이터를 입력/수정/삭제/조회하는 기능을 제공한다.
XML 처리(xml)	XML 문서를 처리할 때 필요한 기능을 제공한다.
함수 처리(functions)	문자열을 처리하는 함수를 제공한다.

JSTL 역시 커스텀 태그이기 때문에 이를 사용하기 위해서는 추가적으로 라이브러리가 필요합니다. 자바 웹 애플리케이션에서는 추가적인 라이브러리가 jar 파일 형태로 제공되고 이를 WEB-INF/lib 폴더 내에 복사해 두고 사용합니다.

커스텀 태그 라이브러리인 JSTL 역시 jar 파일을 압축하여 배포합니다. JSTL을 사용하기 위해 필요한 JAR 파일은 다음과 같습니다.

```
jstl.jar
standard.jar
```

이 두 개의 파일을 구한 후에 JSTL를 설치해야 합니다. jstl.jar, standard.jar 파일은 http://jakarta.apache.org 사이트에서 다운로드 받을 수 있습니다.

이 두 파일들의 역할은 http://jakarta.apache.org에서 다음과 같이 설명되어 있습니다.

Jar 파일 이름	이름	설명
jstl.jar	JSTL API 클래스	JSTL API 클래스
standard.jar	JSTL 구현 클래스	Standard Taglib JSTL 구현 클래스

JSTL을 사용하려면 톰캣을 사용하는 현재 이클립스 프로젝트의 WEB-INF/lib 폴더에 2개의 파일을 복사합니다. 다음은 http://jakarta.apache.org에서 다운 받아 압축을 풀어 구한 jstl.jar과 standard.jar를 이번 장 학습을 위한 프로젝트 하부의 WEB-INF/lib 폴더에 복사한 화면입니다.

[직접해보세요] JSTL 다운로드 받아 설치하기

1. 웹 브라우저를 실행한 후 'http://jakarta.apache.org'를 입력합니다. 사이트 왼쪽 메뉴 중 [Taglibs] 항목을 선택합니다.

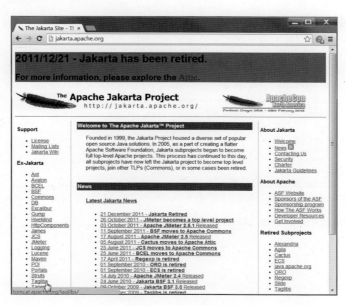

2. Apache Standard Taglib를 클릭합니다.

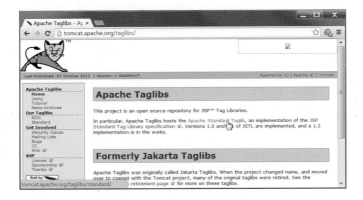

3. Standard 1.1 버전으로 다운로드 받기 위해서 download를 클릭합니다.

4. binaries를 클릭합니다.

5. jakarta-taglibs-standard-1.1.2.zip을 다운로드 받습니다.

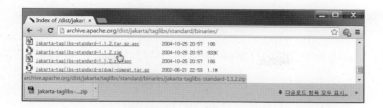

6. 압축 파일(jakarta-taglibs-standard-1.1.2.zip)을 풀어 보면 jakarta-taglibs-standard-1.0.1₩jakarta-taglibs₩standard-1.1.2₩lib 폴더 안에 jstl.jar, standard.jar 파일이 제공됩니다.

jakarta-taglibs-standard-1.1.2/lib 디렉토리에서
jstl.jar와 standard.jar 파일을 발견할 수 있습니다.

7. jstl.jar, standard.jar 파일을 웹 애플리케이션의 WEB-INF/lib 폴더에 복사합니다.

태그 라이브러리를 사용하려면 JSP 페이지에 taglib 지시자를 추가하여 URI 식별자와 접두사를 연결해야 합니다.

다음은 JSTL이 제공해 주는 기능 중 기본 기능인 core를 사용하기 위한 taglib 지시자입니다. taglib 지시자는 〈%@으로 시작해서 %〉로 끝나며 uri와 prefix 속성을 사용하여 URI 식별자와 접두사를 지정합니다.

```
<%@ taglib uri="http://java.sun.com/jsp/jstl/core" prefix="c"%>
```

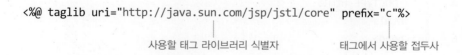

사용할 태그 라이브러리 식별자   태그에서 사용할 접두사

uri 속성 값은 JSTL이 제공해 주는 여러 종류의 태그 라이브러리 중 http://java.sun.com/jsp/jstl/core를 사용하기 위한 식별자 역할을 합니다.

prefix 속성 값인 c는 태그에서 사용할 접두사입니다.

```
<%@ taglib uri="http://java.sun.com/jsp/jstl/core" prefix="c" %>

        <c:out value="Hello World!"/>
```

〈c:out〉는 데이터를 출력할 때 사용하는 태그로 표현식인 〈%= %〉를 대체할 수 있습니다.

다음은 JSTL의 기능 분류에 따른 태그 라이브러리의 URI 식별자와 접두사인 prefix를 정리한 표입니다.

기능	prefix	기본 URI
기본 기능	c	http://java.sun.com/jsp/jstl/core
형식화	fmt	http://java.sun.com/jstl/fmt
데이터베이스 작업	sql	http://java.sun.com/jstl/sql
XML 처리	x	http://java.sun.com/jstl/xml
함수 처리	fn	http://java.sun.com/jsp/jstl/fn

이중 http://java.sun.com/jsp/jstl/core에서 제공해주는 〈c:out〉 태그를 사용하여 JSTL이 제대로 설치되었는지 확인해 보도록 하겠습니다.

[직접해보세요] 〈c:out〉 태그로 간단한 메시지를 출력하는 JSP 페이지

[파일 이름 : 10_jstl.jsp]

```
1    <%@ page language="java" contentType="text/html; charset=UTF-8"
2              pageEncoding="UTF-8"%>
3    <%@ taglib uri="http://java.sun.com/jsp/jstl/core" prefix="c"%>
4    <!DOCTYPE html>
5    <html>
6    <head>
```

```
7       <meta charset="UTF-8">
8       <title>EL과 JSTL</title>
9       </head>
10      <body>
11      <c:out value="Hello World!"/>
12      </body>
13      </html>
```

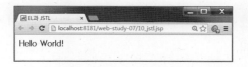

3 : taglib 지시자를 추가합니다. JSTL의 기본 기능을 사용하기 위해서 prefix 속성에는 c를 uri 속성에는 http://java.sun.com/jsp/jstl/core를 지정합니다.

11 : 〈c:out〉 태그로 "Hello World!"를 출력합니다.

JSTL은 커스텀 태그이기 때문에 JSP에서 기본으로 제공되지 않습니다. 이번 절에 서는 JSTL을 설치하는 방법을 살펴보았습니다.

JSTL core 태그

이전 절에서 JSTL을 사용하기 위해서 추가적으로 라이브러리를 설치해 놓았습니다. 이 제 JSTL에서 제공되는 다양한 태그를 사용해 보도록 합시다. JSTL 5종류의 라이브러리 들 중에서 가장 자주 사용되는 core 태그를 우선적으로 학습해 보도록 하겠습니다.

태그	설명
`<c:set>`	변수에 값을 설정한다.
`<c:remove>`	변수에 설정된 값을 제거한다.
`<c:if>`	조건에 따라 처리를 달리 할 때 사용한다.
`<c:choose>`	여러 조건에 따라 처리를 달리 할 때 사용한다.
`<c:forEach>`	반복 처리를 위해서 사용한다.
`<c:forTokens>`	구분자로 분리된 각각의 토큰을 처리할 때 사용한다.
`<c:import>`	외부의 자원을 url을 지정하여 가져다 사용한다.

태그	설명
`<c:redirect>`	지정한 경로로 이동한다.
`<c:url>`	url을 재 작성한다.
`<c:out>`	데이터를 출력할 때 사용하는 태그로 표현식인 〈%= %〉를 대체할 수 있다.
`<c:catch>`	예외 처리에 사용한다.

　　JSP에서는 다음과 같이 제공되는 특정 내장 객체 범위 내에서 사용 가능한 속성을 저장하여 사용합니다.

```
pageContext.setAttribute("msg", "Hello");
                          변수 이름   저장할 값
```

　　위 내용은 pageContext 내장 객체에 msg란 이름으로 Hello라는 값을 저정한 예 입니다. 〈c:set〉, 〈c:remove〉 태그를 사용하면 보다 간편하게 내장 객체에 속성 값을 저장하고 사용할 수 있습니다.

　　또한 자바의 if 문이나 switch 문과 같이 흐름을 제어할 수 있는 〈c:if〉, 〈c:choose〉 태그를 제공하고 반복문을 위해서는 〈c:forEach〉를 제공합니다.

　　이외에도 원하는 페이지로 이동을 하기 위한 URL을 처리하기 위한 〈c:url〉 태그, 출력을 위한 〈c:out〉 태그도 제공됩니다.

〈c:set〉과 〈c:remove〉 태그

〈c:set〉 태그는 해당 범위(scope) 내에 속성을 생성하고 속성 값을 지정하는 데 사 용합니다. 즉 JSP에서 속성 값을 지정하기 위해 사용하는 setAttribute() 메소드와 같은 역할을 합니다.

```
pageContext.setAttribute("msg", "Hello");
                          변수 이름   저장할 값
```

　　이를 JSTL core의 〈c:set〉 태그를 사용해서 표현하면 다음과 같습니다.

```
<c:set var="msg" value="Hello" scope="page"/>
```

변수 이름   저장할 값   page 영역에 변수 생성

⟨c:set⟩ 태그의 역할을 이해하였다면 이제 기본 형식부터 차근차근 살펴보겠습니다. 다음은 ⟨c:set⟩ 태그의 기본 형식입니다.

```
<c:set var="변수 이름" value="저장할 값" [scope="{page|request|session|
application}"]>
```

⟨c:set⟩ 태그를 이용하여 새로운 속성을 설정하려면 var와 value 속성을 사용합니다. var 속성에는 문자열 형태로 변수의 이름을 지정합니다. 지정된 변수가 이미 존재한다면 지정한 값이 새롭게 할당되고 존재하지 않다면 변수가 새롭게 만들어진 후에 지정한 값을 초기화합니다. value 속성에는 변수에 저장할 값을 지정합니다. 값은 일반 문자열이나 표현 언어가 들어갑니다. []으로 둘러싼 scope는 생략 가능한 부분입니다. scope를 명시적으로 지정하지 있으면 page 영역에 변수가 저장됩니다. 다음은 ⟨c:set⟩ 태그의 속성 목록입니다.

속성	설명
var	변수 이름을 String 형으로 지정한다.
value	변수에 저장할 값을 지정한다.
scope	변수가 효력을 발휘할 영역으로 생략될 경우 기본 값은 page이다.

request 영역에 변수를 생성하려면 scope 속성을 추가하여 다음과 같이 기술해야 합니다.

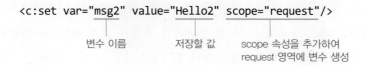

```
<c:set var="msg2" value="Hello2" scope="request"/>
```

변수 이름   저장할 값   scope 속성을 추가하여
                        request 영역에 변수 생성

위 ⟨c:set⟩ 태그는 자바 코드로는 다음과 같은 의미입니다.

```
request.setAttribute("msg2", "Hello2")
```

request 객체   변수 이름   저장할 값

변수에 값을 저장하는 또 다른 방법으로 value 속성을 지정하지 않고 태그 안에 값을 지정할 수 있습니다.

■ 형식 : 〈c:set〉 태그 몸체에 값 지정하기

```
<c:set var="변수 이름" [scope="{page|request|session|application}"]>
    저장할 값
</c:set>
```

다음은 value 속성을 사용하지 않고 〈c:set〉 태그 안에 age에 30이란 값을 저장한 예입니다.

변수 이름

```
<c:set var="age">
    30 ———— 몸체에 기술한 값이 변수에 저장됨
</c:set>
```

scope를 명시적으로 지정하지 않았기 때문에 age는 page 영역에서 사용 가능한 변수로 생성됩니다.

〈jsp:setProperty〉 보다 나은 〈c:set〉

자바 빈 객체의 필드에 값을 저장하기 위해서 액션 태그 〈jsp:setProperty〉를 사용하여 프로퍼티를 사용했습니다. 프로퍼티란 앞서 언급한 바 있다시피 자바 빈에서 setter, getter가 쌍으로 존재하는 필드를 말하며 필드는 private으로 선언되어 있어 필드에 값을 저장하거나 얻어오기 위해서는 setter와 getter를 사용해야 합니다. 액션 태그에서는 태그 형태로 setter를 호출하기 위해서 〈jsp:setProperty〉가 제공되며 이를 사용하는 방법은 다음과 같았습니다.

```
<jsp:setProperty name="member" property="name" value="전수빈"/>
```

자바 빈즈 객체   프로퍼티 이름   저장할 값

JSTL에서도 액션 태그와 마찬가지로 자바 빈의 필드 값을 저장하기 위해서 프로퍼티를 사용합니다.

```
<c:set target="${member}" property="name" value="전수빈"/>
```

자바 빈즈 객체   프로퍼티 이름   저장할 값

JSTL에서는 〈c:set〉 태그에 target과 property 속성을 추가하여 프로퍼티를 통해 자바 필드에 값을 할당합니다.

```
<c:set target="자바 빈 객체" property="프로퍼티 이름" value="저장할 값">
```

target 속성에는 자바 빈 객체를, property에는 프로퍼티의 이름, value에는 프로퍼티에 저장할 값을 기술합니다. 이렇게 하면 자바 빈의 특정 필드에 값을 저장할 수 있습니다.

이번에는 〈c:set〉 태그를 사용하여 자바 빈 객체를 생성해볼텐데 이에 앞서 자바 코드와 액션 태그에서는 어떻게 자바 빈 객체를 생성하는지 살펴봅시다.

자바 코드에서 자바 빈 객체 생성

```
com.saeyan.javabeans.MemberBean member = new com.saeyan.javabeans.MemberBean();
```
||
```
<jsp:useBean id="member" class="com.saeyan.javabeans.MemberBean" />
```

액션 태그에서 자바 빈 객체 생성

자바 코드에서는 new 연산자로 자바 빈 객체를 생성하지만 이를 액션 태그에서는 〈jsp:useBean〉을 사용하여 자바 빈 객체를 생성하였습니다.

〈c:set〉 태그는 value 속성에 com.saeyan.javabeans.MemberBean 자바 빈 클래스를, var 속성에는 member를 지정하여 자바 빈 객체를 생성합니다.

```
<c:set var="member" value="<%= new com.saeyan.javabeans.MemberBean()
%>">
```

이렇게 생성한 자바 빈 객체에 프로퍼티 값을 저장해 봅시다. 다음은 member 객체의 name 프로퍼티에 "전수빈"이라는 이름을 저장하는 예입니다.

```
<c:set target="${member}" property="name" value="전수빈" >
```

자바 빈의 객체에 프로퍼티에 값을 저장하기 위해서 value 속성 대신 다음과 같이 태그의 몸체에 값을 직접 기술할 수도 있습니다.

```
<c:set target="자바 빈 객체" property="프로퍼티 이름">
  저장할 값
</c:set>
```

다음의 예는 member 객체의 userid 프로퍼티에 pinksubin를 저장하기 위해서 〈c:set〉 태그 몸체에 pinksubin을 기술합니다.

```
<c:set target="${member}" property="userid">
  pinksubin
</c:set>
```

이번에는 value 속성에 표현 언어를 기술하여 산술 연산이나 비교 연산을 해보도록 합시다.

```
<c:set var="add" value="${10 + 5}">
```

변수 add에는 10과 5를 더한 결과가 저장됩니다. 다음은 value 속성에 표현 언어를 기술하여 비교 연산을 한 예입니다.

```
<c:set var="flag" value="${10 > 5}">
```

10이 5보다 크기 때문에 변수 flag에는 true가 저장됩니다.

```
1    <%@ page language="java" contentType="text/html; charset=UTF-8"
2              pageEncoding="UTF-8"%>
3    <%@ taglib uri="http://java.sun.com/jsp/jstl/core" prefix="c"%>
4    <!DOCTYPE html>
5    <html>
6    <head>
7    <meta charset="UTF-8">
8    <title>EL과 JSTL</title>
9    </head>
10   <body>
11   <c:set var="msg" value="Hello"></c:set>
12   \${msg} = ${msg}<br>
13   <c:set var="age">
14      30
15   </c:set>
16   \${age} = ${age}<hr>
17
18   <c:set var="member" value=
19      "<%= new com.saeyan.javabeans.MemberBean() %>"></c:set>
20   <c:set target="${member}" property="name" value="전수빈" ></c:set>
21   <c:set target="${member}" property="userid">pinksubin</c:set>
22   \${member} = ${member}<hr>
23
24   <c:set var="add" value="${10 + 5}"></c:set>
25   \${add} = ${add}<br>
26   <c:set var="flag" value="${10 > 5}"></c:set>
27   \${flag} = ${flag}<br>
28   </body>
29   </html>
```

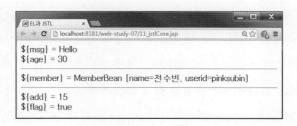

3 :   taglib 지시자를 추가합니다. JSTL의 기본 기능을 사용하기 위해서 prefix 속성에는 c를
       uri 속성에는 http://java.sun.com/jsp/jstl/core을 지정합니다.

11 : msg에 "Hello"라는 문자열을 저장합니다. scope를 명시적으로 지정하지 않았기 때문에 msg는 page 영역에서 사용 가능한 변수로 생성됩니다.

12 : 표현 언어로 msg란 변수에 저장된 값을 출력합니다. msg 앞에 내장 객체를 명시하지 않았기 때문에 가장 협소한 범위 내에 사용 가능한 pageScope에서 변수를 찾습니다. 11:에서 변수를 저장할 때 scope를 생략하여 생성된 msg를 가져다 출력합니다. 변수에 저장된 값만 화면에 출력하지 않고 "\${msg} ="를 기술하여 화면에 표현 언어를 사용했음이 나타나도록 하였습니다. "\"다음에 사용한 ${}는 표현 언어가 아닌 일반 문자열로 인식해서 그대로 출력됩니다.

13~15 : scope를 명시적으로 지정하지 않았기 때문에 age는 page 영역에서 사용 가능한 변수로 생성됩니다.

16 : age 앞에 내장 객체를 명시하지 않았기 때문에 pageScope에서 변수를 찾아 13~15:에서 생성한 변수 값이 출력됩니다.

18~19 : 〈c:set〉 태그로 회원 정보를 저장하는 자바 빈 객체(MemberBean)를 생성합니다.

20 : 〈c:set〉 태그로 member 객체의 name 프로퍼티에 전수빈을 저장합니다.

21 : 〈c:set〉 태그로 member 객체의 userid 프로퍼티에 pinksubin을 저장합니다.

22 : 표현 언어로 객체를 출력하면 MemberBean에 오버라이딩한 toString() 메소드가 호출되어 회원 정보를 출력해 줍니다.

24 : 〈c:set〉 태그에서 산술식(10 + 5)의 결과를 add 변수에 저장합니다.

25 : add 변수에 저장된 값을 출력합니다.

26 : 〈c:set〉 태그에서 관계식(10 〉 5)의 결과를 flag 변수에 저장합니다.

27 : add 변수에 저장된 값을 출력합니다.

〈c:remove〉

〈c:remove〉는 JSP의 `removeAttribute()`와 같은 역할을 합니다. 해당 scope에 있는 변수를 제거하는 역할을 합니다. 형식은 다음과 같습니다.

```
<c:remove var="변수 이름" [scope="{page|request|session|application}"]>
```

var 속성과 scope 속성은 set 태그의 두 속성과 동일한 의미를 갖습니다. 주의할 점은 remove 태그의 scope는 〈c:set〉 태그에서 변수를 설정할 때 지정한 scope와 동일하게 지정해야 합니다. var 속성만 같고 scope 속성이 다르면 다른 변수로 인식해서 제거되지 않습니다. 〈c:set〉 태그처럼 scope를 생략하면 기본 값은 page로 지정됩니다. 변수 age를 제거하는 예는 다음과 같습니다.

```
<c:remove var="age">
```

흐름을 제어하는 태그

흐름을 제어하는 태그를 설명하기 위해서 JSTL 라이브러리를 사용하는 이유를 설명하면서 살펴보았던 예를 다시 한번 살펴봅시다.

```
<%
if(request.getParameter("color").
equals("1")){
%>
    <span style="color: red;">빨강</span>
<%
}else if(request.getParameter("color").
equals("2")){
%>
    <span style="color: green;">초록</span>
<%
}else if(request.getParameter("color").
equals("3")){
%>
    <span style="color: blue;">파랑</span>
<%
}
%>
```

```
<c:if test="${param.color == 1}">
    <span style="color: red;">빨강</span>
</c:if>
<c:if test="${param.color == 2}">
    <span style="color: green;">초록</span>
</c:if>
<c:if test="${param.color == 3}">
    <span style="color: blue;">파랑</span>
</c:if>
```

위 예 중 왼쪽은 JSP 코드에서 제어문인 if나 for를 사용할 경우 〈%, %〉, {, } 등이 복잡하게 얽혀있습니다. 그래서 가독성이 좋지 않습니다. 위 예 중 오른쪽처럼 깔끔하게 흐름을 제어할 수 있도록 하기 위해서 제공하는 태그가 〈c:if〉입니다. JSTL의 흐름을 제어하는 태그는 이런 불편함을 없기 위해서 나온 것으로 if, choose, forEach, forTokens 등이 제공됩니다. 이번 절에서는 다양한 형태의 흐름 제어를 위한 태그를 살펴보겠습니다.

〈c:if〉

〈c:if〉는 자바의 if 문과 비슷한 기능을 제공합니다. 단지 자바는 if~esle를 사용하여 여러 가지 중에 하나를 선택적으로 수행할 수 있는 기능을 제공하는 반면 if 태그만이 제공됩니다. 기본 형식은 다음과 같습니다. 형식은 다음과 같습니다.

```
<c:if test="조건식">
  조건이 참일 경우 실행할 문장
</c:if>
```

〈c:if〉 태그는 test 속성에 지정한 조건을 평가하여 결과가 true이면 몸체 부분이
수행됩니다.

파라미터 color가 1이라는 조건 제시

```
<c:if test="$ {param.color == 1 }">
    <span style="color: red;">빨강</span>
</c:if>
```

조건에 만족할 경우에만 실행됨

만일 위 코드를 JSTL을 사용하지 않았을 경우에는 다음과 같이 복잡하게 엮여 가
독성이 좋지 않습니다.

■ JSTL을 사용하지 않았을 경우

```
<%
String str=request.
getParameter("color");
int color=Integer.parseInt(str);
if(color==1){
%>
  <span style="color: red;">빨강</span>
<%
}
%>
```

■ JSTL을 사용할 경우

```
<c:if test="${param.color == 1}">
    <span style="color: red">빨강</span>
</c:if>
```

[직접해보세요] 색상 선택하기

1. 콤보 박스에서 색상을 선택하는 폼을 12_colorSelectForm.jsp란 이름으로 작성합니다.

```
1    <%@ page language="java" contentType="text/html; charset=UTF-8"
2                  pageEncoding="UTF-8"%>
3    <!DOCTYPE html>
4    <html>
5    <head>
6    <meta charset="UTF-8">
```

```
7        <title>EL과 JSTL</title>
8        </head>
9        <body>
10       <form action="12_colorSelect.jsp">
11           <label for="color">색상을 선택하세요.</label><br>
12           <select id="color" name="color" >
13               <option value="1">빨강</option>
14               <option value="2">초록</option>
15               <option value="3">파랑</option>
16           </select>
17           <input type="submit" value="전송">
18       </form>
19       </body>
20       </html>
```

2. 사용자가 선택한 색상을 출력하는 JSP 페이지를 12_colorSelect.jsp란 이름으로 작성합니다.

```
1        <%@ page language="java" contentType="text/html; charset=UTF-8"
2                    pageEncoding="UTF-8"%>
3        <%@ taglib prefix="c" uri="http://java.sun.com/jsp/jstl/core" %>
4        <!DOCTYPE html>
5        <html>
6        <head>
7        <meta charset="UTF-8">
8        <title>EL과 JSTL</title>
9        </head>
10       <body>
11       <c:if test="${param.color == 1}">
12          <span style="color: red;">빨강</span>
13       </c:if>
14       <c:if test="${param.color == 2}">
15          <span style="color: green;">초록</span>
16       </c:if>
17       <c:if test="${param.color == 3}">
18          <span style="color: blue;">파랑</span>
19       </c:if>
20       </body>
21       </html>
```

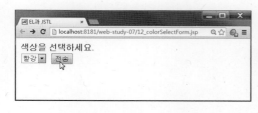

⟨c:choose⟩

⟨c:if⟩ 태그는 자바처럼 else를 사용할 수 없기 때문에 두 가지 경우 중 하나를 선택할 경우에도 또 다시 조건을 제시해야 하는 번거로움이 있습니다. ⟨c:if⟩ 태그에서 else 구문을 사용할 수 없기 때문에 생기는 아쉬움을 ⟨c:choose⟩ 태그로 해소할 수 있습니다. ⟨c:choose⟩ 태그와 ⟨c:if⟩ 태그의 차이점을 살펴보기 위해서 로그인할 때 관리자인지 일반 회원인지를 구분하는 조건를 ⟨c:if⟩로 처리한 예를 살펴보도록 합시다.

```
<c:if test="${param.userType == 'admin'}">
    ${param.id }(관리자)
</c:if>
<c:if test="${param.userType == 'member'}">
    ${param.id }(회원)
</c:if>
```
else를 사용할 수 없기 때문에
또 다시 조건을 제시해야 함

JSP에서 자바 코드로 기술하면 또 다시 조건을 제시하지 않고도 else 문을 사용하여 다음과 같이 간단하게 처리할 수 있습니다.

```
if(request.getParameter("userType").equals("admin")) {
    out.print(request.getParameter("id")+"(관리자)");
}else {
    out.print(request.getParameter("id")+"(회원)");
}
```
else를 사용하여 간단하게 처리

⟨c:choose⟩ 태그는 ⟨c:when⟩를 ⟨c:otherwise⟩와 함께 사용하여 조건에 만족하지 않는 경우에 대해서도 다음과 같이 간단하게 처리할 수 있습니다.

```
<c:choose>
<c:when test="$ {param.userType == 'admin'}">
    ${param.id}(관리자)
</c:when>
<c:otherwise>───────── ⟨c:otherwise⟩는 위에 제시한
    ${param.id}(회원)        ⟨c:when⟩에 만족하지 않을 때 실행
</c:otherwise>
</c:choose>
```

〈c:choose〉 태그는 자바의 switch 문처럼 다양한 조건을 제시해서 여러 경우에 대해서도 간단하게 처리할 수 있습니다. 〈c:choose〉 태그의 기본 형식은 다음과 같습니다.

```
<c:choose>
  <c:when test="조건1"> 몸체1 </c:when>  <!-- 조건1에 만족할 때 -->
  <c:when test="조건2"> 몸체2 </c:when>  <!-- 조건2에 만족할 때 -->
  <c:otherwise> 몸체3 </c:otherwise>  <!-- 조건에 만족하지 않을 때 -->
</c:choose>
```

〈c:choose〉 태그 내부에는 여러 개의 〈c:when〉을 가질 수 있으며 순서대로 〈c:when〉 태그의 test 조건을 검사하여 그 결과가 참이면 〈c:when〉 태그의 몸체 부분을 실행합니다.

〈c:choose〉 태그 내부의 〈c:when〉 중 만족한 조건을 찾지 못할 경우에는 〈c:otherwise〉의 몸체 부분을 실행합니다. 경우에 따라서는 〈c:otherwise〉 태그는 생략할 수 있습니다.

[직접해보세요] 과일 선택하기

1. 콤보 박스에서 색상을 선택하는 폼을 13_fruitSelectForm.jsp란 이름으로 작성합니다.

```
1   <%@ page language="java" contentType="text/html; charset=UTF-8"
2               pageEncoding="UTF-8"%>
3   <!DOCTYPE html>
4   <html>
5   <head>
6   <meta charset="UTF-8">
7   <title>EL과 JSTL</title>
8   </head>
9   <body>
10  <form action="13_fruitSelect.jsp">
11      <label for="fruit">과일을 선택하세요</label><br>
12      <select id="fruit" name="fruit" >
13          <option value="1">사과 </option>
14          <option value="2">메론</option>
15          <option value="3">바나나</option>
16      </select>
```

```
17              <input type="submit" value="전송">
18      </form>
19      </body>
20      </html>
```

2. 사용자가 선택한 색상을 출력하는 JSP 페이지를 13_fruitSelect.jsp란 이름으로 작성합니다.

```
1       <%@ page language="java" contentType="text/html; charset=UTF-8"
2                   pageEncoding="UTF-8"%>
3       <%@ taglib prefix="c" uri="http://java.sun.com/jsp/jstl/core" %>
4       <!DOCTYPE html>
5       <html>
6       <head>
7       <meta charset="UTF-8">
8       <title>EL과 JSTL</title>
9       </head>
10      <body>
11      <c:choose>
12         <c:when test="${param.fruit == 1}">
13            <span style="color: red;">사과</span>
14         </c:when>
15         <c:when test="${param.fruit == 2}">
16            <span style="color: green;">메론</span>
17         </c:when>
18         <c:when test="${param.fruit == 3}">
19            <span style="color: blue;">바나나</span>
20         </c:when>
21      </c:choose>
22      </body>
23      </html>
```

⟨c:forEach⟩

⟨c:forEach⟩는 배열(Array)이나 컬렉션Collection 또는 맵Map 등과 같은 집합체에 저장되어 있는 값들을 순차적으로 처리할 때 사용할 수 있는 태그입니다. 기본 형식은 다음과 같습니다.

```
<c:forEach [var="변수 이름"] items="배열과 같은 집합체">
  몸체
</c:forEach>
```

items 속성에 배열과 같은 집합체를 지정하면 이곳에 저장된 각각의 항목에 대해서 몸체 부분을 반복합니다. 이때 var 속성에 변수를 지정하면 items 속성에 저장한 집합체에 저장된 항목들이 순차적으로 var 속성에 지정한 변수에 저장됩니다. 이 변수는 반복되는 몸체 내부에서 사용할 수 있습니다.

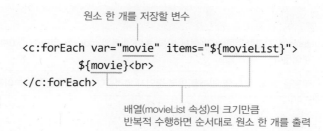

[직접해보세요] 영화 제목을 저장할 배열을 〈c:forEach〉 태그를 사용하여 출력하기

[파일 이름 : 14_movieList.jsp]

```
1   <%@ page language="java" contentType="text/html; charset=UTF-8"
2                pageEncoding="UTF-8"%>
3   <%@ taglib prefix="c" uri="http://java.sun.com/jsp/jstl/core" %>
4   <!DOCTYPE html>
5   <html>
6   <head>
7   <meta charset="UTF-8">
8   <title>EL과 JSTL</title>
9   </head>
10  <body>
11  <%
12  String[] movieList = { "타이타닉", "시네마 천국", "혹성 탈출", "킹콩" };
13  pageContext.setAttribute("movieList", movieList);
14  %>
15  <c:forEach var="movie" items="${movieList}">
16      ${movie}<br>
17  </c:forEach>
18  </body>
19  </html>
```

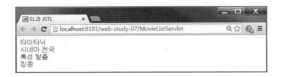

〈c:forEach〉 태그에 사용할 수 있는 속성 중에는 varStatus 속성이 있습니다. varStatus 속성은 배열이나 컬렉션과 같은 집합체에서 항목의 인덱스 값을 사용해야 할 경우가 생기는데 이때 사용하게 됩니다. varStatus 속성은 인덱스(index)는 물론 반복 횟수(count) 등과 같은 반복 상태에 관련된 정보를 프로퍼티로 알려줍니다.

프로퍼티	설명
index	items에 지정한 집합체의 현재 반복 중인 항목의 index를 알려준다. 0부터의 순서가 부여된다.
count	루핑을 돌 때 현재 몇 번째를 반복 중인지 알려준다. 1부터의 순서가 부여된다.

반복 상태 정보를 위한 변수

```
<table border="1">
<c:forEach var="movie" items="${movieList}" varStatus="status">
<tr>
  <td> ${status.index} </td>  —— 현재 반복 중인 항목의 index를 알려 줌
  <td> ${status.count} </td>  —— 몇 번째 반복 중인지 알려 줌
  <td> ${movie } </td>
</tr>
</c:forEach>
</table>
```

[직접해보세요] 영화 제목을 저장한 배열을 〈c:forEach〉 태그의 varStatus 속성을 사용하여 인덱스와 반복 횟수 출력하기 [파일 이름 : 15_movieList.jsp]

```
1   <%@ page language="java" contentType="text/html; charset=UTF-8"
2              pageEncoding="UTF-8"%>
3   <%@ taglib prefix="c" uri="http://java.sun.com/jsp/jstl/core" %>
4   <!DOCTYPE html>
5   <html>
6   <head>
7   <meta charset="UTF-8">
```

```
8    <title>EL과 JSTL</title>
9    </head>
10   <body>
11   <%
12   String[] movieList = { "타이타닉", "시네마 천국", "혹성 탈출", "킹콩" };
13   pageContext.setAttribute("movieList", movieList);
14   %>
15   <table border="1" style="width:100%; text-align: center;">
16    <tr>
17     <th> index </th> <th> count </th> <th> title </th>
18    </tr>
19    <c:forEach var="movie" items="${movieList}" varStatus="status">
20    <tr>
21     <td> ${status.index} </td>
22     <td> ${status.count} </td>
23     <td> ${movie} </td>
24    </tr>
25    </c:forEach>
26   </table>
27   </body>
28   </html>
```

varStatus 속성으로 사용할 수 있는 프로퍼티로는 index(인덱스)와 count(반복 횟수) 외에도 다음과 같은 것들이 있습니다.

프로퍼티	설명
first	현재 루프가 처음인지 여부를 알려준다. 첫 번째일 경우에는 true를 아니면 false를 리턴한다.
last	현재 루프가 마지막인지 여부를 알려준다. 마지막일 경우에는 true를 아니면 false를 리턴한다.

위 프로퍼티 중 first와 last를 이용해서 할 수 있는 것들을 예를 들어보겠습니다. 우선 first 프로퍼티를 이용해서 첫 번째 항목만 강조해 봅시다.

```
<ul>
<c:forEach var="movie" items="${movieList}" varStatus="status">
  <c:choose>
    <c:when test="${status.first}">
      <li style="font-weight: bold; color: red;">${movie}</li>
    </c:when>
    <c:otherwise>
      <li>${movie}</li>
    </c:otherwise>
  </c:choose>
</c:forEach>
</ul>
```

이번에는 last 프로퍼티를 이용해서 항목들을 콤마(,)로 구분하되 마지막 항목은
콤마를 넣지 않도록 해봅시다.

```
<c:forEach var="movie" items="${movieList}" varStatus="status">
  ${movie} <c:if test="${not status.last}">, </c:if>
</c:forEach>
```

[직접해보세요] first, last 프로퍼티 사용하기   [파일 이름 : 16_movieList.jsp]

```
1    <%@ page language="java" contentType="text/html; charset=UTF-8"
2                pageEncoding="UTF-8"%>
3    <%@ taglib prefix="c" uri="http://java.sun.com/jsp/jstl/core" %>
4    <!DOCTYPE html>
5    <html>
6    <head>
```

```
7   <meta charset="UTF-8">
8   <title>EL과 JSTL</title>
9   </head>
10  <body>
11  <%
12  String[] movieList = { "타이타닉", "시네마 천국", "혹성 탈출", "킹콩" };
13  pageContext.setAttribute("movieList", movieList);
14  %>
15  <ul>
16  <c:forEach var="movie" items="${movieList}" varStatus="status">
17    <c:choose>
18      <c:when test="${status.first }">
19        <li style="font-weight: bold; color: red;">${movie}</li>
20      </c:when>
21      <c:otherwise>
22        <li>${movie}</li>
23      </c:otherwise>
24    </c:choose>
25  </c:forEach>
26  </ul>
27
28  <c:forEach var="movie" items="${movieList}" varStatus="status">
29      ${movie} <c:if test="${not status.last}">, </c:if>
30  </c:forEach>
31  </body>
32  </html>
```

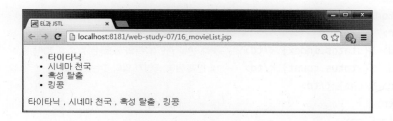

〈c:forEach〉 태그는 여러 가지로 활용이 가능합니다. 객체를 받아와서 그 객체의 길이만큼 반복할 수도 있지만, begin, end 속성에 시작 번호와 끝 번호를 지정하고, step 속성을 이용해서 증가 구간을 정하여 원하는 만큼 반복 수행할 수 있습니다. 마치 자바의 for문과 같이 지정한 횟수만큼 반복하는 용도로 사용할 수 있습니다.

```
<c:forEach [var="변수 이름"] begin="시작 값" end="끝 값" [step="증가치"]>
    몸체
</c:forEach>
```

속성	설명
begin	반복에 사용될 것 중 첫 번째 항목의 Index
end	반복에 사용될 것 중 마지막 항목의 Index

다음은 1부터 10까지 자연수를 출력하는 예입니다.

```
                        변수         시작 값      끝 값
<c:forEach var="cnt" begin="1" end="10">
    ${cnt} ──── 1부터 10까지 자연수를 순차적으로 출력함
</c:forEach>
```

varStatus 속성의 index와 count 프로퍼티의 차이가 index는 시작 값이 0, count는 시작 값이 1일 것이라고 생각할 수도 있습니다. 하지만 begin을 7로 하게 되면 index는 7, 8, 9, 10이 됩니다.

```
                            시작 값    시작 값
<table>
 <c:forEach var="cnt" begin="7" end="10" varStatus="status">
  <tr>
  <td> ${status.index} </td> ──── 현재 반복 중인 항목의 index는 7, 8, 9, 10이 됨
  <td> ${status.count} </td> ──── 몇 번째 반복 중인지 알려 주는 count는 1, 2, 3, 4가 됨
  <td> ${cnt} </td>
  </tr>
</c:forEach>
</table>
```

step 값을 2로 주면 index 값이 1, 3, 5, 7, 9가 됩니다. 하지만 count는 여전히 1, 2, 3, 4, 5가 됩니다.

증가치

```
<table>
 <c:forEach var="cnt" begin="1" end="10" step="2" varStatus="status">
  <tr>
   <td> ${status.index} </td> ——현재 반복 중인 항목의 index는 1, 3, 5, 7, 9가 됨
   <td> ${status.count} </td> ——몇 번째 반복 중인지 알려 주는 count는 1, 2, 3, 4, 5가 됨
   <td> ${cnt} </td>
  </tr>
 </c:forEach>
</table>
```

[직접해보세요] begin, end 속성 사용하기   [파일 이름 : 17_movieList.jsp]

```
1    <%@ page language="java" contentType="text/html; charset=UTF-8"
2                pageEncoding="UTF-8"%>
3    <%@ taglib prefix="c" uri="http://java.sun.com/jsp/jstl/core" %>
4    <!DOCTYPE html>
5    <html>
6    <head>
7    <meta charset="UTF-8">
8    <title>EL과 JSTL</title>
9    </head>
10   <body>
11   <c:forEach var="cnt" begin="1" end="10" varStatus="status">
12        ${cnt} <c:if test="${not status.last }">, </c:if>
13   </c:forEach>
14   <br><br>
15   <table border="1" style="width:100%; text-align: center;">
16    <tr>
17     <th> index </th> <th> count </th> <th> cnt </th>
18    </tr>
19   <c:forEach var="cnt" begin="7" end="10" varStatus="status">
20     <tr>
21         <td> ${status.index} </td>
22         <td> ${status.count} </td>
23         <td> ${cnt} </td>
24     </tr>
25   </c:forEach>
26   </table>
```

```
27    <br><br>
28    <table border="1" style="width:100%; text-align: center;">
29     <tr>
30      <th> index </th> <th> count </th> <th> cnt </th>
31     </tr>
32    <c:forEach var="cnt" begin="1" end="10" varStatus="status" step="2">
33      <tr>
34            <td> ${status.index} </td>
35            <td> ${status.count} </td>
36            <td> ${cnt} </td>
37      </tr>
38    </c:forEach>
39    </table>
40    </body>
41    </html>
```

이번에는 동일한 이름의 체크 박스가 여러 개 있는 HTML 문서에서 여러 개의 항목을 선택하여 전송된 정보를 얻어오도록 합시다. 이를 위해서는 표현 언어에서는 paramValues를 사용합니다. paramValues는 지정한 이름을 가진 파라미터의 모든 값을 배열 형태로 얻어오기 때문에 동일한 이름으로 여러 번 값이 전송되어도 이를 처리할 수 있습니다.

배열로 얻어진 값은 JSTL의 〈c:forEach〉 태그를 사용하면 쉽게 화면에 출력할 수 있습니다.

파일 이름	설명
17_checkbox.jsp	체크 박스가 있는 폼 양식을 갖는다. [전송] 버튼을 클릭하면 JSP로 다중 선택된 값이 전송된다.
17_paramValues.jsp	HTML 문서에서 선택된 체크 박스 값을 처리하는 JSP이다.

[직접해보세요] 관심분야 다중 선택하기

1. 다중 선택을 하는 체크 박스가 있는 입력 폼을 17_checkbox.jsp란 이름으로 작성합니다.

```
1   <%@ page language="java" contentType="text/html; charset=UTF-8"
2       pageEncoding="UTF-8"%>
3   <!DOCTYPE html>
4   <html>
5   <head>
6   <meta charset="UTF-8">
7   <title>서블릿</title>
8   </head>
9   <body>
10  <h2>악세사리</h2>
11  관심항목을 선택하세요.<hr>
12  <form method="get" action="17_paramValues.jsp">
13   <input type="checkbox" name="item" value="신발"> 신발
14   <input type="checkbox" name="item" value="가방"> 가방
15   <input type="checkbox" name="item" value="벨트"> 벨트<br>
16   <input type="checkbox" name="item" value="모자"> 모자
17   <input type="checkbox" name="item" value="시계"> 시계
18   <input type="checkbox" name="item" value="쥬얼리"> 쥬얼리<br>
19   <input type="submit" value="전송">
20  </form>
21  </body>
22  </html>
```

2. 사용자가 선택한 체크 박스 값을 얻어와 출력하는 JSP를 17_paramValues.jsp란 이름으로 작성합니다.

```
1   <%@ page language="java" contentType="text/html; charset=UTF-8"
2       pageEncoding="UTF-8"%>
3   <%@ taglib prefix="c" uri="http://java.sun.com/jsp/jstl/core" %>
4   <!DOCTYPE html>
```

```
5      <html>
6      <head>
7      <meta charset="UTF-8">
8      <title>EL과 JSTL</title>
9      </head>
10     <body>
11       당신이 선택한 항목입니다.<hr>
12       <c:forEach var="item" items="${paramValues.item}"
       varStatus="status">
13           ${item}  <c:if test="${not status.last}">, </c:if>
14     </c:forEach>
15     </body>
16     </html>
```

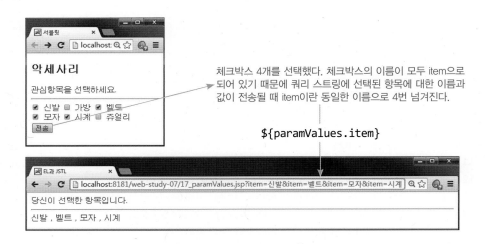

체크박스 4개를 선택했다. 체크박스의 이름이 모두 item으로
되어 있기 때문에 쿼리 스트링에 선택된 항목에 대한 이름과
값이 전송될 때 item이란 동일한 이름으로 4번 넘겨진다.

${paramValues.item}

〈c:forTokens〉

〈c:forTokens〉 태그는 java.util.StringTokenizer와 같이 문자열을 구분자로 분리해서 하나씩 추출할 수 있습니다. 형식은 다음과 같습니다.

```
<c:forTokens var="토큰을 저장할 변수" items="토큰으로 나눌 문자열" delims="구분자">
    몸체
</c:forEach>
```

```
1    <%@ page language="java" contentType="text/html; charset=UTF-8"
2                pageEncoding="UTF-8"%>
3    <%@ taglib prefix="c" uri="http://java.sun.com/jsp/jstl/core" %>
4    <!DOCTYPE html>
5    <html>
6    <head>
7    <meta charset="UTF-8">
8    <title>EL과 JSTL</title>
9    </head>
10   <body>
11   <c:forTokens var="city" items="서울.인천,대구.부산" delims=",">
12      ${city} <br>
13   </c:forTokens>
14   <hr>
15
16   <c:forTokens var="city" items="서울.인천,대구.부산" delims=",.">
17      ${city} <br>
18   </c:forTokens>
19   </body>
20   </html>
```

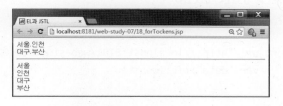

〈c:import〉, 〈c:redirect〉, 〈c:url〉 태그 사용하기

이번 절에서는 다른 페이지의 내용을 포함하거나 이동하는 등에 사용되는 태그를 살펴봅니다.

〈c:import〉

〈jsp:include〉 태그는 4장의 액션 태그를 학습하면서 다른 페이지의 내용을 동적으로 포함시키기 위해 사용되는 기능이라고 설명했습니다. 〈jsp:include〉 태그처럼 이제 소개할 〈c:import〉 역시 다른 페이지의 내용을 포함시키기 위해서 사용합니다.

차이점은 〈jsp:include〉 태그는 단순히 페이지를 포함시키지만 〈c:import〉 태그는 다른 페이지의 내용을 변수에 저장할 수 있습니다. 기본 형식은 다음과 같습니다.

```
<c:import url="URL" [var="변수 이름"] [scope="영역"] [charEncoding="charEncoding"]>
</c:import>
```

〈c:import〉는 url 속성에 지정된 서버에 접속해서 데이터를 읽어 와서 var 속성에 지정한 변수에 저장합니다. scope에는 변수가 효력을 발휘할 수 있는 영역을 설정합니다. var 속성을 생략하면 현재 위치에 URL로부터 읽어온 결과를 출력합니다.

[직접해보세요] 〈c:import〉 사용하기　　　　[파일 이름: 19_jstlUrl.jsp]

```
1    <%@ page language="java" contentType="text/html; charset=UTF-8"
2              pageEncoding="UTF-8"%>
3    <%@ taglib prefix="c" uri="http://java.sun.com/jsp/jstl/core" %>
4    <!DOCTYPE html>
5    <html>
6    <head>
7    <meta charset="UTF-8">
8    <title>EL과 JSTL</title>
9    </head>
10   <body>
11   <c:import url="http://localhost:8181/web-study-07/02_el.jsp"
12             var="data"></c:import>
13   ${data}
14   </body>
15   </html>
```

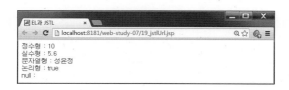

11 :　02_el.jsp 페이지에 있는 내용을 가져와 var 속성 값인 data 변수에 저장하였습니다.

12 :　변수에 저장된 값을 출력하여 02_el.jsp 페이지의 내용이 저장되었음을 확인합니다.

〈c:url〉

〈c:url〉 태그는 이후에 여러 번 반복되어 사용할 주소가 있다면 변수에 저장하기 위해서 사용됩니다. 〈c:url〉의 형식은 다음과 같습니다.

```
<c:url value="URL" [var="변수 이름"] [scope="영역"]>
</c:url>
```

[직접해보세요] 〈c:url〉 사용하기　　　　　　　　　　　　[파일 이름: 20_jstlUrl.jsp]

```
1    <%@ page language="java" contentType="text/html; charset=UTF-8"
2                pageEncoding="UTF-8"%>
3    <%@ taglib prefix="c" uri="http://java.sun.com/jsp/jstl/core" %>
4    <!DOCTYPE html>
5    <html>
6    <head>
7    <meta charset="UTF-8">
8    <title>EL과 JSTL</title>
9    </head>
10   <body>
11   <c:url value="images/pic.jpg" var="data"></c:url>
12   <h3> ${data} </h3>
13   <img src="${data}" width='150' height='150'>
14   </body>
15   </html>
```

⟨c:redirect⟩

⟨c:redirect⟩는 response.sendRedirect() 메소드와 동일한 기능을 제공합니다.
코드를 보다 간결하게 기술하여 지정한 페이지로 이동시키기 위해 사용합니다.
⟨c:redirect⟩의 형식은 다음과 같습니다.

```
<c:redirect url="URL" [context="경로명"]>
```

```
1   <%@ page language="java" contentType="text/html; charset=UTF-8"
2            pageEncoding="UTF-8"%>
3   <%@ taglib prefix="c" uri="http://java.sun.com/jsp/jstl/core" %>
4   <!DOCTYPE html>
5   <html>
6   <head>
7   <meta charset="UTF-8">
8   <title>EL과 JSTL</title>
9   </head>
10  <body>
11  <c:redirect url="20_jstlUrl.jsp"></c:redirect>
12  </body>
13  </html>
```

〈c:out〉과 〈c:catch〉 태그 사용하기

이번 절에서는 JSTL 설치가 제대로 되었는지 살펴보기 위해서 이미 사용한 〈c:out〉을 보다 자세히 살펴보도록 합시다. 〈c:out〉은 출력을 위한 태그입니다. 〈c:out〉와 함께 예외 처리를 위한 〈c:catch〉 태그의 사용 방법과 역할도 살펴보도록 합니다.

〈c:out〉

〈c:out〉은 value 속성에 지정한 문자열 혹은 변수의 내용을 출력할 때 사용하는 태그로서 JSP의 표현식(〈%= %〉)이나 표현 언어와 동일한 역할을 합니다. 다음과 같은 형식을 갖고 있습니다. 주로 출력을 위해서는 ${}를 사용하지만 JSTL에서도 출력을 위한 태그가 제공되기에 이를 사용할 수도 있습니다. ${}보다는 자주 사용되지는 않습니다.

```
<c:out value="value" [default="기본값"] >
```

[]으로 둘러싸인 부분은 생략 가능한 부분입니다. value와 default 값은 일반 문자열이나 표현 언어가 들어갑니다. 다음은 〈c:out〉 태그의 속성 목록입니다.

속성	설명
value	출력할 값을 지정한다.
default	지정한 값이 없을 경우 사용할 값을 지정한다.

다음의 예는 변수 age에 저장된 값을 출력합니다.

```
<c:out value="${age}" default="10">
```

변수 age가 없거나 저장된 값이 없을 경우에는 default 속성 값인 10을 출력합니다.

default 속성을 지정하지 않고 다음과 같이 태그의 몸체에 기본 값을 지정할 수 있습니다.

```
<c:out value="value" >
  기본 값
</c:out>
```

다음은 default 속성을 사용하지 않고 〈c:out〉와 〈/c:out〉 사이에 기본값을 지정한 예입니다.

```
<c:out value="${age}">
  10
</c:out>
```

변수 age가 존재하지 않는다면 10이 출력됩니다.

〈c:catch〉

자바 코드에서는 예외 처리를 위해서 try~catch로 기술한다면 이를 JSTL에서는 〈c:catch〉를 사용합니다. 〈c:catch〉 몸체 부분에 예외가 발생할 가능성이 있는 코드를 기술하여 예외가 발생하면 이를 잡아내는 역할을 담당합니다. 기본 형식은 다음과 같습니다.

```
<c:catch var="변수 이름">
  예외가 발생할 수 있는 코드
</c:catch>
```

var 속성을 지정해서 변수를 선언하면 그 변수에 예외의 내용이 들어가게 됩니다. 다음의 예는 0으로 나눌 경우 예외가 발생하게 되므로 이를 예외 처리를 위한 catch 태그에 기술합니다. 예외 메시지는 var에 지정한 errmsg 변수에 저장됩니다.

```
<c:catch var="errmsg">
  예외 발생 전
  <%=1/0 %>
  예외 발생 후
</c:catch>
```

```
1    <%@ page language="java" contentType="text/html; charset=UTF-8"
2                  pageEncoding="UTF-8"%>
3    <%@ taglib prefix="c" uri="http://java.sun.com/jsp/jstl/core" %>
4    <!DOCTYPE html>
5    <html>
6    <head>
7    <meta charset="UTF-8">
8    <title>EL과 JSTL</title>
9    </head>
10   <body>
11   <c:set var="age" value="30" scope="page" ></c:set>
12   나이:<c:out value="${age}">10</c:out> <br>
13
14   <c:remove var="age" scope="page"></c:remove>
15   나이:<c:out value="${age}">10</c:out> <br>
16
17   <c:catch var="errmsg">
18      예외 발생 전<br>
19      <%= 1/0 %><br>
20      예외 발생 후<br>
21   </c:catch>
22
23   <c:out value="${errmsg}"> </c:out>
24   </body>
25   </html>
```

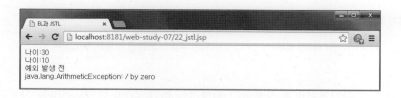

11 : page 영역에 변수 age를 선언하되 30을 저장합니다.

12 : 변수 값을 〈c:out〉 태그로 출력합니다.

14 : 〈c:remove〉 태그로 page 영역의 age 변수를 제거합니다.

15 : age 변수를 제거한 후에 변수 값을 출력하면 default 값인 10이 출력됩니다.

17 : 〈c:catch〉 태그는 몸체를 실행하는 중에 〈%= 1/0 %〉에서 예외가 발생합니다. 예외의 원인은 변수 errmsg에 저장됩니다.

23 : 〈c:out〉 태그로 에러 메시지를 출력합니다.

이번 절에서는 JSTL 라이브러리들 중에서 가장 기본이 되는 코어(core) 태그를 살펴보았습니다. 다음 절에서는 데이터를 출력할 때 원하는 형태로 출력하기 위한 포맷 관련 JSTL을 살펴보도록 하겠습니다.

JSTL fmt

JSTL fmt는 JSTL 국제화 지역화 태그로 JSP 페이지에서 다양한 언어를 지원 받을 수 있도록 할 수 있고, 날짜와 숫자 형식을 다루는 데 사용됩니다. fmt 태그는 다음과 같은 종류가 있습니다.

기능	태그	설명
숫자 날짜 형식	formatNumber	숫자를 양식에 맞춰서 출력한다.
	formatDate	날짜 정보를 담고 있는 객체를 포맷팅하여 출력할 때 사용한다.
	parseDate	문자열을 날짜로 파싱한다.
	parseNumber	문자열을 수치로 파싱한다.
	setTimeZone	시간대별로 시간을 처리할 수 있는 기능을 제공한다.
	timeZone	시간대별로 시간을 처리할 수 있는 기능을 제공한다.
로게일 지정	setLocale	국제화 태그들이 사용할 로케일을 지정한다.
	requestEncoding	요청 파라미터의 인코딩을 지정한다.
메시지 처리	bundle	태그 몸체에서 사용할 리소스 번들을 지정한다.
	message(param)	메시지를 출력한다.
	setBundle	특정 리소스 번들을 사용할 수 있도록 로딩한다.

JSTL fmt 라이브러리를 사용하기 위해서는 JSTL core 라이브러리를 사용하듯이 taglib 지시자를 추가해야 합니다. 다음은 JSTL이 제공해 주는 기능 중 fmt 태그를 사용하기 위한 taglib 지시자입니다.

```
<%@ taglib  prefix="fmt" uri="http://java.sun.com/jstl/fmt"%>
```

taglib 지시자는 ⟨%@으로 시작해서 %⟩로 끝나며 uri에는 fmt 태그를 사용하기 위한 URI 식별자로 "http://java.sun.com/jstl/fmt"를 지정하고 prefix 속성에는 접두사로 "fmt"를 지정합니다.

숫자 날짜 형식 지정 관련 태그

프로그래밍을 하다 보면 숫자나 날짜를 출력하는 형식을 원하는 형태로 변경하고 싶을 때가 있습니다.

위 블로그 게시판처럼 날짜를 "2013.08.22"와 같은 형태로 출력하고자 할 경우 포맷팅 관련 태그가 사용됩니다. 포맷팅과 관련된 태그는 다음과 같습니다.

formatNumber, formatDate, parseDate, parseNumber, setTimeZone, timeZone

이번에는 위에 언급한 날짜의 패턴이나 숫자, 통화 또는 퍼센트 형태를 변경하기 위한 포맷팅 태그에 대해서 학습하겠습니다.

⟨fmt:formatNumber⟩

수치 데이터는 통화량인지 퍼센트인지에 따라 표현하는 형식이 달라야 합니다.

숫자(number)   : 1,234,567.89
퍼센트(percent) : 50%
통화(currency)   : ₩10,000

⟨fmt:formatNumber⟩는 이와 같이 원하는 패턴대로 수치 데이터를 표현하기 위한 태그입니다. 형식은 다음과 같습니다.

```
<fmt:formatNumber value="수치 데이터"
        [type="{number|currency|percent}"]
        [pattern="패턴"]
        [currencySymbol="화폐 단위"]
        [groupingUsed="{true|false}"]
        [var="변수 이름"]
        [scope="{page|request|session|application}"]>
```

다음은 〈fmt:formatNumber〉 태그의 속성을 정리한 표입니다.

속성	표현식	타입	설명
value	true	String 또는 Number	형식화할 수치 데이터
type	true	String	숫자(number), 통화(currency), 퍼센트(percent) 중 어느 형식으로 표시할 지 지정
pattern	true	String	사용자가 지정한 형식 패턴
currencySymbol	true	String	통화 기호. 통화 형식(type="currency")일 때만 적용
groupingUsed	true	boolean	콤마와 같이 단위를 구분할 때 사용하는 기호를 표시할지의 여부를 결정한다. true이면 10,000과 같이 구분 기호가 사용되며 false이면 10000로 출력된다. 기본값은 true이다.
var	false	String	형식 출력 결과 문자열을 담는 scope에 해당하는 변수 이름
scope	false	String	var 속성에 지정한 변수가 효력을 발휘할 수 있는 영역 지정

〈fmt:formatNumber〉 태그는 value 속성에 지정한 수치 데이터를 출력할 때 단위를 구분하기 위해 사용하는 콤마를 세자리마다 한 번씩 찍어줍니다.

```
<fmt:formatNumber value="1234567.89"/>
```
1,234,567.89 ── value 속성에 지정한 수치 데이터를
3자리마다 콤마로 구분해서 출력

구분 기호를 표시할지 여부를 결정하는 groupingUsed 속성 값이 기본적으로 true로 지정되어 있기 때문입니다. 구분 기호를 표시하지 않으려면 groupingUsed 속성 값을 false로 줍니다.

```
<fmt:formatNumber value="1234567.89" groupingUsed="false"/>
```
1234567.89 ── value 속성에 지정한 수치 데이터를
구분 기호 없이 출력

수치 데이터를 퍼센트로 표시하고자 할 때에는 〈fmt:formatNumber〉 태그의 type 속성에 percent를 지정합니다. 퍼센트로 변환하기 위한 수치 데이터 값을 줄 때는 주의가 필요합니다. 50%를 출력하려면 변환할 수치 데이터 값에 0.5를 지정해야 합니다. 왜냐하면 100%를 1로 보기 때문에 0.5에 100을 곱한 후 퍼센트를 표시하는 % 기호를 덧붙여 출력하기 때문입니다.

퍼센트 형식 지정

```
<fmt:formatNumber value="0.5" type="percent"/>
```
50% ── value 속성에 지정한 수치 데이터 0.5를
퍼센트 형식인 50%로 변환하여 출력

통화 형식으로 출력하려면 type 속성에 currency를 지정합니다. 통화량을 표시하기 위해서 세 자리마다 한 번씩 콤마를 찍어주고 화폐 단위를 표시하는 기호가 수치 데이터 맨 앞에 덧붙여 출력됩니다.

통화 형식 지정

```
<fmt:formatNumber value="10000" type="currency"/>
```
₩10,000 ── value 속성에 지정한 수치 데이터를 세 자리마다
콤마로 구분해서 출력되고 화폐 단위를 표시함

currencySymbol 속성에 $를 지정하면 통화 기호를 $로 변경할 수 있습니다.

통화 기호 지정

```
<fmt:formatNumber value="10000" type="currency" currencySymbol="$"/>
```
$10,000 ── 통화 기호가 변경되어 표시됨

pattern 속성을 사용하면 수치 데이터를 일관성 있게 화면에 출력할 수 있습니다. pattern 속성 값으로는 #과 0과 소수점을 위한 닷(.)을 이용하여 원하는 자리만큼을

원하는 형식으로 출력할 수 있습니다. #은 채워야 할 자리에 비해서 데이터가 모자라면 아무것도 표시하지 않고 공백으로 표시됩니다.

자리수보다 수치 데이터 길이가 길 경우 자릿수만큼만 출력합니다.

소수점 이하 2자리까지 표시하는 패턴을 지정

```
<fmt:formatNumber value="1234567.8912345" pattern="#,#00.0#"/>
```
1,234,567.89 —— value 속성에 지정한 수치 데이터를 소수점에
맞추어 소수점 이하 2자리까지 출력하기 위해서
나머지는 잘라냄

자리수보다 수치 데이터가 모자랄 경우 공백으로 표시합니다.

소수점 이하 2자리까지 표시하는 패턴을 지정

```
<fmt:formatNumber value="1234567.8" pattern="#,#00.0#"/>
```
1,234,567.8 —— value 속성에 지정한 수치 데이터를 소수점에
맞추어 소수점 이하 2자리까지 출력하되 빈자
리는 공백으로 표시

반면 0은 빈자리만큼을 0으로 채웁니다.

소수점 이하 3자리까지 표시하는 패턴을 지정

```
<fmt:formatNumber value="1234567.89" pattern=".000"/>
```
1234567.890 —— value 속성에 지정한 수치 데이터를 소수점에
맞추어 소수점 이하 3자리까지 출력하기 위해
서 빈 자리를 0으로 채움

〈fmt:formatDate〉

다음 블로그 게시판처럼 날짜를 "2013.08.22"와 같은 형태로 출력하고자 할 경우 fmt:formatDate〉 태그가 사용됩니다.

날짜와 시각을 형식을 표현하는 태그인 ⟨fmt:formatDate⟩의 형식은 다음과 같습니다.

```
<fmt:formatDate value="date"
        [type="{time|date|both}"]
        [dateStyle="{default|short|medium|long|full}"]
        [timeStyle="{default|short|medium|long|full}"]
        [pattern="customPattern"]
        [timeZone="timeZone"]
        [var="varName"]
        [scope="{page|request|session|application}"]>
```

다음은 ⟨fmt:formatDate⟩ 태그의 속성을 정리한 표입니다.

속성	표현식	Type	설명
value	true	java.util.Date	형식화될 Date와 time
type	true	String	형식화할 데이터가 시간(time), 날짜(date), 모두(both) 셋 중 하나를 지정.
dateStyle	true	String	미리 정의된 날짜 형식으로 default, short, medium, long, full 넷 중에 하나를 지정.
timeStyle	true	String	미리 정의된 시간 형식으로 short, medium, long, full 넷 중에 하나를 지정.
pattern	true	String	사용자 지정 형식 스타일
timeZone	true	String 또는 java.util.TimeZone	형식화 시간에 나타날 타임존
var	false	String	형식 출력 결과 문자열을 담는 scope에 해당하는 변수 이름
scope	false	String	var의 scope

⟨fmt:formatDate⟩ 태그로 다양한 형태의 날짜를 출력하기 위해서는 java.util. Date 클래스로 객체를 생성해야 합니다. 다음은 ⟨c:set⟩ 태그를 사용하여 java.util. Date 객체를 생성한 예입니다.

```
<c:set var="now" value="<%=new java.util.Date()%>"/>
```

현재 시간 정보를 포함한 날짜 객체 생성

현재 시간을 포함한 날짜 객체(now)를 출력하면 다음과 같습니다. 날짜 객체가 갖고 있는 정보를 사용자에게 위와 같은 형태로 출력하지는 않습니다. "2013. 9. 26" 과 같이 날짜만 혹은 "오전 4:38:26"과 같이 "2013. 9. 26 오전 4:38:26"과 같이 날짜와 시간을 함께 출력하거나 합니다.

${now} ── 현재 시간 정보를 포함한
            날짜 객체 정보를 출력한다.
Thu Sep 26 04:02:09 KST 2013 ── 출력 결과

이렇게 원하는 형태로 날짜 정보를 출력하기 위해서는 〈fmt:formatDate〉 태그의 type 속성에 시간(time), 날짜(date), 모두(both) 셋 중 하나를 지정합니다. 도입부에서 얘기했던 대로 블로그 게시판 날짜처럼 출력하고자 할 경우에는 "date"를 지정합니다. 하지만 date는 디폴트 값이기 때문에 다음과 같이 〈fmt:formatDate〉 태그의 value 속성에 날짜 정보를 갖는 Date 객체를 지정하면 날짜만 출력됩니다.

날짜 객체
│
<fmt:formatDate value="$ {now}"/>

2013. 9. 26 ── yyyy. MM. dd 형태로 출력됨

이번에는 현재 시간만 출력해봅시다. 다음과 같이 type 속성에 "time"을 지정하면 됩니다.

시간(time) 형태로 출력할 형식을 지정
│
time: <fmt:formatDate value="$ {now}" type="time"/>

오전 4:38:26 ── 오전 hh:MM:ss 형태로 출력됨

날짜와 시간을 모두 출력하고자 할 경우에는 type 속성에 "both"를 지정합니다.

날짜와 시간을 모두 출력하는 형식을 지정
│
time: <fmt:formatDate value="$ {now}" type="both"/>

2013. 9. 26 오전 4:38:26 ── yyyy. MM. dd 오전 hh:MM:ss 형태로 출력됨

위에 출력한 형식 이외에도 미리 지정한 날짜와 시간 형태가 몇 가지가 더 있습니다. 간략하게 출력하는 형태인 "13. 9. 26 오전 4:38"로 출력하려면 dateStyle과 timeStyle 속성에 "short"를 지정하고 날짜 시간 정보를 보다 상세히 출력(2013년 9월 26일 (목) 오전 4시 38분 26초)하려면 dateStyle과 timeStyle 속성에 "long"을 지정합니다. 이외에도 "medium"을 지정할 수 있는데 이는 dateStyle과 timeStyle 속성을 생략했을 때처럼 "2013. 9. 26 오전 4:38:26"로 출력됩니다. "medium" 대신 "default"를 주었을 때에도 동일한 결과가 출력됩니다.

pattern 속성을 사용하여 원하는 형태로 화면에 출력할 수도 있습니다.

원하는 포맷을 지정

```
<fmt:formatDate value="$ {now}" pattern="yyyy년 MM월 dd일 hh시 mm분 ss초"/>
```

2013년 09월 26일 04시 38분 26초 —— 지정한 포멧 형태로 출력됨

[직접해보세요] 날짜 형식 지정하기   [파일 이름: 26_JstlFmt.jsp]

```
1    <%@ page language="java" contentType="text/html; charset=UTF-8"
2              pageEncoding="UTF-8"%>
3    <%@ taglib prefix="c" uri="http://java.sun.com/jsp/jstl/core" %>
4    <%@ taglib prefix="fmt" uri="http://java.sun.com/jsp/jstl/fmt" %>
5    <!DOCTYPE html>
6    <html>
7    <head>
8    <meta charset="UTF-8">
9    <title>EL과 JSTL</title>
10   </head>
11   <body>
12   <pre>
13   <c:set var="now" value="<%=new java.util.Date()%>"></c:set>
14   \${now} : ${now}
15        <fmt:formatDate value="${now}"></fmt:formatDate>
16   date  : <fmt:formatDate value="${now}" type="date"></fmt:formatDate>
17   time  : <fmt:formatDate value="${now}" type="time"></fmt:formatDate>
18   both  : <fmt:formatDate value="${now}" type="both"></fmt:formatDate>
19
20   default : <fmt:formatDate value="${now}"
```

```
21              type="both" dateStyle="default" timeStyle="default"></fmt:formatDate>
22    short   : <fmt:formatDate value="${now}"
23              type="both" dateStyle="short" timeStyle="short"></fmt:formatDate>
24    medium  : <fmt:formatDate value="${now}"
25              type="both" dateStyle="medium" timeStyle="medium"></fmt:formatDate>
26    long    : <fmt:formatDate value="${now}"
27              type="both" dateStyle="long" timeStyle="long"></fmt:formatDate>
28    full    : <fmt:formatDate value="${now}"
29              type="both" dateStyle="full" timeStyle="full"></fmt:formatDate>
30
31    pattern="yyyy년 MM월 dd일 hh시 mm분 ss초" :
32              <fmt:formatDate value="${now}"
33              pattern="yyyy년 MM월 dd일 hh시 mm분 ss초"></fmt:formatDate>
34    </pre>
35    </body>
36    </html>
```

〈fmt:setTimeZone〉, 〈fmt:timeZone〉

〈fmt:setTimeZone〉 태그는 특정 지역의 타임존을 설정하는 태그입니다. 타임존이
란 한국 시간과 미국 시카고의 시간이 다른데 이와 같이 같은 시간을 사용하는 지역
을 묶어서 나누어 놓은 것을 타임존이라고 합니다. 타임존별로 시간을 처리할 수 있
도록 하는 태그가 바로 〈fmt:setTimeZone〉입니다. 이 태그의 형식은 다음과 같습
니다.

```
<fmt:setTimeZone value="timeZone"
        [var="varName"]
        [scope="{page|request|session|application}"]>
```

타임존을 부분 적용하는 〈fmt:timeZone〉 태그는 다음과 같은 형식입니다.

```
<fmt:timeZone value="timeZone">
    몸체
</fmt:timeZone>
```

[직접해보세요] 타임존 설정하기   [파일 이름: 27_jstFmt.jsp]

```jsp
1   <%@ page language="java" contentType="text/html; charset=UTF-8"
2               pageEncoding="UTF-8"%>
3   <%@ taglib prefix="c" uri="http://java.sun.com/jsp/jstl/core" %>
4   <%@ taglib prefix="fmt" uri="http://java.sun.com/jsp/jstl/fmt" %>
5   <!DOCTYPE html>
6   <html>
7   <head>
8   <meta charset="UTF-8">
9   <title>EL과 JSTL</title>
10  </head>
11  <body>
12  <jsp:useBean id="now" class="java.util.Date"></jsp:useBean>
13  <pre>
14  default: <c:out value="${now}"></c:out>
15  Korea   KST : <fmt:formatDate value="${now}" type="both" dateStyle="full"
16                  timeStyle="full"></fmt:formatDate>
17
18  <fmt:timeZone value="GMT">
19  Swiss   GMT : <fmt:formatDate value="${now}" type="both" dateStyle="full"
20                  timeStyle="full"></fmt:formatDate>
21  </fmt:timeZone>
22
23  <fmt:timeZone value="GMT-8">
24  NewYork GMT-8: <fmt:formatDate value="${now}" type="both" dateStyle="full"
25                  timeStyle="full"></fmt:formatDate>
26  </fmt:timeZone>
27  </pre>
28  </body>
29  </html>
```

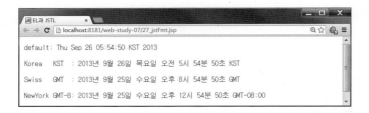

로케일 지정을 위한 태그

로케일 지정과 관련된 태그는 setLocale, requestEncoding 2가지가 있습니다.

〈fmt:setLocale〉

나라마다 사용하는 화폐의 종류나 날짜를 표현하는 방식이 다릅니다. 예를 들어 한국은 원화를 사용하고 날짜도 년. 월. 일 형태로 표시합니다.

```
통화(currency)   : ₩10,000
날짜             : 2013. 9. 30
```

하지만 영어권인 미국은 달러를 사용하고 날짜도 월 일, 년 형태로 표시합니다.

```
통화(currency)   : $10,000.00
날짜             : Sep 30, 2013
```

다국어 페이지를 만들 경우에는 〈fmt:setLocale〉 태그를 사용하여 통화와 날짜의 형식을 변경해야 합니다. 〈fmt:setLocale〉 형식은 다음과 같습니다.

```
<fmt:setLocale value="locale">
```

〈fmt:setLocale〉 태그의 value 속성에 국가 어떤 언어를 사용할지를 지정해주면 해당 지역에서 사용되는 통화와 날짜의 형식으로 출력됩니다. 한글인 경우에는 ko_kr을 지정합니다. 여기서 ko는 언어코드이고 kr은 국가코드입니다. 언어코드와 국가코드를 밑줄로 구분해서 표현합니다.

```
1   <%@ page language="java" contentType="text/html; charset=UTF-8"
2               pageEncoding="UTF-8"%>
3   <%@ taglib prefix="c" uri="http://java.sun.com/jsp/jstl/core" %>
4   <%@ taglib prefix="fmt" uri="http://java.sun.com/jsp/jstl/fmt" %>
5   <!DOCTYPE html>
6   <html>
7   <head>
8   <meta charset="UTF-8">
9   <title>EL과 JSTL</title>
10  </head>
11  <body>
12  <c:set var="now" value="<%=new java.util.Date()%>"></c:set>
13  <pre>
14  톰캣 서버의 기본 로케일 : <%= response.getLocale() %>
15
16  <fmt:setLocale value="ko_kr" ></fmt:setLocale>
17  로케일을 한국어로 설정후 로케일 확인 : <%= response.getLocale() %>
18  통화(currency)  : <fmt:formatNumber value="10000" type="currency"></fmt:formatNumber>
19  날짜            : <fmt:formatDate value="${now}"></fmt:formatDate>
20
21  <fmt:setLocale value="ja_JP" ></fmt:setLocale>
22  로케일을 일본어로 설정후 로케일 확인 : <%= response.getLocale()  %>
23  통화(currency)  : <fmt:formatNumber value="10000" type="currency"></fmt:formatNumber>
24  날짜            : <fmt:formatDate value="${now}"></fmt:formatDate>
25
26  <fmt:setLocale value="en_US" ></fmt:setLocale>
27  로케일을 영어로 설정후 로케일 확인  : <%= response.getLocale() %>
28  통화(currency)  : <fmt:formatNumber value="10000" type="currency"></fmt:formatNumber>
29  날짜            : <fmt:formatDate value="${now}"></fmt:formatDate>
30  </pre>
31  </body>
32  </html>
```

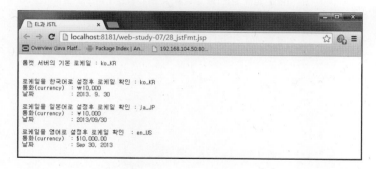

⟨fmt:requestEncoding⟩

⟨fmt:requestEncoding⟩ 태그는 post 방식으로 넘어오는 페이지에서 한글 데이터가 깨지지 않도록 하는 역할을 합니다. 즉, request.setCharacterEncoding() 메소드와 같은 역할을 합니다. ⟨fmt:requestEncoding⟩ 태그에 대해 살펴보기 전에 한글이 깨지는 경우와 request.setCharacterEncoding() 메소드로 이를 해결하는 방법을 살펴봅시다.

post 방식으로 데이터를 전송하는 경우 다음과 같이 한글 데이터의 입력 처리가 제대로 되지 않아 깨지는 현상이 발생합니다.

브라우저에서 웹 서버로 파라미터가 post 방식으로 넘어오는 페이지인 경우에 한글 데이터를 올바르게 가져오려면 요청 객체(request)로 setCharacterEncoding() 메소드를 호출해서 문자의 인코딩 방식을 "UTF-8"로 변경하기만 하면 됩니다.

```
request.setCharacterEncoding("UTF-8");
```

파일 이름	설명
29_Info.jsp	이름을 입력 받는 폼 양식을 갖는다. [전송] 버튼을 클릭하면 JSP로 입력된 값이 전송된다.
29_jstlFmt.jsp	입력 양식에 입력한 한글을 처리하는 JSP 페이지이다.

1. 이름을 입력 받기위한 입력 폼을 29_Info.jsp란 이름으로 작성합니다.

```
1    <%@ page language="java" contentType="text/html; charset=UTF-8"
2                pageEncoding="UTF-8"%>
3    <!DOCTYPE html>
4    <html>
5    <head>
6    <meta charset="UTF-8">
7    <title>EL과 JSTL</title>
8    </head>
9    <body>
10   <h3> post 방식에서 한글 깨짐 방지 </h3>
11   <form method="post" action="29_jstlFmt.jsp">
12      이름 : <input type="text" name="name">
13      <input type="submit" value="전송" >
14   </form>
15   </body>
16   </html>
```

2. 사용자가 입력한 이름을 읽어와 출력하는 29_jstlFmt.jsp를 작성합니다.

```
1    <%@ page language="java" contentType="text/html; charset=UTF-8"
2                pageEncoding="UTF-8"%>
3    <!DOCTYPE html>
4    <html>
5    <head>
6    <meta charset="UTF-8">
7    <title>EL과 JSTL</title>
8    </head>
9    <body>
10   <% request.setCharacterEncoding("UTF-8"); %>
11   이름 : <%= request.getParameter("name") %>
12   </body>
13   </html>
```

〈fmt:requestEncoding〉 태그는 request.setCharacterEncoding() 메소드와 같이 post 방식으로 넘어온 한글이 깨지지 않도록 하는 역할을 합니다. 〈fmt:requestEncoding〉 태그는 형식은 다음과 같습니다.

```
<fmt:requestEncoding value="charsetName">
```

29_jstlFmt.jsp에서 인코딩 방식을 UTF-8로 변경하기 위해서 request.
setCharacterEncoding("UTF-8");과 같이 코딩했는데 ⟨fmt:requestEncoding⟩ 태
그를 이용해서 <fmt:requestEncoding value="UTF-8">과 같이 코딩해도 됩니다.

[직접해보세요] 요청 파라미터의 캐릭터 인코딩 지정하기

1. 이름을 입력 받기위한 입력 폼을 30_Info.jsp란 이름으로 작성합니다.

```
1    <%@ page language="java" contentType="text/html; charset=UTF-8"
2              pageEncoding="UTF-8"%>
3    <!DOCTYPE html>
4    <html>
5    <head>
6    <meta charset="UTF-8">
7    <title>EL과 JSTL</title>
8    </head>
9    <body>
10   <h3> post 방식에서 한글 깨짐 방지 </h3>
11   <form method="post" action="30_jstlFmt.jsp">
12     이름 : <input type="text" name="name">
13     <input type="submit" value="전송" >
14   </form>
15   </body>
16   </html>
```

2. 사용자가 입력한 이름을 읽어와 출력하는 30_jstlFmt.jsp를 작성합니다.

```
1    <%@ page language="java" contentType="text/html; charset=UTF-8"
2              pageEncoding="UTF-8"%>
3    <%@ taglib prefix="c" uri="http://java.sun.com/jsp/jstl/core" %>
4    <%@ taglib prefix="fmt" uri="http://java.sun.com/jsp/jstl/fmt" %>
5    <!DOCTYPE html>
6    <html>
7    <head>
8    <meta charset="UTF-8">
9    <title>EL과 JSTL</title>
10   </head>
```

```
11      <body>
12      <fmt:requestEncoding value="UTF-8"></fmt:requestEncording>
13      이름 : <c:out value="${param.name}"></c:out>
14      </body>
15      </html>
```

　　이번 장에서는 표현 언어와 JSTL을 사용하여 자바 코드를 줄여 보다 읽기 편한 웹 페이지를 작성하는 방법을 학습하였습니다. 다음 장에서는 회원 가입이나 게시판을 작성하기 위해 필요한 데이터를 저장하고 관리하기 위한 방법을 학습합니다.

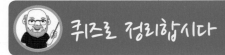
퀴즈로 정리합시다

문제의 답은 로드북 홈페이지(http://roadbook.co.kr/126)에서 확인할 수 있습니다.

1. 표현 언어가 무엇인지 개념을 정의하고 이를 사용하면 어떤 장점이 있는지도 나열하시오.

2. JSTL 태그 라이브러리가 무엇인지 개념을 정의하고 JSTL의 핵심이 되는 라이브러리를 나열하고 간단히 설명을 하시오.

3. JSTL 태그 라이브러리의 장점을 나열하시오.

4. 다음과 같이 season이라는 체크박스를 가진 HTML 폼에서 사용자가 하나 이상의 항목을 체크할 경우 첫 번째 파라미터 값을 얻어오는 표현 언어를 고르시오.

```
<input type="checkbox" name="season" value="봄"> 봄
<input type="checkbox" name="season" value="여름" checked="checked"> 여름
<input type="checkbox" name="season" value="가을" checked="checked"> 가을
<input type="checkbox" name="season" value="겨울"> 겨울
```

① ${paramValue.season}
② ${paramValues.season[0]}
③ ${param.season}
④ ${paramValues[season][0]}

5. 다음 중 계절을 저장하고 있는 ArrayList에서 겨울을 출력하기 위한 코드로 올바른 것을 모두 고르시오(한 개 이상).

```
<%
java.util.List<String> seasonList=new java.util.ArrayList<String>();
seasonList.add("봄");
seasonList.add("여름");
seasonList.add("가을");
seasonList.add("겨울");
request.setAttribute("list", seasonList);
request.setAttribute("index", 1);
%>
```

① ${list.3}   ② ${list[3]}

③ ${list.index+2}   ④ ${list[index+2]}

6. JSP를 요청하면서 쿼리 스트링을 firstname=sung&lastname=yoonjung과 같이 보낼 경우 어떤 결과가 나올 것인지 유추해 보시오(한 개 이상).

```
${param.firstname}
${param.middlename}
${param.lastname}
```

7. JSTL에서 배열과 같은 컬렉션을 반복 수행할 때 사용하는 태그를 고르시오.

① 〈c:iterate〉   ② 〈c:for〉   ③ 〈c:forEach〉   ④ 〈c:forTokens〉

8. 다음은 스크립트릿에서 자바 코드로 콤보박스를 만드는 코드입니다. 이를 JSTL 코드로 바꾸어 보시오.

```
<%
java.util.List<String> seasonList=new java.util.ArrayList<String>();
seasonList.add("봄");
seasonList.add("여름");
seasonList.add("가을");
seasonList.add("겨울");
request.setAttribute("list", seasonList);
%>
<select name="season">
<%
java.util.ArrayList list = (java.util.ArrayList)request.
getAttribute("list");
int i;
for(i=0; i<list.size(); i++){
%>
  <option value="<%=list.get(i)%>"> <%=list.get(i)%>
<%
}
%>
</select>
```

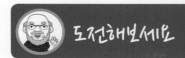

도전해보세요

문제의 답은 로드북 홈페이지(http://roadbook.co.kr/126)에서 확인할 수 있습니다.

"(조건에 따라 분기하는)로그인 페이지 작성하기"

목표   표현 언어와 JSTL을 사용하여 JSP 페이지를 간소화합니다.

난이도   중

참고   다음은 라디오 버튼을 두어 사용자로 로그인할지 관리자로 로그인할지를 선택하도록 하여 조건에 따라 서로 다른 페이지로 이동하는 예제입니다. 사용자 라디오 버튼을 선택한 후에 로그인하면 사용자 페이지로 이동합니다.

관리자 라디오 버튼을 선택한 후에 로그인하면 관리자 페이지로 이동합니다.

★ 궁금한 점은
http://roadbook.zerois.net
★ 자료 다운로드는
http://www.roadbook.co.kr/126

百見不如一打

8장
데이터베이스와
JDBC

이 장을 시작하기 전에

이 장부터는 이제 본격적으로 웹 애플리케이션의 가장 큰 장점인 데이터베이스를 공부합니다.
만일 여러분이,

- 데이터베이스에 대해 잘 모르거나
- DBMS를 어느 정도 알고 있어야 하는 것 아닌가 하는 걱정을 하고 있다면

크게 걱정할 필요 없습니다.
입문자 수준의 데이터베이스 문법과 DBMS 설치 및 활용을 다루고 있습니다.

그리고, JDBC란 놈이 있습니다.
이놈은 우리가 개발할 자바 웹 애플리케이션과 DBMS를 연결해주는 아주 중요한 놈입니다.
새로운 하드웨어를 여러분의 컴퓨터 꽂으면 컴퓨터와 하드웨어가 통신하기 위해 드라이버가 깔리
죠? 그런 드라이버라고 생각하면 됩니다.
자~ 드디어 데이터베이스까지 왔습니다. 고고~.

데이터베이스 개요 및 오라클 DB 환경 구축하기

자바 프로그램에서 데이터베이스를 처리하도록 하기 위해서 JDBC라는 강력한 도구를 제공합니다. JDBCJava Database Connectivity는 자바로 만든 애플리케이션이 데이터베이스에 일관된 방식으로 접근할 수 있도록 API를 제공하는 클래스의 집합을 말합니다.

데이터베이스는 유용한 데이터의 집합이라고 할 수 있습니다. IT를 전공하는 분이라면 오라클이나 MS SQL Server와 같은 툴을 알고 있을 텐데, 이는 데이터의 집합인 데이터베이스를 구축하기 위한 DBMSDataBase Management System(데이터베이스 관리 시스템)를 말하는 것이고 데이터베이스는 학교에서 학사 관리를 위한 학생과 관련된 데이터나 도서 관리를 위한 데이터, 영화관에서 영화 예매 등을 관리하기 위한 데이터 등을 모아둔 것을 모두 데이터베이스라 할 수 있습니다.

이렇게 다양한 데이터를 관리하기 위해서 데이터를 저장해 두어야 하는데 데이터를 저장만 해두면 아무런 의미가 없습니다. 사용자가 원하는 정보를 쉽게 찾을 수 있어야 유용한 정보라 할 수 있습니다.

도서관에 수십만 권의 도서에 대한 정보가 저장되어 있다 하더라도 원하는 도서에 대한 정보를 찾을 수 없다면 저장된 정보는 아무런 쓸모가 없게 됩니다. 유용한 데이터가 되기 위해서는 원하는 도서에 대한 정보를 얻을 수 있도록 해야 하는데, 이렇게 검색이 쉽게 데이터를 저장하도록 해주는 것이 바로 데이터베이스입니다. 데이터베이스에 저장된 정보는 검색뿐만 아니라 수정, 삭제까지도 용이합니다.

데이터베이스 관리 시스템DBMS : DataBase Management System은 데이터베이스를 관리하기 위해 필요한 소프트웨어 패키지입니다. DBMS로는 오라클Oracle, 사이베이스Sybase, 인포믹스Infomix 등이 널리 쓰입니다. 우리는 오라클을 이용해서 데이터베이스를 관리하도록 하겠습니다.

온라인 쇼핑몰을 위한 시스템을 구현하려고 한다면 이에 관련된 정보를 저장하고 관리해야 하는데 이를 위해서 데이터베이스는 테이블이라는 개념을 사용합니다. 즉, 온라인 쇼핑몰을 운영하기 위해서 회원을 관리해야 한다면 회원 관련 정보가 저장되어야 하는데 이를 위해서는 DBMS에서 회원 정보를 저장할 테이블을 만들어야 합니다.

테이블에 회원정보는 다음 그림과 같이 저장됩니다.

그림에서 볼 수 있듯이 회원 정보는 2차원 형태의 표처럼 저장되어 있습니다. 테이블은 로우ROW(행)와 컬럼COLUMN(열)으로 구성되는데 테이블은 데이터 종류나 성격에 따라 여러 개의 컬럼을 포함합니다. 위 표에서 볼 수 있듯이 회원에 대한 정보로 이름, 아이디, 비밀번호, 이메일 주소, 전화번호, 사용자인지 관리자인지 구분을 위한 코드 등을 저장해 둡니다. 테이블을 구성하는 로우는 회원 한 사람의 정보를 의미하고 컬럼은 회원 정보를 구성하는 개별적인 항목인 이름, 아이디, 비밀번호, 나이, 이메일 주소, 전화번호, 구분 코드를 의미합니다.

오라클 다운로드와 설치하기

앞절에서 데이터베이스가 무엇인지 간략하게 알아보았습니다. 사실 데이터베이스의 세계는 너무 넓기 때문에 프로그래머라면 관련 입문서 한권 정도는 읽고 개념 정리를 해두어야 합니다. 이제 본격적으로 데이터베이스를 학습하기 위해서 DBMS 중 이 책에서 다루기로 한 오라클부터 설치해봅시다.

오라클 제품군은 Express Edition, Standard Edition, Standard Edition One, Enterprise Edition으로 구분되며, 이 중에서 개발자가 무료로 사용할 수 있는 PC 기반의 오라클 데이터베이스 엔진이 Express Edition입니다.

Express Edition은 용량도 작고 시스템에 큰 무리를 주지 않으면서도 오라클 데이터베이스와 연동하는 프로그램 개발에 필요한 모든 기능을 제공하고 있습니다. 따라서 오라클을 공부하는 학생이나 오라클과 호환되는 애플리케이션 개발을 원하는 개발자 모두에게 유용한 버전입니다. 학습용으로 우리가 테스트하는 오라클은 테이블을 생성하거나 데이터 추가, 수정, 삭제하는 기업용 오라클과 큰 차이가 없습니다. 이 책에서도 Express Edition을 사용합니다.

Oracle Database 11g Express Edition은 설치 마법사를 이용하여 설치하기 때문에 수월하게 설치할 수 있습니다. 설치에 앞서서 오라클 사이트에 접속하여 오라클을 다운 받도록 합시다.

1. 오라클 사이트에 접속하여 Oracle Database 11g Express Edition을 선택합니다.

```
http://www.oracle.com/kr/index.html
```

2. "Accept 라이센스 계약서 승인"을 위해서 "Accept License Agreement"를 선택합니다.

3. 선택한 후에 해당 OS에 맞는 것을 선택합니다. 저자는 윈도우 환경이므로 이에 맞는 "Oracle Database 11g Express Edition"의 "Oracle Database 11g Express Edition for Microsoft Windows"를 선택했습니다.

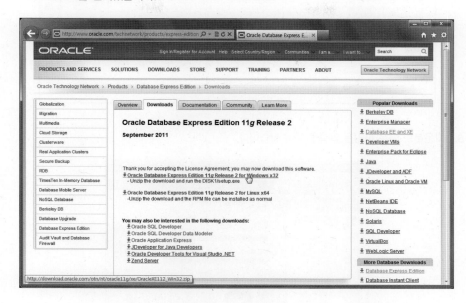

4. 파일을 다운 받으려면 사용자 이름과 암호를 입력 받아야 합니다. 사용자 이름과 암호가 없으면 sign up now를 클릭하여 사용자 이름을 발급받은 후 진행해야 합니다.

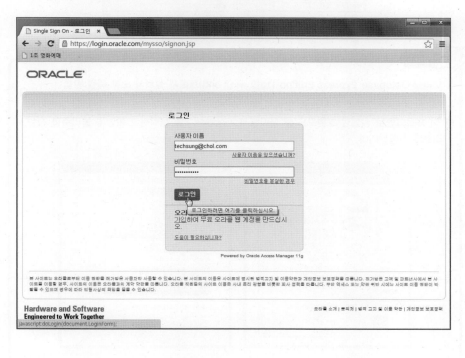

5. 로그인 후에 파일이 다운로드됩니다.

6. 다운로드 받은 파일은 압축을 풀어 놓습니다.

참고

오라클 Database Express Edition 11g를 win7 64비트에서 설치시 오류 해결 방법

setup 파일에 오른쪽 마우스를 클릭한 후, '속성'에 들어갑니다. '호환성' 단추에 들어가서 '이 프로그램을 실행할 호환모드'를 클릭해서 windows 7을 클릭하고 확인을 눌러주면 정상적으로 작동됩니다.

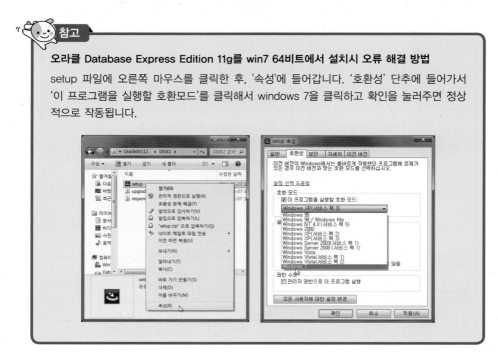

참고

오라클이 설치가 안 되는 경우

❶ 오라클 설치 프로그램이 저장된 폴더 이름이 한글일 경우에는 설치가 안 됩니다. 설치 프로그램을 영문으로 된 폴더로 이동한 후 설치를 진행해야 합니다.

❷ 서버의 사용자 계정이 한글로 되어 있는 경우에는 설치가 안 됩니다. 사용자 계정 역시 영문으로 되어 있어야 합니다.

　서버의 계정도 영문이어야 하므로 혹시 한글이면 [제어판 → 사용자 계정]에서 새로운 계정을 발급받은 후 그 계정으로 로그인한 후 설치해야 합니다.

위에 언급한 사항에 유의해서 설치하시기 바랍니다.

[직접해 보기] 오라클 설치하기

1. 다운로드 받은 파일의 압축을 풀어 생긴 OracleXE112_Win32₩DISK1 폴더의 setup.exe 파일을 실행하면 오라클 설치가 시작됩니다.

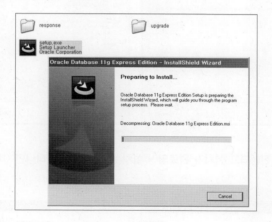

2. 오라클 설치는 마법사에 의해서 진행됩니다. 〈Next〉 버튼을 누르면 라이센스 동의화면이 나타납니다. 동의하겠다고 체크한 후 〈Next〉 버튼을 누릅니다.

3. 제품 설치를 위한 준비 상태를 체크하고 〈Next〉 버튼을 누릅니다. 설치 디렉토리 경로는 디폴트 설정을 따르기로 하기에 변경하지 않고 〈Next〉 버튼을 누릅니다.

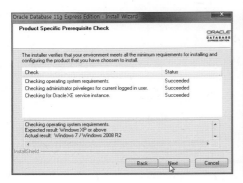 

4. 데이터베이스 암호를 지정합니다. 이 암호는 오라클에서 기본적으로 제공해주는 데이터베이스 관리자 계정인 SYS, SYSTEM에 대해서 사용되므로 반드시 기억해야 합니다.

 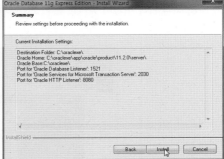

5. 오라클 설치가 진행되고 설치가 완료되어 설치 종료 화면이 나타나면 〈마침〉 버튼을 클릭합니다.

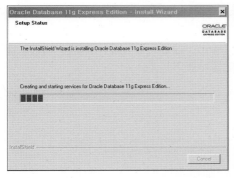 

오라클 데이터베이스를 설치하였으면 이를 사용하기 위해서 오라클에 접속을 시도해야 합니다. 데이터베이스 접속을 시도하면 오라클 데이터베이스를 사용할 수 있는 사용자인지를 검증하기 위해서 사용자 계정과 암호를 묻게 됩니다. 오라클을 설치하면 기본적으로 생성되는 계정이 있다고 하였습니다. 제공되는 계정은 시스템 권한을 가진 사용자인 DBADataBase Administrator용 계정(SYS, SYSTEM)과 교육용 계정(HR) 두 가지로 나뉩니다.

데이터베이스 사용자는 오라클 계정(Account)이라는 용어와 같은 의미로 사용됩니다. 오라클을 설치하면 한 개 이상의 데이터베이스 권한을 갖는 디폴트(기본적인) 사용자가 존재합니다. 오라클에서 제공되는 사용자 계정은 다음과 같습니다.

사용자 계정	설명
SYS	오라클 Super 사용자 계정이며 데이터베이스에서 발생하는 모든 문제들을 처리할 수 있는 권한을 가지고 있습니다.
SYSTEM	오라클 데이터베이스를 유지보수 관리할 때 사용하는 사용자 계정이며, SYS 사용자와 차이점은 데이터베이스를 생성할 수 있는 권한이 없습니다.
HR	처음 오라클을 사용하는 사용자의 실습을 위해 만들어 놓은 교육용 계정이다.

디폴트 사용자 중에서 SYS와 SYSTEM은 DBA 권한을 가진 사용자로서 다른 모든 사용자에 대한 정보를 조회할 수 있습니다. DBA 권한을 가진 관리자는 사용자를 생성하거나 삭제, 변경 등의 시스템 권한을 가지고 있습니다. DBA 관리자인 SYS 혹은 SYSTEM은 오라클을 처음 설치하자마자 디폴트로 생성되고 활성화 되어 있는 사용자 계정입니다.

오라클 데이터베이스를 설치하였으면 이를 사용하기 위해서는 SQLPLUS 명령어로 접속을 시도해야 합니다. Command 환경에서 SQL*Plus 로그인하는 방법을 살펴봅시다.

데이터베이스 접속을 시도하면 오라클 데이터베이스를 사용할 수 있는 사용자인지를 검증하기 위해서 사용자 계정과 암호를 묻게 됩니다.

SQLPLUS 사용자 계정/암호

오라클에 접속하기 위해서는 사용자 계정이 필요합니다. 오라클을 설치하면 기본적으로 제공되는 DBA 계정인 ❶ system을 사용합니다. system의 암호는 ❷ 1234입니다. 암호는 오라클 설치시에 입력한 대로 기술하면 됩니다.

```
sqlplus system/1234
          ❶/❷
```

오라클 서버가 설치된 PC라면 다음과 같이 입력하여 DBA 계정인 sys에 접속할 수 있습니다.

```
sqlplus / as sysdba
```

성공적으로 접속이 끝나면 sql 프롬프트(〈SQL〉)가 나타납니다. 자 이제 다음 과정을 따라하면서 오라클 서버에 접속해 봅시다.

[직접해 보기] 오라클 데이터베이스 관리 프로그램 접속하기

1. 명령 프롬프트 창을 띄웁니다.

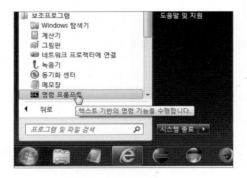

2. DBA(Database Administrator)인 시스템 계정으로 로그인합니다. 오라클을 사용하기 위해서는 오라클에 접속해야 하는데 이때 사용하는 명령어가 바로 sqlplus입니다. 오라클이 설치될 때 sqlplus.exe가 저장된 경로가 시스템의 환경 변수 PATH에 설정되어 있기 때문에 어느 경로에서도 sqlplus 명령어는 실행 가능합니다.

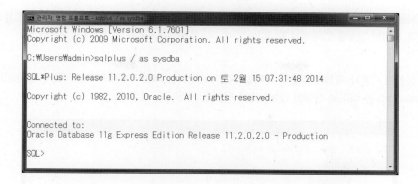

데이터베이스에서 제공되는 계정에 접속하기 위해서는 사용자를 생성해야 합니다. 다음은 사용자를 생성하기 위한 명령어입니다.

create user [사용자아이디] identified by [비밀번호];

사용자 이름과 암호는 독자가 원하는 이름을 주면 됩니다. 우리는 scott이라는 이름으로 오라클 사용자 계정을 생성하겠습니다. 이 사용자 계정에 본서에서 학습할 데이터베이스를 구축할 것입니다.

오라클에서 명령어를 입력할 때 주의할 점은 문장의 마지막에 콜론을 꼭 입력해야 합니다. 콜론의 의미는 오라클에게 문장을 모두 기술했음을 알려주는 것으로 콜론을 입력하지 않으면 아무리 엔터를 쳐도 명령어가 실행되지 않습니다.

[직접해 보기] 사용자 생성하기

1. 이번에는 일반 사용자 계정을 만들어 봅시다. 다음은 tiger라는 패스워드로 scott이라는 사용자를 만들라는 명령어입니다.

```
create user scott identified by tiger;
```

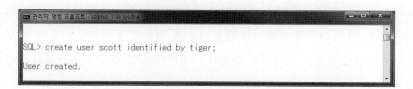

사용자 이름은 오라클에 접속할 때 사용할 계정이고 접속을 성공리에 하려면 사용자 생성할 때 지정한 암호를 입력해야 합니다.

2. 생성된 사용자 계정에 권한을 부여합니다. connect는 데이터베이스에 접속을 위한 권한이고 resource는 테이블 생성이 가능하도록 하는 권한입니다.

사용자를 만든다는 것은 우리가 메신저나 웹사이트를 사용할 때 우선 회원 가입 과정을 통해서 권한을 부여받아야 하는 것처럼 오라클도 사용하려면 오라클 사용 권한을 가진 사용자를 새롭게 생성해야 합니다. 그래야 오라클에 접속하여 데이터를 구축한 후 사용할 수 있게 됩니다.

그럼 회원 테이블을 데이터베이스에 구축해 봅시다. 바로 SQL문을 이용해서 가능한 일입니다. 이제부터 SQL의 기본 문법을 학습한 후 자바 프로그램에서 데이터베이스에 저장된 정보를 얻어가기 위한 JDBC를 학습하기로 합시다. 우선 SQL부터 살펴봅시다.

SQL

데이터베이스에 저장된 데이터는 물리적인 파일 형태로 저장되어 있습니다. 하지만, 데이터베이스에서는 이들 파일을 직접 열어서 데이터를 보는 것이 아니고 SQL Structured Query Language이란 질의 언어를 활용하여 데이터베이스에 저장된 데이터를 조회, 입력, 수정 삭제하는 등의 조작을 통해 데이터를 보거나 수정하는 등의 작업을 합니다. 즉 데이터베이스를 배운다는 것은 SQL을 배운다고 해도 과언이 아닙니다. SQL문은 아주 다양한 명령어와 문법 구조를 제공하기 때문에 이를 모두 언급할 수는 없으므로 SQL문을 소개하기 위해서 가장 기초적인 문장들만 간단하게 살펴보도록 합시다.

테이블을 생성하는 create table

데이터베이스를 설명하면서 언급했던 회원 정보를 저장하려면 우선 어떤 데이터들을 저장할 것인지를 정한 후 테이블을 생성해야 합니다.

다음 create table 문은 정보를 저장하기 위한 테이블을 새롭게 생성하는 SQL문 입니다.

```
create table 테이블명
(컬럼명 컬럼타입)
```

create table의 기본 형식을 보면 테이블명 다음에 컬럼명과 함께 해당 컬럼에 저 장될 데이터에 따른 컬럼 타입을 지정하고 있습니다.

테이블을 만들 때 주로 사용되는 컬럼 타입은 number(n), char(n), varchar2(n), date 등입니다. number는 수치 데이터를 저장할 때 사용하고, char(n)은 고정된 글 자(예: 학번, 우편번호)로 글자 크기가 일정한 데이터를 저장할 때, varchar2(n)은 가 변형 글자(예: 주소, 이메일)로 글자의 크기 변동이 클 때 각각 사용하고 date는 날짜 데이터를 저장할 때 사용합니다.

다음은 회원 정보를 저장하는 테이블을 정의한 예입니다 .

```
create table member (
 name varchar2(10),
 userid varchar2(10),
 pwd varchar2(10),
 email varchar2(20),
 phone char(13),
 admin number(1) default 0, -- 0:사용자, 1:관리자
 primary key(userid)
);
```

admin은 사용자인지 관리자인지를 구분하기 위한 컬럼으로 값이 0이면 사용자이고 1이면 관리자입니다. 오라클에서는 설명을 위한 주석 처리를 할 때 -- 기호를 사용합니다. 또한 admin 컬럼에 값을 주지 않을 경우 기본값으로 0이 저장되도록 하기 위해서 "default 0"을 기술했습니다.

테이블을 생성하는 문장의 마지막 줄의 primary key(userid)에 대해서 설명하겠습니다. primary key(userid)는 데이터 무결성 제약 조건(Data Integrity Constraint Rule) 중 하나입니다.

데이터 무결성 제약 조건이란 데이터베이스에 저장되는 데이터는 테이블에 부적절한 자료가 입력되는 것을 방지하기 위해서 테이블을 생성할 때 각 컬럼에 지정하는 것입니다. userid 컬럼에 지정한 primary key는 이름이 같은 회원이 존재하더라도 아이디로 회원이 항상 구분 가능하기 위해 지정한 제약 조건입니다. primary key 제약 조건은 컬럼에 null 값이나 중복된 데이터를 저장하지 못하게 하여 다른 회원과 구분이 가능한 식별 기능을 갖도록 합니다.

[직접해보세요] 회원 테이블 생성하기

1. 사용자 계정을 새롭게 생성하기 위해서 DBA 계정인 sys로 접속해 있다면 "scott"으로 접속하여 회원 테이블을 생성하기로 합시다. 이미 오라클에 접속한 상태에서 scott/tiger로 접속하려면 connect 명령어를 사용합니다. connect는 약어인 conn으로 사용하기도 합니다. 다음은 scott 사용자로 전환하기 위한 명령어입니다.

```
conn scott/tiger
```

show user 명령어로 scott 계정으로 전환되었는지를 확인하였습니다.

2. 회원 테이블을 생성하기 위해서는 SQL 명령어인 create table을 입력하여 실행합니다.

```
create table member (
 name varchar2(10),
 userid varchar2(10),
 pwd varchar2(10),
 email varchar2(20),
 phone char(13),
 admin number(1) default 0, -- 0:사용자, 1:관리자
 primary key(userid)
);
```

create table을 입력하여 실행하면 현재 접속된 사용자인 scott 계정에 회원 정보를 저장할 수 있는 member 테이블이 생성됩니다.

테이블에 레코드를 추가하는 insert

위에서 테이블을 만들어보았는데, 테이블은 단순히 정보를 담을 수 있는 어떤 틀이나 구조에 불과합니다. 여기에 실제로 데이터가 추가되어야 합니다. 여기에서 데이터는 회원 정보겠죠? 이제 우리는 회원 정보를 추가해봅시다. 데이터를 추가하기 위한 SQL 명령어로 insert가 제공됩니다.

```
insert into 테이블명[(컬럼명1, 컬럼명2,...)] values
( DATA1, DATA2 ,....)
```

insert문은 테이블에 새로운 정보를 딱 한 건만 추가합니다. 이때 into 다음에는 어떤 테이블에 데이터를 추가할 것인지 테이블명을 기술합니다. 테이블명 다음에는 추가할 데이터가 저장될 컬럼명을 기술합니다. 마지막으로 values 다음에 나오는 () 안에 추가할 데이터를 컬럼명에 맞게 순서대로 입력합니다.

into 절에 컬럼을 명시하지 않으면 테이블을 생성할 때 정의한 컬럼 순서와 동일한 순서대로 values 이하의 값이 입력됩니다. 입력되는 데이터 타입은 컬럼의 데이터 타입과 동일해야 하며 입력되는 데이터 크기는 컬럼의 크기보다 작거나 동일해야 합니다. 삽입할 컬럼의 데이터 타입이 문자(CHAR, VARCHAR2)와 날짜(DATE)일 경우에는 반드시 작은따옴표('')를 사용해야 함에 유의하기 바랍니다. 다음은 member 테이블에 회원을 추가하는 구체적인 예입니다.

```
insert into member values('이소미', 'somi', '1234', 'gmd@naver.com',
'010-2362-5157', 0);
insert into member values('하상오', 'sang12', '1234', 'ha12@naver.
com','010-5629-8888', 1);
insert into member values('김윤승', 'light', '1234', 'youn1004@naver.
com','010-9999-8282', 0);
```

오라클에서는 데이터를 추가하면 데이터가 영구 저장되는 것이 아니고 메모리 상에만 추가된 것입니다. 추가한 데이터를 영구적으로 저장하지 않으려면 rollback이란 명령어로 취소합니다. 반면 데이터를 영구적으로 저장하기 위해서는 commit 명령어를 실행합니다.

```
commit;
```

데이터를 조회하는 select

select는 테이블의 레코드를 검색할 때 사용하는 SQL문입니다. 형식은 다음과 같습니다.

```
select [all | distinct] 컬럼_리스트
from 테이블_리스트
[where  조건]
[group by 컬럼_리스트]
[having  조건]
[order by 컬럼_리스트 [asc | desc]];
```

member 테이블에 저장된 모든 회원 정보를 출력해 보도록 합시다.

```
select * from member;
```

insert문에서 추가한 3명의 회원정보가 출력됩니다.

이번에는 아이디로 회원을 조회해 봅시다. 특정 회원의 정보만 보고자 할 경우에는 where 절을 추가한 후 조건을 제시하면 됩니다.

```
select * from member where userid='somi';
```

저장된 데이터를 변경하는 update

update는 저장되어 있는 데이터 값을 변경할 때 사용합니다. 형식은 다음과 같습니다.

> update 테이블명 set 컬럼명1=컬럼값1, 컬럼명2=컬럼값, 컬럼명3=컬럼값3 . . .
> [where 조건]

주의 ! 모든 데이터를 한꺼번에 변경하고자 할 경우에는 where 절을 생략합니다. 하지만 특정 데이터에 대해서만 변경할 경우에는 반드시 where 조건을 주어야 합니다.

다음은 member 테이블에서 'somi'의 전화번호를 변경하는 예제입니다.

```
update member set phone='011-765-4321'
where userid='somi';
```

전화번호가 변경되었는지 select 문으로 확인해 보도록 합시다.

```
select * from member;
```

테이블에 저장된 레코드를 삭제하는 delete

delete는 테이블에 있는 레코드(로우)를 삭제할 때 사용합니다. 형식은 다음과 같습니다.

> delete 테이블명
> [where 조건]

주의! 모든 데이터를 한꺼번에 삭제하고자 할 경우에는 where 절을 생략합니다. 하지만 특정 데이터에 대해서만 삭제할 경우에는 반드시 where 조건을 주어야 합니다. 그렇지 않을 경우 모든 데이터를 잃어버릴 수도 있습니다.

member 테이블에서 아이디가 'somi'인 사람을 삭제해봅시다.

```
delete member where userid='somi';
```

회원 정보가 삭제되었는지 select 문으로 확인해 보도록 합시다.

```
select * from member;
```

지금까지 오라클에서 테이블을 생성하고 생성된 테이블의 회원 정보를 추가, 수정, 삭제해 보았습니다. 이제 추가, 수정, 삭제하는 SQL문을 JDBC를 이용해서 자바 프로그램에서 실행해 보도록 합시다.

JDBC를 이용한 데이터 조작하기

오라클을 사용해서 데이터베이스를 사용하는 방법을 학습해 보았습니다. 이제 오라클이 아닌 자바 프로그램에서 데이터베이스를 사용하는 방법을 학습할 차례입니다. 자바에서는 JDBC를 사용하여 데이터베이스를 사용하는데, JDBCJava Database Connectivity는 자바 프로그램에서 데이터베이스에 일관된 방식으로 접근할 수 있도록 API를 제공하는 클래스의 집합을 말합니다.

자바와 데이터베이스는 별개의 시스템이기 때문에 자바에서 제공해주는 순수 API에는 데이터베이스에 접근할 수 있는 클래스들이 제공되지 않습니다. 하지만 자바에서 데이터베이스에 저장된 데이터가 필요하거나 자바를 통해 새로운 데이터가 추가되는 등의 작업이 필요하게 되었습니다. 이러한 요구 사항을 원활하게 해결하기 위해서 제공된 것이 바로 JDBC입니다.

자바에서는 JDBC를 이용하여 SQLStructured Query Language을 오라클과 주고받을 수 있게 됩니다. JDBC는 몇몇 클래스들과 인터페이스들의 묶음입니다.

이제 본격적으로 JDBC 프로그램을 만들어봅시다. JDBC를 이용해서 데이터베이스에 연결하는 방법은 4단계를 거쳐 진행됩니다. 이 과정에서 데이터베이스와 통신을 위한 연결을 확립하고 SQL문을 수행하고 다시 데이터베이스와의 연결을 끊는 작업을 합니다. 이를 위해서는 다음과 같은 절차를 수행해야 합니다.

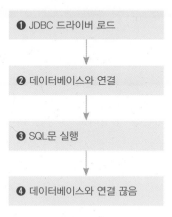

첫 번째 살펴볼 예제에서는 select 문을 이용해서 데이터베이스 내에 저장된 데이터를 출력해보도록 하겠습니다. 이를 위해서는 다음과 같은 절차를 수행해야 합니다. 각 단계 별로 사용되는 인터페이스 혹은 클래스를 살펴보면 다음과 같습니다.

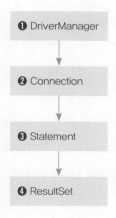

각 단계를 진행하기 위해서는 JDBC에서 제공해 주는 클래스를 사용해야 합니다. JDBC 클래스는 java.sql 패키지에 포함되어 있습니다. 그렇기 때문에 JDBC에서 사용하는 클래스와 인터페이스를 활용하려면 java.sql 패키지를 반드시 임포트해야 합니다.

```
import java.sql.*;
```

데이터베이스 연결과 관련된 인터페이스는 Connection이고 질의, 갱신과 관련된 인터페이스는 Statement이며 결과물을 가져오는 인터페이스는 ResultSet입니다.

이번 절에서는 JDBC의 핵심이 되는 3개의 인터페이스 사용법을 익히는 것이 목적입니다. 이 인터페이스를 잘 정리해 놓도록 합시다.

- Connection: 데이터베이스와 연결; DriverManager.getConnection()으로 얻음
- Statement: 질의, 갱신 실행; connection.createStatement()로 얻음
- ResultSet: 결과물; statement.executeQuery()로 얻음

참고로 자바에서는 객체를 얻기 위한 방법으로 일반적으로 클래스를 사용하여 new 연산자로 직접 생성합니다. 하지만 개발자가 직접 객체를 생성하지 않고 자바에서 제공해주는 API를 통해서 객체를 생성하는 경우도 빈번히 발생합니다. 이렇게 얻어진 객체는 클래스로 선언된 변수에 저장해 두지 않고 인터페이스로 선언한 변수에 넣고 사용합니다. 직접 개발자가 생성하지 않은 객체는 인터페이스를 통해서 접근하여 원하는 작업을 하는 것입니다.

데이터베이스와 연결하기

데이터베이스와 연결하기 위해서는 두 가지 과정이 필요합니다. 먼저 사용할 JDBC 드라이버를 프로그램 시작할 때 로딩해야 합니다. 그런 후에 DriverManager 클래스를 이용하여 데이터베이스에 접속해야 합니다.

이제 본격적으로 JDBC 드라이버를 로드할 차례입니다. 자바에서 JDBC와 데이터베이스를 연결하기 위한 JDBC 드라이버는 데이터베이스 제작 업체에서 제공합니다. 오라클에서 JDBC 드라이버를 얻어와 JAVA 환경에 설치해야만 JDBC 드라이버를 사용할 수 있습니다.

[직접해보세요] JDBC 드라이버 연결하기

1. JDBC 드라이버(ojdbcX.jar)는 오라클이 설치된 디렉토리에서 얻어올 수 있습니다.

```
c:\oraclexe\app\oracle\product\11.2.0\server\jdbc\lib
```

2. 8장에서는 Dynamic Web Project를 web-study-08이란 이름으로 따로 만듭니다. 여기에 오라클 드라이버인 ojdbcX.jar를 "web_workspace\web-study-08\WebContent\WEB-INF\lib" 폴더에 복사합니다.

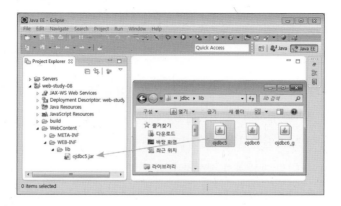

방금 복사해서 붙여 놓은 jar 파일은 자바와 데이터베이스를 연결할 때 사용할 API 들이 들어 있습니다. 이 파일만 있으면 서로 간(자바와 데이터베이스)에 (JDBC를 사용한) 의사소통을 하는 데 아무런 문제가 없습니다.

JDBC 드라이버를 로드하면 OracleDriver란 객체가 생성됩니다. 다음과 같이 Class 클래스로 JDBC 드라이버를 로드합니다.

```
Class.forName("oracle.jdbc.driver.OracleDriver");
```

java.lang.Class 클래스의 정적 메소드인 forName()은 패키지 명을 기술한 후 클래스 이름을 문자열 형태로 지정해 주면 이를 자바 가상 기계에 안으로 읽어 들이도록 합니다.

이렇게 Class.forName() 메소드에 드라이버 클래스 이름을 지정하면 JDBC 드라이버가 로드되어 DriverManager에 등록됩니다. 그러므로 프로그램 내에서 DriverManager 클래스를 이용해서 데이터베이스와 연결이 가능하게 됩니다.

드라이브가 로드되어 DriverManager에 등록된다는 게 어떤 의미일까요?

우리가 일반적으로 매니저라고 하면 관리자를 의미합니다. 자바에도 드라이버 매니저라고 드라이버만 관리하는 객체가 있는데 이 객체에 오라클 드라이버(oracle.jdbc.driver.OracleDriver)를 등록해 놓는 것입니다. 그러면 이 드라이버 매니저에 등록된 오라클 드라이버에 의해서 오라클에 접속을 할 수 있게 됩니다.

참고

JDBC 드라이버 이름
만약에 오라클 데이터베이스가 아닌 다른 데이터베이스를 사용하고 싶을 때는 이곳에 드라이버 이름을 다음과 같이 수정하면 됩니다.

❶ MySQL인 경우
```
Class.forName("org.gjt.mm.mysql.Driver");
```

❷ MS-SQL인 경우
```
Class.forName("com.microsoft.jdbc.sqlserver.SQLServerDriver");
```

Class.forName() 메소드를 이용하여 JDBC 드라이버를 로딩한 후에는 데이터베이스에 연결해야 합니다. Connection 객체는 데이터베이스에 연결해 작업을 수행할 수 있도록 만들어 주는 중요한 객체인데 이를 위해서는 DriverManager 클래스의 static 메소드인 getConnection()을 호출해야 합니다.

Connection은 인터페이스이기 때문에 일반적인 객체 생성처럼 new 연산자를 사용하지 않고 다른 객체의 메소드로부터 객체를 얻어옵니다.

getConnection() 메소드를 호출하기 위해서는 매개 변수 값으로 url, uid, pwd가 사용되는데 각각은 관계형 데이터베이스 엔진에서 위치, 사용자 계정, 사용자 패스워드 등을 입력하면 됩니다. 다음은 Connection 객체를 얻는 예입니다.

```
Connection conn = DriverManager.getConnection(url, uid, pwd);
                                               ⓐ    ⓑ   ⓒ
```

Connection으로 선언한 객체 변수 conn은 실제로 데이터베이스와 연결되어 작업을 수행할 수 있는 통로로 작용하는 중요한 객체 변수로 사용됩니다. getConnection() 메소드의 매개 변수로 ⓐ url : JDBC 형식 URL, ⓑ uid : 사용자명, ⓒ pwd : 패스워드 세 가지를 지정해야 합니다.

ⓐ url : JDBC 형식 URL은 다음과 같은 형식으로 지정해 줍니다.

```
jdbc:oracle:thin:[hostname][:port]:dbname
```

url은 실제 데이터베이스 파일의 위치(로컬 환경 또는 인터넷을 통한 원격 환경)를 지정해 주는 역할을 합니다. 다음은 URL의 예입니다.

```
"jdbc:oracle:thin:@localhost:1521:XE";
                   ❶        ❷   ❸
```

위 예는 jdbc 드라이버 중에서 오라클에 연결하기 위해서 사용하는 것입니다.

❶ localhost는 오라클 서버가 작동하고 있는 컴퓨터의 IP를 입력해 주면 됩니다. 오라클 서버가 현재 자바 프로그래밍을 하는 컴퓨터에 설치되어 있다면 localhost를 기술하면 됩니다.

❷ 콜론(:) 다음에 입력한 1521는 포트 번호입니다. 오라클을 설치할 때 일반적인 방식으로 설치했다면 1521입니다.

❸ 오라클 서버의 전역 데이터베이스 이름입니다. 오라클 익스프레션 버전을 설치했다면 XE입니다.

만일 설치 시 포트 번호와 전역 데이터베이스 이름이 기억이 나지 않는다면 다음으로 가서 포트 번호를 확인하기 바랍니다.

```
C:\oraclexe\app\oracle\product\11.2.0\server\ network\ADMIN
```

경로에서 listener.ora 파일이나 tnsnames.ora 파일을 확인합니다.

여기서는 listener.ora 파일의 내용을 확인하겠습니다. listener.ora 파일에서 PORT가 1521로 전역 데이터베이스 이름이 XE로 설정되어 있는 것을 알 수 있습니다.

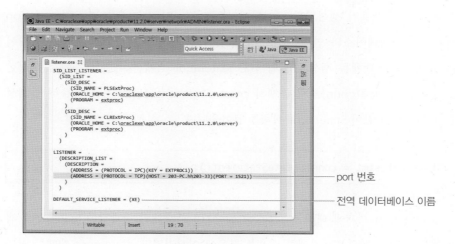

ⓑ와 ⓒ는 사용자의 아이디와 패스워드입니다. 오라클에 접속할 때 사용한 ID와 암호를 각각 지정합니다. 다음은 Connection 객체를 얻는 예입니다.

```
Connection conn=DriverManager.getConnection(
    "jdbc:oracle:thin:@localhost:1521:XE",    ...ⓐ url
    "scott",                                   ...ⓑ 사용자의 아이디
    "tiger");                                  ...ⓒ 사용자의 패스워드
```

DriverManager 클래스의 **getConnection()** 메소드는 데이터베이스와의 연결에 성공하면 내부적으로 Connection 객체를 생성하여 데이터베이스와 연결이 이루어지도록 합니다. 이렇게 생성된 Connection 객체는 conn이라는 Connection 객체 변수로 접근할 수 있도록 하기 위해서 **getConnection()** 메소드의 결과 값을 conn에 대입합니다.

사용이 끝났다면 데이터베이스와의 연결을 끊어야 하는데 이때 사용하는 메소드가 **close()**입니다.

```
conn.close();
```

SELECT 문과 Statement, ResultSet 클래스

Connection 객체가 생성되면 데이터베이스에 접근이 가능해집니다. Connection 객체는 데이터베이스의 연결을 의미하는 것이고, 실제 SQL문을 수행하기 위해서는 Statement 객체를 생성해야 합니다. Statement 객체는 이전 단계에서 생성한 Connection 객체(conn)로 접근해서 **createStatement()** 메소드를 호출해서 생성합니다. 다음과 같이 Statement 객체를 얻어옵니다.

```
Statement stmt = conn.createStatement();
```

Connection 객체에 대해 **createStatement()** 메소드의 결과값은 Statement 객체 변수에 저장해둡니다. 자세한 내용은 다음에 이어지지만, Statement 객체를 얻는 이유는 SQL 표준 쿼리문을 수행하기 위해서입니다.

모든 작업이 끝나면 Statement 객체 역시 close() 메소드를 호출해서 데이터베이스와의 연결을 해제해야 합니다.

```
stmt.close();
```

Statement 객체 변수를 사용하면 DBMS에서 사용했던 SQL 표준 쿼리문을 자바 프로그램에서도 사용할 수 있게 됩니다. Statement 객체가 성공적으로 생성되었다면 4단계에서 처리할 쿼리문을 실행시키는 메소드를 호출해야 합니다. 쿼리문을 수행하는 메소드는 2가지로 구분됩니다.

메소드	설명
executeQuery	select 문과 같이 결과값이 여러 개의 레코드로 구해지는 경우에 사용한다.
executeUpdate	insert, update, delete 문과 같은 내부적으로 테이블의 내용이 변경만 되고 결과 값이 없는 경우에 사용한다.

Statement 객체 변수를 사용하여 쿼리문을 수행할 수 있습니다. 쿼리문을 수행하기 위한 메소드는 쿼리문의 종류에 따라 달라집니다. select 문과 같이 결과가 있는 쿼리문인 경우에는 executeQuery() 메소드를 사용하고, insert, update, delete 문과 같이 내부적으로는 어떤 변화가 있지만 결과가 없는 경우에는 executeUpdate() 메소드를 사용합니다.

Statement 클래스는 java.sql 패키지에 속한 인터페이스의 이름으로 이 인터페이스 안에는 executeQuery()라는 메소드가 있습니다. 이는 데이터베이스 검색 전용 쿼리문인 select문을 실행시킬 때 사용합니다. executeQuery() 메소드는 매개 변수로 준 select문을 데이터베이스로 보내어 실행하도록 하고 그 결과값을 ResultSet으로 받게 됩니다.

Statement 객체의 executeQuery() 메소드에 기술한 select문의 결과값을 여러 개의 로우로 반환하는데 ResultSet 클래스는 반환 값이 여러 개의 로우인 경우에 이를 받아서 쉽게 처리할 수 있게 설계된 클래스입니다. 다음은 쿼리문 실행 예입니다.

```
String sql = "select * from member";
ResultSet rs = stmt.executeQuery(sql);
```

JDBC는 SQL문을 오라클에 전달하고 결과물을 리턴해 주는 역할을 합니다. JDBC에서는 SQL문은 문자열 형태로 executeQuery() 메소드의 매개 변수로 주어 실행시켜야 합니다. executeQuery() 메소드는 매개 변수로 준 select 문을 데이터베이스로 보내 실행하도록 하고 그 결과 값을 ResultSet으로 받게 됩니다.

ResultSet 객체는 다음과 같은 형태로 executeQuery() 메소드에서 기술한 select 문의 결과 값을 저장하고 있습니다.

	name	userid	pwd	email	phone	admin
Begin Of File: Before the First Row						
	이소미	somi	1234	gmd@naver.com	010-2362-5157	0
	하상오	sang12	1234	ha12@naver.com	010-5629-8888	1
	김윤승	lighti	1234	young1004@naver.com	010-9999-8282	0
End Of File(EOF) After the Last Row						

select 문을 수행하고 반환된 값을 저장한 ResultSet 객체는 여러 개의 로우(행)로 구성되어 있습니다. 만일 3개의 행으로 구성되어 있다면 위와 같이 실질적인 데이터가 저장되어 있는 영역과 함께 실제 데이터가 저장되어 있지 않은 영역으로 BOF와 EOF가 함께 존재합니다.

BOF는 첫 번째 로우보다 하나 더 이전의 레코드 셋을 의미하고 EOF는 마지막 로우보다 하나 더 다음 레코드 셋을 의미합니다. 이러한 여러 개의 로우를 한꺼번에 처리할 수는 없고 한 개의 행 단위로 처리할 수 있도록 ResultSet 클래스는 다음과 같은 다양한 메소드를 제공합니다.

메소드	설명
next()	현재 행에서 한행 앞으로 이동
previouse()	현재 행에서 한행 뒤로 이동
first()	현재 행에서 첫 번째 행의 위치로 이동
last()	현재 행에서 마지막 행의 위치로 이동

위 메소드들은 성공적으로 진행될 경우에는 true를 리턴하고, 그렇지 않을 경우에는 false를 리턴합니다.

결과값으로 얻어진 여러 개의 로우를 모두 출력하기 위해서는 ResultSet 객체로 레코드 단위로 이동하는 next() 메소드를 사용해야 하는데 일반적으로 다음과 같이 while문과 함께 사용합니다.

```
String sql = "select * from member";
ResultSet rs = stmt.executeQuery(sql);
while(rs.next()){

}
```

ResultSet 객체인 rs가 레코드 단위로 이동하기 위해서 next() 메소드를 사용해야 하는 이유를 살펴봅시다.

Statement 객체의 executeQuery() 메소드에 기술한 select문의 결과값으로 여러 개의 로우를 리턴 받는데 이중 현재 레코드의 위치를 가리키는 Cursor가 있습니다. Cursor의 최초의 위치는 Before The First Row이기 때문에 Cursor의 위치를 다음 위치로 이동해야만 첫 번째 레코드의 내용을 얻어올 수 있습니다.

한 행의 처리가 끝나고 다음 행으로 이동하기 위해서 또 다시 next() 메소드를 사용해야 합니다. 더 이상 레코드가 존재하지 않으면 next() 메소드가 false를 리턴하기 때문에 반복문에서 벗어나 작업을 종료합니다.

Begin Of File: Before the First Row					
이소미	somi	1234	gmd@naver.com	010-2362-5157	0
하상오	sang12	1234	ha12@naver.com	010-5629-8888	1
김윤승	lighti	1234	young1004@naver.com	010-9999-8282	0
End Of File(EOF) After the Last Row					

◀── 코드 셋 객체가 얻어지자마자 Cursor 위치

rs.next()

모든 행에 접근하기 위해서 while문을 사용했다면 이번에는 각 행에서 원하는 컬럼 값을 얻기 위해서 접근해야 합니다. 이를 위해서 사용하는 메소드가 getXXX입니다.

getXXX로 쿼리하는 방법은 컬럼 단위이므로 getXXX에 출력을 원하는 컬럼명을 기술합니다. 메소드 이름을 정확히 기술하지 못하고 get 다음에 XXX를 기술하는 이유는 컬럼 타입에 따라서 메소드의 이름이 달라지기 때문입니다.

데이터베이스에는 다양한 자료형을 사용합니다. 이런 다양한 컬럼 타입을 자바의 데이터 형에 맞추기 위해서 JDBC는 다양한 형태의 getXXX 계열의 메소드를 제공합니다. 컬럼 타입이 문자열(varchar2, char)일 경우에는 getString()을 이용해서 데이터를 읽어오고 정수(number)라면 getInt()를 사용합니다.

정수형을 처리하는 데 사용하는 getInt()는 member 테이블 내의 admin 컬럼과 같이 number로 선언되어 있는 컬럼에서 저장된 정수값을 얻어오기 위해서 사용합니다. 다음은 ResultSet 객체로 정수 데이터를 얻어오는 예입니다.

```
int admin = rs.getInt("admin");
```

getInt 메소드 내부에는 문자열 형태로 컬럼명을 기술합니다. getInt 메소드가 리턴하는 정수형 값은 int 형 변수에 저장합니다.

getString은 문자열 처리에 사용되는 메소드로 member 테이블 내의 name 컬럼이 바로 문자열형으로 선언된 컬럼이므로 다음과 같이 getString 메소드 내부에 문자열 형태로 컬럼명을 기술해서 해당 컬럼에 저장된 문자열 값을 얻어옵니다. 다음은 ResultSet 객체로 문자열 데이터 얻어오는 예입니다.

```
String name = rs.getString("name");
```

getString 메소드는 String 형으로 값을 되돌리기 때문에 String 형 변수에 결과값을 저장합니다.

검색한 결과를 출력하기 위해서는 레코드 단위로 한행씩 데이터 값을 얻어오기 위해서 while문 내부에 다음과 같은 문장을 추가해야 합니다.

```
while(rs.next()){
    out.println(rs.getString("name"));
    out.println(rs.getString("userid"));
    out.println(rs.getString("pwd"));
    out.println(rs.getString("email"));
    out.println(rs.getString("phone"));
    out.println(rs.getInt("admin"));
}
```

getXXX() 메소드에서 컬럼 이름을 사용하는 방법 이외에 인덱스 값을 사용하는 방법도 있습니다.

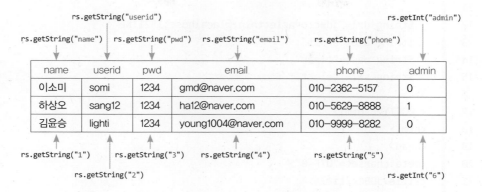

인덱스 값을 이용하는 경우는 다음과 같이 기술할 수 있습니다.

```
while(rs.next()){
    out.println(rs.getString(1));
    out.println(rs.getString(2));
    out.println(rs.getString(3));
    out.println(rs.getString(4));
    out.println(rs.getString(5));
    out.println(rs.getInt(6));
}
```

인덱스 번호는 1부터 시작합니다. 그래서 이메일 값을 얻어오려면 **rs.getString** **("email")** 대신에 **rs.getString(4)**라고 사용해도 됩니다. 성능 면에서 인덱스를 사용하는 편이 속도가 빠릅니다.

[직접해보세요] member 테이블의 내용 출력하기   [파일 이름 : 01_allMember.jsp]

```
1    <%@page import="java.sql.DriverManager"%>
2    <%@page import="java.sql.ResultSet"%>
3    <%@page import="java.sql.Statement"%>
4    <%@page import="java.sql.Connection"%>
5    <%@ page language="java" contentType="text/html; charset=UTF-8"
6        pageEncoding="UTF-8"%>
7    <%!  //선언부는 첫 방문자에 의해서 단 한번 수행합니다.
```

```
8      Connection  conn=null;
9      Statement stmt=null;
10     ResultSet rs=null;
11
12     String url="jdbc:oracle:thin:@localhost:1521:XE";
13     String uid="scott";
14     String pass="tiger";
15     String sql="select * from member";
16   %>
17   <!DOCTYPE html>
18   <html>
19   <head>
20   <meta charset="UTF-8">
21   <title>JDBC</title>
22   </head>
23   <body>
24   <table width='800' border='1'>
25   <tr>
26     <th>이름</th><th>아이디</th><th>암호</th><th>이메일</th>
27     <th>전화번호</th><th>권한(1:관리자, 0:일반회원)</th>
28   </tr>
29   <%
30   try{
31     Class.forName("oracle.jdbc.driver.OracleDriver");
32     conn = DriverManager.getConnection(url, uid, pass);
33     stmt=conn.createStatement();
34     rs=stmt.executeQuery(sql);
35     while(rs.next()){
36      out.println("<tr>");
37      out.println("<td>"+rs.getString("name")+"</td>");
38      out.println("<td>"+rs.getString("userid")+"</td>");
39      out.println("<td>"+rs.getString("pwd")+"</td>");
40      out.println("<td>"+rs.getString("email")+"</td>");
41      out.println("<td>"+rs.getString("phone")+"</td>");
42      out.println("<td>"+rs.getInt("admin")+"</td>");
43      out.println("</tr>");
44     }//while의 끝
45   }catch(Exception e){
46     e.printStackTrace();
47   }finally{
48     try{
49      if(rs != null) rs.close();
```

```
50        if(stmt != null) stmt.close();
51        if(conn != null) conn.close();
52      }catch(Exception e){
53        e.printStackTrace();
54      }
55    }//finally의 끝
56    %>
57    </table>
58    </body>
59    </html>
```

08~15 : 선언부에서 SQL문을 수행가기 위한 객체 변수를 선언합니다.

24~28 : 테이블을 생성하여 제목을 출력합니다.

31 : 1 단계로 JDBC 드라이버를 로드합니다.

32 : 2 단계로 데이터베이스 연결 객체인 Connection을 생성합니다.

33 : Connection 객체로부터 Statement 객체를 얻어옵니다.

34 : Statement 객체로 executeQuery( )를 실행한 후 결과값을 얻어와서 ResultSet 객체에
저장합니다. executeQuery( ) 메소드를 실행할 쿼리문은 member 테이블의 모든 데이
터를 얻어오기 위해서 "select * from member"으로 15행에서 String 형 sql 변수에 초기
값으로 지정해 두었습니다.

35 : 데이터베이스에 저장된 모든 회원 정보를 얻어 오기 위해서 반복문을 돌면서 컬럼 단위
로 데이터값을 얻어옵니다.

37~41 : 이름, 아이디, 암호, 이메일, 전화번호와 같이 문자열로 선언된 컬럼을 얻어오기 위해서
는 getString( )을 사용합니다.

42 : 회원 등급을 구분하는 admin 컬럼은 데이터베이스에 NUMBER로 선언된 컬럼이므로
이 값을 저장하는 필드가 int로 선언되어 있습니다. 수치형 데이터를 얻어오기 위해서는
getInt( )를 사용하였습니다.

 참고

DB의 내용을 불러오지 못하면 입력한 데이터에 대해 커밋을 했는지 확인해 보기 바랍니다.

지금까지 학습한 내용을 그림으로 도식화하면 다음과 같습니다.

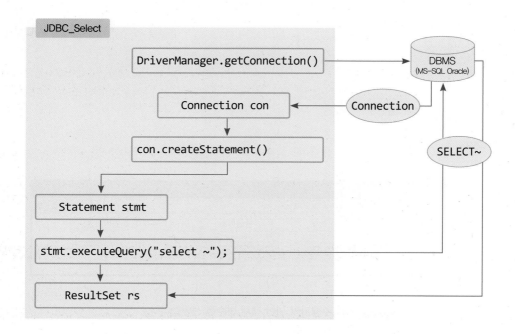

❶ JDBC 드라이버 로드되었다면 DriverManager 클래스의 getConnection( ) 메소드로 데이터베이스 연결 객체인 Connection을 생성합니다.

❷ Connection 객체로 createStatement( ) 메소드로 Statement 객체를 생성합니다.

❸ Statement 객체의 executeQuery( ) 메소드로 SQL문을 실행하여 ResultSet 객체를 얻어오면 ResultSet 객체에 실행 결과 값이 실려옵니다.

데이터 저장과 PreparedStatement 클래스

데이터베이스에 저장된 정보를 출력하는 방법을 학습하였습니다. 이번에는 새로운 회원 정보를 입력받아 이를 데이터베이스에 저장하는 방법을 학습하도록 합시다.

회원 정보를 데이터베이스에 저장하려면 다음과 같이 insert문을 사용해야 합니다.

```
insert into member values('강현승', 'liver', '1234', 'liver@naver.com',
'010-3333-3232', 0)
```

위 문장은 오라클에서 수행할 insert문입니다. 이를 자바에서 JDBC로 수행시키려면 이를 쌍따옴표("")로 둘러싸 문자열 형태로 만들어서 executeUpdate( ) 메소드의 매개 변수로 주어야 합니다. 다음은 자바에서 insert문을 수행하는 예입니다.

```
String sql="insert into member values('강현승', 'liver', '1234',
'liver@naver.com','010-3333-3232', 0)";
stmt.executeUpdate(sql);
```

하지만 위와 같은 방법은 항상 동일한 회원 정보만 데이터베이스에 추가하는 것이 기 때문에 새로운 회원 정보를 입력받아 추가하려면 변수에 저장된 값을 조합해서 문 자열 상수 형태의 SQL문을 작성해야 합니다.

```
String name   = "강현승";
String userid = "liver";
String pwd    = "1234";
String email  = "moon@nate.com";
String phone  = "010-1111-1111";
String admin  = "0";
String sql    = "insert into member values('" + name  + "', '" + userid
                                + "', '" + pwd    + "', '" + email
                                + "', '" + phone + "', "  + admin
                                + ")";
```

즉 sql 변수에 저장된 내용 중에서 학번, 이름, 이메일, 전화번호 컬럼에 저장될 데 이터들은 홑따옴표를 앞뒤에 붙여야 하고 컬럼 값과 값 사이에 쉼표(,)를 추가해야 합니다. 정수형 데이터를 저장하는 admin 컬럼 값은 홑따옴표로 묶여 있지 않지만, 문자열 데이터를 저장하는 name, userid, pwd, email, phone은 모두 홑따옴표로 둘러 싸여 있는 것을 확인할 수 있습니다.

이렇게 복잡하게 쿼리문을 작성하지 않더라도 간단하게 쿼리문을 작성할 수 있도 록 PreparedStatement를 제공하고 있습니다.

PreparedStatement 인터페이스는 Statement의 서브 인터페이스로 Statement 의 단점을 극복한 인터페이스입니다. PreparedStatement 인터페이스를 사용하면 보다 편리하고, 효율적으로 SQL문을 수행할 수 있습니다.

PreparedStatement를 사용해 보도록 하겠습니다. PreparedStatement는 다음 과 같이 3 단계로 진행합니다.

PreparedStatement 생성

PreparedStatement 객체를 생성하기 위해서는 Connection 인터페이스의 **prepare Statement()** 메소드를 호출합니다.

```
PreparedStatement pstmt = con.prepareStatement(sql);
```

preparedStatement() 메소드의 인자로 사용되는 SQL문은 다음과 같이 ? 기호를 사용해서 다음과 같이 표현할 수 있습니다.

```
String sql ="insert into member values(?, ?, ?, ?, ?, ?)";
```

테이블의 각 컬럼에 추가할 값을 직접 지정하지 않고 ?로 표시합니다. ?를 바인드 변수라고 하며 매번 값이 바뀔 수 있으므로 미리 정해 놓지 않은 것입니다. 바인드 변수를 갖는 PreparedStatement 객체는 **execute()** 메소드로 수행되기 전에 값이 채워져야 하는데 이때 **setXXX()** 메소드가 사용됩니다.

바인드 변수(?)로 지정된 매개 변수에 값 설정

PreparedStatement를 실행하려면 바인드 변수로 지정된 인자에 값을 할당해 주어야 합니다. 이때 사용되는 메소드는 다음의 형태를 가집니다.

```
setXXX(int 순서, 실제 데이터나 변수);
```

XXX에는 데이터 형의 이름을 적습니다. 매개 변수로 지정할 값이 정수형이라면 **setInt()** 메소드가 사용되고 문자열 형이라면 **setString()** 메소드가 사용됩니다. 바인드 변수에 값을 지정하려면 바인드 변수(?) 개수와 순서를 잘 기억하고 있어야 합니다. 각 번호에 해당되는 위치의 변수에 적용될 값을 설정하기 위해서는 PreparedStatement 객체의 **setXXX()** 메소드의 첫 번째 매개 변수는 ? 변수의 위치를 지정하고 두 번째 매개 변수에는 실제 추가할 값이나 값을 저장한 변수를 기술합니다. 다음은 바인드 변수에 값을 지정하는 예입니다.

```
pstmt.setString(1, name);
pstmt.setString(2, userid);
pstmt.setString(3, pwd);
pstmt.setString(4, email);
pstmt.setString(5, phone);
pstmt.setInt(6, Integer.parseInt(admin));
```

해당 ? 위치에 알맞은 데이터를 하나도 빠짐없이 채웠다면 이제 PreparedStatement 객체를 실행시킬 수 있습니다.

PreparedStatement 객체로 쿼리문 실행

PreparedStatement 객체로 쿼리문을 실행하기 위해 executeXXX() 메소드를 호출합니다. Statement 객체는 실행할 때 executeXXX(sql) 형태로 쿼리문을 전달해 주지만, PreparedStatement는 연결 객체에서 PreparedStatement 객체를 얻어내면서 미리 쿼리문을 전달해 주었기에 쿼리문 없이 그냥 executeXXX() 메소드만 호출하면 됩니다.

```
pstmt.executeUpdate();
pstmt.close();
```

executeUpdate() 메소드를 호출하면 데이터베이스가 갱신됩니다. 사용이 끝났으면 close() 메소드를 호출해 PreparedStatement 객체 변수를 해제합니다.

SQL문의 종류에 따라 executeQuery()나 executeUpdate() 메소드를 실행합니다. SQL문이 select이면 executeQuery()로 ResultSet을 얻고, delete, update, insert 의 경우에는 executeUpdate() 문을 실행합니다. 수행하는 쿼리문이 insert문이므로 executeUpdate() 문을 호출합니다.

PreparedStatement는 미리 컴파일된(pre-compiled) SQL문을 가지고 있다가 동적으로 컬럼의 값을 채워 질의문을 던질 수 있도록 합니다. SQL문을 준비하는 과정에서 매번 바뀔 데이터가 들어갈 자리는 '?'로 표시하는데 동적으로 값을 할당할 때 여기에 채워지는 것입니다.

PreparedStatement로 insert문을 처리하여 데이터베이스에 데이터를 추가하는 프로그램을 작성해 봅시다. 이번 예제에서 작성할 파일들을 정리한 표입니다.

파일 이름	설명
02_addMemberForm.jsp	이름, 아이디, 비밀번호, 이메일, 전화번호, 등급을 입력 받는 폼이다. [전송] 버튼을 누르면 JSP 파일(addMember.jsp)로 입력된 정보가 전송된다.
02_addMember.jsp	addMemberForm.jsp 문서에서 입력한 정보를 읽어 와서 데이터베이스에 저장한다.

회원의 정보를 저장하는 MemberBean 클래스는 이미 만들어 두었기 때문에 이번 실습에서는 addMemberForm.jsp와 addMember.jsp 파일만 작성해 보겠습니다.

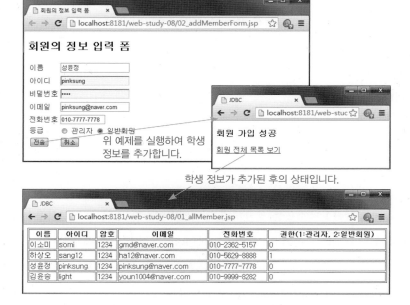

[직접해보세요] member 테이블에 데이터 추가하기

1. 회원의 정보를 입력할 폼을 02_addMemberForm.jsp란 이름으로 작성합니다.

```
1   <%@ page language="java" contentType="text/html; charset=UTF-8"
2        pageEncoding="UTF-8"%>
3   <!DOCTYPE html>
4   <html>
5   <head>
```

```
 6    <meta charset="UTF-8">
 7    <title>회원의 정보 입력 폼</title>
 8    </head>
 9    <body>
10    <h2>회원의 정보 입력 폼</h2>
11    <form method="post" action="02_addMember.jsp">
12      <table>
13        <tr>
14          <td> 이름      </td>
15          <td> <input type="text"        name="name"     size="20"></td>
16        </tr>
17        <tr>
18          <td> 아이디    </td>
19          <td> <input type="text"        name="userid"   size="20"></td>
20        </tr>
21        <tr>
22          <td> 비밀번호 </td>
23          <td> <input type="password" name="pwd"       size="20"></td>
24        </tr>
25        <tr>
26          <td> 이메일    </td>
27          <td> <input type="text"        name="email"    size="20"></td>
28        </tr>
29        <tr>
30          <td> 전화번호 </td>
31          <td> <input type="text"        name="phone"    size="11"></td>
32        </tr>
33        <tr>
34          <td> 등급 </td>
35          <td>
36            <input type="radio" name="admin" value="1" checked="checked"> 관리자
37            <input type="radio" name="admin" value="0"> 일반회원
38          </td>
39        </tr>
40        <tr>
41          <td><input type="submit" value="전송"> </td>
42          <td><input type="reset" value="취소"> </td>
43        </tr>
44      </table>
45    </form>
46    </body>
47    </html>
```

2. 입력받은 회원 정보를 데이터베이스에 추가하기 위한 02_addMember.jsp를 작성합니다.

```jsp
1    <%@page import="java.sql.DriverManager"%>
2    <%@page import="java.sql.Connection"%>
3    <%@page import="java.sql.PreparedStatement"%>
4    <%@ page language="java" contentType="text/html; charset=UTF-8"
5          pageEncoding="UTF-8"%>
6    <%!
7          Connection   conn=null;
8          PreparedStatement pstmt=null;
9
10         String url="jdbc:oracle:thin:@localhost:1521:XE";
11         String uid="scott";
12         String pass="tiger";
13
14         String sql = "insert into member values(?, ?, ?, ?, ?, ?)";
15   %>
16   <!DOCTYPE html>
17   <html>
18   <head>
19   <meta charset="UTF-8">
20   <title>JDBC</title>
21   </head>
22   <body>
23   <%
24   request.setCharacterEncoding("UTF-8");
25
26   String name = request.getParameter("name");
27   String userid = request.getParameter("userid");
28   String pwd = request.getParameter("pwd");
29   String email = request.getParameter("email");
30   String phone = request.getParameter("phone");
31   String admin = request.getParameter("admin");
32   try{
33     //(1 단계) JDBC 드라이버 로드
34     Class.forName("oracle.jdbc.driver.OracleDriver");
35     //(2 단계) 데이터베이스 연결 객체인 Connection 생성
36     conn = DriverManager.getConnection(url, uid, pass);
37     //(3 단계) PreparedStatement 객체 생성하기
38     pstmt=conn.prepareStatement(sql);
39     //(4 단계) 바인딩 변수를 채운다.
40     pstmt.setString(1, name);
```

```
41        pstmt.setString(2, userid);
42        pstmt.setString(3, pwd);
43        pstmt.setString(4, email);
44        pstmt.setString(5, phone);
45        pstmt.setInt(6, Integer.parseInt(admin));
46        //(5단계) SQL문을 실행하여 결과 처리
47        pstmt.executeUpdate();
48      }catch(Exception e){
49        e.printStackTrace();
50      }finally{
51        //(6단계)  사용한 리소스 해제
52        try{
53          if(pstmt != null) pstmt.close();
54          if(conn != null) conn.close();
55        }catch(Exception e){
56          e.printStackTrace();
57        }
58      }//finally의 끝
59      %>
60      <h3> 회원 가입 성공 </h3>
61      <a href="01_allMember.jsp"> 회원 전체 목록 보기 </a>
62      </body>
63      </html>
```

24 : post 방식으로 넘겨진 한글에 대해서 한글 깨짐을 방지하기 위한 코드입니다.

26~31 : 입력 폼으로부터 회원 정보를 얻어옵니다.

38 : SQL문을 수행할 PreparedStatement 객체를 생성합니다.

40~45 : 바인딩 변수에 insert로 처리할 컬럼 값을 셋팅합니다.

47 : executeUpdate( )로 insert문을 실행하여 테이블에 데이터를 추가합니다.

61 : 추가가 성공적으로 되었는지 확인하려면 오라클에서 select * from member를 수행해서 확인해 봐야 합니다. 그래서 01_allMember.jsp 페이지로 이동하도록 링크를 걸어 두었습니다.

웹사이트를 만들기 위해서는 반드시 정보를 저장하기 위한 데이터베이스를 함께 사용해야 합니다. 데이터베이스는 단순히 데이터만 저장하기 때문에 이곳에 저장된 데이터를 자바 프로그램에서 사용하려면 JDBC를 반드시 사용해야 합니다. JDBC는 어떤 유형의 웹사이트를 구축하든 반드시 필요합니다. 그렇기 때문에 이번 장에서 학습한 JDBC를 충분히 반복 학습하여 익숙하게 사용할 수 있도록 노력하고 혹시 SQL

문에 자신이 없다면 시간을 내서라도 데이터베이스를 충분히 공부해 둘 필요가 있습니다. 웹사이트를 구축하기 위해서는 JSP뿐만 아니라 데이터베이스도 능숙하게 사용할 수 있어야 하기 때문입니다.

다음 장에서는 커넥션 객체를 얻기 위한 또 다른 방법인 커넥션 풀의 개념과 사용 방법을 학습하고 데이터를 처리하기 위한 로직을 객체로 처리할 수 있도록 하는 DAO 클래스의 개념과 사용 방법을 학습하기로 하겠습니다.

문제의 답은 로드북 홈페이지(http://roadbook.co.kr/126)에서 확인할 수 있습니다.

1. DBMS란 무엇의 약어인지 기술하고 개념을 설명하시오.

2. JDBC가 무엇의 약어인지 기술하고 개념을 설명하시오.

3. JDBC 프로그램을 위한 절차를 기술하시오.

4. JDBC 프로그램에서 select 문을 수행할 경우 4가지 절차를 거칩니다. 이 단계에서 필요한 인터페이스 혹은 클래스를 기술하시오.

5. Connection, Statement, ResultSet 인터페이스에 대해서 설명하시오.

6. JDBC 드라이버가 왜 필요한지 JDBC 프로그램의 역할을 설명하시오.

7. Statement 객체와 PreparedStatement 객체의 차이점을 설명하시오.

8. 다음과 같이 파라미터를 가지는 SQL 구문을 만들 때 사용되는 인터페이스는 무엇인가?

```
String query = "insert into member values (?, ?, ?, ?, ?)";
```

① ResultSetMetaData   ② ResultSet

③ Statement   ④ PreparedStatement

9. Statement나 PreparedStatement 인터페이스의 executeQuery() 메소드로 SQL 구문을 실행시킬 때 리턴되는 것은 무엇인가?

① Connection 객체   ② ResultSet 객체

③ Statement 객체   ④ PreparedStatement 객체

10. 다음 글의 빈 곳에 들어갈 알맞은 공통의 단어를 제시하시오.

> (   )는 Java를 이용한 데이터베이스 접속과 SQL 문장의 실행, 그리고 그 결과로 얻어진 데이터의 핸들링을 제공하는 방법과 절차에 대한 규약이다. 즉, (   )는 개발자가 데이터베이스와 연동되는 프로그램을 개발할 때 데이터베이스에 접속하고 적절한 처리를 수행하기 위해 데이터베이스에 SQL 질의를 보내고 그 결과로 얻은 값을 활용하기 위해 필요한 Java 클래스 형태의 표준화된 API를 제공한다.

11. 다음 코드는 폼으로부터 전송되는 데이터를 member1이라는 테이블에 삽입하는 코드입니다. 빠진 부분을 채워서 코드를 완성시켜 보시오

```jsp
<<%@ page language="java" contentType="text/html; charset=UTF-8"
    pageEncoding="UTF-8"%>
<%@ page import="java.sql.*"%>
<%
  request.setCharacterEncoding("UTF-8");

  String id= request.getParameter("id");
  String passwd= request.getParameter("passwd");
  String name= request.getParameter("name");

  Connection conn=null;
  PreparedStatement pstmt=null;
  String sql= "insert into member1 values (?,?,?)";

  try{
//(1 단계) JDBC 드라이버 로드
      Class.forName(①_____);
//(2 단계) 데이터베이스 연결 객체인 Connection 생성
      conn=DriverManager.getConnection(②_____
                          , ③_____, ④_____);
```

```
//(3 단계) Statement 객체 생성하기
    ⑤_____
//(4 단계) 바인딩 변수를 채운다.
    ⑥_____
    ⑦_____
    ⑧_____
//(5단계) SQL문을 실행하여 결과 처리
    ⑨_____
    }catch(Exception e){
        e.printStackTrace();
    }finally{
//(6단계)  사용한 리소스 해제
        ⑩_____
%>
<html>
<head><title>레코드 삽입(추가)예제</title></head>
<body>
   member1 테이블에 새로운 레코드를 삽입(추가)했습니다.
</body>
</html>
```

12. JDBC의 확장 API에 포함된 DataSource를 사용하고자 할 때 필요한 Package는 ?

　　① java.sql　　　② javax.sql　　　③ java.awt　　　④ java.io

13. 다음 중 Java를 이용하여 DataBase 프로그램을 개발할 때 Database와 프로그램을 연결시켜주는 것은?

　　① JDBC(Java Database Connectivity) 드라이버

　　② 웹 서버

　　③ Tomcat 서버

　　④ JDK(Java Development Kit)

14. JDBC를 이용한 웹 프로그램을 하려고 합니다. 관련 API의 사용이 옳은 것은 무엇인가?

① Connction conn = DriverManager.connection(url, id, pw);

② Statement stmt = conn.createStatement();

ResultSet rs = stmt.executeUpdate(sql);

③ PreparedStatement pstmt = conn.prepareStatement();

④ ResultSet rs = stmt.executeQuery();

15. 다음 중 JDBC를 이용한 데이터 처리 순서를 올바르게 나열한 것은?

① SQL 문장을 처리 – Driver 로딩 – 데이터베이스와 연결 – 사용한 리소스 해제

② 데이터베이스와 연결 – SQL 문장을 처리 – Driver 로딩 – 사용한 리소스 해제

③ Driver 로딩 – SQL 문장을 처리 – 데이터베이스와 연결 – 사용한 리소스 해제

④ Driver 로딩 – 데이터베이스와 연결 – SQL 문장을 처리 – 사용한 리소스 해제

16. JSP 페이지에서 DBMS와 연동하여 SQL 질의를 실행하는 프로그램을 작성하려고 한다. 올바른 절차는?

① DBMS와 연결, SQL 질의 실행, Statement 객체 생성, ResultSet 객체 처리, 연결 종료

② DBMS와 연결, Statement 객체 생성, SQL 질의 실행, ResultSet 객체 처리, 연결 종료

③ DBMS와 연결, ResultSet 객체 처리, Statement 객체 생성, SQL 질의 실행, 연결 종료

④ DBMS와 연결, Statement 객체 생성, ResultSet 객체 처리, SQL 질의 실행, 연결 종료

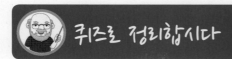
17. SQL 구문 가운데 insert, delete와 update를 실행하려고 한다. Statement 인터페이스에서 어떤 메소드를 사용해야 하는가?

① Connection getConnection( )

② ResultSet getResultSet( )

③ ResultSet executeQuery(String sql)

④ int executeUpdate(String sql)

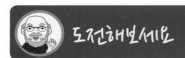 도전해보세요

문제의 답은 로드북 홈페이지(http://roadbook.co.kr/126)에서 확인할 수 있습니다.

"사원 정보 관리"

목표   JDBC 프로그래밍의 기초를 익힙니다.

난이도   초

다음과 같은 구조의 EMPLOYEE 테이블을 생성합니다.

컬럼명	타입	길이
name	varchar2	20
address	varchar2	100
ssn	varchar2	15

EMPLOYEE 테이블에 다음과 같은 데이터를 추가합니다.

name	address	ssn
duke	seoul	970224-1039234
pororo	pusan	001222-1038782
candy	daejeon	981221-1829192

다음과 같이 EMPLOYEE 테이블에 존재하는 데이터를 출력하는 동작을 수행하는 employeeJDBC.jsp 파일을 작성합니다.

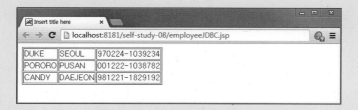

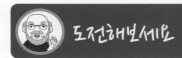 도전해보세요

"상품 정보 관리"

목표 JDBC 프로그래밍의 기초를 익힙니다.

난이도 초

상품 정보를 관리하는 JSP 페이지를 작성합시다. 우선 상품 정보를 저장하기 위한 테이블을 생성합니다. 테이블명은 item으로 합니다. 필요한 항목은 다음과 같습니다.

컬럼명	타입	길이	설명
name	varchar2	20	상품제목
price	number	8	가격
description	varchar2	100	상품설명

위와 같은 구조로 item 테이블을 생성한 후 itemWriteForm.jsp에서 상품 정보를 입력 받습니다. [전송] 버튼을 누르면 JSP 파일(itemWriteResult.jsp)로 입력된 정보가 전송됩니다. 이 정보를 생성한 item 테이블에 추가합니다. 모든 정보를 출력하는 itemWrite.jsp에서 추가된 정보를 확인할 수 있습니다.

[상품 정보를 입력 받는 JSP 페이지]

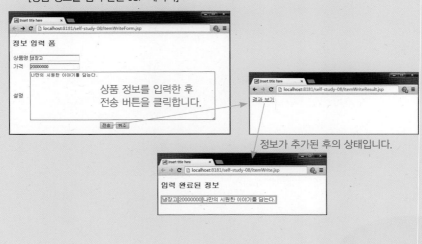

9장
데이터베이스를 이용한
회원 관리 시스템 구축하기

이 장을 시작하기 전에

이 장을 읽기 전에,

- 8장을 공부하지 않았거나
- 데이터베이스를 활용한 애플리케이션 개발 환경이 세팅되지 않았다면,

8장을 다시 읽고 개발 환경을 세팅하기 바랍니다.

이 책의 공통사항이긴 한데,
코드를 직접 입력해보고 실행해보며 다시 수정하여 실행해보면서 동작원리를 이해하는 것이 프로
그래밍 고수가 되는 최고의 지름길입니다.

데이터베이스 커넥션 풀

자바에서 오라클로 쿼리문을 실행하기 위해서 첫 번째로 해야 할 작업은 오라클 접속 권한을 얻기 위한 환경 설정입니다. 우리가 메신저를 사용할 수 있는 권한을 얻기 위해 로그인하여 인증 처리하는 것과 같이 오라클을 사용하기 위해서는 접속 요청을 하여 연결된 상태가 되어야 합니다. 이를 커넥션이라고 합니다. 커넥션을 얻는 작업은 오라클을 사용하기 위해 반드시 선행되어야 하는 작업입니다.

하지만 웹 페이지에 접속자의 수가 많게 되면 커넥션을 그만큼 걸어주어야 하기 때문에 서버에 부하가 발생하여 서버가 다운되는 현상까지도 발생할 수 있습니다. 이러한 문제점을 해결하기 위해서 존재하는 것이 커넥션 풀입니다.

DBCP(DataBase Connection Pool)(데이터베이스 커넥션 풀)는 접속 인원이 많은 웹 페이지에서 데이터베이스의 효율성과 속도를 높이기 위해서 사용합니다. 여러 접속자들에 대해서 하나의 커넥션 객체로 데이터베이스를 처리할 경우 이에 대한 처리가 벅찰 것입니다. 이러한 문제를 해결하기 위해서 고안된 방식이 DBCP 기법입니다.

DBCP는 DBCP 매니저가 어느 정도의 연결을 확보해 놓고 있다가 클라이언트의 요청이 들어오면 연결해 주고, 클라이언트 작업이 다 끝나면 연결을 다시 DBCP 매니저한테 반환하게 만드는 것입니다.

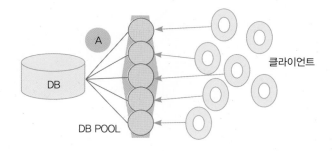

위 그림은 데이터베이스 풀 기법의 대략적인 개념을 설명한 그림입니다. 일단 데이터베이스에 연결되는 부분은 A 부분인데, 5개가 항상 데이터베이스와 접속한 상태입니다. 이런 경우에 DB POOL 부분에 항상 5개의 인스턴스(데이터베이스 연결)가 준비되어 있기 때문에 외부에서 클라이언트가 5명이 항상 동시에 접속해서 사용할 수 있습니다. 만약에 연결을 시도하는 클라이언트가 6명이라면, 5명은 DB POOL에 접속해서 서비스를 받을 수 있지만 1명의 클라이언트는 접속이 허용될 때까지 기다려야 합니다. 만약에 접속한 사람이 2명밖에 되지 않더라도 항상 5개의 DB POOL은 열려 있게 됩니다.

클라이언트가 접속할 때마다 데이터베이스에 연결을 시도할 경우에 비해서 데이터베이스 연결 부하가 월등하게 적어지는 구조입니다. DB POOL에 열어놓은 풀의 개수는 옵션을 이용해서 수정할 수 있도록 되어 있습니다.

이러한 데이터베이스 풀 기법은 직접 만들어서 사용할 수 있지만 이 책에서는 아파치 서버에서 제공해주는 소스를 사용하도록 합니다. 우선 아파치 홈페이지에 접속하여 커넥션 풀을 얻어 와서 설치해 보도록 합시다.

[직접해보세요] DBCP 설치하기

1. 9장에서는 Dynamic Web Project를 web-study-09란 이름으로 따로 만듭니다. 여기에 오라클 드라이버인 ojdbcX.jar와 JSTL을 위한 jar 파일을 "web_workspace\web-study-09\WebContent\WEB-INF\lib" 폴더에 복사합니다.

2. DBCP 커넥션 풀은 컨텍스트 패스의 서브 태그로 추가합니다. 컨텍스트 패스(Context Path)라는 개념은 2장과 3장에 상세히 설명되어 있지만, 다시 정리하고 가자면 컨텍스트 패스는 여러 개의 웹 애플리케이션이 WAS에서 동작할 경우 이를 구분하기 위한 것으로 톰캣 서버의 환경설정을 위한 server.xml 파일에 〈Context〉 태그를 추가해야 컨텍스트 패스가 설정됩니다.

하지만 이클립스를 사용하여 웹 프로젝트를 개발할 경우에는 〈Context〉 태그를 server.xml 파일에 개발자가 번거롭게 직접 추가할 필요 없이 웹 프로젝트를 실행하면 server.xml 파일에 〈Context〉 태그가 자동으로 추가됩니다. 〈Context〉 태그를 자동으로 추가시키기 위해서 웹 프로젝트를 실행시킵시다. 웹 프로젝트는 실행할 JSP 파일이 없으면 실행되지 않기 때문에 우선 1_dbcp.jsp 페이지를 추가하고 이를 실행한 후 〈Context〉 태그가 server.xml 에 추가된 것을 확인해 봅시다.

새롭게 나타난 웹 프로젝트를 선택한 후 마우스 오른쪽 버튼을 클릭하여 나타난 바로가기 메뉴에서 [New → JSP File]을 선택하여 01_dbcp.jsp 페이지를 추가합니다.

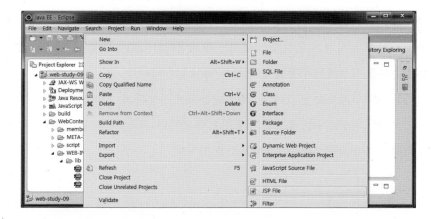

3. 추가된 01_dbcp.jsp 페이지에 다음과 같이 입력한 후 실행시킵니다.

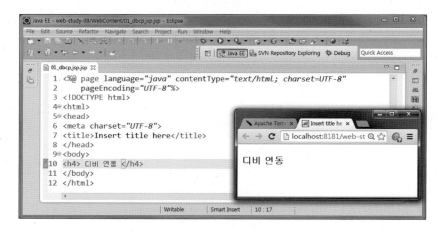

작성한 JSP 페이지를 실행하기 위해서는 [Run → Run] 메뉴를 선택하거나 단축키인 [Ctrl+F11]을 누르면 됩니다.

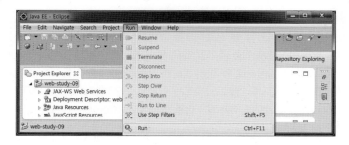

4. 화면 왼쪽에서 Servers를 찾아 server.xml 파일을 찾아 엽니다. server.xml 파일을 열어서 파일 맨 끝부분으로 내려갑니다. 소스가 나타나지 않으면 아래 Source 버튼을 선택해주면 됩니다. [Ctrl]+[Shift]+F는 코드를 자동 정렬시키는 단축키인데 이를 한꺼번에 누른 후 web-study-09 프로젝트에 대한 〈Context〉를 찾습니다.

파일 맨 끝부분으로 내려가서[Ctrl]+[Shift]+F 키를 눌러
자동 정렬시킨 후 web-study-09 프로젝트에 대한 〈Context〉를 찾는다.

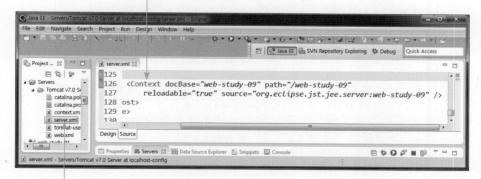

화면 왼쪽에서 Severs를 찾아 server.xml 파일을 찾는다.

5. 아파치 홈페이지(http://tomcat.apache.org)에서 찾은 〈Resource〉 태그를 〈Context〉 태그 내부에 기술해야 합니다. 그러기 위해서는 〈Context /〉 형태를 〈Context〉〈/Context〉 형태로 변경합니다. XML에서는 시작 태그와 끝 태그 사이에 어떤 내용을 넣습니다. 그런데 내용이 필요 없을 경우가 있는데 이럴 경우 끝 태그를 생략한 채 시작 태그의 끝을 〉 대신 /〉로 닫아 버립니다.

이클립스에서 자동으로 생성해주는 〈Context /〉가 바로 이런 형태입니다. 그래서 DBCP를 가져다 사용하기 위한 코드인 〈Resource〉 태그를 〈Context/〉의 자식 엘리먼트로 추가하려면 시작 태그와 끝 태그가 모두 있어야 그 사이에 코드를 추가할 수 있기 때문에 〈Context /〉 형태를 〈Context〉〈/Context〉 형태로 변경하는 것입니다.

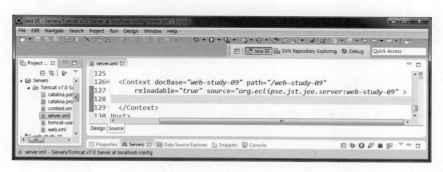

6. 이제 아파치 홈페이지에서 찾은 ⟨Resource⟩ 태그를 찾도록 합시다. 아파치 홈페이지(http://tomcat.apache.org)에 접속합시다. 화면 아래로 내려가다 보면 Documentation이 나타납니다. Tomcat X.X를 선택합니다.

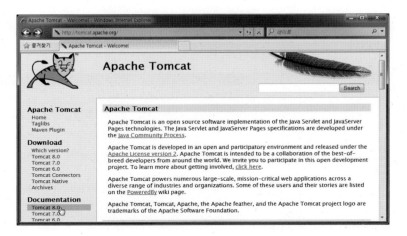

7. 화면이 전환되면 화면 아래로 내려가서 "9) JDBC DataSources" 항목을 선택합니다.

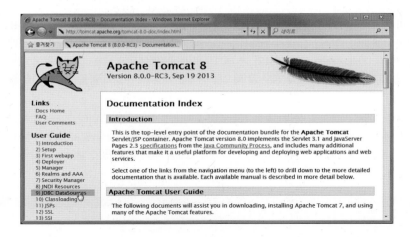

8. 화면이 전환되면 "4. Oracle 8i, 9i & 10g" 항목을 선택합니다. 우리가 설치한 데이터베이스는 최신 버전인 Oracle 11g이지만 현재 아파치에서 아직 업그레이드되지 않은 상태입니다. Oracle 8i, 9i & 10g 커넥션 풀도 별 문제가 없기에 이를 사용하도록 합니다.

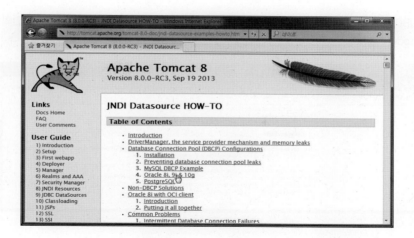

9. 아파치 홈페이지에서 웹 애플리케이션에 DBCP를 가져다 사용하기 위한 코드가 샘플로 제공되는 페이지를 찾았다면 이제 server.xml 파일에 〈Context〉와 〈/Context〉 사이에 붙여 넣기만 하면 됩니다.

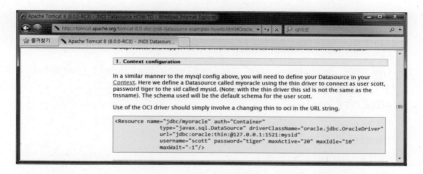

10. 아파치 홈페이지(http://tomcat.apache.org)에서 찾은 〈Resource〉 태그를 복사해 와서 〈Context〉와 〈/Context〉 사이에 붙여 넣습니다. 그리고 현재 오라클 서버 이름을 XE로 변경합니다.

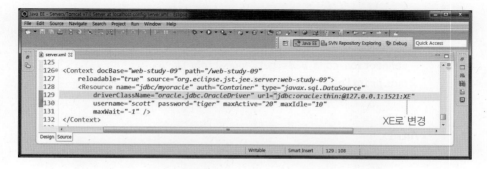

11. DBCP를 사용하기 위한 코드도 아파치 홈페이지에서 샘플로 제공됩니다. 아래 화면의 "3. Code example"은 "1. Context configuration"에서 조금만 내려오면 발견할 수 있습니다.

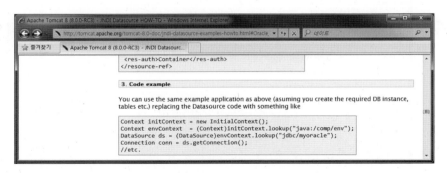

12. "3. Code example"의 내용을 가져와서 01_dbcp.jsp의 〈body〉 태그 안쪽에 스크립트릿(〈% %〉)을 추가한 후 붙여 넣습니다. 가져온 코드에서 사용한 인터페이스를 사용할 수 있도록 자동 import를 위해서 Ctrl+Shift+O(알파벳 오우)를 누릅니다.

```jsp
1    <%@page import="java.sql.Connection"%>
2    <%@page import="javax.sql.DataSource"%>
3    <%@page import="javax.naming.InitialContext"%>
4    <%@page import="javax.naming.Context"%>
5    <%@ page language="java" contentType="text/html; charset=UTF-8"
6        pageEncoding="UTF-8"%>
7    <!DOCTYPE html>
8    <html>
9    <head>
10   <meta charset="UTF-8">
11   <title>Insert title here</title>
12   </head>
13   <body>
14   <h4> 디비 연동 </h4>
15   <%
16       Context initContext = new InitialContext();
17       Context envContext  = (Context)initContext.lookup("java:/comp/env");
18       DataSource ds = (DataSource)envContext.lookup("jdbc/myoracle");
19       Connection conn = ds.getConnection();
20       out.println("DBCP 연동 성공");
21   %>
22   </body>
23   </html>
```

13. [Run → Run] 메뉴를 선택하거나 단축 키 [Ctrl]+[F11]을 눌러 01_dbcp.jsp를 실행하여 "DBCP 연동 성공"이라고 출력되면 커넥션을 얻은 것입니다.

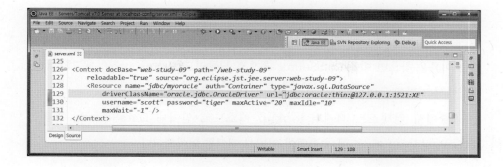

위 실습에서 사용한 코드를 분석 설명하면 다음과 같습니다.

16줄에서 InitialContext 객체를 생성합니다.

```
Context initContext = new InitialContext();
```

17~18줄에서 컨텍스트 객체의 lookup 메소드로 DBCP에서 지정한 이름을 찾습니다.

```
Context envContext = (Context)initContext.lookup("java:/comp/env");
DataSource ds = (DataSource)envContext.lookup("jdbc/myoracle");
              ❷                                              ❶
```

❶ lookup 메소드의 매개 변수인 "jdbc/myoracle"이 바로 server.xml 파일의 〈Resource〉 태그의 name 속성을 설명할 때 언급했던 내용입니다.

```
Context envContext = (Context)initContext.lookup("java:/comp/env");
DataSource ds = (DataSource)envContext.lookup("jdbc/myoracle");
       ❷                                        ❶

<Context docBase="web-study-09" path="/web-study-09"
    reloadable="true" source="org.eclipse.jst.jee.server:web-study-09">
    <Resource name="jdbc/myoracle" auth="Container" type="javax.sql.DataSource"
              ❶                                                ❷
        driverClassName="oracle.jdbc.OracleDriver"
                    url="jdbc:oracle:thin:@127.0.0.1:1521:XE"
        username="scott" password="tiger" maxActive="20" maxIdle="10"
        maxWait="-1" />
</Context>
```

❷ lookup 메소드가 리턴하는 값을 저장하는 변수 역시 server.xml 파일의 〈Resource〉 태그의 type 속성을 설명할 때 언급했던 내용입니다. jdbc/myoracle이 라는 이름을 찾으면 이를 DataSource 형으로 되돌리도록 〈Resource〉 태그의 type 속성에서 지정해 두었습니다.

19줄에서 컨텍스트 객체의 lookup 메소드로 얻어낸 DataSource 객체로 getConnection() 메소드를 호출하여 커넥션 객체를 얻어냅니다.

```
Connection conn = ds.getConnection();
```

이러한 과정들은 아파치의 버전이나 기타 자바 API의 버전과는 전혀 상관없습니다.

커넥션이 성공적으로 된 것은 마치 우리가 웹사이트를 사용하기 위해서 로그인 과 정을 거친 것처럼 JSP에서 오라클을 사용하기 위해서 오라클에 접속을 한 것입니다. 접속은 완료되었으니 이제 오라클에 저장된 테이블을 사용할 차례입니다.

데이터베이스를 연동한 회원 관리 시스템

데이터베이스를 활용한 예제로 회원 관리 웹 애플리케이션을 만들어 봅시다. 웹사이 트에서 여러 가지 서비스를 받으려면 회원 인증을 받는 기능이 거의 필수적인 기능이 기 때문에 회원 관리 시스템을 선택하였습니다.

회원 관리 웹 애플리케이션을 만들기 전에 기능을 중심으로 결과 화면을 살펴보겠 습니다. 회원인증을 위한 과정은 크게 로그인과 회원 가입 두 가지로 나뉩니다.

[로그인]
로그인은 가입이 완료된 회원만 가능하고 비회원이라면 회원 가입을 해야 합니다.

[로그인 페이지 login.jsp]

[회원 가입]

회원 가입 신청 페이지에서 정보를 입력한 후 〈등록〉 버튼을 클릭하면 회원 가입이 이루어지고 가입이 성공적으로 이루어지면 다시 로그인 페이지로 돌아갑니다. 로그인 페이지로 돌아갈 때 회원 가입 과정에서 입력한 아이디가 로그인 페이지로 넘어가기 때문에 아이디를 따로 입력할 필요가 없습니다.

[회원 가입 페이지 : join.jsp]

[로그인 페이지 : login.jsp]

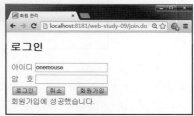

[회원 인증]

다양한 서비스를 받기 위해서는 회원 인증 과정이 필요합니다. 사용자의 아이디와 비밀번호가 일치하면 메인 페이지로 이동합니다.

[로그인 페이지 : login.jsp]

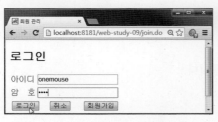

[회원 전용 페이지 : main.jsp]

[회원 정보 수정]

이미 회원 가입이 된 회원의 정보를 변경하는 서비스를 제공합니다.

[회원 정보 수정 페이지 : memberUpdate.jsp]

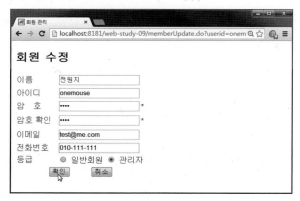

[로그아웃]

인증된 회원의 인증을 무효화합니다. 인증이 무효화된 후에는 다시 로그인을 해야만
다양한 서비스를 받을 수 있는 메인 페이지로 이동할 수 있습니다.

[회원 전용 페이지 : main.jsp]   [로그인 페이지 : login.jsp]

사용자 관리 시스템의 전체 구조

사용자 관리를 위한 전체적인 흐름을 살펴봅시다.

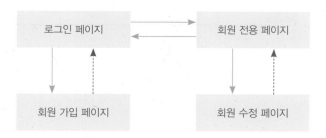

웹 서버에 링크되어 있는 파일들은 로그인 유무를 판별한 다음 로그인이 되어 있지 않으면 모두 login.jsp 파일로 가도록 되어 있습니다. login.jsp에서는 로그인을 인증하는 LoginServlet.java에 가서 회원 아이디와 비밀 번호가 일치할 경우 main.jsp로 가도록 되어 있습니다. 처음 방문한 사람이라면 login.jsp에 링크가 걸려 있는 join.jsp에서 회원 가입을 하고 JoinServlet.java를 통해서 데이터베이스에 저장이 된 다음 login.jsp로 다시 되돌아가서 회원인증을 받도록 설계되어 있습니다. 인증된 회원은 main.jsp에서 제공하는 서비스를 받을 수 있습니다. 이번 장에서는 main.jsp에서 회원정보를 수정하는 기능(memberUpdate.jsp)을 제공하고 더 이상 해당 페이지에서 서비스를 제공 받지 않을 경우 로그아웃(logout.jsp)하는 기능만을 제공합니다.

회원 관리 프로그래밍을 위해서 작성해야 할 파일들을 살펴봅시다.

[JSP 페이지]

파일	설명	위치
login.jsp	회원인증을 위한 아이디와 비밀번호를 입력받는 폼	WebContent\member
join.jsp	회원 가입을 위해 정보를 입력받는 폼	WebContent\member
main.jsp	회원 인증 확인 후 다양한 서비스를 제공하는 폼	WebContent
memberUpdate.jsp	회원 정보를 수정하기 위한 폼	WebContent\member

[서블릿 파일(위치 : src\com\saeyan\controller)]

파일	설명	URL pattern
JoinServlet.java	입력된 회원 정보로 회원 가입 처리	join.do
LoginServlet.java	회원 인증 처리	login.do
MemberUpdateServlet.java	입력된 회원 정보로 회원 정보 수정	memberUpdate.do
LogoutServlet.java	로그아웃 처리	logout.do

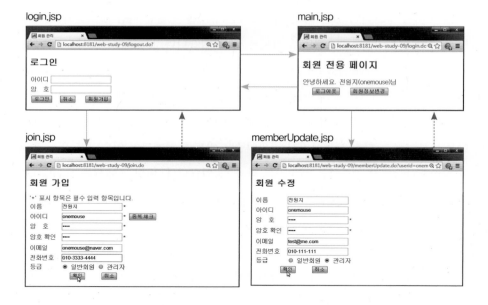

login.jsp　　　　　　　　　　　　　　　　　　　main.jsp

join.jsp　　　　　　　　　　　　　　　　　　　memberUpdate.jsp

[자바스크립트(위치 : WebContent₩script)]

파일	설명
member.js	폼에 입력된 정보가 올바른지 판단하는 자바스크립트

[VO 클래스 (위치: src₩com₩saeyan₩dto)]

파일	설명
MemberVO.java	회원 정보를 저장하는 클래스

[DAO 클래스 (위치: src₩com₩saeyan₩dao)]

파일	설명
MemberDAO.java	데이터베이스 테이블과 연동해서 작업하는 데이터베이스 처리 클래스

　　회원 등록을 할 때 사용자가 입력한 정보들은 데이터베이스에 저장되어 있어야 하는데, 회원 가입 시 어떠한 정보를 저장해 둘 것인지를 결정하여 각 필드를 정하여 테이블로 구성해야 합니다.

　　회원 관리를 위한 정보를 저장하는 테이블은 8장에서 만든 member 테이블을 사용하기로 합니다. 다음은 member 테이블을 구성하는 컬럼입니다.

[member 테이블 구조]

컬럼명	크기	설명
name	varchar2(30)	이름
userid	varchar2(30)	아이디
pwd	varchar2(20)	비밀번호
email	varchar2(30)	이메일
phone	char(13)	전화번호
admin	number(1)	관리자 구분 번호(0:사용자, 1:관리자)

회원 정보를 저장하기 위한 테이블까지 준비되었다면 다음에 살펴볼 내용은 회원 가입시 입력한 회원 정보를 회원 테이블에 저장하는 과정입니다.

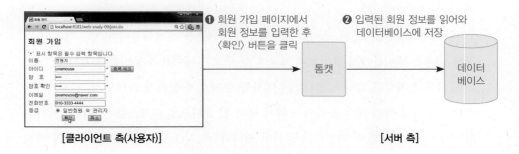

[클라이언트 측(사용자)] [서버 측]

회원 관리 member 테이블과 연동하는 DAO

이번 장에서 학습할 내용은 데이터베이스에 저장된 데이터를 어떻게 조회할 것인 가에 관한 것입니다. 이러한 일을 담당하는 클래스를 자바에서는 DAO라고 합니다. DAO는 모든 데이터베이스 관련 애플리케이션에서 반드시 존재하는 클래스입니다.

DAOData Access Object는 데이터베이스의 데이터에 접근하기 위한 객체입니다. 데 이터베이스 레코드의 조회, 추가, 수정, 삭제 역할을 합니다. 데이터베이스 접근을 담 당하기에 이 클래스에 DAO란 명칭을 붙이게 된 것입니다. DAO는 데이터베이스에 서 얻은 데이터를 VO에 저장합니다.

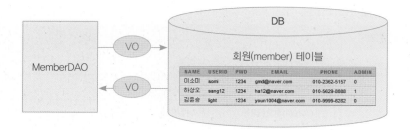

VOValue Object는 회원 테이블의 정보를 자바에서 얻어오기 전에 회원 정보를 저장할 공간을 위한 준비 과정입니다.

회원 정보를 저장하는 테이블의 내용은 그대로 자바에서 가져다 사용하기 위해서 변수에 저장되어야 합니다. 이름, 아이디, 비밀번호, 이메일, 전화번호, 구분 번호를 개별적으로 변수에 저장하는 것보다는 회원 정보를 하나로 묶어서 저장하는 것이 훨씬 효율적일 것입니다.

자 이제 회원 테이블의 정보를 저장할 VO 클래스를 설계해봅시다. VO 객체에 저장할 내용은 테이블에서 얻어오기 때문에 그 구조가 테이블과 동일해야 합니다.

테이블에 저장된 하나의 행(로우) 정보를 통째로 전송하기 위해서 이 자체가 VO 클래스가 되고 여러 개의 컬럼이 모여서 행이 된 것이므로 클래스를 구성하는 각각의 필드가 바로 컬럼 값을 저장하는 공간이 됩니다. 즉, VO 클래스는 아래와 같이 매핑을 시켜준다고 생각하면 쉽습니다.

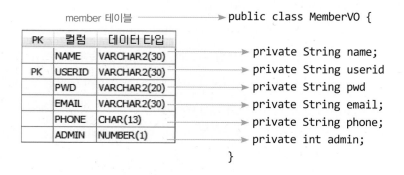

member 테이블은 MemberVO 클래스에 매핑되고 테이블 내의 컬럼은 클래스 내의 필드로 매핑됩니다.

각 필드의 자료형도 컬럼의 데이터 타입에 따라 정해지는데 number로 선언된 컬럼과 연결된 필드는 Integer로, varchar2로 선언된 컬럼과 연결된 필드는 String 형으로 선언해야 합니다. 오라클의 number는 수치 데이터를 저장하는 자료형이기 때문에 Integer로 varchar2에는 문자 데이터를 저장하기 때문에 String 형으로 선언합니다.

회원 정보를 하나의 묶음으로 관리하기 위해 나온 메커니즘이 자바 빈이라고 하였지만 이를 데이터베이스와 접목할 경우에는 VO라고 합니다.

VO 클래스 역시 자바 빈처럼 다음과 같이 속성(attribute), setter와 getter로 구성됩니다.

- 속성(attribute) : VO 클래스에 입력되는 정보를 저장합니다.
- setter 메소드 : 정보를 VO 클래스에 저장할 때 사용합니다.
- getter 메소드 : VO 클래스의 정보를 조회할 때 사용합니다.

VO 클래스는 데이터를 담는 일종의 컨테이너 역할을 하는 클래스로 데이터의 전달을 목적으로 만들어진 클래스입니다. 6장에서 학습한 자바 빈의 동의어입니다.

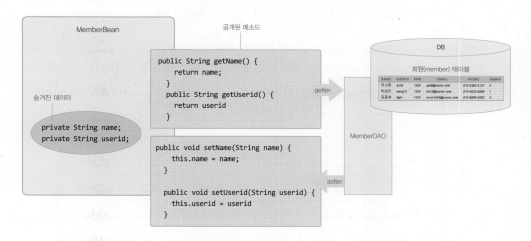

자바 빈을 값만을 저장한다고 해서 Value Object라고 부르기도 하고 데이터를 전달하는 목적으로 사용된다고 해서 Data Transfer Object라고 부르기도 합니다. 자바 빈, VO, DTO 3가지 용어가 같은 의미로 사용됩니다.

회원 관리를 위한 VO 클래스를 구현해 보겠습니다. MemberVO.java 파일로 패키지명은 com.saeyan.dto로 하겠습니다.

1. 이클립스 화면 왼쪽에서 프로젝트를 선택한 후에 마우스 오른쪽 버튼을 클릭하여 나타난 바로가기 메뉴에서 [New → Class]를 선택합니다. [Package:] 입력란에 패키지 이름(com.saeyan.dto)을 [Name:] 입력란에 클래스 이름(MemberVO)을 입력한 후 [Finish] 버튼을 클릭합니다. 회원 정보를 저장할 필드를 선언합니다.

```
1    package com.saeyan.dto;
2
3    public class MemberVO {
4        private String name;
5        private String userid;
6        private String pwd;
7        private String email;
8        private String phone;
9        private int admin;
10   }
```

자바 빈과 마찬가지로 외부에서는 필드로 접근하지 않고 getter, setter로 접근하도록 합니다. 이를 위해서 필드 앞에 private 접근 제한자를 붙여서 정의합니다.

2. MemberVO 클래스 내부에서 마우스 오른쪽 버튼을 클릭하여 나타난 바로가기 메뉴에서 [Source → Generate Getters and Setters]를 선택하여 getter, setter를 일괄적으로 생성합니다.

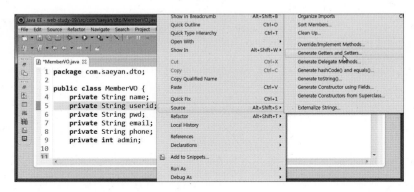

3. 이번에는 [Source → Generate toString( )...]을 선택하여 나타난 창에서 [OK] 버튼을 클릭하여 toString( ) 메소드를 오버라이딩합니다.

toString() 메소드를 오버라이딩하는 이유는 객체에 저장된 필드 값들을 출력해서 보기 쉽게 하기 위한 것입니다. 출력 함수에서 객체는 toString() 메소드를 자동으로 호출하도록 되어 있어 객체의 내용을 모두 출력하기 위해서 일반적으로

toString() 메소드를 오버라이딩하여 필드의 값을 출력하는 코드를 기술하지만 이 클립스에서는 이런 코드들이 자동으로 생성되기에 이를 사용한 것입니다.

```
1    package com.saeyan.dto;
2
3    public class MemberVO {
4       private String name;
5       private String userid;
6       private String pwd;
7       private String email;
8       private String phone;
9       private int admin;
10      //자동으로 추가된 getter와 setter
11      public String getName() {
12         return name;
13      }
14      public void setName(String name) {
15         this.name = name;
16      }
17      public String getUserid() {
18         return userid;
19      }
20      public void setUserid(String userid) {
21         this.userid = userid;
22      }
23      public String getPwd() {
24         return pwd;
25      }
26      public void setPwd(String pwd) {
27         this.pwd = pwd;
28      }
29      public String getEmail() {
30         return email;
31      }
32      public void setEmail(String email) {
33         this.email = email;
34      }
35      public String getPhone() {
36         return phone;
37      }
38      public void setPhone(String phone) {
39         this.phone = phone;
40      }
```

```
41      public int getAdmin() {
42          return admin;
43      }
44      public void setAdmin(int admin) {
45          this.admin = admin;
46      }
47      //자동으로 오버라이딩된 toString()
48      @Override
49      public String toString() {
50          return "MemberVO [name=" + name + ", userid=" + userid + ", pwd=" + pwd
51              + ", email=" + email + ", phone=" + phone + ", admin=" + admin+ "]";
52      }
53  }
```

이번 절에서는 회원 테이블의 정보를 자바에서 얻어와 저장할 공간을 위한 준비 과정으로 VO를 만들어 두었습니다. 이제 본격적으로 회원 테이블에서 회원 정보를 얻어와 VO에 저장해 봅시다.

데이터베이스 member 테이블과 연동해서 작업하는 회원 테이블에서 정보를 조회하거나 추가, 수정, 삭제 작업을 하는 클래스 즉, DAO를 작성해봅시다. 클래스명은 member 테이블을 다루는 DAO이기에 MemberDAO로, 패키지명은 com.saeyan.dao로 합니다. 다음은 MemberDAO 클래스가 가지고 있는 메소드에 대한 설명입니다.

DAO의 주된 역할은 데이터베이스 데이터를 VO 객체로 얻어오거나 VO 객체에 저장된 값을 데이터베이스에 추가합니다. 그렇기 때문에 매번 이런 작업을 위해서 객체를 생성하기보다는 싱글톤 패턴Singleton Pattern(디자인 패턴의 일종)으로 클래스를 설계합니다.

싱글톤 패턴은 인스턴스가 오로지 단 하나만 존재할 수 있도록 클래스를 설계하는 것을 말합니다. 싱글톤은 객체를 메모리에 단 한 번만 올려놓고 시스템 전반에 걸쳐서 특정한 자원(Object, Module, Component)을 공유할 때 사용합니다.

8장을 학습하면서 데이터베이스에 접근하기 위해서 객체를 여러 번 생성해 왔습니다. 이렇게 개발하게 되면 전체적인 시스템의 성능이 저하되기 때문에 데이터베이스에 SQL문을 처리하기 위한 클래스는 객체를 매번 생성하지 않고 하나의 객체로도 충분하기 때문에 객체 생성을 여러 번 하는 것을 강제로 막기 위한 싱글톤 형태로 DAO를 만듭니다.

다음은 회원 정보를 처리하는 DAO인 MemberDAO를 오로지 한 개의 인스턴스만 생성해서 사용하는 싱글톤 패턴으로 정의한 예입니다.

```java
public class MemberDAO {
  private MemberDAO(){                                    ...❶

  }

  private static MemberDAO instance = new MemberDAO();    ...❷

  public static MemberDAO getInstance() {                ...❸
    return instance;
  }
}
```

싱글톤 패턴이 되기 위한 첫 번째 조건은 생성자가 private이어야 합니다(❶). 그렇기 때문에 다른 클래스에서는 절대 인스턴스를 생성하지 못하고 자기 자신만 인스턴스를 생성할 수 있습니다(❷). 생성된 인스턴스는 외부에서 접근할 수 없도록 private 필드로 선언했습니다.

이렇게 생성된 인스턴스는 외부에서 수정은 못하고 값을 얻을 수만 있도록 read only property로 만들기 위해서 setter는 정의하지 않고 getter만 만듭니다.(❸)

이러한 싱글톤 패턴 클래스는 메모리 낭비를 막기 위해서 만드는 것입니다. new 연산자를 클래스 앞에 기술하여 객체를 생성하면 메모리를 할당받게 됩니다. new 연산자를 사용할 때마다 동일한 형태의 객체가 계속 만들어집니다. 이를 막기 위해서 생성자를 외부에서 호출하지 못하도록 private 접근 제한자로 선언하고 대신 클래스 선언부 내부에서 자신이 객체를 생성한 후 이렇게 생성된 오로지 한 개의 객체를 getInstance() 메소드로 접근해서 사용할 수 있도록 합니다. 이는 오로지 한 번의 객체 생성으로 메모리를 효율적으로 관리하려는 목적입니다.

다시 한 번 언급하자면, 싱글톤 형태의 클래스 객체를 생성하려면 private 접근 제한자로 선언한 생성자 때문에 new 연산자를 사용하지 못하고 getInstance() 메소드로 대신 클래스 선언부 내부에서 자신이 생성한 객체를 얻어 와야 합니다.

```
MemberDAO mDao=MemberDAO.getInstance();
```

[직접해보세요] 이클립스에서 회원 테이블을 액세스하는 DAO 클래스 만들기

1. 이클립스 화면 왼쪽에서 프로젝트를 선택한 후에 마우스 오른쪽 버튼을 클릭하여 나타난 바로가기 메뉴에서 [New → Class]를 선택합니다. [Package:] 입력란에 패키지 이름(com.saeyan.dao)을, [Name:] 입력란에 클래스 이름(MemberDAO)을 입력한 후 [Finish] 버튼을 클릭하여 생성된 MemberDAO 클래스에 다음과 같이 입력합니다.

```
1     package com.saeyan.dao;
2
3     public class MemberDAO {
4       private MemberDAO(){
5
6       }
7
8       private static MemberDAO instance = new MemberDAO();
9
10      public static MemberDAO getInstance() {
11        return instance;
12      }
13    }
```

1 : 데이터베이스를 처리하기 위한 DAO 클래스만 따로 관리하기 위해서 com.saeyan.dao 패키지에 클래스를 생성합니다.

11 : MemberDAO 객체를 리턴합니다.

여기에 DBCP로 커넥션 객체를 얻어오는 메소드를 추가합시다. DBCP를 위한 환경 설정은 1절에서 이미 해 두었습니다. 커넥션 풀로부터 커넥션 객체가 제대로 얻어지는지는 01_dbcp.jsp 페이지에서 확인해보았습니다. DAO 클래스는 데이터베이스에 저장된 회원 정보는 새롭게 추가되거나 조회되고 수정하는 등의 작업을 위해서 커넥션 객체를 자주 얻어 와야 하기 때문에 01_dbcp.jsp 페이지의 내용을 하나의 메소드로 정의해 두고 필요할 때마다 이 메소드를 호출해서 사용하도록 하겠습니다.

1. MemberDAO.java 파일에 커넥션을 얻어오는 getConnection( ) 메소드를 추가합니다.
    DAO 클래스를 작성하면서 다양한 클래스들이 사용되기에 이를 위한 import 구문이 필요합니
    다. import 구문은 Ctrl+Shift+O(알파벳)을 입력하면 자동으로 임포트됩니다.

```java
1       package com.saeyan.dao;
2
3       import java.sql.Connection;
4       import javax.naming.Context;
5       import javax.naming.InitialContext;
6       import javax.sql.DataSource;
7
8       public class MemberDAO {
9         private MemberDAO(){
10
11        }
12
13        private static MemberDAO instance = new MemberDAO();
14
15        public static MemberDAO getInstance() {
16          return instance;
17        }
18
19        public Connection getConnection() throws Exception {
20          Connection conn = null;
21          Context initContext = new InitialContext();
22          Context envContext = (Context) initContext.lookup("java:/comp/env");
23          DataSource ds = (DataSource) envContext.lookup("jdbc/myoracle");
24          conn = ds.getConnection();
25          return conn;
26        }
27      }
```

21 : InitialContext 객체를 생성합니다.

22 : 컨텍스트 객체의 lookup 메소드로 DBCP에서 지정한 이름을 찾습니다. lookup 메소드의
     매개 변수인 "jdbc/myoracle"이 바로 server.xml 파일의 〈Resource〉 태그의 name 속성
     을 설명할 때 언급했던 내용입니다.

23 : lookup 메소드가 리턴하는 값을 저장하는 변수 역시 server.xml 파일의 〈Resource〉 태그
     의 type 속성을 설명할 때 언급했던 내용입니다. jdbc/myoracle이라는 이름을 찾으면 이
     를 DataSource 형으로 리턴하므로 이를 받아서 DataSource 객체에 저장합니다.

24 : 컨텍스트 객체의 lookup 메소드로 얻어낸 DataSource 객체로 getConnection( ) 메소드
     를 호출하여 커넥션 객체를 얻어냅니다.

2. MemberDAO 클래스의 getConnection( ) 메소드로 커넥션 객체를 얻어내는지 확인하기 위한 테스트를 해보기 위해서 02_test.jsp 페이지를 추가합니다. 웹 프로젝트를 선택한 후 마우스 오른쪽 버튼을 클릭하여 나타난 바로가기 메뉴에서 [New → JSP File]를 선택하여 추가하면 됩니다.

```jsp
1   <%@page import="java.sql.Connection"%>
2   <%@page import="com.saeyan.dao.MemberDAO"%>
3   <%@ page language="java" contentType="text/html; charset=UTF-8"
4       pageEncoding="UTF-8"%>
5   <!DOCTYPE html>
6   <html>
7   <head>
8   <meta charset="UTF-8">
9   <title>Insert title here</title>
10  </head>
11  <body>
12  <%
13  MemberDAO memDao=MemberDAO.getInstance();
14  Connection conn= memDao.getConnection();
15  out.println("DBCP 연동 성공");
16  %>
17  </body>
18  </html>
```

3. [Run → Run] 메뉴를 선택하거나 단축 키 [Ctrl+F11]을 눌러 02_test.jsp를 실행하면 다음과 같이 "DBCP 연동 성공"이라고 출력됩니다.

　　DAO는 데이터 접근이 목적인 객체입니다. 즉, 데이터베이스에 들어 있는 데이터를 어떻게 이용할지에 초점을 맞추어 설계하는 클래스입니다. 데이터베이스에 저장된 정보를 얻어 오거나 전달하기 위해서 테이블에 저장된 데이터를 VO 객체 단위로 저장해서 사용합니다.

　　데이터베이스에 저장된 회원 정보는 새롭게 추가되거나 조회되고 수정되어야 하는데, 이러한 작업을 모두 DAO 클래스에서 합니다. 다음은 이러한 작업이 원활하게 이루어지도록 하기 위한 메소드를 정리해 놓은 표입니다(MemberDAO 클래스의 메소드).

메소드	내용
int userCheck(String userid, String pwd)	사용자 인증시 사용하는 메소드이다. member 테이블에서 아이디와 암호를 비교해서 해당 아이디가 존재하지 않으면 −1을, 아이디만 일치하고 암호가 다르면 0을, 모두 일치하면 1을 리턴한다.
MemberVO getMember(String userid)	member 테이블에서 아이디로 해당 회원을 찾아 회원 정보를 가져온다.
int confirmID(String userid)	회원 가입시 아이디 중복을 확인할 때 사용한다. 해당 아이디가 있으면 1을, 없으면 −1을 리턴한다.
void insertMember(MemberVO mVo)	매개 변수로 받은 VO 객체를 member 테이블에 삽입한다.
void updateMember(MemberVO mVo)	매개 변수로 받은 VO 객체 내의 아이디로 member 테이블에서 검색해서 VO 객체에 저장된 정보로 회원 정보를 수정한다.

이 메소드들은 서블릿/JSP 코드를 완성해 가면서 하나씩 만들어 보겠습니다. 사용자가 회원 관리 웹 애플리케이션을 사용할 수 있도록 하는 JSP로 화면 설계(뷰)를 하고 이렇게 설계된 JSP에서 입력된 데이터를 얻어와 데이터베이스를 조작할 수 있도록 하는 서블릿(비지니스 로직)을 작성해 봅시다.

로그인 인증 처리

로그인을 위한 입력 폼부터 만들어 보겠습니다.

[로그인 페이지 : login.jsp]

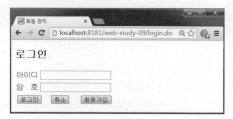

이번 장에서는 회원 관리만 하지만 보통 대부분의 웹사이트에서는 회원 관리, 게시판 관리 등 다양한 작업들이 이루어집니다. 이런 작업을 위한 JSP 파일을 폴더 별로 나누어서 관리하지 않으면 프로젝트에 어려움이 있기 때문에 회원 관리를 위한 JSP 파일은 member 폴더에, 게시판을 위한 관리는 board 폴더에 합니다. 이번 장에서는 회원 관리를 위한 작업을 위한 jsp 파일이기에 member 폴더를 추가한 후 이 폴더에 JSP 페이지를 추가하도록 합시다. member 폴더 추가는 JSP를 생성할 때 나타나는 입력폼에서 "parent folder"를 입력하는 공간에서 /WebContent/member 이렇게 추가해주면 됩니다.

```jsp
1  <%@ page language="java" contentType="text/html; charset=UTF-8"
2    pageEncoding="UTF-8"%>
3  <!DOCTYPE html>
4  <html>
5  <head>
6  <meta charset="UTF-8">
7  <title>회원 관리</title>
8  <script type="text/javascript" src="script/member.js"></script>
9  </head>
10 <body>
11   <h2> 로그인</h2>
12   <form action="login.do" method="post" name="frm" >
13     <table>
14       <tr>
15         <td>아이디   </td>
16         <td ><input type="text" name="userid" value="${userid}"></td>
17       </tr>
18       <tr>
19         <td >암 호 </td>
20         <td ><input type="password" name="pwd"></td>
21       </tr>
22       <tr>
23         <td colspan="2" align="center">
24           <input type="submit" value="로그인"
25                       onclick="return loginCheck()">  
26         <input type="reset" value="취소">   
27         <input type="button" value="회원 가입"
28                     onclick="location.href='join.do'">
29         </td>
30       </tr>
31     <tr><td colspan="2" >${message}</td></tr>
32     </table>
33   </form>
34 </body>
35 </html>
```

8 : 입력 폼을 정상적으로 수행하기 위해서는 자바스크립트 파일(member.js)이 필요하기에 이를 포함하였습니다. member.js에 loginCheck( ) 함수를 정의하여 25:에서 〈로그인〉 버튼을 클릭하면 아이디와 암호가 모두 입력되었을 때에만 로그인 인증 처리를 하고 둘 중에 하나라도 입력이 안 되면 에러 메시지를 출력하면서 진행이 되지 않도록 할 것입니다.

24 : 〈로그인〉 버튼이 "submit" 형식으로 작성되었으므로 이를 클릭하면 form 태그의 action 속성에 기술한 "login.do"가 요청됩니다. 요청에 대한 처리를 서블릿에서 할 것입니다. 서블릿은 클래스 이름으로 요청하기보다는 login.do와 같이 일정한 패턴 방식을 사용합니다.

27 : 〈회원 가입〉 버튼을 클릭하면 회원 가입을 위한 "join.do"가 요청됩니다.

※ 유효성 체크를 위한 자바스크립트 파일

로그인 작업을 위해서는 아이디와 암호가 모두 입력되었는지 유효성을 파악해야 합니다. 이를 위해서는 폼에 입력된 정보가 올바른지 판단하기 위해 자바스크립트를 사용해야 합니다. 2장에서 이미 언급했듯이 폼에 입력된 정보에 대한 유효성 체크는 자바스크립트로 합니다.

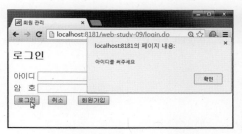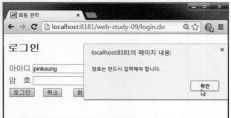

유효성을 체크하는 자바스크립트 함수는 여러 JSP에서 공통적으로 사용되는 내용을 포함하기 때문에 이를 하나의 자바스크립트 파일로 분리해 놓고 이를 필요로 하는 JSP 파일에서 포함해서 사용합니다.

하나의 파일에 모든 내용을 포함하지 않고 스타일시트는 css 파일에, 자바스크립트는 js에 따로 분리해서 작성합니다. 그리고 jsp 파일과 스타일시트 파일과 자바스크립트 파일과 이미지 파일 등 다양한 종류의 파일은 한꺼번에 WebContent 안에서 관리하지 않고 동일한 종류의 파일끼리 폴더에 분리해서 관리합니다.

그렇기 때문에 유효성을 체크할 자바스크립트 파일(member.js)은 script 폴더에 저장해 두겠습니다. 이를 위해서 WebContent에 script 폴더를 생성해야 합니다(2장에서 자바스크립트에 대해서는 자세히 설명해 두었으니 내용이 어려운 분들은 2장을 복습하기 바랍니다).

1. WebContent 폴더에서 마우스 오른쪽 버튼을 클릭한 후 [New → Folder]를 선택한 후 폴더
   명을 script로 입력하여 폴더를 생성합니다.

2. script 폴더를 선택한 후 유효성 체크를 위한 자바스크립트 파일을 만들기 위해서 [File
   → New → Other...]를 선택합니다. [JavaScript → JavaScript Source File]을 선택한 후
   [Next] 버튼을 클릭합니다. File name: 입력란에 member.js란 이름을 입력합니다. 생성된
   WebContent/script/member.js 파일에 다음과 같이 입력합니다.

```
1    function loginCheck() {
2      if (document.frm.userid.value.length == 0) {
3        alert("아이디를 써주세요");
4        frm.userid.focus();
5        return false;
6      }
7      if (document.frm.pwd.value == "") {
8        alert("암호는 반드시 입력해야 합니다.");
9        frm.pwd.focus();
10       return false;
11     }
12     return true;
13   }
```

1 : 로그인을 위해 아이디와 패스워드를 입력받을 login.jsp의 로그인 버튼이 눌리면
    loginCheck( ) 함수가 호출됩니다.

```
<input type="submit" value="로그인"  onclick="return loginCheck()">
```

2~6 : 로그인을 하려면 아이디는 반드시 입력해야 합니다. 아이디 입력 상자는 이름이 frm인 폼 태그 내부에 존재하기 때문에 "document.frm.userid"로 접근합니다. 다음은 login.jsp의 폼 태그 일부입니다.

login.jsp

```
<form action="login.do" method="post" name="frm" >
    아이디    <input type="text" name="userid" value="$ {userid}">
```

member.jsp

```
        document.frm.userid
```

입력 상자에 입력된 값은 value 속성을 덧붙이고 입력된 값이 없는지를 살펴보기 위해서는 입력된 문자열의 길이를 알려주는 length 속성을 덧붙여야 합니다. 이 값이 0이면 입력한 값이 없으므로 alert( ) 함수를 호출하여 대화상자에 에러 메시지를 출력하고 다시 아이디를 입력받을 수 있도록 focus( ) 함수를 호출하여 마우스 커서가 아이디 입력 상자에 놓이도록 합니다. 마지막으로 로그인 작업이 진행되지 못하도록 함수의 리턴값을 false로 줍니다.

7 : 패스워드도 필수 입력란으로 반드시 입력되어야 하는데 이번에는 document.frm.userid. value 속성 값이 ""인지 비교하여 유효성을 체크하였습니다.

다음은 일반적인 웹사이트에서 요청 방식을 살펴보기 위한 그림입니다.

http://www.hanabank.com/common/login.do

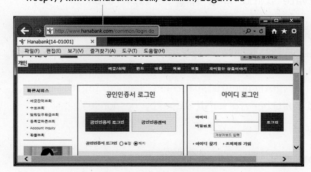

하나은행 홈페이지에서 로그인 작업을 시도하면 login.do와 같은 요청이 일어나는 것을 웹 브라우저 주소 입력란에서 살펴볼 수 있습니다.

jsp 파일이나 서블릿 클래스 이름으로 요청이 일어나지 않고 모든 요청을 xxx.do와 같이 합니다. 이번 장에서 구축한 웹사이트에서도 jsp 페이지를 직접 실행시키지 않고 xxx.do로 요청하여 서블릿에서 jsp 페이지를 실행하도록 작성하겠습니다.

1. 프로젝트를 선택한 후 [New → Servlet]을 선택합니다. [Create Servlet] 창이 나타나면 Java package 입력란에는 패키지명을 com.saeyan.controller를 입력하고 Class name 입력란에는 서블릿 클래스 이름을 LoginServlet이라고 입력한 후 〈Next〉 버튼을 클릭합니다. [URL Mapping:] 목록에서 항목을 선택한 후 [Edit] 버튼을 클릭합니다. [URL Mapping] 창이 나타나면 [Pattern:] 입력란에 패턴명(/login.do)을 입력한 후에 [OK] 버튼을 클릭합니다.

```
1   package com.saeyan.controller;
2   //서블릿 클래스를 위한 import로 이클립스에 의해 자동으로 추가된다.
3
4   import java.io.IOException;
5
6   import javax.servlet.RequestDispatcher;
7   import javax.servlet.ServletException;
8   import javax.servlet.annotation.WebServlet;
9   import javax.servlet.http.HttpServlet;
10  import javax.servlet.http.HttpServletRequest;
11  import javax.servlet.http.HttpServletResponse;
12  import javax.servlet.http.HttpSession;
13
14  @WebServlet("/login.do")
15  public class LoginServlet extends HttpServlet {
16    private static final long serialVersionUID = 1L;
17
18    protected void doGet(HttpServletRequest request,
19  HttpServletResponse response) throws ServletException, IOException {
20      RequestDispatcher dispatcher = request
21        .getRequestDispatcher("member/login.jsp");
22      dispatcher.forward(request, response);
23    }
24
25    protected void doPost(HttpServletRequest request,
26  HttpServletResponse response) throws ServletException, IOException {
27    }
28  }
```

14줄에서 서블릿을 요청하기 위한 URL은 URL Mapping을 /login.do로 변경하였기 때문에 다음과 같습니다.

```
http://localhost:8181/web-study-09/login.do
```

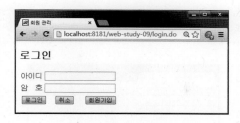

실행할 때마다 http://localhost:8181/web-study-09/login.do이란 요청을 주소 입력란에 직접 입력하기 번거로울 뿐만 아니라 login.jsp로 바로 실행하지 말아야 함에도 불구하고 login.jsp를 바로 실행하는 사례가 있어서 이를 미연에 방지하기 위해서 index.jsp 페이지에 다음과 같이 입력해 둡니다.

```
1    <%@ page language="java" contentType="text/html; charset=UTF-8"
2      pageEncoding="UTF-8"%>
3    <!DOCTYPE html>
4    <html>
5    <head>
6    <meta charset="UTF-8">
7    <title>회원 관리</title>
8    </head>
9    <body>
10   <a href="login.do"> 로그인 페이지로 이동 </a>
11   </body>
12   </html>
```

모든 웹사이트에는 홈페이지가 있습니다. 웹사이트에서 대문과 같은 역할을 하는 페이지이지요. 프론트 페이지라고도 합니다. 홈페이지는 index.jsp란 이름으로 작성합니다. index.jsp 페이지는 웹사이트를 실행할 때 다른 페이지들과 달리 페이지 명까지 직접 입력하지 않고 컨텍스트 패스까지만 기술하면 자동으로 index.jsp를 요청한 것이 되어 웹사이트 방문객에게 해당 페이지가 전달됩니다.

웹 브라우저에 http://localhost:8181/web-study-09/만 입력하면 index.jsp 페이지가 자동으로 실행됩니다.

```
http://localhost:8181/web-study-09
```

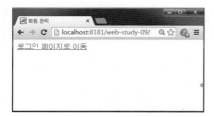

    index.jsp 페이지에서 [로그인 페이지로 이동] 링크를 클릭하면 http://localhost
:8181/web-study-09/login.do란 요청이 get 방식으로 요청되어 login.jsp 페이지가
나타납니다. 이는 이미 LoginServlet 클래스를 설계해 두었기 때문입니다.

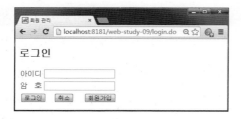

    로그인 폼을 완성한 후 이를 실행시키기 위한 서블릿도 만들어 두었다면 이번에는
로그인 인증 처리를 할 차례입니다.

로그인 인증 처리를 위한 프로그래밍

아이디와 암호를 입력한 후에 〈로그인〉 버튼을 클릭하면 회원 인증 처리를 하기 위
해서 서블릿(LoginServlet)이 요청됩니다. 서블릿에서는 인증 처리에 실패한 회원은
다시 로그인 작업을 하기 위해서 login.jsp 페이지로 이동합니다.

[로그인 페이지 : login.jsp]   [로그인 페이지 : login.jsp]

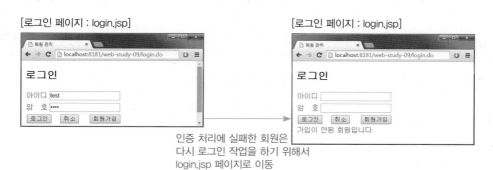

인증 처리에 실패한 회원은
다시 로그인 작업을 하기 위해서
login.jsp 페이지로 이동

회원 인증 처리에 성공한 회원은 main.jsp 페이지로 이동합니다.

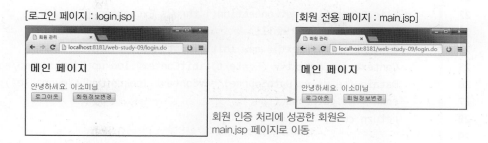

[로그인 페이지 : login.jsp] [회원 전용 페이지 : main.jsp]

회원 인증 처리에 성공한 회원은
main.jsp 페이지로 이동

입력받은 아이디와 암호로 인증 처리를 하기 위해서는 데이터베이스에 이러한 회원 정보가 존재하는지 살펴보아야 합니다. 이를 위한 메소드 userCheck()와 getMember()를 DAO에 추가합시다. userCheck()는 member 테이블에서 아이디와 암호를 비교해서 해당 아이디가 존재하지 않으면 -1을, 아이디만 일치하고 암호가 다르면 0을, 모두 일치하면 1을 리턴하고 getMember()는 member 테이블에서 아이디로 해당 회원을 찾아 회원 정보를 MemberVO 객체로 가져옵니다.

[직접해보세요] 회원 인증을 위한 메소드 추가하기 [파일 이름 : MemberDAO.java]

```java
1    package com.saeyan.dao;
2
3    import java.sql.Connection;
4    import java.sql.PreparedStatement;
5    import java.sql.ResultSet;
6    import javax.naming.Context;
7    import javax.naming.InitialContext;
8    import javax.sql.DataSource;
9    import com.saeyan.dto.MemberVO;
10
11   public class MemberDAO {
12     private MemberDAO(){
13
14     }
15
16     private static MemberDAO instance = new MemberDAO();
17
18     public static MemberDAO getInstance() {
19       return instance;
```

```java
20          }
21
22      public Connection getConnection() throws Exception {
23          Connection conn = null;
24          Context initContext = new InitialContext();
25          Context envContext = (Context) initContext.lookup("java:/comp/env");
26          DataSource ds = (DataSource) envContext.lookup("jdbc/myoracle");
27          conn = ds.getConnection();
28          return conn;
29      }
30      //사용자 인증시 사용하는 메소드
31      public int userCheck(String userid, String pwd)  {
32          int result = -1;
33          String sql = "select pwd from member where userid=?";
34          Connection conn = null;
35          PreparedStatement pstmt = null;
36          ResultSet rs = null;
37          try {
38              conn = getConnection();
39              pstmt = conn.prepareStatement(sql);
40              pstmt.setString(1, userid);
41              rs = pstmt.executeQuery();
42              if (rs.next()) {
43                  if (rs.getString("pwd")!=null && rs.getString("pwd").equals(pwd)) {
44                      result = 1;
45                  } else {
46                      result = 0;
47                  }
48              } else {
49                  result = -1;
50              }
51          } catch (Exception e) {
52              e.printStackTrace();
53          } finally {
54              try {
55                  if (rs != null) rs.close();
56                  if (pstmt != null) pstmt.close();
57                  if (conn != null) conn.close();
58              } catch (Exception e) {
59                  e.printStackTrace();
60              }
61          }
```

```
62        return result;
63      }
64      //아이디로 회원 정보 가져오는 메소드
65      public MemberVO getMember(String userid)  {
66        MemberVO mVo = null;
67        String sql = "select * from member where userid=?";
68        Connection conn = null;
69        PreparedStatement pstmt = null;
70        ResultSet rs = null;
71        try {
72          conn = getConnection();
73          pstmt = conn.prepareStatement(sql);
74          pstmt.setString(1, userid);
75          rs = pstmt.executeQuery();
76          if (rs.next()) {
77            mVo = new MemberVO();
78            mVo.setName(rs.getString("name"));
79            mVo.setUserid(rs.getString("userid"));
80            mVo.setPwd(rs.getString("pwd"));
81            mVo.setEmail(rs.getString("email"));
82            mVo.setPhone(rs.getString("phone"));
83            mVo.setAdmin(rs.getInt("admin"));
84          }
85        } catch (Exception e) {
86          e.printStackTrace();
87        } finally {
88          try {
89            if (rs != null) rs.close();
90            if (pstmt != null) pstmt.close();
91            if (conn != null) conn.close();
92          } catch (Exception e) {
93            e.printStackTrace();
94          }
95        }
96        return mVo;
97      }
98    }
```

31 : 사용자 인증시 사용하는 메소드입니다. 이 메소드는 회원 아이디와 암호를 전달 받습니다. 회원이 존재하면 1을, 존재하지 않으면 −1을 리턴하기에 이 메소드의 결과값은 −1입니다.

32 : 아이디가 일치하는 회원이 존재하지 않으면 result에 −1을 저장합니다. result에 초기값 −1을 주어 일치하는 회원이 없는 것을 가정하고 시작합니다.

33 : 로그인 폼에서 입력받은 아이디로 member 테이블을 조회하기 위해서 where 절에서 userid로 검색하여 암호를 얻어옵니다.

40 : 33줄에 기술된 select 문의 ?에 매개 변수로 받아온 아이디를 바인딩시킵니다.

41 : 쿼리문을 실행하여 결과값을 ResultSet 객체인 rs에 저장합니다.

42~44 : 아이디가 일치하는 행(row)이 존재하면 rs.next( )가 true이므로 매개 변수로 받아온 암호와 디비에 저장된 암호(rs.getString("pwd"))가 일치하는지 체크하여 일치하면 result에 1을 저장합니다.

45~46 : 아이디가 일치하지만 암호가 불일치하면 result에 0을 저장합니다.

48~49 : 해당 아이디가 존재하지 않으면 result에 −1을 저장합니다.

65 : 아이디가 일치하는 멤버의 정보를 얻어오는 메소드입니다.

77~83 : 아이디가 일치하는 로우가 존재하면 VO 객체에 디비에 저장된 회원 정보를 채웁니다.

요청 방식은 get과 post 두 가지 방식이 있는데 login.do가 get 방식으로 요청되었는지 post 방식으로 되었는지에 따라 그 처리가 달라집니다. 일반적으로 get 방식으로 요청할 경우에는 회원 가입이나 게시글 작성 등의 작업에서 입력 폼을 출력할 때 사용합니다. 회원 정보과 게시글 정보를 모두 입력하고 난 후에 데이터베이스에 정보를 저장하기 위한 작업은 post 방식으로 요청하여 처리합니다.

index.jsp 페이지에서 [로그인 페이지로 이동]을 클릭하면 로그인 페이지가 나타나도록 하기 위해서 다음과 같이 코딩하고 login.do가 get 방식으로 요청되었을 때 로그인 입력 폼이 나타나도록 서블릿을 정의했습니다.

```
http://localhost:8181/web-study-09
```

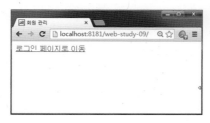

이번에는 아이디와 암호를 입력한 후 〈로그인〉 버튼을 클릭하면 입력된 정보를 받아서 데이터베이스에 해당 정보가 저장되어 있는지를 확인 작업을 진행해야 합니다.

이 작업 역시 서블릿에서 해야 하는데 요청이 일어날 때마다 서블릿 클래스를 별도로 만들어서 처리하기보다는 로그인 입력 폼을 띄우기 위해서 사용했던 동일한 요청에 요청 방식만 post로 주어서 로그인을 위한 데이터베이스 처리 작업을 합니다.

〈form〉 태그의 action 속성에 login.do를 주고 〈form〉 태그의 method 속성에 post를 지정합니다.

```
<form action="login.do" method="post" name="frm">
```

로그인 인증을 위한 데이터베이스 처리를 위해 login.do는 post 방식으로 요청되므로 doPost()에 다음과 같이 기술합니다.

[직접해보세요] 회원 인증을 위한 서블릿 클래스 만들기 [파일 이름 : LoginServlet.java]

```
1   package com.saeyan.controller;
2   //서블릿 클래스를 위한 import로 이클립스에 의해 자동으로 추가된다.
3
4   import java.io.IOException;
5
6   import javax.servlet.RequestDispatcher;
7   import javax.servlet.ServletException;
8   import javax.servlet.annotation.WebServlet;
9   import javax.servlet.http.HttpServlet;
10  import javax.servlet.http.HttpServletRequest;
11  import javax.servlet.http.HttpServletResponse;
12  import javax.servlet.http.HttpSession;
13
14  import com.saeyan.dao.MemberDAO;
15  import com.saeyan.dto.MemberVO;
16
17  @WebServlet("/login.do")
18  public class LoginServlet extends HttpServlet {
19    private static final long serialVersionUID = 1L;
20
21    protected void doGet(HttpServletRequest request,
22  HttpServletResponse response) throws ServletException, IOException {
23      RequestDispatcher dispatcher = request
24        .getRequestDispatcher("member/login.jsp");
25      dispatcher.forward(request, response);
26    }
27
```

```
28      protected void doPost(HttpServletRequest request,
29   HttpServletResponse response) throws ServletException, IOException {
30        String url="member/login.jsp";
31
32        String userid = request.getParameter("userid");
33        String pwd = request.getParameter("pwd");
34
35        MemberDAO mDao=MemberDAO.getInstance();
36        int result=mDao.userCheck(userid, pwd);
37
38        if(result==1){
39          MemberVO mVo=mDao.getMember(userid);
40          HttpSession session=request.getSession();
41          session.setAttribute("loginUser", mVo);
42          request.setAttribute("message", "회원 가입에 성공했습니다.");
43          url="main.jsp";
44        }else if(result==0){
45          request.setAttribute("message", "비밀번호가 맞지 않습니다.");
46        }else if(result==-1){
47          request.setAttribute("message", "존재하지 않는 회원입니다.");
48        }
49
50        RequestDispatcher dispatcher = request
51              .getRequestDispatcher(url);
52        dispatcher.forward(request, response);
53      }
54   }
```

30 : 회원 인증이 실패되었을 경우 이동할 login.jsp 페이지를 url 변수에 저장합니다.

32~33 : login.jsp 로그인 폼에서 입력한 회원의 아이디와 암호를 얻어 와서 변수에 저장합니다.

35~36 : 입력받은 아이디와 암호로 회원 인증 여부를 물어보기 위해서 회원 가입시 회원 정보를 member 테이블에 저장해 두었기 때문에 member 테이블에 존재하는 아이디인지를 확인해야 합니다. MemberDAO의 userCheck( ) 메소드에서는 아이디에 해당되는 회원이 존재하는지를 조회합니다. userCheck( ) 메소드를 호출하여 데이터베이스에 등록된 회원인지를 검사하여 결과값을 얻어옵니다.

38~39 : 결과가 1이면 회원 인증에 성공한 것이기에 회원 정보를 얻어옵니다.

40~41 : 로그인 인증 처리된 회원 정보는 다른 사이트에 갔다 돌아와도 다시 로그인하지 않아도 될 수 있도록 하기 위해서 세션에 등록해 두어야 합니다. 5장에서 이미 학습했던 세션을 사용하여 회원 정보를 저장해 둡시다. 우선 세션 객체를 생성하여 세션에 회원 정보를 저장해 둡니다.

42 : JSP 페이지에 보낼 메시지를 요청 객체에 저장해 둡니다.

43 : 회원 인증이 되었을 경우 회원 테이블에서 회원 정보를 얻어와 이를 MemberVO 객체에 저장해 둔 상태입니다. 웹사이트를 사용하다보면 게시글을 올리거나 상품을 주문하게 될 경우 회원 정보가 필요하게 되는데 이럴 때마다 회원 정보를 데이터베이스에서 얻어온다면 번거로울 것입니다. 그래서 로그인하면서 얻어온 회원 정보를 세션에 저장해 두면 어느 페이지에서든 세션에 저장된 회원 정보를 얻어올 수 있어서 편리합니다. 그래서 로그인 인증 처리가 끝나면 회원 정보를 세션에 저장해 두곤 합니다. 인증에 성공해야만 이동 가능한 main.jsp 페이지로 가도록 main.jsp를 url 변수에 저장합니다.

44~45 : userCheck 메소드의 리턴 값이 0이면 비밀번호가 맞지 않는 것입니다. "비밀번호가 맞지 않습니다."란 메시지를 요청 객체에 저장하여 login.jsp 페이지로 이동합니다.

46~47 : userCheck 메소드의 리턴 값이 −1이면 아이디가 맞지 않는 것입니다. "존재하지 않는 회원입니다."란 메시지를 요청 객체에 저장하여 login.jsp 페이지로 이동합니다.

main.jsp는 로그인 인증 처리된 회원에게 제공되는 페이지로 회원 관련된 내용이 아니기 때문에 member 폴더에 만들지 않고 WebContent 폴더 바로 아래에 만듭니다. 왜냐하면 폴더를 나누어서 파일을 저장한다는 것은 그 목적에 맞게 분리해 두는 것입니다.

이번 장에서는 구현하지 않지만 만일 게시판을 구현한다면 게시판 관련 페이지들은 board 폴더에, 상품 관련 페이지는 product 폴더에 둡니다. 하지만, 메인 페이지는 회원 관리를 위한 목적으로 작성된 것이 아니기 때문에 따로 폴더에 분류해 두지 않고 웹사이트 구축할 때 루트 디렉토리처럼 인식하는 WebContent 폴더 바로 아래에 둡니다.

[직접해보세요] 회원 인증된 사용자에게 제공되는 JSP 페이지 [파일 이름 : WebContent/main.jsp]

```
1    <%@ page language="java" contentType="text/html; charset=UTF-8"
2         pageEncoding="UTF-8"%>
3    <%@ taglib uri="http://java.sun.com/jsp/jstl/core" prefix="c"%>
4    <c:if test="${empty loginUser}">
5        <jsp:forward page='login.do' />
6    </c:if>
7    <!DOCTYPE html>
8    <html>
9    <head>
10   <meta charset="UTF-8">
11   <title>회원 관리</title>
```

```
12   <script type="text/javascript" src="member.js"></script>
13   </head>
14   <body>
15   <h2>회원 전용 페이지</h2>
16   <form action="logout.do">
17   <table>
18     <tr>
19       <td>
20         안녕하세요. ${loginUser.name}(${loginUser.userid})님
21       </td>
22     </tr>
23     <tr>
24       <td colspan="2" align="center">
25         <input type="submit" value="로그아웃">   
26         <input type="button" value="회원정보변경"
27               onclick="location.href='memberUpdate.do?userid=${loginUser.userid}'">
28       </td>
29     </tr>
30   </table>
31   </form>
32   </body>
33   </html>
```

03 : JSTL 태그 라이브러리를 사용하기 위한 지시자입니다. JSTL 태그 라이브러리는 standard.jar와 jstl.jar에서 제공되기 때문에 이를 사용하기 위해서는 lib 폴더에 standard. jar와 jstl.jar를 복사해 두어야 합니다.

26 : 〈로그아웃〉 버튼을 클릭하면 logout.do가 요청되며 이 요청을 받는 서블릿에서 logout.jsp 로 이동시킵니다. logout.jsp에서는 인증된 사용자의 인증을 무효화합니다.

27 : 〈회원정보변경〉 버튼을 클릭하면 회원 정보 수정 페이지로 이동합니다. 이전에 입력된 회원 정보를 보여주어야 하기 때문에 memberUpdate.do 요청시 사용자 아이디를 파라미터 로 전달합니다.

8장에서 미리 member 테이블을 만들고 3명의 회원 정보를 추가해 놓았습니다.

NAME	USERID	PWD	EMAIL	PHONE	ADMIN
이소미	somi	1234	gmd@naver.com	010-2362-5157	0
하상오	sang12	1234	ha12@naver.com	010-5629-8888	1
김윤승	light	1234	youn1004@naver.com	010-9999-8282	0

위에 등록된 회원들 중에 원하는 사용자로 로그인해 보세요. 로그인 성공하면 main.jsp 페이지로 이동됩니다.

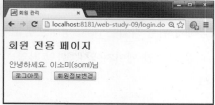

지금까지 학습한 내용을 그림으로 나타내보면 다음과 같습니다.

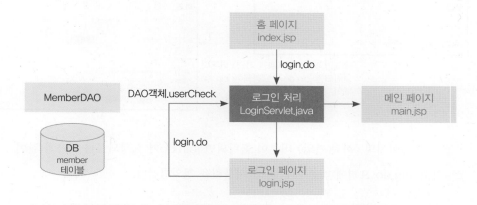

index.jsp 페이지에서 get 방식으로 login.do를 요청하면 LoginServlet의 **doGet()** 메소드가 호출되어 login.jsp 페이지로 포워딩합니다. 로그인 페이지에서 아이디와 암호를 입력한 후에 〈로그인〉 버튼을 클릭하면 post 방식으로 login.do를 요청합니다. 이번에는 LoginServlet의 **doPost()** 메소드가 호출되어 회원인지 검사한 후 회원 정보를 세션에 저장하고 메인 페이지로 이동합니다.

회원 가입을 위한 프로그래밍

로그인은 가입이 완료된 회원에 한해서 가능하고 비회원인 경우에는 회원 가입부터 해야 합니다.

회원 가입 과정은 회원 정보를 입력받은 후 진행됩니다. 로그인 폼에서 〈회원 가입〉 버튼을 클릭하면 회원 가입을 위한 입력 폼을 띄우기 위한 join.do를 get 방식으로 요청합니다.

요청 방식은 get과 post 두 가지 방식이 있는데 join.do가 get 방식으로 요청되었는지 post 방식으로 되었는지에 따라 그 처리가 달라집니다. 일반적으로 get 방식으로 요청할 경우에는 회원 가입이나 게시글 작성 등의 작업에서 입력 폼을 출력할 때 사용합니다. 원 정보나 게시글 정보를 모두 입력하고 난 후에 데이터베이스에 정보를 저장하기 위한 작업은 post 방식으로 요청하여 처리합니다.

다음 로그인 페이지에서 〈회원 가입〉 버튼을 클릭하면 회원 가입 페이지가 나타납니다.

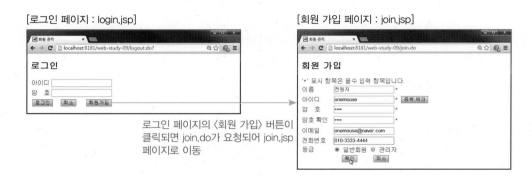

[로그인 페이지 : login.jsp] [회원 가입 페이지 : join.jsp]

로그인 페이지의 〈회원 가입〉 버튼이 클릭되면 join.do가 요청되어 join.jsp 페이지로 이동

로그인 페이지의 〈회원 가입〉 버튼이 클릭되면 join.do가 요청되도록 다음과 같이 코딩하고 join.do 요청에 대한 처리를 할 서블릿을 정의합시다.

```
<input type="button" value="회원 가입" onclick="location.href='join.do'">
```

링크에 의한 요청은 get 방식이므로 서블릿에서는 **doGet()** 메소드에 회원 가입을 위한 입력 폼인 join.jsp로 포워딩하도록 코딩합니다.

[직접해보세요] 회원 정보 입력 폼을 위한 서블릿 클래스 만들기

com.saeyan.controller 패키지명을 선택한 [New → Servlet]을 선택하면 클래스를 생성할 때 패키지명이 저절로 들어와 있습니다. Class name 입력란에는 서블릿 클래스 이름을 JoinServlet이라고 입력한 후 〈Next〉 버튼을 클릭합니다. [URL Mapping:] 목록에서 항목을 선택한 후 [Edit] 버튼을 클릭합니다. [URL Mapping] 창이 나타나면 [Pattern:] 입력란에 패턴명(/join.do)을 입력한 후에 [OK] 버튼을 클릭합니다.

```
1    package com.saeyan.controller;
2
3    import java.io.IOException;
4
5    import javax.servlet.RequestDispatcher;
6    import javax.servlet.ServletException;
```

```
7     import javax.servlet.annotation.WebServlet;
8     import javax.servlet.http.HttpServlet;
9     import javax.servlet.http.HttpServletRequest;
10    import javax.servlet.http.HttpServletResponse;
11    import javax.servlet.http.HttpSession;
12
13    import com.saeyan.dao.MemberDAO;
14    import com.saeyan.dto.MemberVO;
15
16    @WebServlet("/join.do")
17    public class JoinServlet extends HttpServlet {
18      private static final long serialVersionUID = 1L;
19
20      protected void doGet(HttpServletRequest request,
21    HttpServletResponse response) throws ServletException, IOException {
22        RequestDispatcher dispatcher = request
23            .getRequestDispatcher("member/join.jsp");
24        dispatcher.forward(request, response);
25      }
26
27      protected void doPost(HttpServletRequest request,
28    HttpServletResponse response) throws ServletException, IOException {
29
30    }
```

20 : join.do가 get 방식으로 요청되면 회원 가입을 위한 폼인 join.jsp를 띄웁니다.

회원 가입을 위해서 정보를 입력받는 폼을 작성합시다.

[직접해보세요] 회원 가입을 위한 회원 정보를 입력받는 폼

[파일 이름 : WebContent/member/join.jsp]

```
1     <%@ page language="java" contentType="text/html; charset=UTF-8"
2           pageEncoding="UTF-8"%>
3     <!DOCTYPE html>
4     <html>
5     <head>
6     <meta charset="UTF-8">
7     <title>회원 관리</title>
8     <script type="text/javascript" src="script/member.js"></script>
```

```
9    </head>
10   <body>
11   <h2>회원 가입</h2>
12   '*' 표시 항목은 필수 입력 항목입니다.
13   <form action="join.do" method="post" name="frm">
14     <table>
15       <tr>
16         <td> 이름      </td>
17         <td> <input type="text"  name="name"  size="20" >*</td>
18       </tr>
19       <tr>
20         <td> 아이디     </td>
21         <td>
22           <input type="text"   name="userid"   size="20" id="userid">*
23           <input type="hidden"  name="reid"   size="20" >
24           <input type="button" value="중복 체크" onclick="idCheck()">
25         </td>
26       </tr>
27       <tr>
28         <td> 암 호 </td>
29         <td> <input type="password" name="pwd"  size="20">*</td>
30       </tr>
31       <tr height="30">
32         <td width="80">암호 확인</td>
33         <td><input type="password" name="pwd_check" size="20">*</td>
34       </tr>
35       <tr>
36         <td> 이메일     </td>
37         <td> <input type="text"  name="email"  size="20"></td>
38       </tr>
39       <tr>
40         <td> 전화번호 </td>
41         <td> <input type="text"  name="phone"  size="20"></td>
42       </tr>
43       <tr>
44         <td> 등급 </td>
45         <td>
46           <input type="radio" name="admin" value="0" checked="checked"> 일반회원
47           <input type="radio" name="admin" value="1"> 관리자
48         </td>
49       </tr>
```

```
50    <tr>
51      <td colspan="2" align="center">
52      <input type="submit" value="확인" onclick="return joinCheck()">
53               
54      <input type="reset"  value="취소">
55      </td>
56    </tr>
57    <tr><td colspan="2">${message }</td></tr>
58  </table>
59  </form>
60  </body>
61  </html>
```

8 : 입력 폼을 정상적으로 수행하기 위해서는 자바스크립트 파일(member.js)이 필요합니다. 회원 정보를 입력한 후에 〈확인〉 버튼을 클릭하면 joinCheck( ) 함수를 호출하는데 이 함수는 자바스크립트 파일(member.js)에 정의되어 있습니다. 그렇기 때문에 member.js를 현재 JSP 파일에 포함시켰습니다. member.js 파일의 joinCheck() 함수는 입력이 제대로 되었는지 검사한 후에 frm 폼의 action 속성에 지정한 파일로 제어를 옮기는 역할을 합니다.

13 : action 속성 값으로 "join.do"를 지정하였기에 〈확인〉 버튼이 클릭되면 "join.do"로 요청합니다.

24 : 데이터베이스를 설계하면서 아이디에 중복된 값을 저장하지 못하도록 primary key 제약 조건을 설정해 두었기 때문에 이미 입력된 아이디로 insert 문을 수행하게 되면 에러가 발생하게 됩니다. 그래서 회원 정보를 데이터베이스에 추가하기 전에 이미 등록된 회원인지 아이디 중복 체크를 해야 합니다. 이를 위해서 〈중복 체크〉 버튼을 추가했습니다. 이 버튼을 클릭하면 idCheck( ) 자바스크립트 함수를 호출합니다.

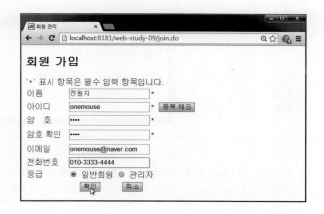

다음은 〈중복 체크〉 버튼이 클릭되면 아이디 중복 체크를 위한 페이지로 이동하도록 하기 위한 자바스크립트 함수인 idCheck()입니다.

```
14    // 중복된 내용은 생략합니다.
15    function idCheck() {
16      if (document.frm.userid.value == "") {
17        alert('아이디를 입력하여 주십시오.');
18        document.frm.userid.focus();
19        return;
20      }
21      var url = "idCheck.do?userid=" + document.frm.userid.value;
22      window.open(url, "_blank_1",
23      "toolbar=no, menubar=no, scrollbars=yes, resizable=no,
       width=450, height=200");
24    }
```

15~16 : 회원 가입 폼에서 아이디를 입력받았는지 확인합니다.

22 : 아이디 중복 체크를 위해서는 아이디를 입력 받아야 합니다. 아이디 중복 체크를 위한 idcheck.jsp 페이지는 현재 페이지가 아닌 새로운 창에 출력합시다. 자바스크립트에서는 새로운 창을 띄우기 위해서 window 객체의 open( ) 메소드를 제공합니다. 다음은 자바스크립트 함수인 window.open( ) 함수로 아이디 중복 확인을 위한 창을 띄운 그림입니다.

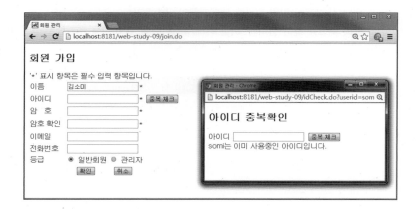

21 : idcheck.jsp 페이지는 idCheck.do로 요청합니다. idCheck.do를 요청하면서 입력받은 회원 아이디를 서블릿에 보내 데이터베이스에 이 아이디가 저장되어 있는지 확인할 것입니다.

이미 존재하는 아이디로 회원 가입을 하지 못하도록 아이디 중복 체크를 하여 존재하지 않는 아이디만 회원 가입되도록 하기 위해서 아이디 중복 체크는 반드시 해야 합니다. 다음은 아이디 중복 체크를 위해서는 데이터베이스에 존재하는 아이디인지를 점검하기 위한 메소드를 DAO에 추가해야 합니다.

리턴형	메소드
int confirmID(String userid)	회원 가입시 아이디 중복을 확인할 때 사용한다. 해당 아이디가 있으면 1을, 없으면 −1을 리턴한다.

[직접해보세요] 아이디 중복 체크를 위한 메소드 추가하기 [파일 이름 : MemberDAO.java]

```
...        //중복되는 내용 생략
99        public int confirmID(String userid)  {
100          int result = -1;
101          String sql = "select userid from member where userid=?";
102          Connection conn = null;
103          PreparedStatement pstmt = null;
104          ResultSet rs = null;
105          try {
106            conn = getConnection();
107            pstmt = conn.prepareStatement(sql);
108            pstmt.setString(1, userid);
109            rs = pstmt.executeQuery();
110            if (rs.next()) {
111              result = 1;
112            } else {
113              result = -1;
114            }
115          } catch (Exception e) {
116            e.printStackTrace();
117          } finally {
118            try {
119              if (rs != null)        rs.close();
120              if (pstmt != null)        pstmt.close();
121              if (conn != null)        conn.close();
122            } catch (Exception e) {
123              e.printStackTrace();
124            }
125          }
126          return result;
127        }
128    }
```

자바스크립트로 아이디 중복 체크를 위한 함수를 추가하였기에 〈중복 체크〉 버튼을 클릭하면 idCheck.do가 요청됩니다. idCheck.do 요청에 대한 처리를 위한 서블릿 클래스를 만듭니다.

[직접해보세요] 아이디 중복 체크를 위한 서블릿 클래스 만들기

com.saeyan.controller 패키지명에서 마우스 오른쪽 버튼을 클릭하여 나타난 바로가기 메뉴에서 [New → Servlet]을 선택하면 클래스 생성할 때 패키지명이 저절로 들어와 있습니다.

Class name 입력란에는 서블릿 클래스 이름을 IdCheckServlet이라고 입력한 후 〈Next〉 버튼을 클릭합니다. [URL Mapping:] 목록에서 항목을 선택한 후 [Edit] 버튼을 클릭합니다. [URL Mapping] 창이 나타나면 [Pattern:] 입력란에 패턴명(/idCheck.do)을 입력한 후에 [OK] 버튼을 클릭합니다.

```java
1   package com.saeyan.controller;
2
3   import java.io.IOException;
4
5   import javax.servlet.RequestDispatcher;
6   import javax.servlet.ServletException;
7   import javax.servlet.annotation.WebServlet;
8   import javax.servlet.http.HttpServlet;
9   import javax.servlet.http.HttpServletRequest;
10  import javax.servlet.http.HttpServletResponse;
11
12  import com.saeyan.dao.MemberDAO;
13
14  @WebServlet("/idCheck.do")
15  public class IdCheckServlet extends HttpServlet {
16     private static final long serialVersionUID = 1L;
17
18     protected void doGet(HttpServletRequest request,
19         HttpServletResponse response) throws ServletException, IOException {
20       String userid = request.getParameter("userid");
21
22       MemberDAO mDao = MemberDAO.getInstance();
23
24       int result = mDao.confirmID(userid);
25
26       request.setAttribute("userid", userid);
27       request.setAttribute("result", result);
28
```

```
29              RequestDispatcher dispatcher = request
30                      .getRequestDispatcher("member/idcheck.jsp");
31              dispatcher.forward(request, response);
32          }
33      }
```

20 : 회원 가입 시 입력한 아이디를 얻어옵니다.

22 : DAO 객체를 얻어옵니다.

24 : 아이디 중복 체크를 위한 confirmID( ) 메소드에 아이디를 전달해 주어 결과값을 얻어옵니다.

26~27 : 아이디 충복 체크 후 얻어온 confirmID( ) 메소드의 결과값을 사용자 아이디와 함께 idcheck.jsp 페이지에 어트리뷰트에 실어 보냅니다.

다음은 아이디 중복 체크를 위해 회원 가입 폼에서 〈중복 체크〉 버튼을 클릭하면 새로운 창에 나타날 JSP 페이지입니다.

입력받은 아이디가 사용 가능한 아이디인지 아닌지를 알려줌은 물론 아이디가 마음에 들지 않으면 새로운 아이디를 입력받도록 합니다. 아이디가 마음에 들면 사용 버튼을 눌러 새로 열린 창은 닫히고 회원 가입 작업을 계속 진행하도록 합니다.

[직접해보세요] 아이디 중복 체크를 위한 JSP 페이지

[파일 이름 : WebContent/member/idcheck.jsp]

```
1   <%@ page language="java" contentType="text/html; charset=UTF-8"
2           pageEncoding="UTF-8"%>
3   <%@ taglib uri="http://java.sun.com/jsp/jstl/core" prefix="c"%>
4   <!DOCTYPE html>
5   <html>
6   <head>
7   <meta charset="UTF-8">
8   <title>회원 관리</title>
```

```
9      <script type="text/javascript" src="script/member.js"></script>
10     </head>
11     <body>
12         <h2> 아이디 중복확인 </h2>
13         <form action="idCheck.do" method="get" name="frm" >
14           아이디   <input type="text" name="userid" value="${userid}">
15              <input type="submit" value="중복 체크">
16         <br>
17         <c:if test="${result == 1}">
18             <script type="text/javascript">
19                 opener.document.frm.userid.value="";
20             </script>
21             ${userid}는 이미 사용 중인 아이디입니다.
22         </c:if>
23         <c:if test="${result==-1}">
24             ${userid}는 사용 가능한 아이디입니다.
25             <input type="button" value="사용" class="cancel" onclick="idok()">
26         </c:if>
27     </form>
28     </body>
29     </html>
```

17~22 : 서블릿에서 넘겨준 result 값이 1이면 이미 사용 중인 아이디이기 때문에 아이디를 새로 입력 받아야 합니다. 21줄에서 사용 중인 아이디임을 출력합니다.

19 : 회원 가입 폼에서 입력받은 아이디를 지웁니다.

15 : [중복 체크] 버튼을 클릭하면 idCheck.do가 요청되어 또다시 아이디 중복 체크를 진행합니다.

23~26 : 서블릿에서 넘겨준 result 값이 −1이면 등록되지 않은 아이디이기에 사용 가능하다는 메시지를 출력하고 〈사용〉 버튼이 나타납니다. 〈사용〉 버튼이 클릭되면 자바스크립트 함수 idok( )가 호출됩니다.

다음은 idcheck.jsp의 〈사용〉 버튼이 클릭되면 호출되는 자바스크립트 함수입니다. 이 함수에서는 회원 가입 폼의 아이디(userid)와 아이디 중복 체크를 했는지 하지 않았는지를 확인하기 위한 글상자(reid)에 아이디 중복 체크하여 사용 가능한 아이디를 저장해 둡니다.

```
25      // 중복된 내용은 생략합니다.
26      function idok(){
27          opener.frm.userid.value=document.frm.userid.value;
28          opener.frm.reid.value=document.frm.userid.value;
29          self.close();
30      }
```

27 : 자바스크립트에서 opener란 이 창을 열어준 부모 창을 말합니다. 여기서는 회원 가입 폼이 됩니다. 회원 가입 폼의 아이디를 입력받는 폼에 아이디 중복 체크가 끝난 아이디 값을 줍니다.

28 : reid은 아이디 중복 체크 과정을 거쳤는지를 확인하기 위해서 회원 가입 폼에 만들어둔 히든 태그입니다.

히든 태그는 join.jsp 페이지에서 다음과 같이 사용한 것입니다.

```
<input type="hidden" name="reid" size="20" >
```

이미 사용한 글 상자와 동일하게 〈input〉 태그를 사용하되 type 속성 값을 "hidden"으로 줍니다. 이렇게 type 속성 값을 "hidden"으로 하면 이 글 상자는 사용자의 눈에는 보이지 않습니다. 하지만 여기에 값을 저장할 수 있습니다. 히든 태그의 이름이 reid이므로 opener.frm.reid로 접근하여 value 속성에 아이디 중복 체크가 끝난 아이디 값을 줍니다.

이 값은 회원 가입을 진행할 때 아이디 중복 체크를 했는지를 확인할 때 사용합니다.

28 : 아이디 중복 체크하는 창을 닫습니다.

 참고

자바와 자바스크립트의 차이점

자바는 문장이 끝나면 반드시 세미콜론(;)으로 마무리 해야 하지만 자바스크립트는 세미콜론을 생략할 수 있습니다. 또한 자바는 작은따옴표에 둘러싸인 것을 문자로, 큰 따옴표에 둘러싸인 것을 문자열로 인식하여 둘이 서로 다른 의미로 파악하지만 자바스크립트에서는 둘 다 문자열로 인식하여 동일한 의미로 파악합니다. 또한 변수를 선언할 때 특정 자료 형태 없이 var를 사용하여 변수 선언을 합니다. 하지만 변수 선언 자체를 생략할 수도 있습니다. 변수를 사용하게 됨과 동시에 메모리 할당이 일어납니다. 이외에도 차이점은 많지만 이 정도로 정리해 두도록 하겠습니다.

회원 정보를 데이터베이스에 추가하기 위해서는 다음 회원 가입 폼의 * 표시된 글
상자에 데이터가 입력되었는지 암호와 암호 확인은 일치하는 값인지 아이디 중복 체
크는 한 것인지를 확인해야 합니다.

다음은 회원 정보가 올바르게 입력되었는지 유효성을 체크하는 자바스크립트 함수
입니다. 이 함수는 위 그림의 회원 가입 폼에 있는 〈확인〉 버튼이 눌리면 호출됩니다.

[직접해보세요] 회원 정보의 유효성을 체크하기 위한 자바스크립트 함수

[파일 이름 : WebContent/script/member.js]

```
31    // 중복된 내용은 생략합니다.
32    function joinCheck() {
33      if (document.frm.name.value.length == 0) {
34        alert("이름을 써주세요.");
35        frm.name.focus();
36        return false;
37      }
38      if (document.frm.userid.value.length == 0) {
39        alert("아이디를 써주세요");
40        frm.userid.focus();
41        return false;
42      }
43      if (document.frm.userid.value.length < 4) {
44        alert("아이디는 4글자이상이어야 합니다.");
45        frm.userid.focus();
46        return false;
47      }
```

```
48        if (document.frm.pwd.value == "") {
49          alert("암호는 반드시 입력해야 합니다.");
50          frm.pwd.focus();
51          return false;
52        }
53        if (document.frm.pwd.value != document.frm.pwd_check.value) {
54          alert("암호가 일치하지 않습니다.");
55          frm.pwd.focus();
56          return false;
57        }
58        if (document.frm.reid.value.length == 0) {
59          alert("중복 체크를 하지 않았습니다.");
60          frm.userid.focus();
61          return false;
62        }
63      return true;
64    }
```

32~52 : 회원 가입시 필수 입력 항목인 이름, 아이디, 암호가 입력되었는지 확인합니다. 아이디는 4글자 이상이어야 합니다.

53~57 : 암호와 암호 확인 입력란에 입력한 값이 일치하는지 확인합니다.

58~62 : 아이디 중복 체크를 하게 되면 중복 체크 완료되어 새로운 아이디로 사용할 수 있는 값을 회원 가입 폼에 만들어 둔 히든 태그인 reid에 저장할 것입니다.

입력된 회원 정보를 데이터베이스에 저장하기 위해서는 반드시 아이디가 중복되지 말아야 하기 때문에 히든 태그인 reid에 값이 저장되어 있는지 확인한 후에 회원 가입 작업을 진행합니다.

다음은 회원 정보를 입력한 후 〈확인〉 버튼을 클릭했을 때 회원 정보를 데이터베이스에 추가하기 위해서 〈form〉 태그의 action 속성에 join.do을 주어 JoinServlet 서블릿 클래스가 요청을 받되 이미 로그인 페이지에서 〈회원 가입〉 버튼이 클릭되었을때 get 방식으로 join.do가 요청되었으므로 이번에는 post 방식으로 요청하여 데이터베이스 처리를 하도록 하기 위해서 〈form〉 태그의 method 속성에 post를 지정합니다.

```
<form action="join.do" method="post" name="frm">
```

회원 가입을 위한 데이터베이스 처리를 위해 join.do가 아닌 다른 이름을 사용한 다면 서블릿 클래스가 하나 더 만들어져야 하기 때문에 요청에 대해 처리 방식이 get, post 2가지이기 때문에 같은 요청에 대해서 post 방식일 때는 데이터베이스를 처리 하도록 합시다.

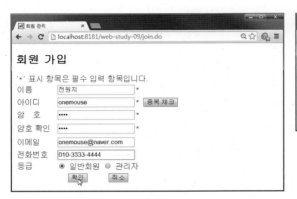 

가입이 성공적으로 이루어지면 다시 로그인 페이지로 돌아갑니다. 로그인 페이지로 돌아갈 때 회원 가입을 할 때 입력한 아이디가 로그인 페이지로 넘어가기에 아이디를 입력할 필요가 없습니다.

회원 가입을 위한 입력 폼이 완성되었습니다. 이제 가입 정보를 받아와 이를 데이터베이스(member 테이블)에 추가하는 작업을 해야 합니다. DAO에 회원 가입을 위한 메소드를 추가합니다.

[직접해보세요] 회원 정보를 DB에 추가하기 위한 메소드 추가하기

[파일 이름 : MemberDAO.java]

```
...        // 중복된 내용은 생략
129        public int insertMember(MemberVO mVo)  {
130          int result = -1;
131          String sql = "insert into member values(?, ?, ?, ?, ?, ?)";
132          Connection conn = null;
133          PreparedStatement pstmt = null;
134          try {
```

```
135        conn = getConnection();
136        pstmt = conn.prepareStatement(sql);
137        pstmt.setString(1, mVo.getName());
138        pstmt.setString(2, mVo.getUserid());
139        pstmt.setString(3, mVo.getPwd());
140        pstmt.setString(4, mVo.getEmail());
141        pstmt.setString(5, mVo.getPhone());
142        pstmt.setInt(6, mVo.getAdmin());
143        result = pstmt.executeUpdate();
144      } catch (Exception e) {
145        e.printStackTrace();
146      } finally {
147        try {
148          if (pstmt != null) pstmt.close();
149          if (conn != null) conn.close();
150        } catch (Exception e) {
151          e.printStackTrace();
152        }
153      }
154      return result;
155    }
156  }
```

129 : 회원 가입을 위한 메소드로 회원 가입 폼에서 입력받은 회원 정보를 매개 변수로 전달 받습니다.

131 : 회원 정보를 member 테이블에 삽입하기 위한 insert 문입니다.

137~142 : 컬럼에 저장할 값은 매개 변수로 받은 VO 객체에서 얻어와 바인딩합니다.

회원 정보를 데이터베이스에 추가하는 작업은 회원 가입 폼을 사용자에게 제공해 주는 JoinServlet 서블릿 클래스에서 합니다. JoinServlet 서블릿 클래스에서는 get 방식으로 요청되면 doGet() 함수가 post 방식으로 요청하면 doPost() 함수가 호출됩니다. JoinServlet 서블릿 클래스의 doGet() 함수에는 회원 가입을 위한 정보를 입력 받을 폼을 제공하는 jsp로 포워딩하는 코드를 입력하였으므로 이번에 데이터베이스 처리를 위한 코드는 doPost() 함수에서 처리합니다.

```java
27    //중복되는 내용은 생략
28       protected void doPost(HttpServletRequest request,
29    HttpServletResponse response) throws ServletException, IOException {
30          request.setCharacterEncoding("UTF-8");
31
32          String name = request.getParameter("name");
33          String userid = request.getParameter("userid");
34          String pwd = request.getParameter("pwd");
35          String email = request.getParameter("email");
36          String phone = request.getParameter("phone");
37          String admin = request.getParameter("admin");
38
39          MemberVO mVo=new MemberVO();
40          mVo.setName(name);
41          mVo.setUserid(userid);
42          mVo.setPwd(pwd);
43          mVo.setEmail(email);
44          mVo.setPhone(phone);
45          mVo.setAdmin(Integer.parseInt(admin));
46
47          MemberDAO mDao=MemberDAO.getInstance();
48          int result=mDao.insertMember(mVo);
49
50          HttpSession session=request.getSession();
51
52          if(result==1){
53             session.setAttribute("userid",mVo.getUserid());
54             request.setAttribute("message", "회원 가입에 성공했습니다.");
55          }else{
56             request.setAttribute("message", "회원 가입에 실패했습니다.");
57          }
58
59          RequestDispatcher dispatcher = request
60                 .getRequestDispatcher("member/login.jsp");
61           dispatcher.forward(request, response);
62       }
63    }
```

30 : 회원 가입 폼에서 입력받은 한글이 깨지지 않도록 인코딩을 설정합니다.

32~37 : 폼에서 입력한 회원 정보를 얻어옵니다.

39 : 회원 정보를 저장할 객체를 생성합니다.

40~45 : MemberVO 객체인 mVo에 회원 가입 폼에서 입력 받은 데이터를 저장합니다.

48 : MemberVO 객체를 전달인자로 주어 MemberDAO 객체로 insertMember 메소드를 호출합니다.

53 : session에 "userid"를 키로 하여 지금 막 회원 가입한 회원의 아이디를 값으로 저장해 두어 login.jsp로 제어를 이동하여 로그인 작업을 할 때 아이디를 입력받는 수고를 덜어 줍니다.

59~60 : 회원 가입에 성공했으면 로그인 페이지로 이동합니다.

로그아웃 처리를 위한 프로그래밍

logout.do가 요청되면 인증된 사용자의 인증을 무효화하는 서블릿 클래스를 작성합니다.

[직접해보세요] 인증된 사용자의 인증을 무효화하는 서블릿 클래스

com.saeyan.controller 패키지명에서 마우스 오른쪽 버튼을 클릭하여 나타난 바로가기 메뉴에서 [New → Servlet]을 선택합니다. Class name 입력란에는 서블릿 클래스 이름을 LogoutServlet라고 입력한 후 〈Next〉 버튼을 클릭합니다. [URL Mapping:] 목록에서 항목을 선택한 후 [Edit] 버튼을 클릭합니다. [URL Mapping] 창이 나타나면 [Pattern:] 입력란에 패턴명(/logout.do)을 입력한 후에 [OK] 버튼을 클릭합니다.

```
1    package com.saeyan.controller;
2
3    import java.io.IOException;
4
5    import javax.servlet.RequestDispatcher;
6    import javax.servlet.ServletException;
7    import javax.servlet.annotation.WebServlet;
8    import javax.servlet.http.HttpServlet;
9    import javax.servlet.http.HttpServletRequest;
10   import javax.servlet.http.HttpServletResponse;
11   import javax.servlet.http.HttpSession;
12
13
```

```
14        import com.saeyan.dao.MemberDAO;
15        import com.saeyan.dto.MemberVO;
16
17        @WebServlet("/logout.do")
18        public class  LogoutServlet extends HttpServlet {
19          private static final long serialVersionUID = 1L;
20
21          protected void doGet(HttpServletRequest request,
22        HttpServletResponse response) throws ServletException, IOException {
23            HttpSession session=request.getSession();
24            session.invalidate();
25            RequestDispatcher dispatcher = request
26                .getRequestDispatcher("member/login.jsp");
27            dispatcher.forward(request, response);
28          }
29          protected  void doPost(HttpServletRequest request,
30        HttpServletResponse response) throws ServletException, IOException {
31            doGet(request, response);
32          }
33        }
```

24 : session 객체의 invalidate( ) 메소드를 통하여 설정되어 있는 세션 속성을 모두 제거해
서 인증된 사용자의 인증을 무효화합니다.

25~27 : 프로그램의 제어를 login.jsp로 이동합니다.

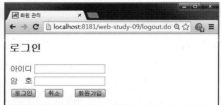

회원 정보 수정을 위한 프로그래밍

이미 회원 가입이 되었고 로그인 화면에서 아이디와 비밀번호를 입력하여 회원 인증
이 된 사용자는 main.jsp에서 회원 정보를 변경하는 서비스를 제공받을 수 있습니다.
〈회원정보변경〉 버튼을 클릭하면 memberUpdate.do를 요청합니다.

회원 정보를 수정하기 전에 등록된 회원의 정보를 출력해 주어야 하기 때문에 memberUpdate.do가 요청되었을 때 호출되는 서블릿 클래스를 생성하여 인증 처리한 회원 아이디로 회원 정보를 얻어온 후에 이를 회원 수정을 위한 폼인 memberUpdate.jsp로 페이지로 이동시킵니다.

main.jsp 페이지의 〈회원정보변경〉 버튼은 다음과 같이 get 방식으로 member Update.do을 요청합니다.

```
<input type="button" value="회원정보변경"
    onclick="location.href='memberUpdate.do?userid=${loginUser.userid}'">
```

memberUpdate.do 요청을 처리하는 서블릿 클래스에서는 doGet() 메소드에 회원 정보를 얻어 와서 회원 수정을 위한 폼으로 이동하는 처리만 합니다. doPost() 메소드는 이후에 살펴봅시다.

[직접해보세요] 회원 정보 수정을 위한 폼으로 이동하는 처리를 위한 서블릿 클래스 [파일 이름 : MemberUpdateServlet]

```
1    package com.saeyan.controller;
2
3    import java.io.IOException;
4
5    import javax.servlet.RequestDispatcher;
6    import javax.servlet.ServletException;
7    import javax.servlet.annotation.WebServlet;
```

```
8    import javax.servlet.http.HttpServlet;
9    import javax.servlet.http.HttpServletRequest;
10   import javax.servlet.http.HttpServletResponse;
11   import javax.servlet.http.HttpSession;
12
13   import com.oracle.jrockit.jfr.RequestDelegate;
14   import com.saeyan.dao.MemberDAO;
15   import com.saeyan.dto.MemberVO;
16
17   @WebServlet("/memberUpdate.do")
18   public class MemberUpdateServlet extends HttpServlet {
19     private static final long serialVersionUID = 1L;
20
21     protected void doGet(HttpServletRequest request,
22         HttpServletResponse response) throws ServletException, IOException {
23       String userid = request.getParameter("userid");
24       MemberDAO mDao = MemberDAO.getInstance();
25
26       MemberVO mVo = mDao.getMember(userid);
27       request.setAttribute("mVo", mVo);
28
29       RequestDispatcher dispatcher = request
30           .getRequestDispatcher("member/memberUpdate.jsp");
31       dispatcher.forward(request, response);
32     }
33
34     protected void doPost(HttpServletRequest request,
35         HttpServletResponse response) throws ServletException, IOException {
36
37     }
38   }
```

26 : MemberDAO 객체를 얻어 와서 getMember 메소드를 호출하여 member 테이블에서 회원 정보를 얻어옵니다.

27 : 회원 정보를 요청 객체에 저장합니다.

29~31 : 회원 정보를 수정하기 위한 폼으로 이동합니다.

회원 정보를 변경하기 위한 폼을 작성합시다.

```
1   <%@ page language="java" contentType="text/html; charset=UTF-8"
2         pageEncoding="UTF-8"%>
3   <%@ taglib uri="http://java.sun.com/jsp/jstl/core" prefix="c"%>
4   <!DOCTYPE html>
5   <html>
6   <head>
7   <meta charset="UTF-8">
8   <title>회원 관리</title>
9   <script type="text/javascript" src="script/member.js"></script>
10  </head>
11  <body>
12  <h2>회원 수정</h2>
13  <form action="memberUpdate.do" method="post" name="frm" >
14    <table>
15      <tr>
16        <td> 이름      </td>
17        <td> <input type="text" name="name" size="20"
18  value="${mVo.name}" readonly></td>
19      </tr>
20      <tr>
21        <td> 아이디    </td>
22        <td>
23        <input type="text"   name="userid"   size="20"
24  value="${mVo.userid}" readonly></td>
25      </tr>
26      <tr>
27        <td> 암   호 </td>
28        <td> <input type="password" name="pwd"   size="20">*</td>
29      </tr>
30      <tr height="30">
31        <td width="80">암호 확인</td>
32        <td><input type="password" name="pwd_check" size="20">*</td>
33      </tr>
34      <tr>
35        <td> 이메일    </td>
36        <td> <input type="text"  name="email"  size="20" value="${mVo.email}"></td>
37      </tr>
```

```
38          <tr>
39            <td> 전화번호 </td>
40            <td> <input type="text" name="phone"  size="20" value="${mVo.phone}"></td>
41          </tr>
42          <tr>
43            <td> 등급 </td>
44            <td>
45            <c:choose>
46              <c:when test="${mVo.admin==0}">
47              <input type="radio" name="admin" value="0" checked="checked"> 일반회원
48              <input type="radio" name="admin" value="1"> 관리자
49              </c:when>
50              <c:otherwise>
51              <input type="radio" name="admin" value="0" > 일반회원
52              <input type="radio" name="admin" value="1" checked="checked"> 관리자
53              </c:otherwise>
54            </c:choose>
55            </td>
56          </tr>
57          <tr>
58            <td colspan="2" align="center">
59            <input type="submit" value="확인" onclick="return joinCheck()">
60                     
61            <input type="reset"  value="취소">
62            </td>
63          </tr>
64        </table>
65      </form>
66    </body>
67  </html>
```

17~18 : MemberVO 객체에서 이름을 얻어와 출력합니다. 이름은 출력만 할 뿐 변경할 수 없습니다.

23~24 : MemberVO 객체에서 아이디를 얻어와 출력합니다. 아이디는 출력만 할 뿐 변경할 수 없습니다.

36 : MemberVO 객체에서 이메일을 얻어와 출력합니다. 이메일은 〈input〉 태그를 사용하여 출력하기에 변경할 수 있습니다.

40 : MemberVO 객체에서 전화번호를 얻어와 출력합니다. 전화번호 역시 〈input〉 태그를 사용하여 출력하기에 변경할 수 있습니다.

59 : 〈확인〉 버튼을 클릭하면 member.js 자바스크립트 파일에서 joinCheck( ) 함수를 호출하여 입력한 내용들의 유효성 여부를 확인합니다.

memberUpdate.jsp로 제어가 이동되어 회원 정보를 수정할 수 있게 됩니다. 회원 가입 시에 입력한 정보가 회원 정보 수정 페이지에 출력되는데 사용자 아이디와 이름은 수정 불가능하고 나머지 사항에 대해서 수정할 수 있으면 내용을 변경한 후에 〈확인〉 버튼을 클릭하면 회원 정보가 변경됩니다. 회원 정보를 변경하기 위한 데이터베이스 처리를 위해서 DAO 클래스에 메소드를 추가합니다.

[직접해보세요] 회원 정보를 변경하기 위한 메소드 추가하기 [파일 이름 : MemberDAO.java]

```
...       // 중복된 내용은 생략
156       public int updateMember(MemberVO mVo) {
157         int result = -1;
158         String sql = "update member set pwd=?, email=?,"
159                   + "phone=?, admin=? where userid=?";
160         Connection conn = null;
161         PreparedStatement pstmt = null;
162         try {
163           conn = getConnection();
164           pstmt = conn.prepareStatement(sql);
165           pstmt.setString(1, mVo.getPwd());
166           pstmt.setString(2, mVo.getEmail());
167           pstmt.setString(3, mVo.getPhone());
168           pstmt.setInt(4, mVo.getAdmin());
169           pstmt.setString(5, mVo.getUserid());
170           result = pstmt.executeUpdate();
171         } catch (Exception e) {
172           e.printStackTrace();
173         } finally {
174           try {
175             if (pstmt != null)        pstmt.close();
176             if (conn != null)         conn.close();
177           } catch (Exception e) {
178             e.printStackTrace();
179           }
180         }
181         return result;
182       }
183     }
184
```

156 : 회원 정보 테이블 내의 특정 행의 값을 변경하는 메소드입니다.

165~169 : 바인딩 변수를 채웁니다.

이전에 입력된 회원 정보에서 일부 정보를 수정한 후 〈확인〉 버튼을 클릭하면 post 방식으로 "memberUpdate.do"를 요청합니다.

```
<form action="memberUpdate.do" method="post" name="frm" >
```

이 요청에 대한 처리는 이미 작성해 놓은 MemberUpdateServlet의 **doPost( )** 메소드에 추가합니다.

[직접해보세요] 회원 정보 수정 처리 서블릿의 doPost( ) 메소드에 데이터베이스 처리를 위한 코드 추가하기

```
     ... 생략
34   protected void doPost(HttpServletRequest request,
35       HttpServletResponse response) throws ServletException, IOException {
36     request.setCharacterEncoding("UTF-8"); // 한글 깨짐을 방지
37     // 폼에서 입력한 회원 정보 얻어오기
38     String userid = request.getParameter("userid");
39     String pwd = request.getParameter("pwd");
40     String email = request.getParameter("email");
41     String phone = request.getParameter("phone");
42     String admin = request.getParameter("admin");
43     // 회원 정보를 저장할 객체 생성
44     MemberVO mVo = new MemberVO();
45     mVo.setUserid(userid);
46     mVo.setPwd(pwd);
47     mVo.setEmail(email);
48     mVo.setPhone(phone);
49     mVo.setAdmin(Integer.parseInt(admin));
50
51     MemberDAO mDao = MemberDAO.getInstance();
52
53     mDao.updateMember(mVo);
54
```

```
55        response.sendRedirect("login.do");
56      }
57   }
```

38~49 : VO 객체를 생성하여 폼 양식에서 전달되는 파라미터 값을 얻어 와서 VO 객체에 저장합
니다.

53 :   MemberDAO 객체로 updateMember 메소드를 호출합니다. updateMember 메소드
의 매개 변수는 폼에서 전달한 파라미터 값을 저장하고 있는 VO 객체로 이 내용으로
member 테이블을 수정합니다.

회원 정보를 수정한 후 login.do를 요청할 경우 이미 로그인 완료된 회원이기에
인증 처리를 거치지 않고 메인 페이지로 이동할 수 있어야 합니다. 그러기 위해서는
LoginServlet 클래스를 다음과 같이 수정해야 합니다.

```
1    package com.saeyan.controller;
15    //중복된 내용이기에 생략
16   @WebServlet("/login.do")
17   public class LoginServlet extends HttpServlet {
18     private static final long serialVersionUID = 1L;
19
20     protected void doGet(HttpServletRequest request,
21    HttpServletResponse response) throws ServletException, IOException {
22       String url="member/login.jsp";
23
24       HttpSession session=request.getSession();
25
26       if(session.getAttribute("loginUser") != null){//이미 로그인 된 사용자이면
27          url="main.jsp"; //메인 페이지로 이동한다.
28       }
29       RequestDispatcher dispatcher = request
30             .getRequestDispatcher(url);
31
32       dispatcher.forward(request, response);
33     }
34     //중복된 내용이기에 생략
```

이번 장에서는 웹사이트의 가장 기본적인 기능인 사용자 관리를 위한 회원 가입과 로그인 처리를 해 보았습니다. 사용자 관리를 위해서는 데이터베이스에 회원 정보를 저장해야 하기 때문에 8장에 이어서 데이터베이스를 다루어 보았는데 이번 장에서는 커넥션 풀을 이용해서 데이터베이스와 연결하는 방법을 학습해 보았습니다.

또한 객체 단위로 데이터베이스의 정보를 얻어와 저장하기 위한 VO를 살펴보았고 JSP 페이지에서 직접 데이터베이스에 접근하지 않고 데이터 처리를 위한 DAO 클래스를 설계하여 코드를 분리해 보았습니다. 또한 데이터베이스와의 처리를 위한 코드는 서블릿에서 기술하고 JSP 페이지는 사용자와의 인터페이스를 위한 코드를 기술하였습니다.

8장처럼 JSP에 모든 코드를 입력하는 것이 처음 프로그래밍을 학습한 분들에게는 쉬울지는 모르지만 역할에 맞게 여러 클래스로 코드를 분리해 놓은 것이 코드를 수정하고, 보완하기에도 쉽다는 것을 명심해야 할 것입니다.

문제의 답은 로드북 홈페이지(http://roadbook.co.kr/126)에서 확인할 수 있습니다.

1. 데이터베이스와 연결을 위해서는 커넥션 객체를 얻어야 합니다. 필요할 때마다 커넥션을 얻는 것이 아니고 미리 풀에 저장해 두었다가 필요할 때마다 가져다 사용하도록 하는 기법을 무엇이라고 하나요?

2. select 문을 수행한 후 얻어온 데이터베이스의 데이터를 저장하기 위한 자바 객체 타입에 관련된 용어가 아닌 것을 고르시오.
   ① dto   ② vo   ③ dao   ④ domain object

3. 다음과 같은 커넥션 풀을 위한 리소스를 추가하는 설정 파일은 무엇인가?

```
<Context docBase="web-study-09" path="/web-study-09"
    reloadable="true" source="org.eclipse.jst.jee.server:web-study-09">
    <Resource name="jdbc/myoracle" auth="Container" type="javax.sql.DataSource"
            driverClassName="oracle.jdbc.OracleDriver"
            url="jdbc:oracle:thin:@127.0.0.1:1521:XE"
            username="scott" password="tiger" maxActive="20" maxIdle="10"
            maxWait="-1" />
</Context>
```

   ① server.xml   ② web.xml   ③ context.xml   ④ resource.xml

4. 접속할 오라클 데이터베이스 이름이 ORCL이고 사용자 계정이 hr이고 계정 암호가 hr일 경우 이에 맞도록 커넥션 풀을 위한 리소스 태그를 기술하시오.

5. 게시글 정보를 저장할 board 테이블을 자바에서 처리하고자 BoardDAO 클래스를 설계하려고 합니다. 게시글 정보를 저장할 VO 객체의 이름은 BoardVO라고 할 때 DAO에서 필요로 한 메소드를 정의해 봅시다.

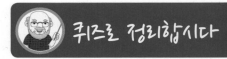
5-1. 게시글 목록을 얻어오는 메소드의 원형을 정의하시오(힌트 메소드 이름은 getBoardList로 한다.)

5-2. 게시글 올리기 폼에서 입력받은 게시글의 정보를 데이터베이스에 추가하기 위한 메소드를 insertBoard라고 할 경우 이 메소드의 매개 변수의 형태를 기술하시오.

6. 데이터베이스에서 커넥션 풀의 중요성을 설명하시오.

7. 커넥션 풀에 〈Resource〉 태그의 name 속성 값이 "jdbc/mydb"로 등록되어 있다면 이를 DataSource로 가져와 Connection 객체를 가져오는 코드를 작성하시오.

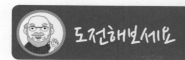
도전해보세요

문제의 답은 로드북 홈페이지(http://roadbook.co.kr/126)에서 확인할 수 있습니다.

하나 "사원 관리 프로그램 만들기"

목표 데이터베이스를 활용한 프로그래밍을 익힙니다.

난이도 고

프로그램을 처음 실행시키면 login.do란 요청이 일어나고 다음과 같은 화면이 나타납니다.
이미 등록된 회원인 경우에는 로그인하여 마이페이지 메뉴를 사용할 수 있습니다.

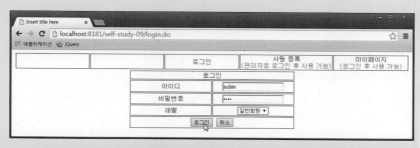

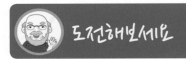

마이페이지를 선택하면 회원 정보를 수정할 수 있습니다.

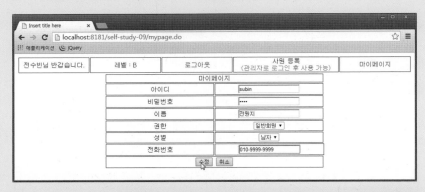

로그인을 할 경우 레벨이 B(일반회원)인 권한으로 로그인할 경우에는 화면 상단에서 사원등록 메뉴를 눌러 사원 정보를 등록할 수 없습니다. 다음은 운영자로 로그인하기 위해 로그아웃한 화면입니다.

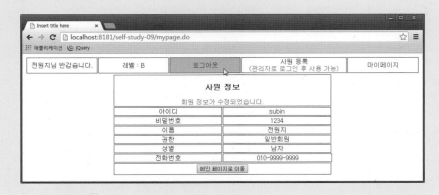

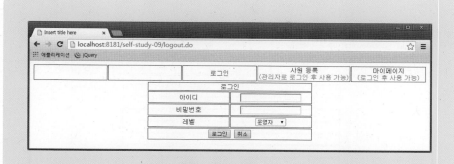

레벨이 A인 운영자로 로그인하면 사원등록 메뉴를 눌러 사원 정보를 등록할 수 있습니다.

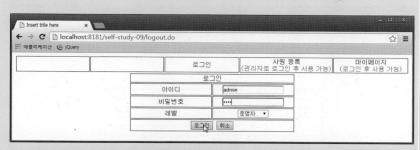

사원 정보를 입력한 후 [등록] 버튼을 누르면 등록된 사원 정보가 나타납니다.

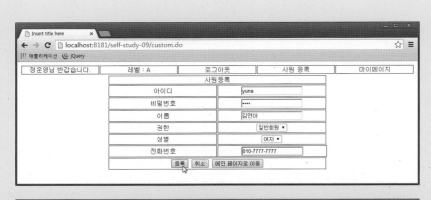

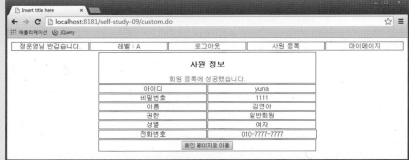

참고

1. 사원 관리를 위한 테이블 구조는 다음과 같습니다. scott 계정에 다음과 같은 테이블을 만드세요.(테이블명 : Employees)

```
CREATE TABLE EMPLOYEES(
  id VARCHAR2(10) NOT NULL,
  pass VARCHAR2(10) NOT NULL,
  name VARCHAR2(24),
  lev char(1) DEFAULT 'A',     --A : 운영자, B : 일반회원
  enter DATE DEFAULT SYSDATE,  -- 등록일
  gender CHAR(1) DEFAULT '1',  --1 : 남자, 2 : 여자
  phone  VARCHAR2(30),
  PRIMARY KEY(id)
);
```

2. Employees 테이블에 다음과 같이 사원 정보를 추가하세요.

ID	PASS	NAME	LEV	ENTER	GENDER	PHONE
pinksung	3333	성윤정	A	2014-04-17 오전 12:00:00	2	010-2222-2222
subin	1234	전원지	B	2014-04-17 오전 12:00:00	1	010-9999-9999
admin	1111	정운영	A	2014-04-17 오전 12:00:00	1	010-1111-1111

3. server.xml에 Connection Pool 설정을 추가하세요.

4. com.magic.dto.EmployeesVO, com.magic.dao.EmployeesDAO 클래스를 만드시오.

5. 실행결과와 같은 화면을 만들기 위한 JSP 페이지와 데이터베이스와 연동을 위한 비즈니스 로직을 기술한 클래스를 만드시오.

★ 궁금한 점은
http://roadbook.zerois.net
★ 자료 다운로드는
http://www.roadbook.co.kr/126

百見不如一打

10장
파일 업로드

이 장을 시작하기 전에

이 장부터는 좀더 세부적인 기능 구현을 어떻게 할지 배워봅니다.
"파일 업로드"라는 기능 구현 목적 외에,

- 공개된 외부 라이브러리를 어떻게 활용하는지
- 실제 구현하면서 DB와는 어떻게 관련되어 구현되는지

등에 대해서도 많이 익숙해지는 계기가 되기를 바랍니다.
이 장에서도 역시 데이터베이스를 활용합니다.

- DB 개발 환경 세팅이 이루어져 있지 않거나
- 여전히 데이터베이스의 기초 개념이 안잡혀 있다면

앞장을 다시 한번 살펴보시기 바랍니다.

파일 업로드에 사용되는 COS 라이브러리

파일 업로드는 웹 애플리케이션에서 빈번히 사용되는 기술입니다. 온라인 쇼핑몰에서 상품을 등록할 때 상품 이미지 파일을 서버로 업로드 해야만 사용자들이 상품 이미지를 보면서 쇼핑을 할 수 있습니다. 이외에도 자료실형 게시판에도 파일 업로드와 다운로드 기술을 사용합니다.

현재 자바에서는 파일을 업로드 할 때 COS 라이브러리가 가장 많이 사용되고 있습니다. 파일을 업로드 할 때 필요한 cos.jar 파일(오라일리 책 시리즈로 유명한 com.oreilly.servlet의 약자입니다)을 설정하는 법을 살펴봅시다.

```
http://www.servlets.com/cos/
```

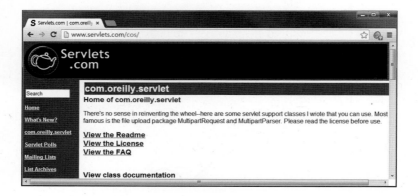

스크롤을 쭉 내려가다 보면 download라는 항목이 있고, 거기에서 cos-26Dec 2008.zip 파일을 다운받습니다.

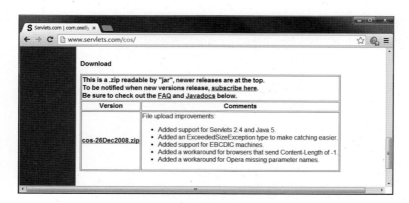

압축을 풀고 lib 폴더에서 cos.jar 파일을 확인합니다. cos.jar가 COS 라이브러리들을 압축해놓은 파일입니다.

이제 COS 라이브러리를 사용하기 위한 준비를 합시다. 이클립스에서 Dynamic Web Project로 10장에서 사용할 web-study-10 프로젝트를 만듭니다.

파일 업로드를 위해서 다운로드 받은 cos.jar 파일을 이클립스에서 방금 만들어놓은 프로젝트의 WebContent\WEB-INF\lib 폴더에 복사합니다.

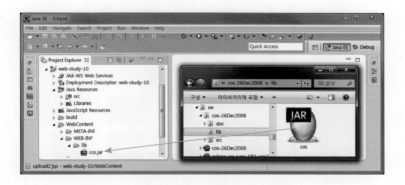

파일을 전송하기 위한 폼 구성에 대해 살펴보도록 합시다. 〈form〉을 통해 파일을 서버로 전송하기 위해서는 폼 태그의 속성을 method="post"로 해주어야 하고 enctype 속성을 "multipart/form-data"로 추가해야 합니다. 서버로 데이터가 전송될 때 일반 텍스트뿐만 아니라 파일 형식의 데이터도 전송된다는 것을 알리기 위해 타입을 정해주는 것입니다. enctype 속성을 추가하지 않으면 파일 선택 박스에서 선택된 파일의 이름만 텍스트 형태로 전송되고 파일 객체가 서버로 전송되지 않아 파일 업로드 기능을 제대로 구현할 수 없기 때문입니다.

파일을 업로드할 때에는 전송할 데이터의 용량이 커지기 때문에 주소 입력란을 통해서 데이터를 전송하는 get 방식은 불가능합니다. get 방식은 주소 창을 타고 넘어가기 때문에 고작 255자 이하의 적은 용량의 데이터만 전송할 수 있습니다. 반면에

post 방식은 255자 이상의 대용량 데이터를 전송할 수 있기 때문에 파일과 같은 대용량 데이터를 전송할 때에는 post 방식을 사용해야 합니다.

form 태그 내부에는 파일 선택을 위한 input 태그가 있는데, 이를 위해서는 type 속성 값을 file로 지정해야 파일을 선택할 수 있는 버튼을 만들 수 있습니다. 파일 업로드의 기본적인 폼 형식은 다음과 같습니다.

```
<form name = "사용자지정" method = "post" enctype = "multipart/form-data">
    <input type = "file" name = "사용자지정">
</form>
```

다음은 우리가 만들어 볼 파일 업로드를 위한 입력 폼을 미리 살펴보기 위한 결과 화면입니다.

〈input type = "file"〉 태그는 위 그림에서 보듯이 [파일 선택] 버튼 형태로 나타납니다. 이 버튼을 클릭하면 [열기] 창이 나타나서 파일을 선택할 수 있습니다. 파일을 선택한 후에는 [열기] 버튼을 클릭하면 [파일 선택] 버튼 옆에 선택한 파일의 이름이 출력됩니다.

새로 추가한 웹 프로젝트를 선택한 후 마우스 오른쪽 버튼을 클릭하여 나타난 바로가기 메
뉴에서 [New → JSP File]을 선택하여 01_upload.jsp 페이지를 추가합니다. 모든 jsp 파일은
WebContent에 저장해 두어야합니다. 혹 다른 곳에 파일이 생성되면 WebContent에 옮겨 놓고
실행하면 됩니다.

```
1    <%@ page language="java" contentType="text/html; charset=UTF-8"
2        pageEncoding="UTF-8"%>
3    <!DOCTYPE html>
4    <html>
5    <head>
6    <meta charset="UTF-8">
7    <title>Insert title here</title>
8    </head>
9    <body>
10   <form action="upload.do" method="post" enctype="multipart/form-data">
11   글쓴이 : <input type="text" name="name"><br>
12   제   목 :  <input type="text" name="title"><br>
13   파일 지정하기 : <input type="file" name="uploadFile"><br>
14   <input type="submit" value="전송" >
15   </form>
16   </body>
17   </html>
```

다운로드 받은 cos.jar 파일은 MultipartRequest 클래스를 제공해줍니다. 이를 확
인하기 위해서 cos.jar 파일의 내용을 살펴봅시다. 이클립스 내에서 jar 파일에 있는
클래스의 구조를 보기 위해서는 [Build Path → Add to Build Path]를 선택합니다.

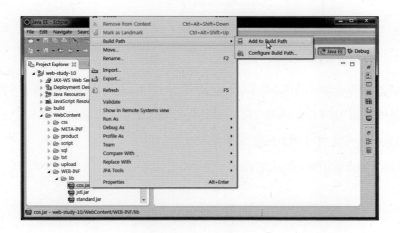

Project Explorer 창의 web-study-10 프로젝트에서 [Java Resource → Libraries → cos.jar] 파일이 발견됩니다. 이를 클릭하면 파일 관련 처리를 위한 다양한 클래스가 압축되어 있음을 알 수 있습니다.

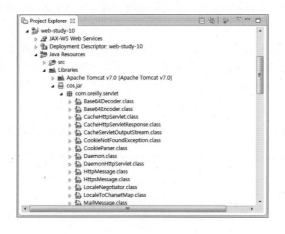

이들 클래스 중 우리가 사용할 클래스는 MultipartRequest입니다.

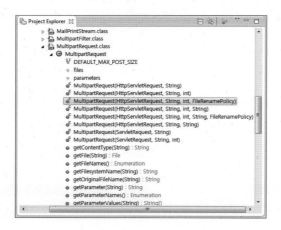

MultipartRequest 클래스는 COS.jar 라이브러리의 com.oreilly.servlet 패키지에 존재하며 파일 업로드를 직접적으로 담당하는 클래스입니다. 파일 업로드를 담당하는 생성자와 여러 가지 메소드를 포함하고 있습니다.

다음은 MultipartRequest 클래스의 생성자입니다.

```
MultipartRequest(
   javax.servlet.http.HttpServletRequest request,
   java.lang.String saveDirectory,
   int maxPostSize,
   java.lang.String encoding,
   FileRenamePolicy policy
)
```

다음은 MultipartRequest 생성자의 매개 변수에 대한 설명입니다.

매개 변수	설명
request	MultipartRequest와 연결할 request 객체
saveDirectory	서버 측에 저장될 경로
maxPostSize	최대 파일 크기
encoding	파일의 인코딩 방식 (파일 이름이 한글일 경우 매개 변수 값을 utf-8로 준다.)
policy	파일 중복 처리를 위한 매개 변수. policy는 중복 처리를 해주는 매개 변수로서 'b.bmp' 파일을 업로드 하였는데 다시 같은 파일을 업로드 할 경우 'b1.bmp' 등으로 자동으로 파일 중복 처리를 해준다. 매개 변수 값으로는 'new DefaultFileRenamePolicy( )'를 사용한다.

다음은 MultipartRequest 클래스에서 사용하는 유용한 메소드를 정리한 표입니다.

메소드명	설명
getParameterNames()	폼에서 전송된 파라미터의 이름을 Enumeration 타입으로 리턴한다.
getParameterValues()	폼에서 전송된 파라미터들을 배열로 받아온다.
getParameter()	객체에 있는 해당 파라미터의 값을 가져온다.
getFileNames()	파일을 여러 개 업로드 할 경우 그 값들을 Enumeration 타입으로 리턴한다.
getFilesystemName()	서버에 실제로 업로드 된 파일의 이름을 의미한다.
getOriginalFileName()	클라이언트가 업로드한 파일의 원본 이름을 의미한다.
getContentType()	업로드 파일의 컨텐트 타입을 얻을 때 사용한다.
getFile()	서버에 업로드 된 파일의 정보를 객체로 얻어낼 때 사용한다.

이제 실제 파일 업로드를 위한 애플리케이션을 구현해보도록 하겠습니다. 우선 업로드된 파일을 저장할 사용자 디렉토리를 하나 생성해 둡니다.

파일 업로드를 하기 위한 클래스에 대한 import는 다음과 같습니다.

```
import com.oreilly.servlet.MultipartRequest;
import com.oreilly.servlet.multipart.DefaultFileRenamePolicy;
```

앞서 MultipartRequest 생성자의 매개 변수를 설명하면서 언급했던 파일 중복 처리를 위한 매개 변수인 policy에 'b.bmp' 파일을 업로드 하였는데 다시 같은 파일을 업로드 할 경우 'b1.bmp' 등으로 자동으로 파일 중복 처리를 해주기 위해서 매개 변수 값으로 'new DefaultFileRenamePolicy()'를 사용한다고 하였습니다. 위 구문 중 두 번째 import 구문은 이를 위한 import입니다.

다음은 파일을 저장하기 위한 디렉토리와 파일의 최대 크기 등을 정의합니다.

```
String savePath = "upload"; //<- 여기를 바꿔주면 다운받는 경로가 바뀜
int uploadFileSizeLimit = 5 * 1024 * 1024; // 최대 업로드 파일 크기 5MB로 제한
String encType = "UTF-8";
```

다음은 서버상의 실제경로를 찾아냅니다.

```
ServletContext context = getServletContext();
String uploadFilePath = context.getRealPath(savePath);
```

개발자가 프로젝트를 진행하면서 사용하는 워크스페이스는 소스를 관리하기 위한 곳이고 실제 사용자가 서비스를 받는 프로젝트 폴더는 워크스페이스 내의 .metadata 디렉토리에 생성됩니다. 업로드 되는 파일은 .metadata 디렉토리에 생성되는 워크스페이스 내에 저장하겠습니다.

다음과 같이 HttpServletRequest 객체, 업로드할 경로, 업로드할 사이즈 제한 값을 주어 MultipartRequest 객체를 생성하면 바로 서버로 파일이 업로드됩니다.

```
MultipartRequest multi = new MultipartRequest(
    request, // request 객체
    uploadFilePath, // 서버상의 실제 디렉토리
    uploadFileSizeLimit, // 최대 업로드 파일 크기
    encType, // 인코딩 방법
    // 동일한 이름이 존재하면 새로운 이름이 부여됨
    new DefaultFileRenamePolicy());
```

위의 객체가 생성되는 순간 파일은 이미 전송되어 서버에 저장됩니다.

파일 업로드를 위한 처리를 위해서는 모든 요청에 대한 처리를 Cos.jar 파일에서 제공해주는 MultipartRequest 클래스의 **getParameter()** 메소드를 사용해야 합니다. Request 객체의 **getParameter()** 메소드로는 파라미터 값을 얻어올 수 없습니다.

```
String name = multi.getParameter("name");
```

파일 선택 폼에서 선택한 파일의 이름을 얻어오기 위해서는 input 태그의 name 속성 값을 MultipartRequest 객체로 **getFilesystemName()** 메소드의 매개 변수로 전달해 줍니다.

```
<input type="file" name="uploadFile">

String fileName = multi.getFilesystemName("uploadFile");
```

fileName 변수에 업로드한 파일 이름이 저장됩니다.

파일 업로드를 위한 폼(01_upload.jsp)을 작성하였으므로 입력 폼에서 선택한 파일을 실제로 업로드하는 서블릿 클래스를 작성해보도록 합시다.

[직접해보세요] **파일 업로드를 위한 서블릿 클래스**

1. 프로젝트를 선택한 후 [New → Servlet]을 선택합니다. [Create Servlet] 창이 나타나면 Java package 입력란에는 패키지명 com.saeyan.controller를 입력하고 Class name 입력란에는 서블릿 클래스 이름을 UploadServlet이라고 입력한 후 [Next] 버튼을 클릭합니다. [URL Mapping:] 목록에서 항목을 선택한 후 [Edit] 버튼을 클릭합니다. [URL Mapping] 창이 나타나면 [Pattern:] 입력란에 패턴명(upload.do)을 입력한 후에 [OK] 버튼을 클릭합니다.

```
1    package com.saeyan.controller;
2
3    import java.io.IOException;
4    import java.io.PrintWriter;
5
6    import javax.servlet.ServletContext;
7    import javax.servlet.ServletException;
8    import javax.servlet.annotation.WebServlet;
9    import javax.servlet.http.HttpServlet;
10   import javax.servlet.http.HttpServletRequest;
11   import javax.servlet.http.HttpServletResponse;
12
13   import com.oreilly.servlet.MultipartRequest;
14   import com.oreilly.servlet.multipart.DefaultFileRenamePolicy;
15
16   @WebServlet("/upload.do")
17   public class UploadServlet extends HttpServlet {
18     private static final long serialVersionUID = 1L;
19
```

```java
20      protected void doPost(HttpServletRequest request,
21          HttpServletResponse response) throws ServletException, IOException {
22        request.setCharacterEncoding("UTF-8");
23        response.setContentType("text/html; charset=UTF-8");
24        PrintWriter out = response.getWriter();
25
26        // 여기를 바꿔주면 다운받는 경로가 바뀜
27        String savePath = "upload";
28        // 최대 업로드 파일 크기 5MB로 제한
29        int uploadFileSizeLimit = 5 * 1024 * 1024;
30        String encType = "UTF-8";
31
32        ServletContext context = getServletContext();
33        String uploadFilePath = context.getRealPath(savePath);
34        System.out.println("서버상의 실제 디렉토리 :");
35        System.out.println(uploadFilePath);
36
37        try {
38          MultipartRequest multi = new MultipartRequest(
39              request, // request 객체
40              uploadFilePath, // 서버상의 실제 디렉토리
41              uploadFileSizeLimit, // 최대 업로드 파일 크기
42              encType, // 인코딩 방법
43              // 동일한 이름이 존재하면 새로운 이름이 부여됨
44              new DefaultFileRenamePolicy());
45          // 업로드된 파일의 이름 얻기
46          String fileName = multi.getFilesystemName("uploadFile");
47
48          if (fileName == null) { // 파일이 업로드 되지 않았을때
49            System.out.print("파일 업로드 되지 않았음");
50          } else { // 파일이 업로드 되었을때
51            out.println("<br> 글쓴이 : " + multi.getParameter("name"));
52            out.println("<br> 제   목 : " + multi.getParameter("title"));
            out.println("<br> 파일명 : " + fileName);
53          }// else
54        } catch (Exception e) {
55          System.out.print("예외 발생 : " + e);
56        }// catch
57      }
58    }
```

업로드할 파일을
선택할 창이 뜬다.

열기 버튼을 누르면 선택한
파일 이름이 나타난다.

파일은 업로드 되고 입력창에
입력한 내용과 업로드한 파일
이름이 출력된다.

개발자가 작성하는 모든 jsp 파일들은 작업 공간(워크스페이스)에 만들어집니다. 하지만 클라이언트가 jsp 페이지를 요청하게 되면 개발자의 작업 공간 내의 파일을 제공하는 것이 아니고 이 파일들이 컴파일 되어 "C:\eclipse-jee-juno-SR2-win32\eclipse\web_workspace\.metadata\.plugins\org.eclipse.wst.server.core\tmp0\wtpwebapps" 폴더 내부에 저장됩니다. 이번 장을 학습하기 위해서 생성한 웹 프로젝트 역시 위의 경로에 생성된 것을 확인할 수 있습니다.

뿐만 아니라 업로드한 파일을 관리할 폴더 역시 위 경로에 생성되어 있고 이 위치에 업로드된 파일들이 저장되어 있습니다.

업로드된 파일은 "C:\eclipse-jee-juno-SR2-win32\eclipse\web_workspace\.metadata\.plugins\org.eclipse.wst.server.core\tmp0\wtpwebapps\web-study-10\upload" 위치에서 확인 가능합니다.

만약 동일한 이름이 존재한다면 파일 명 뒤에 번호가 붙여 파일의 중복을 기본적으로 차단합니다. 'Chrysanthemum.bmp' 파일을 업로드 하였는데 다시 같은 파일을 업로드 할 경우 'Chrysanthemum1.bmp' 등으로 자동으로 파일 중복 처리를 해줍니다.

온라인 쇼핑몰의 진열된 상품을 보면 하나의 상품에 대해서 이미지가 여러 개 진열됩니다. 관리자가 상품 이미지를 한꺼번에 여러 개를 올릴 수 있도록 하기 위해서는 다음과 같이 파일을 여러 번 선택하여 서버로 업로드할 수 있어야 합니다.

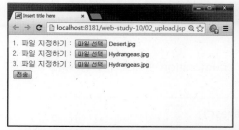

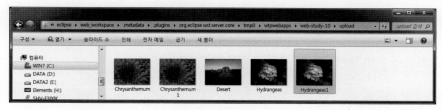

한꺼번에 서버로 여러 개의 파일을 업로드하는 방법을 살펴보겠습니다.

우선 여러 개의 파일을 한꺼번에 업로드하려면 다음과 같이 form 태그 내에 〈input type="file"〉 태그를 여러 번 기술합니다. 이때 〈input〉 태그의 name 속성 값은 다릅니다.

```
<form action="upload2.do" method="post" enctype="multipart/form-data">
    1. 파일 지정하기 : <input type="file" name="uploadFile01"><br>
    2. 파일 지정하기 : <input type="file" name="uploadFile02"><br>
    3. 파일 지정하기 : <input type="file" name="uploadFile03"><br>
    <input type="submit" value="전송" >
</form>
```

업로드한 파일의 이름을 얻어오려면 〈input type="file"〉 태그의 name 속성 값을 알아야 합니다. MultipartRequest 객체는 **getFileNames()** 메소드를 사용하여 〈input type="file"〉 태그의 서로 다른 여러 개의 name 속성 값을 다음과 같이 얻어 올 수 있습니다.

getFileNames() 메소드는 파일 목록을 Enumeration 형태로 반환합니다.

```
Enumeration files = multi.getFileNames();
```

Enumeration은 여러 개의 파일 정보를 저장하고 있는 파일 목록으로 다음 표의 메소드를 사용하여 데이터를 한 개씩 추출할 수 있습니다.

메소드	설명
boolean hasMoreElements()	데이터(element)가 존재한다면 true를 반환하고 없으면 false를 반환한다.
E nextElement()	데이터(element)를 얻어낸다.

Enumeration으로 파일 이름을 얻어오기 위해서는 **hasMoreElements()**로 데이터가 있는지 확인한 후 **nextElement()**를 호출해서 해당 데이터를 얻어오면서 위치를 한 칸씩 이동시킵니다. 이러한 방식으로 모든 데이터를 검색할 수 있습니다.

```
while (files.hasMoreElements()) {
    String file = (String) files.nextElement();
    System.out.println(file);
}
```

업로드된 파일의 이름을 알아오기 위해서는 다음과 같이 name 속성 값을 MultipartRequest 객체의 **getFilesystemName()** 메소드의 매개 변수로 주면 됩니다.

```
<input type="file" name="uploadFile">

String fileName = multi.getFilesystemName("uploadFile");
```

그렇기 때문에 Enumeration으로 얻어온 파일 이름을 **getFilesystemName()** 메소드의 매개 변수로 전달해 주어 업로드된 파일 이름을 얻어옵시다.

```
while (files.hasMoreElements()) {
    String file = (String) files.nextElement();
    String file_name = multi.getFilesystemName(file);
    out.print("<br> 업로드된 파일명 : " + file_name);
}
```

동일한 이름의 파일을 업로드했을 때 파일의 중복을 차단하기 위해서 파일 명 뒤에 번호를 자동으로 붙여 새로운 파일명을 제공해주기 때문에 번호가 붙기 전 원본 파일명을 출력하고자 할 경우에는 **getOriginalFileName()** 메소드를 사용합니다.

```
while (files.hasMoreElements()) {
    String file = (String) files.nextElement();
    //중복된 파일을 업로드할 경우 파일명이 바뀐다.
    String ori_file_name = multi.getOriginalFileName(file);
    out.print("<br> 원본 파일명 : " + ori_file_name);
}
```

```
1   <%@ page language="java" contentType="text/html; charset=UTF-8"
2       pageEncoding="UTF-8"%>
3   <!DOCTYPE html>
4   <html>
5   <head>
6   <meta charset="UTF-8">
7   <title>Insert title here</title>
8   </head>
9   <body>
10  <form action="upload2.do" method="post" enctype="multipart/form-data">
11  1. 파일 지정하기 : <input type="file" name="uploadFile01"><br>
12  2. 파일 지정하기 : <input type="file" name="uploadFile02"><br>
13  3. 파일 지정하기 : <input type="file" name="uploadFile03"><br>
14  <input type="submit" value="전송" >
15  </form>
16  </body>
17  </html>
```

1. 프로젝트를 선택한 후 [New → Servlet]을 선택합니다. [Create Servlet] 창이 나타나면 Java package 입력란에는 패키지명 com.saeyan.controller를 입력하고 Class name 입력란에는 서블릿 클래스 이름을 MultiUploadServlet이라고 입력한 후 [Next] 버튼을 클릭합니다. [URL Mapping:] 목록에서 항목을 선택한 후 [Edit] 버튼을 클릭합니다. [URL Mapping] 창이 나타나면 [Pattern:] 입력란에 패턴명(upload2.do)을 입력한 후에 [OK] 버튼을 클릭합니다.

```
1   package com.saeyan.controller;
2
3   import java.io.IOException;
4   import java.io.PrintWriter;
5   import java.util.Enumeration;
6
7   import javax.servlet.ServletContext;
8   import javax.servlet.ServletException;
9   import javax.servlet.annotation.WebServlet;
10  import javax.servlet.http.HttpServlet;
```

```java
import javax.servlet.http.HttpServletRequest;
import javax.servlet.http.HttpServletResponse;

import com.oreilly.servlet.MultipartRequest;
import com.oreilly.servlet.multipart.DefaultFileRenamePolicy;

@WebServlet("/upload2.do")
public class MultiUploadServlet extends HttpServlet {
  protected void doPost(HttpServletRequest request,
      HttpServletResponse response) throws ServletException, IOException {
    request.setCharacterEncoding("UTF-8");
    response.setContentType("text/html; charset=UTF-8");
    PrintWriter out = response.getWriter();
    String savePath = "upload";
    int uploadFileSizeLimit = 5 * 1024 * 1024;
    String encType = "UTF-8";

    ServletContext context = getServletContext();
    String uploadFilePath = context.getRealPath(savePath);

    try {
      MultipartRequest multi = new MultipartRequest(request,
          uploadFilePath,
          uploadFileSizeLimit,
          encType,
          new DefaultFileRenamePolicy());
      Enumeration files = multi.getFileNames();
      while (files.hasMoreElements()) {
        String file = (String) files.nextElement();
        String file_name = multi.getFilesystemName(file);
        //중복된 파일을 업로드할 경우 파일명이 바뀐다.
        String ori_file_name = multi.getOriginalFileName(file);
        out.print("<br> 업로드된 파일명 : " + file_name);
        out.print("<br> 원본 파일명 : " + ori_file_name);
        out.print("<hr>");
      }
    } catch (Exception e) {
      System.out.print("예외 발생 : " + e);
    }// catch
  }
}
```

지금까지 파일 업로드를 위한 기본적인 문법을 학습해 보았습니다. 다음은 파일 업로드가 실무에서는 어떻게 활용되는지를 살펴보기 위해서 새로운 상품 정보를 등록하면서 이미지 파일을 업로드하는 예제를 만들어 보겠습니다.

쇼핑몰 관리자 애플리케이션 작성-cos.jar 파일을 이용한 이미지 업로드

우리는 앞 절에서 cos.jar 파일을 이용한 이미지를 업로드하는 방법을 살펴보았습니다. 이번에는 온라인 쇼핑몰의 관리자 페이지를 만들어볼 예정입니다. 이용자가 상품 이미지를 보면서 쇼핑을 할 수 있도록 하려면 누군가는 상품 이미지를 포함한 상품 정보를 DB에 저장해놓아야 합니다. 바로 이런 역할을 할 수 있는 관리자 페이지를 만들어보겠습니다. 앞장에서 배운 이미지 업로드에 관한 기초 지식은 당연히 있어야겠죠?

쇼핑몰 관리자 페이지 개요

이번 절에서 구현할 쇼핑몰 관리자 페이지의 기본적인 흐름입니다.

❶ 「상품 리스트–상품 등록」

❷ 「상품 리스트–상품 수정」

❸ 「상품 리스트–상품 삭제」

다음 화면은 지금까지 등록된 모든 상품 정보를 리스트 형태로 출력하는 페이지입니다.

▼ 상품 리스트 - 관리자 페이지

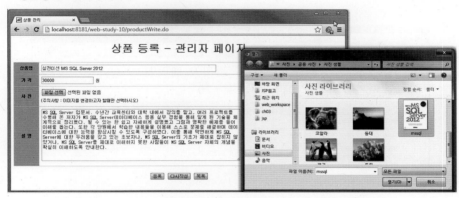

[상품 리스트 - 관리자 페이지]에서는 상품 등록, 상품 수정, 상품 삭제 처리를 실행할 수 있다.

다음은 상품 정보를 등록하기 위한 화면입니다.

▼ 상품 등록 - 관리자 페이지

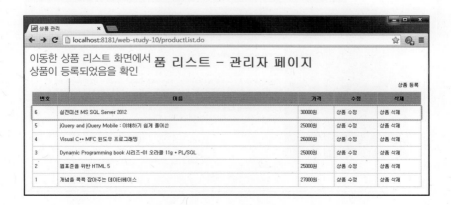

상품 정보를 입력하고 등록 버튼을 클릭하면 상품 등록 처리가 완료되어 상품 리스트 화면으로 이동합니다.

다음은 상품 정보를 수정하기 위한 화면입니다.

▼ 상품 수정 - 관리자 페이지

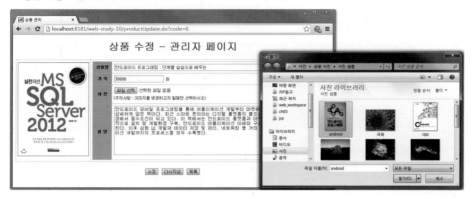

정보를 수정한 후 수정 버튼을 클릭하면 상품이 수정되고 상품 리스트 화면으로
이동합니다.

다음은 상품 정보를 삭제하기 위한 화면입니다.

▼ 상품 삭제 - 관리자 페이지

삭제 정보를 확인하고 삭제 버튼을 클릭하면 상품 삭제 처리가 완료되어 상품 리스트 화면으로 이동합니다. 이동한 상품 리스트 화면에서 해당 상품이 삭제되었음을 확인할 수 있습니다.

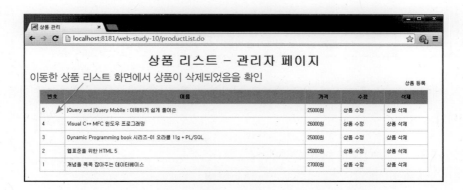

상품 관리 프로그래밍을 위해서 작성해야 할 파일들을 살펴보겠습니다.

다음 JSP는 상품 관리를 위해서 상품 리스트, 등록, 수정, 삭제를 위한 4개의 화면이 필요하기 때문에 4개를 만들었습니다.

[JSP 페이지(위치 : WebContent₩product)]

파일	설명
productList.jsp	상품 리스트 페이지
productWrite.jsp	상품 등록 페이지
productUpdate.jsp	상품 수정 페이지
productDelete.jsp	상품 삭제 페이지

상품 리스트, 등록, 수정, 삭제를 위한 작업을 위해서 JSP 페이지를 보여주거나 데이터베이스 처리를 해야 하는 서블릿 파일도 역시 4개가 필요합니다.

[서블릿 파일(위치 : src₩com₩saeyan₩controller)]

파일	설명	요청 URL 패턴
ProductListServlet.java	상품 전제 정보를 데이터베이스에서 얻어온다.	productList.do
ProductWriteServlet.java	입력한 상품 정보를 데이터베이스에 추가한다.	poductWrite.do
ProductUpdateServlet.java	입력한 정보로 데이터베이스에 상품 정보를 수정한다.	poductUpdate.do
ProductDeleteServlet.java	데이터베이스에 상품 정보를 삭제한다.	poductDelete.do

JSP 페이지에서 사용자의 입력이 제대로 되었는지 확인하기 위한 자바스크립트 파일도 필요합니다.

[자바스크립트(위치 : WebContent\script)]

파일	설명
product.js	폼에 입력된 정보가 올바른지 판단하는 자바스크립트

데이터베이스에 저장된 상품 정보를 저장하기 위한 VOValue Object 클래스를 만듭니다.

[VO 클래스 (위치: src\com\saeyan\dto)]

파일	설명
ProductVO.java	상품 정보를 저장하는 클래스

데이터베이스 처리를 위한 DAO 클래스를 만듭니다.

[DAO 클래스 (위치: src\com\saeyan\dao)]

파일	설명
ProductDAO.java	데이터베이스 테이블과 연동해서 작업하는 데이터베이스 처리 클래스

데이터베이스 구축하기

상품 관리를 위한 정보를 저장하는 테이블은 product란 이름의 테이블로 작성하기로 합시다. 다음은 product 테이블을 구성하는 컬럼입니다.

컬럼명	크기	설명
code	number(5)	코드
name	varchar2(100)	이름
price	number(8)	가격
pictureurl	varchar2(50)	사진 경로
description	varchar(1000)	설명

다음 SQL 명령어를 오라클에서 실행하여 상품 테이블을 생성합니다.

```
create table product(
  code number(5),
  name varchar2(100),
  price number(8),
  pictureurl varchar(50),
  description varchar(1000),
  primary key (code)
);
```

생성된 상품 테이블에 다음과 같은 데이터를 추가해 봅시다.

CODE	NAME	PRICE	PICTUREURL	DESCRIPTION
1	개념을 콕콕 잡아주는 데이터베이스	27000	db.jpg	데이터베이스에 관한 모든 것을 쉽고 재미있게 정리한 교재...
2	웹표준을 위한 HTML 5	25000	html5.jpg	HTML5 가이드북. 홈페이지 제작을 위한 필수 선택 HTML 기본 문법...
3	Dynamic Programming book 시리즈-01 오라클 11g + PL/SQL	25000	oracle.jpg	Dynamic 실무 코칭 프로그래밍 Book의 첫번째 책으로, 11g의 새로운 ...
4	Visual C++ MFC 윈도우 프로그래밍	26000	mssql.jpg	Visual C++를 처음 시작하는 독자의 눈높이에 맞춘 Visual C++...
5	jQuery and jQuery Mobile : 이해하기 쉽게 풀어쓴	25000	jquery.jpg	소스 하나로 데스크탑과 모바일까지 HTML5와 함께 사용한다. 초보자들도 ...

위 상품 테이블을 살펴보면 상품 코드(code 컬럼)는 기본키이기 때문에 중복된 데이터를 저장할 수 없습니다. 상품 테이블의 code 컬럼 값은 1, 2, 3, 4, 5와 같이 번호가 중복되지 않고 저장되었는데 수많은 상품을 추가하면서 개발자가 중복되지 않는 코드 값을 일일이 계산하는 것은 번거로운 일입니다. 이러한 불편함을 덜기 위해서 오라클에서 제공해주는 시퀀스를 사용하도록 합니다. 시퀀스는 자동으로 일련번호를 생성하는 오라클에서 제공해주는 객체입니다.

상품 테이블에 다른 정보들은 개발자가 일일이 입력하지만 상품 코드를 위한 code 컬럼 값만은 시퀀스를 이용해서 자동으로 번호를 부여 받도록 하겠습니다. 다음은 1부터 1씩 자동으로 번호를 생성하는 시퀀스를 생성하는 SQL 문입니다.

```
create sequence product_seq start with 1 increment by 1;
```

위에서 create sequence로 만든 product_seq 시퀀스에서 자동으로 번호를 생성하기 위해서는 시퀀스 객체에서 제공해주는 nextval 함수를 사용합니다. 생성된 시퀀스 이름인 product_seq로 nextval을 호출하면 번호가 1번부터 1씩 자동 증가되어 product_seq.nextval을 호출할 때마다 1, 2, 3, 4와 같이 번호가 자동으로 발급됩니다.

다음은 상품 정보를 추가하는 insert 문입니다. insert 문은 한 줄씩 작성하여 한 줄씩 실행해야 합니다. 이런 불편함을 없애기 위해서는 SQL 파일로 일괄 처리할 수 있습니다. 그 방법은 바로 다음에 나옵니다.

```
insert into product values(product_seq.nextval, '개념을 콕콕 잡아주는 데
이터베이스', 27000, 'db.jpg', '데이터베이스에 관한 모든 것을 쉽고 재미있게 정리
한 교재...');
insert into product values(product_seq.nextval, '웹표준을 위한 HTML
5', 25000, 'html5.jpg', 'HTML5 가이드북. 홈페이지 제작을 위한 필수 선택
HTML 기본 문법...');
insert into product values(product_seq.nextval, 'Dynamic Programming
book 시리즈-01 오라클 11g + PL/SQL', 25000, 'oracle.jpg','Dynamic 실무
코칭 프로그래밍 Book의 첫번째 책으로, 오라클 11g의 새로운 ...');
insert into product values(product_seq.nextval, 'Visual C++ MFC 윈도
우 프로그래밍', 26000, 'mfc.jpg', 'Visual C++를 처음 시작하는 독자의 눈높이
에 맞춘 Visual C++...');
insert into product values(product_seq.nextval, 'jQuery and jQuery
Mobile : 이해하기 쉽게 풀어쓴', 25000, 'jquery.jpg', '소스 하나로 데스크탑과
모바일까지 HTML5와 함께 사용한다. 초보자들도 ...');
commit;
```

insert 문을 살펴보면 values 절의 첫 번째 인자로 product_seq.nextval이 기술되어 있는데 이는 시퀀스 객체로부터 상품 코드를 위한 컬럼인 code에 값을 자동으로 부여 받기 위한 것입니다.

insert한 정보가 데이터베이스에 영구 저장되도록 하기 위해서는 반드시 commit 명령어를 수행해야 합니다.

위 쿼리문은 일일이 입력할 필요 없이 출판사에서 제공하는 sql 파일을 다운로드 받아 콘솔 창에서 실행시켜도 됩니다.

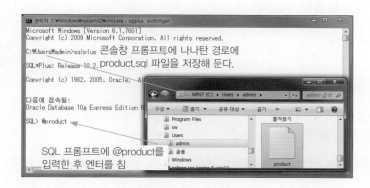

오라클에서 SQL 문장을 sql 확장자로 해서 파일로 만들어놓고 SQL 명령 프롬프트에서 위의 그림처럼 '@ 파일명'을 기술하면 SQL 문장이 일괄적으로 실행됩니다. 다음은 지금까지의 과정을 요약한 내용입니다.

1. 콘솔모드로 나가기 위해서 [시작 → 실행] 메뉴를 선택한 후 "cmd"라고 입력합니다.

2. 사용자 계정 scott으로 오라클에 접속을 시도합시다. 성공적으로 접속이 끝나면 sql 프롬프트(SQL〉)가 나타납니다.

```
도스 프롬프트> sqlplus scott/tiger
```

3. 오라클 접속시 현재 디렉토리 위치에 sql 파일(product.sql)을 복사해 둡니다.

4. SQL〉 프롬프트에 다음과 같이 입력합니다.

```
SQL> @product
```

5. "select * from product"로 조회하면 다음과 같이 상품 테이블에 저장된 샘플 데이터를 확인할 수 있습니다. 다음은 데이터베이스 관리 툴(SQL Gate나 SQL Developer)을 이용하여 쿼리문을 실행한 후 캡처 받은 화면이라서 콘솔 창의 결과화면과 다르게 보일겁니다. 상품 테이블에 저장된 값을 각자 편한 방법으로 확인하면 됩니다.

	CODE	NAME	PRICE	PICTUREURL	DESCRIPTION
1	1	개념을 콕콕 잡아주는 데이터베이스	27000	db.jpg	데이터베이스에 관한 모든 것을 쉽고 재미있게 정리한 교재
2	2	웹표준을 위한 HTML 5	25000	html5.jpg	HTML5 가이드북. 홈페이지 제작을 위한 필수 선택 HTML 기본
3	3	Dynamic Programming book 시리즈-01 오라클 11g	25000	oracle.jpg	Dynamic 실무 코칭 프로그래밍 Book의 첫번째 책으로, 오라클 1
4	4	Visual C++ MFC 윈도우 프로그래밍	26000	mfc.jpg	Visual C++를 처음 시작하는 독자의 눈높이에 맞춘 Visual C++ 입
5	5	jQuery and jQuery Mobile : 이해하기 쉽게 풀어쓴	25000	jquery.jpg	소스 하나로 데스크탑과 모바일까지HTML5와 함께 사용한다. 초

프로젝트 환경 설정

JSTL을 위한 jar 파일인 jstl.jar와 standard.jar와 오라클 드라이버인 ojdbcX.jar를 "web_workspace\web-study-10\WebContent\WEB-INF\lib" 폴더에 복사합니다.

9장에서 커넥스 풀을 이용해서 데이터베이스와 접속하였습니다. 이번 장에서도 역시 커넥션 풀을 사용하기 위해서 〈Context〉 태그 내부에 〈Resource〉 태그를 추가합니다.

화면 왼쪽에서 Servers를 찾아 server.xml 파일을 찾아 엽니다. 파일 맨 끝부분으로 내려갑니다. 그런 후에 〈Context〉를 쉽게 찾기 위해서 코드를 자동 정렬시킵니다. [Ctrl]+[Shift]+F 키는 코드를 자동 정렬시키는 단축키입니다. 이 키를 한꺼번에 누릅니다. 〈Context〉 태그에 대한 설명은 3장에 언급되어 있으므로 기억나지 않는 독자는 3장을 다시 한 번 참고하기 바랍니다.

〈Context〉 태그 내부에 기술해야 하기 때문에 〈Context /〉 형태를 〈Context〉〈/Context〉 형태로 변경한 후 〈Resource〉 태그를 〈Context〉와 〈/Context〉 사이에 복사해 넣습니다. 복사 방법은 아파치 사이트에서 직접 붙여 넣어도 되고 9장에서 사용했던 내용을 복사해 넣어도 됩니다. 이번 장에서 학습할 웹 프로젝트에서 커넥션 풀을 사용할 수 있도록 환경 설정을 합니다.

화면 왼쪽에서 Severs를 찾아 server.xml 파일을 찾는다.

파일 맨 끝부분으로 내려가서[Ctrl]+[Shift]+F 키를 눌러 자동 정렬시킨 후 web-study-10 프로젝트에 대한 〈Context〉 태그를 찾은 후 9장에서와 같이 〈Context〉 태그를 완성한다.

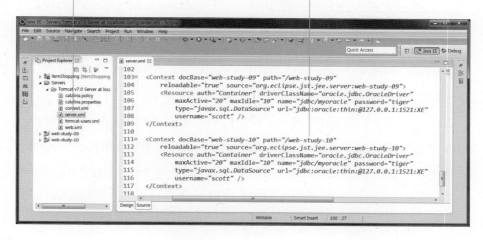

상품 정보를 저장하기 위한 VO 클래스 정의

상품 관리를 위해 상품 정보를 데이터베이스에 저장하려면 데이터베이스에 접근해서 데이터베이스에 저장된 데이터를 조회하거나 추가, 삭제 등의 일을 해야 합니다. 앞장에서 배웠듯이 이러한 일을 담당하는 클래스를 자바에서는 DAO라고 합니다. DAO는 모든 데이터베이스 관련 애플리케이션에서 반드시 존재하는 클래스입니다. DAO는 데이터베이스에서 얻어진 데이터를 VO에 저장합니다. 그래서 상품 관리를 위한 데이터베이스를 처리하려면 DAO를 설계하기 전에 VO의 설계가 우선되어야 합니다.

자 이제 상품 테이블의 정보를 저장할 VO 클래스를 설계해봅시다. VO 객체에 저장할 내용은 테이블에서 얻어오기 때문에 그 구조가 테이블과 동일해야 합니다.

테이블에 저장된 하나의 행(로우) 정보를 통째로 전송하기 위해서 이 자체가 VO 클래스가 되고 여러 개의 컬럼이 모여서 행이 된 것이므로 클래스를 구성하는 각각의 필드가 바로 컬럼 값을 저장하는 공간이 됩니다. 즉, VO 클래스는 아래와 같이 매핑을 시켜준다고 생각하면 쉽습니다.

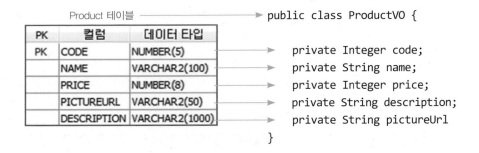

product 테이블은 ProductVO 클래스에 매핑되고 테이블 내의 컬럼은 클래스 내의 필드로 매핑됩니다.

각 필드의 자료형도 컬럼의 데이터 타입에 따라 정해지는데 number로 선언된 컬럼과 연결된 필드는 Integer로, varchar2로 선언된 컬럼과 연결된 필드는 String형으로 선언해야 합니다. 오라클의 number는 수치 데이터를 저장하는 자료형이기 때문에 Integer로 varchar2는 문자 데이터를 저장하기 때문에 String형으로 선언합니다.

[직접해보세요] 이클립스에서 상품 정보를 저장하는 VO 클래스 작성

1. 이클립스 화면 왼쪽에서 프로젝트를 선택한 후에 마우스 오른쪽 버튼을 클릭하여 나타난 바로가기 메뉴에서 [New→Class]를 선택합니다. [Package:] 입력란에 패키지 이름(com. saeyan.dto)을 [Name:] 입력란에 클래스 이름(ProductVO)을 입력한 후 [Finish] 버튼을 클릭합니다. 상품 정보를 저장할 필드를 다음과 같이 선언합니다.

```
1   package com.saeyan.dto;
2
3   public class ProductVO {
4     private Integer code;
5     private String  name;
6     private Integer price;
7     private String  description;
8     private String  pictureUrl;
9   }
```

2. ProductVO 클래스 내부에서 마우스 오른쪽 버튼을 클릭하여 나타난 바로가기 메뉴에서 [Source]–[Generate Getters and Setters]를 선택하여 getter, setter를 일괄적으로 생성합니다. 다음은 getter, setter가 생성된 후의 전체 코드입니다.

```java
package com.saeyan.dto;

public class ProductVO {
  private Integer code;
  private String  name;
  private Integer price;
  private String  description;
  private String  pictureUrl;
  }
  public Integer getCode() {
    return code;
  }
  public void setCode(Integer code) {
    this.code = code;
  }
  public String getName() {
    return name;
  }
  public void setName(String name) {
    this.name = name;
  }
  public Integer getPrice() {
    return price;
  }
  public void setPrice(Integer price) {
    this.price = price;
  }
  public String getDescription() {
    return description;
  }
  public void setDescription(String description) {
    this.description = description;
  }
  public String getPictureUrl() {
    return pictureUrl;
  }
  public void setPictureUrl(String pictureUrl) {
    this.pictureUrl = pictureUrl;
  }
}
```

데이터베이스 처리를 위한 DAO 클래스

ProductVO는 상품 테이블의 정보를 자바에서 얻어오기 전에 상품 정보를 저장할 공간을 위한 준비 과정입니다. 이제 테이블 내의 정보를 저장할 자바 객체인 VO의 설계가 끝났으면 이제 상품 테이블인 product에 연동하기 위한 DAO 클래스를 작성합니다. 일반적으로 DAO 클래스는 추가, 조회, 수정, 삭제 4가지 작업을 합니다. 이를 CRUD라고 합니다. C는 Create의 약자로 추가 작업을 의미합니다. 테이블에 새로운 정보를 추가하는 insert 문에 해당되는 작업입니다 R은 Read의 약어로 조회 작업을 의미합니다. 테이블에 저장된 정보를 조회하는 select 문에 해당되는 작업입니다 U은 Update의 약어로 수정 작업을 의미합니다. 테이블에 저장된 정보를 수정하는 update 문에 해당되는 작업입니다. D는 Delete의 약어로 삭제 작업을 의미합니다. 테이블에 저장된 정보를 삭제하는 delete 문에 해당되는 작업입니다.

9장에서는 회원 관리를 위해서 member 테이블을 처리하기 위한 MemberDAO를 만들었다면 이번 장에서는 상품 관리를 위해서 product 테이블을 처리하기 위한 ProductDAO를 만들 것입니다. DAO 클래스에서 하는 일은 테이블이 달라짐에 따라 이를 구성하는 컬럼만 달라질 뿐 처리하는 CRUD 작업을 주로 하는 클래스(객체)입니다.

다음은 CRUD 작업을 위한 ProductDAO 클래스의 메소드를 정리해 놓은 표입니다.

리턴형	메소드
ProductDAO getInstance()	ProductDAO 객체를 리턴한다.
List<ProductVO> selectAllProducts()	최근 등록한 상품을 먼저 출력한다.
void insertProduct(ProductVO pVo)	전달인자로 받은 VO 객체를 product 테이블에 삽입한다.
int confirmID(String userid)	아이디 중복 확인을 한다. 해당 아이디가 있으면 1을, 없으면 −1을 리턴한다.
int userCheck(String userid, String pwd)	사용자 인증시 사용하는 메소드이다. product 테이블에서 아이디와 암호를 비교해서 해당 아이디가 존재하지 않으면 −1을, 아이디만 일치하고 암호가 다르면 0을, 모두 일치하면 1을 리턴한다.
ProductVO selectProductByCode(String code)	product 테이블에서 상품 코드로 해당 상품을 찾아 상품 정보를 ProductVO 객체로 얻어준다.
void updateProduct(ProductVO pVo)	매개 변수로 받은 VO 객체 내의 코드로 product 테이블에서 검색해서 VO 객체에 저장된 정보로 상품 정보를 수정한다.

DAO 클래스를 설계하기 전에 데이터베이스에 접근하여 Connection 객체를 얻어 와야 합니다. 자바와 오라클은 분리된 서로 다른 시스템이기 때문에 자바에서 오라클을 사용하기 위해서는 오라클에 접속을 요청해서 이에 성공해야 합니다.

커넥션을 얻는 작업은 오라클을 사용하기 위해 반드시 선행되어야 하는 작업입니다. 이러한 Connenction 객체를 얻어오는 과정은 어느 테이블을 다루든지 공통되는 내용이기 때문에 이 내용은 클래스로 분리하기로 합시다. 이렇게 분리해 놓으면 다른 테이블을 다루는 DAO 클래스에서도 이 분리해 놓은 객체로 커넥션을 얻을 수 있기에 코드를 재활용할 수 있다는 장점이 생깁니다.

[직접해보세요] Connection 객체 얻기와 사용이 끝난 리소스 해제를 위한 클래스 [파일 이름 : util₩DBManager.java]

1. 이클립스 화면 왼쪽에서 프로젝트를 선택한 후에 마우스 오른쪽 버튼을 클릭하여 나타난 바로가기 메뉴에서 [New → Class]를 선택합니다. [Package:] 입력란에 패키지 이름(util)을 [Name:] 입력란에 클래스 이름(DBManager)을 입력한 후 [Finish] 버튼을 클릭합니다.

```java
1    package util;
2
3    import java.sql.Connection;
4    import java.sql.DriverManager;
5    import java.sql.ResultSet;
6    import java.sql.Statement;
7
8    import javax.naming.Context;
9    import javax.naming.InitialContext;
10   import javax.sql.DataSource;
11
12   public class DBManager {
13     public static Connection getConnection() {
14       Connection conn = null;
15       try {
16         Context initContext = new InitialContext();
17         Context envContext = (Context) initContext.lookup("java:/comp/env");
18         // jdbc/myoracle이란 이름을 객체를 찾아서 DataSource가 받는다.
19         DataSource ds = (DataSource) envContext.lookup("jdbc/myoracle");
20         // ds가 생성되었으므로 Connection을 구합니다.
21         conn = ds.getConnection();
22       } catch (Exception e) {
```

```
23          e.printStackTrace();
24        }
25        return conn;
26      }
27      // select을 수행한 후 리소스 해제를 위한 메소드
28      public static void close(Connection conn, Statement stmt, ResultSet rs) {
29        try {
30          rs.close();
31          stmt.close();
32          conn.close();
33        } catch (Exception e) {
34          e.printStackTrace();
35        }
36      }
37
38      // insert, update, delete 작업을 수행한 후 리소스 해제를 위한 메소드
39      public static void close(Connection conn, Statement stmt) {
40        try {
41          stmt.close();
42          conn.close();
43        } catch (Exception e) {
44          e.printStackTrace();
45        }
46      }
47    }
```

13 :   Connection 객체를 얻는 메소드입니다. 객체 생성 없이 메소드를 호출하기 위해서 static 메소드로 선언합니다.

28~46 : 데이터베이스 처리를 위한 객체들을 사용한 후에는 이를 해제해야 합니다. 이러한 작업은 동일한 코드가 중복되므로 static 메소드로 선언한 후 호출해서 사용합니다.

화면 디자인을 위한 스타일 시트 정의하기

홈 페이지 설계에 있어서 전체 웹 페이지의 디자인을 통일성 있게 작성하는 것은 매우 중요한 일입니다. 하지만 여러 문서에서 동일한 스타일을 적용할 경우에는 매번 동일한 스타일을 설정해야 한다는 번거로운 점이 있습니다. 이때 사용하는 기술이 스타일 시트입니다. 보통 CSSCascading Style Sheet라고 부릅니다. 스타일 시트를 설정하고 적용하는 방법에는 HTML 문서의 〈HEAD〉 태그를 삽입하여 스타일을 정의한 후 그 문서 내에서 스타일을 적용하여 사용하는 방법과 스타일 시트만 확장자를 css로 주어 따로 저장한 파일을 HTML 문서에 적용하는 방법이 있습니다. 후자의 방법은

외부에 파일 형태로 스타일 시트를 정의해 놓았기에 여러 개의 웹 페이지에 스타일 시트를 적용할 수 있다는 장점이 있어서 더욱 편리하게 전체 웹 페이지의 디자인을 통일성 있게 작성할 수 있도록 해 줍니다.

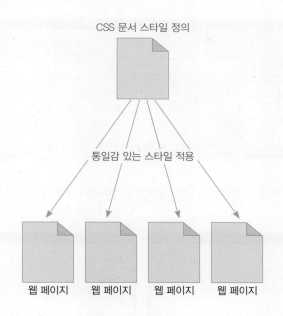

스타일 시트를 정의한 파일을 저장할 때에는 확장자는 반드시 "css"이어야 한다는 점에 주의하기 바랍니다. 이렇게 따로 존재하는 확장자가 css인 스타일 시트 파일을 HTML 문서에서 가져다 쓰기 위해서는 〈LINK〉 태그를 사용합니다.

```
<link rel="stylesheet" type="text/css" href="경로명_포함한_파일 이름.css">
```

일반적으로 하나의 사이트는 수십 개부터 수천 개의 문서로 이루어져 있습니다. 그 문서마다 〈HEAD〉 부분에 스타일 시트를 만든다면 거기에 드는 시간도 무시할 수 없습니다. 하지만 스타일 시트를 하나의 파일로 만들어서 저장해 놓으면 사이트 안의 어떤 문서에서든 그 스타일 시트 파일만 링크하면 스타일 시트 안의 모든 스타일을 사용할 수 있습니다.

쇼핑몰 관리자를 위한 웹 프로젝트에서 사용되는 여러 개의 JSP 파일도 일관된 화면 디자인을 제공받기 위한 스타일 시트 파일을 별도의 외부 파일로 작성해 둡시다. 그런 후에 이를 모든 JSP 페이지에서 포함하여 사용합시다.

1. 스타일 시트 파일을 WebContent 폴더의 하위 폴더인 css에 저장하기 위해서 우선 css 폴더를 만듭니다. css 폴더에서 마우스 오른쪽 버튼을 클릭한 후 [New → Other...]를 선택합니다.

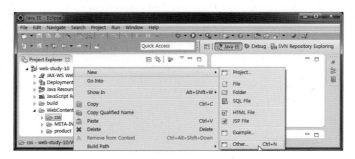

2. [Web→CSS File]을 선택합니다. File name에 shopping.css를 입력한 후 [Finish] 버튼을 클릭합니다.

3. shopping.css에 다음과 같이 입력합니다. 화면 설계를 위해서는 HTML 파일만 가지고 부족합니다. HTML에 스타일을 지정하기 위해서 나온 것이 CSS인데 이 책에서는 CSS에 대한 자세한 설명은 하지 않겠습니다. 아래 내용에 대한 이해를 원하는 분은 CSS 관련 서적으로 도움을 얻기 바랍니다.

```
1   #wrap{
2       width: 971px;/* 1024*768로 해상도를 맞추어서 설계 */
3       /* 가운데 정렬을 위한 바깥쪽 여백 설정 */
4       margin: 0;
5       margin-left: auto;
6       margin-right: auto;
7   }
8   h1{
9       color: green;                    /* 글 색상 */
10  }
```

```
11    table{
12        width: 100%;
13        border-collapse: collapse;
14        font-size: 12px;                /* 글꼴 크기 */
15        line-height: 24px;              /* 줄 간격 */
16    }
17    table td, th {
18        border: #d3d3d3 solid 1px; /* 경계선 색상 스타일 굵기 */
19        padding: 5px;                   /* 안쪽 여백 */
20    }
21    th {
22        background: yellowgreen;    /* 배경색 */
23    }
24    img{
25        width: 220px;                   /* 이미지 너비(가로) */
26        height: 300px;                  /* 이미지 높이(세로) */
27    }
28    a{
29        text-decoration:none;       /* 링크 밑줄 없애기 */
30        color:black;                    /* 글 색상 */
31    }
32    a:HOVER {
33        text-decoration:underline;/* 밑줄 */
34        color:green;                    /* 글 색상 */
35    }
```

상품 리스트

다음 화면은 지금까지 등록된 모든 상품 정보를 리스트 형태로 출력하는 페이지입니다.

▼ 상품 리스트 – 관리자 페이지

상품 리스트 – 관리자 페이지

상품 등록

번호	이름	가격	수정	삭제
5	jQuery and jQuery Mobile : 이해하기 쉽게 풀어쓴	25000원	상품 수정	상품 삭제
4	Visual C++ MFC 윈도우 프로그래밍	26000원	상품 수정	상품 삭제
3	Dynamic Programming book 시리즈-01 오라클 11g + PL/SQL	25000원	상품 수정	상품 삭제
2	웹표준을 위한 HTML 5	25000원	상품 수정	상품 삭제
1	개념을 꼭꼭 잡아주는 데이터베이스	27000원	상품 수정	상품 삭제

상품 리스트를 출력하기 위해서는 데이터베이스 저장된 product 테이블의 모든 정보를 조회해야 합니다. 이를 위해서 product 테이블을 처리하기 위한 ProductDAO를 만들고 상품 목록을 최근 등록한 상품을 먼저 출력하는 selectAllProducts() 메소드를 만듭시다.

[직접해보세요] ProductDAO 클래스 정의하기

1. 이클립스에서 상품 테이블을 액세스하는 DAO 클래스를 만들기 위해서 이클립스 화면 왼쪽에서 프로젝트를 선택한 후에 마우스 오른쪽 버튼을 클릭하여 나타난 바로가기 메뉴에서 [New → Class]를 선택합니다. [Package:] 입력란에 패키지 이름(com.saeyan.dao)을, [Name:] 입력란에 클래스 이름(ProductDAO)을 입력한 후 [Finish] 버튼을 클릭한 후 다음과 같이 입력합니다.

```java
1    package com.saeyan.dao;
2
3    import java.sql.Connection;
4    import java.sql.PreparedStatement;
5    import java.sql.ResultSet;
6    import java.util.ArrayList;
7    import java.util.List;
8
9    import util.DBManager;
10
11   import com.saeyan.dto.ProductVO;
12
13   public class ProductDAO {
14      private ProductDAO() {
15      }
16
17      private static ProductDAO instance = new ProductDAO();
18
19      public static ProductDAO getInstance() {
20         return instance;
21      }
22
23      // c Read u d
24      public List<ProductVO> selectAllProducts() {
25         // 최근 등록한 상품 먼저 출력하기
26         String sql = "select * from product order by code desc";
27         List<ProductVO> list = new ArrayList<ProductVO>();
```

```
28          Connection conn = null;
29          PreparedStatement pstmt = null;
30          ResultSet rs = null;
31          try {
32              conn = DBManager.getConnection();
33              pstmt = conn.prepareStatement(sql);
34              rs = pstmt.executeQuery();
35              while (rs.next()) { // 이동은 행(로우) 단위로
36                  ProductVO pVo = new ProductVO();
37                  pVo.setCode(rs.getInt("code"));
38                  pVo.setName(rs.getString("name"));
39                  pVo.setPrice(rs.getInt("price"));
40                  pVo.setPictureUrl(rs.getString("pictureUrl"));
41                  pVo.setDescription(rs.getString("description"));
42                  list.add(pVo);
43              }// while문 끝
44          } catch (Exception e) {
45              e.printStackTrace();
46          }finally {
47              DBManager.close(conn, pstmt, rs);
48          }
49          return list;
50      }//selectAllProducts() {
51  }//ProductDAO {
```

26 : 상품 리스트 페이지에 상품 정보를 모두 출력하기 위한 select 문을 문자열 변수 sql 에 저장해 둡니다. 최근 등록한 상품을 먼저 출력하기 위해서 order by 절을 추가하여 code 컬럼을 기준으로 내림차순으로 정렬하였습니다.

27 : 상품 정보를 한 개 이상 저장하기 위해서 ArrayList 클래스로 객체 생성을 하였습니다.

32 : 쿼리문을 실행하기 전에 커넥션 객체를 얻기 위해 DBManager 클래스의 정적(static) 메소드인 getConnection( )을 호출합니다.

33 : 쿼리문을 실행하기 위한 스테이트먼트 객체가 필요합니다. 32줄의 커넥션 객체로부터 스테이트먼트 객체를 얻어옵니다. 스테이트먼트 객체를 얻기 위한 prepareStatement( ) 메소드에 26줄에서 선언해둔 sql 변수를 전달해 줍니다.

34 : 스테이트먼트 객체로 쿼리문을 실행(execute)한 후 이 결과를 ResultSet 객체에 실어둡니다.

35 : ResultSet 객체는 여러 개의 상품 정보를 저장하고 있기 때문에 반복문(while)을 돌면서 ResultSet 객체인 rs의 next( ) 메소드를 호출하여 행(로우) 단위로 이동하면서 상품 테이블에 접근합니다.

36 : ResultSet 객체인 rs의 next( ) 메소드의 리턴값이 true이면 이동한 행에 데이터 상품 정보가 존재한다는 의미이기 때문에 while 문 내부에서 첫 번째 할 일은 상품 정보를 저장

할 ProductVO 객체를 생성하는 것입니다. 이렇게 생성된 ProductVO 객체에는 아직 데이터가 저장되어 있지 않기 때문에 각 필드에 null 혹은 0으로 채워져 있습니다.

37 : ResultSet 객체인 rs로 code 컬럼 값을 얻어옵니다. code 컬럼은 NUMBER 형이기 때문에 getInt( ) 메소드를 호출합니다. 이렇게 얻어온 컬럼 값은 ProductVO 객체의 code 필드에 저장하기 위해서 setCode( ) 메소드를 호출합니다.

38 : 이번에는 product 테이블에서 상품명을 얻어옵시다. 상품명을 저장한 name 컬럼은 VARCHAR2로 정의되어 있기 때문에 ResultSet 객체의 getString( ) 메소드를 호출합니다. 이렇게 얻어온 값을 ProductVO 객체의 setName( )으로 name 필드에 채웁니다.

39~41 : 같은 방식으로 price, pictureUrl, description 컬럼 값을 얻어옵니다. price 컬럼은 NUMBER 형이기 때문에 getInt( )로, pictureUrl, description 컬럼은 VARCHAR2 형이기 때문에 getString( )으로 컬럼 값을 얻어옵니다. 이렇게 얻어온 값을 ProductVO 객체의 setter를 호출하여 ProductVO 객체의 각 필드를 채웁니다.

42 : 27줄에서 생성한 ArrayList 객체에 ProductVO 객체를 추가합니다.

47 : 사용이 끝난 rs, pstmt, conn 객체를 해제하기 위해서 DBManager 클래스의 정적(static) 메소드인 close( )를 호출합니다.

49 : product 테이블의 모든 정보가 ArrayList 객체에 저장되었으므로 이를 리턴합니다. selectAllProducts( ) 메소드를 호출하면 product 테이블의 모든 정보를 ArrayList 객체를 통해서 얻을 수 있게 되었습니다.

이제 ProductDAO 클래스의 **selectAllProducts()** 메소드를 호출하여 최근 등록한 상품 먼저 상품 목록 페이지를 출력해 봅시다. 우리가 작성하는 상품 관리 웹 애플리케이션은 서블릿에 의해서 요청이 일어나도록 할 것입니다. 서블릿 클래스 명으로 바로 요청하지 않고 요청 URL은 .do로 끝나고 요청하는 작업에 맞게 요청 URL를 지정할 것입니다.

상품 목록(리스트)을 확인하기 위해서도 다음과 같이 productList.do로 요청할 것입니다.

```
http://localhost:8181/web-study-10/productList.do
```

productList.do라는 요청을 받으면 상품 리스트 화면을 표시하기 위한 서블릿 클래스를 만들어 봅시다.

1. 웹 프로젝트를 클릭하여 선택한 후 [New → Servlet]을 선택합니다. [Create Servlet] 창이 나
   타나면 Java package 입력란에는 패키지명 com.saeyan.controller를 입력하고 Class name
   입력란에는 서블릿 클래스 이름을 ProductListServlet라고 입력한 후 [Next] 버튼을 클릭합니
   다. [URL Mapping:] 목록에서 항목을 선택한 후 [Edit] 버튼을 클릭합니다. [URL Mapping]
   창이 나타나면 [Pattern:] 입력란에 패턴명(/productList.do)을 입력한 후에 [OK] 버튼을 클릭
   합니다.

```java
1    package com.saeyan.controller;
2
3    import java.io.IOException;
4    import java.util.List;
5
6    import javax.servlet.RequestDispatcher;
7    import javax.servlet.ServletException;
8    import javax.servlet.annotation.WebServlet;
9    import javax.servlet.http.HttpServlet;
10   import javax.servlet.http.HttpServletRequest;
11   import javax.servlet.http.HttpServletResponse;
12
13   import com.saeyan.dao.ProductDAO;
14   import com.saeyan.dto.ProductVO;
15
16   @WebServlet("/productList.do")
17   public class ProductListServlet extends HttpServlet {
18     private static final long serialVersionUID = 1L;
19
20     protected void doGet(HttpServletRequest request,
21       HttpServletResponse response) throws ServletException, IOException {
22
23       ProductDAO pDao = ProductDAO.getInstance();
24
25       List<ProductVO> productList = pDao.selectAllProducts();
26       request.setAttribute("productList", productList);
27
28       RequestDispatcher dispatcher = request
29           .getRequestDispatcher("product/productList.jsp");
30       dispatcher.forward(request, response);
31     }
32   }
```

16 : 요청 패턴이 productList.do로 지정된 것을 확인할 수 있습니다.

20 : productList.do가 get 방식으로 요청되면 20줄의 doGet( ) 메소드가 호출됩니다.

23 : productList.do 요청에 의해서는 상품 리스트를 출력해야 하기 때문에 데이터베이스에 상품 정보를 얻어 와야 합니다. 그래서 데이터베이스 처리를 담당하고 있는 ProductDAO 객체를 얻어오기 위해서 ProductDAO 클래스의 정적(static) 메소드인 getInstance( )를 호출합니다.

25 : ProductDAO 객체로 상품 정보를 최근 등록된 순으로 얻어오는 selectAllProducts( ) 메소드를 호출하여 List〈ProductVO〉 객체에 저장해 둡니다.

26 : 서블릿에서 product 테이블의 정보를 얻어온 후에 이를 jsp 페이지에 보내야 합니다. 서블릿에서 jsp 페이지로 데이터를 전송하려면 request 객체의 속성에 실어 보냅니다.

28~30 : productList.jsp로 포워딩합니다. 여기서 작성한 서블릿이 제대로 동작하려면 상품 리스트를 위한 페이지가 필요합니다.

상품 리스트를 위한 서블릿 클래스에서는 데이터베이스에서 상품 정보를 상품 리스트를 위한 JSP 페이지에 보냅니다. product 폴더의 productList.jsp 페이지에 상품 정보를 받아 출력하도록 합시다. 상품 리스트를 위한 JSP 페이지에서는 상품 정보뿐만 아니라 상품 등록, 수정, 삭제 페이지로 이동하도록 합시다.

[직접해보세요] 상품 리스트를 위한 JSP 페이지

[파일 이름 : WebContent/product/productList.jsp]

```
1    <%@ page language="java" contentType="text/html; charset=UTF-8"
2        pageEncoding="UTF-8"%>
3    <%@ taglib prefix="c" uri="http://java.sun.com/jsp/jstl/core"%>
4    <!DOCTYPE html>
5    <html>
6    <head>
7    <meta charset="UTF-8">
8    <title>상품 관리</title>
9    <link rel="stylesheet" type="text/css" href="css/shopping.css">
10   </head>
11   <body>
12   <div id="wrap" align="center">
13   <h1>상품 리스트 - 관리자 페이지</h1>
14   <table class="list">
15     <tr>
16       <td colspan="5" style="border: white; text-align: right">
```

```
17        <a href="productWrite.do" >상품 등록</a>
18      </td>
19    </tr>
20
21    <tr><th>번호</th><th>이름</th><th>가격</th><th>수정</th><th>삭제</th></tr>
22
23    <c:forEach var="product" items="${productList}">
24    <tr class="record">
25      <td> ${product.code} </td>
26      <td> ${product.name} </td>
27      <td> ${product.price} 원 </td>
28      <td>
29        <a href="productUpdate.do?code=${product.code}">상품 수정</a>
30      </td>
31      <td>
32        <a href="productDelete.do?code=${product.code}">상품 삭제</a>
33      </td>
34    </tr>
35    </c:forEach>
36  </table>
37  </div>
38  </body>
39  </html>
```

3 : JSTL에서 제공하는 〈c:forEach〉를 사용하여 상품 리스트를 출력할 것입니다. 이를 위한 태그 라이브러리를 사용하려면 WebContent/WEB-INF/lib 폴더에 jstl.jar와 standard.jar 파일이 포함되어야 합니다.

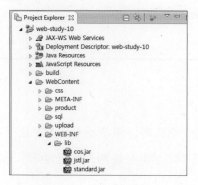

그리고 태그 라이브러리 지시자인 〈%@ taglib ... %〉를 선언해야 합니다.

9 : 스타일 시트를 적용하기 위해서 〈link〉 태그를 추가합니다.

17 : 상품 리스트 화면에서는 상품 등록을 위한 페이지로 이동할 수 있습니다. 이를 위한 링크를 추가합니다.

23 : 서블릿에서 속성에 실어 넘겨준 상품 리스트 정보를 갖는 "productList"에서 상품 정보를 한 개씩 얻어서 var 속성 값인 "product"에 저장해 두기 위해서 〈c:forEach〉 태그를 사용합니다.

25 : 〈c:forEach〉 태그에서 상품 정보 한 개를 저장해 둔 product에서 상품 코드를 얻어와 출력합니다.

26 : 이번에는 상품명을 얻어와 출력합니다.

27 : 이번에는 상품 가격을 얻어와 출력합니다.

29 : 해당 상품에 대한 수정을 위한 페이지로 이동하기 위한 링크를 추가합니다.

32 : 해당 상품을 삭제하기 위한 페이지로 이동하기 위한 링크를 추가합니다.

지금까지 작성한 내용을 실행하기 위해서는 웹 브라우저의 주소 입력란에 다음과 같이 입력합니다.

```
http://localhost:8181/web-study-10/productList.do
```

실행 결과는 다음과 같습니다.

상품 등록하기

쇼핑몰 관리자 페이지에서 주로 하는 일은 신상품 정보를 등록하는 일입니다. 완성한 상품 리스트 화면의 오른쪽의 상품 등록 링크를 클릭하면 상품 등록 화면으로 이동합니다.

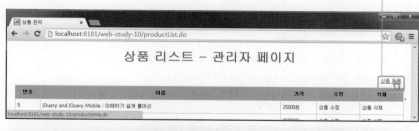

상품 등록 링크를 클릭하면 상품 등록 화면으로 이동한다.

상품 등록을 클릭하면 productWrite.do가 요청됩니다.

```
<a href="productWrite.do" >상품 등록</a>
```

이 요청에 의해서 상품 등록 페이지로 이동되어야 하기 때문에 이를 위한 서블릿 클래스를 만듭시다. 링크를 클릭하면 get 방식으로 요청이 일어나는 것이기 때문에 doGet 메소드에 상품 등록 화면으로 이동하도록 합니다. productWrite.do라는 요청을 받으면 상품 등록 화면을 표시하기 위한 서블릿 클래스를 만듭니다.

[직접해보세요] 상품 등록을 위한 서블릿

1. 웹 프로젝트를 클릭하여 선택한 후 [New → Servlet]을 선택합니다. [Create Servlet] 창이 나타나면 Java package 입력란에는 패키지명 com.saeyan.controller를 입력하고 Class name 입력란에는 서블릿 클래스 이름을 ProductWriteServlet이라고 입력한 후 [Next] 버튼을 클릭합니다. [URL Mapping:] 목록에서 항목을 선택한 후 [Edit] 버튼을 클릭합니다. [URL Mapping] 창이 나타나면 [Pattern:] 입력란에 패턴명(/productWrite.do)을 입력한 후에 [OK] 버튼을 클릭합니다.

```
1      package com.saeyan.controller;
2
3      import java.io.IOException;
4
5      import javax.servlet.RequestDispatcher;
6      import javax.servlet.ServletContext;
7      import javax.servlet.ServletException;
8      import javax.servlet.annotation.WebServlet;
9      import javax.servlet.http.HttpServlet;
10     import javax.servlet.http.HttpServletRequest;
11     import javax.servlet.http.HttpServletResponse;
12
13     import com.saeyan.dao.ProductDAO;
14     import com.saeyan.dto.ProductVO;
15
16     @WebServlet("/productWrite.do")
17     public class ProductWriteServlet extends HttpServlet {
18       private static final long serialVersionUID = 1L;
19
20       protected void doGet(HttpServletRequest request,
21           HttpServletResponse response) throws ServletException, IOException {
22
23         RequestDispatcher dispatcher = request
24             .getRequestDispatcher("product/productWrite.jsp");
25         dispatcher.forward(request, response);
26       }
27
28       protected void doPost(HttpServletRequest request,
29           HttpServletResponse response) throws ServletException, IOException {
30
31       }
32     }
```

16 :　　요청 패턴이 productWrite.do로 지정된 것을 확인할 수 있습니다.

20 :　　productWrite.do가 get 방식으로 요청되면 20줄의 doGet( ) 메소드가 호출됩니다.

23~25 : productWrite.jsp로 포워딩합니다. 여기서 작성한 서블릿이 제대로 동작하려면 상품 등
　　　　　　록을 위한 페이지가 필요합니다.

```jsp
1   <%@ page language="java" contentType="text/html; charset=UTF-8"
2       pageEncoding="UTF-8"%>
3   <!DOCTYPE html>
4   <html>
5   <head>
6   <meta charset="UTF-8">
7   <title>상품 관리</title>
8   <link rel="stylesheet" type="text/css" href="css/shopping.css">
9   <script type="text/javascript" src="script/product.js"></script>
10  </head>
11  <body>
12  <div id="wrap" align="center">
13  <h1>상품 등록 - 관리자 페이지</h1>
14  <form method="post" enctype="multipart/form-data" name="frm">
15      <table>
16          <tr>
17              <th> 상 품 명 </th>
18              <td><input type="text" name="name" size="80"></td>
19          </tr>
20          <tr>
21              <th> 가  격  </th>
22              <td><input type="text" name="price"> 원</td>
23          </tr>
24          <tr>
25              <th> 사 진</th>
26              <td>
27                  <input type="file" name="pictureUrl"  ><br>
28                  (주의사항 : 이미지를 변경하고자 할때만 선택하시오)
29              </td>
30          </tr>
31          <tr>
32              <th> 설  명 </th>
33              <td><textarea cols="80" rows="10" name="description"></textarea></td>
34          </tr>
35      </table>
36      <br>
37      <input type="submit" value="등록" onclick="return productCheck()">
38      <input type="reset" value="다시작성">
39      <input type="button" value="목록" onclick="location.href='productList.do'">
```

```
40      </form>
41      </div>
42      </body>
43      </html>
```

8 : 스타일 시트를 적용하기 위해서 〈link〉 태그를 추가합니다.

14 : 상품 정보를 입력하고 등록 버튼을 클릭하면 〈form〉 태그에 method="post"를 지정하였기에 post 방식으로 요청이 일어납니다.

```
<form method="post" enctype="multipart/form-data" name="frm">
```

〈form〉 태그에 action 속성을 생략하면 해당 페이지를 요청할 때와 동일한 방식으로 요청됩니다. 즉 productWrite.do가 요청됩니다. 상품 등록을 위한 productWrite.jsp 페이지가 get 방식으로 요청되었다면 상품 등록을 위한 폼에서 입력된 데이터를 데이터베이스에 추가하는 작업은 post 방식으로 요청합니다.

productWrite.jsp 페이지를 출력하기 위한 ProductWriteServlet.java 서블릿 클래스에서 doPost 메소드에 데이터베이스에 상품 정보를 추가하는 작업을 하도록 합시다. 이를 위해서는 상품 정보를 추가하는 메소드를 DAO 클래스에 추가합니다.

[직접해보세요] ProductDAO 클래스에 상품 등록을 위한 메소드 추가하기

```
50        //...중복된 내용이므로 생략
51        // Create r u d
52        public void insertProduct(ProductVO pVo) {
53            String sql = "insert into product values(product_seq.nextval, ?, ?, ?, ?)";
54            Connection conn = null;
55            PreparedStatement pstmt = null;
56            try {
57                conn = DBManager.getConnection();
58                pstmt = conn.prepareStatement(sql);
59                pstmt.setString(1, pVo.getName());
60                pstmt.setInt(2, pVo.getPrice());
61                pstmt.setString(3, pVo.getPictureUrl());
62                pstmt.setString(4, pVo.getDescription());
63                pstmt.executeUpdate(); // 실행
64            } catch (Exception e) {
```

```
65            e.printStackTrace();
66        } finally {
67            DBManager.close(conn, pstmt);
68        }
69    }
70  }
```

53 : 데이터베이스의 product 테이블에 상품 정보를 추가하기 위한 insert 문을 문자열 변수 sql에 저장해 둡니다. 상품 코드는 시퀀스에서 발급받기 위해서 product_seq.nextval로 지정합니다. 상품명, 가격, 이미지, 설명은 productWrite.jsp의 입력 폼에서 입력 받은 값을 지정하기 위해서 바인딩 변수인 ?로 지정한 후에 insert 문을 실행하기 전에 바인딩 변수인 ?에 값을 채웁니다.

57 : 쿼리문을 실행하기 전에 커넥션 객체를 얻기 위해서 DBManager 클래스의 정적(static) 메소드인 getConnection( )을 호출합니다.

58 : 쿼리문을 실행하기 위한 스테이트먼트 객체가 필요합니다. 57줄의 커넥션 객체로부터 스테이트먼트 객체를 얻어옵니다. 스테이트먼트 객체를 얻기 위한 prepareStatement( ) 메소드에 53줄에서 선언해둔 sql 변수를 전달해 줍니다.

59 : productWrite.jsp의 입력 폼에서 입력 받은 값을 ProductWriteServlet.java 서블릿 클래스의 doPost( ) 메소드에서 얻어와 이를 ProductVO 객체의 필드에 채워 넣은 다음 이를 ProductDAO 객체의 insertProduct( ) 메소드에 전달해 줍니다. ProductDAO 객체에서 상품명만 얻어오기 위해서 getName( ) 메소드를 호출합니다. 이렇게 얻은 상품명을 첫 번째 바인딩 변수(?)에 채워 넣습니다. 상품명을 저장하는 name 필드는 VARCHAR2 형이기 때문에 PreparedStatement 객체의 setString( ) 메소드로 바인딩시킵니다.

60 : insertProduct( ) 메소드의 매개 변수인 ProductVO 객체의 getPrice( ) 메소드를 호출하여 productWrite.jsp의 입력 폼에서 입력 받은 가격을 두 번째 바인딩 변수(?)에 채워 넣습니다. 가격을 저장하는 price 필드는 NUMBER 형이기 때문에 PreparedStatement 객체의 setInt( ) 메소드로 바인딩시킵니다.

61~62 : 이미지 파일명과 상품 설명 역시 ProductVO 객체로부터 값을 얻어와 Prepared Statement 객체의 setter로 바인딩시킵니다.

63 : 53줄의 sql 변수의 4개의 바인딩 변수에 ProductVO 객체로부터 얻어온 값을 모두 채운 후에 PreparedStatement 객체의 executeUpdate( ) 메소드를 호출하여 insert 문을 실행시켜 데이터베이스에 상품 정보를 추가합니다.

ProductDAO 클래스에 상품 등록을 위한 **insertProduct( )** 메소드를 추가하였으면 이제 상품 정보를 데이터베이스에 저장하는 작업을 위해서 ProductWriteServlet 클래스의 **doPost( )** 메소드에 다음과 같은 코드를 추가합시다.

```
1     package com.saeyan.controller;
2
3     import java.io.IOException;
4
5     import javax.servlet.RequestDispatcher;
6     import javax.servlet.ServletContext;
7     import javax.servlet.ServletException;
8     import javax.servlet.annotation.WebServlet;
9     import javax.servlet.http.HttpServlet;
10    import javax.servlet.http.HttpServletRequest;
11    import javax.servlet.http.HttpServletResponse;
12
13    import com.oreilly.servlet.MultipartRequest;
14    import com.oreilly.servlet.multipart.DefaultFileRenamePolicy;
15    import com.saeyan.dao.ProductDAO;
16    import com.saeyan.dto.ProductVO;
17
18    @WebServlet("/productWrite.do")
19    public class ProductWriteServlet extends HttpServlet {
...        //중복되는 내용이기에 생략 ...
30        protected void doPost(HttpServletRequest request,
31            HttpServletResponse response) throws ServletException, IOException {
32
33          request.setCharacterEncoding("UTF-8");
34
35          ServletContext context = getServletContext();
36          String path = context.getRealPath("upload");
37          String encType = "UTF-8";
38          int sizeLimit = 20 * 1024 * 1024;
39
40          MultipartRequest multi = new MultipartRequest(request, path, sizeLimit,
41              encType, new DefaultFileRenamePolicy());
42
43          String name = multi.getParameter("name");
44          int price = Integer.parseInt(multi.getParameter("price"));
45          String description = multi.getParameter("description");
46          String pictureUrl = multi.getFilesystemName("pictureUrl");
47
```

```
48          ProductVO pVo = new ProductVO();
49          pVo.setName(name);
50          pVo.setPrice(price);
51          pVo.setDescription(description);
52          pVo.setPictureUrl(pictureUrl);
53
54          ProductDAO pDao = ProductDAO.getInstance();
55          pDao.insertProduct(pVo);
56
57          response.sendRedirect("productList.do");
58      }
59  }
```

13~14 : 파일 업로드를 하기 위한 클래스에 대한 import입니다.

33 : post 방식으로 요청되었을 때 폼에서 입력한 한글이 깨지지 않도록 하기 위한 문장입니다.

35~36 : 업로드 할 파일 경로를 서버상의 실제 경로로 찾아옵니다.

상품 정보를 업로드하면서 화면에 출력할 상품 이미지도 서버에 업로드해야 합니다. 폴더 이름을 upload하여 여기에 이미지 파일을 올리도록 하겠습니다.

```
WebContent
    └ WEB-INF
    └ upload
```

37 : 업로드할 파일 이름이 한글일 경우 한글이 깨지지 않도록 하기 위한 인코딩 방식을 지정합니다.

38 : 업로드 파일의 크기를 최대 20MB로 제한합니다.

40~41 : HttpServletRequest 객체, 업로드할 경로, 업로드할 파일 사이즈에 제한 값을 주어 MultipartRequest 객체를 생성합니다. MultipartRequest 객체가 생성되는 순간 서버로 파일이 업로드됩니다.

43 : MultipartRequest 객체의 getParameter( ) 메소드를 사용하여 상품명을 얻어옵니다.

44 : MultipartRequest 객체의 getParameter( ) 메소드를 사용하여 가격을 얻어옵니다. 가격은 정수형으로 변환하기 위해서 Integer.parseInt( ) 메소드 내부에서 MultipartRequest 객체의 getParameter( ) 메소드를 호출합니다.

45 : 폼에서 입력한 상품 설명을 얻어오기 위해서 MultipartRequest 객체의 getParameter( ) 메소드를 호출합니다.

46 : 파일 선택 폼에서 선택한 파일의 이름을 얻어오기 위해서는 〈input type="file"〉 태그의 name 속성 값을 MultipartRequest 객체로 getFilesystemName( ) 메소드의 매개 변수로 전달해 줍니다.

48 : 데이터베이스 처리를 위한 ProductDAO의 insertProduct( ) 메소드는 상품 정보를 ProductVO 객체 단위로 전달해주기 때문에 상품 정보를 저장할 ProductVO 객체를 생성합니다.

49 : ProductVO 객체의 setName( ) 메소드를 호출하여 43:줄에서 MultipartRequest 객체의 getParameter( ) 메소드로 얻어온 상품명을 세팅합니다.

50 : ProductVO 객체의 setPrice( ) 메소드를 호출하여 44:줄에서 MultipartRequest 객체의 getParameter( ) 메소드로 얻어온 가격을 세팅합니다.

51 : ProductVO 객체의 setDescription( ) 메소드를 호출하여 45:줄에서 MultipartRequest 객체의 getParameter( ) 메소드로 얻어온 상품 설명을 세팅합니다.

52 : ProductVO 객체의 setPictureUrl( ) 메소드를 호출하여 46~47:줄에서 MultipartRequest 객체의 getFilesystemName( ) 메소드로 얻어온 이미지 파일명을 세팅합니다.

54 : 데이터베이스 처리를 담당하고 있는 ProductDAO 객체를 얻어오기 위해서 ProductDAO 클래스의 정적(static) 메소드인 getInstance( )를 호출합니다.

55 : ProductDAO 객체의 insertProduct( ) 메소드를 호출하면서 폼에서 입력받은 상품 정보를 저장하고 있는 ProductVO 객체를 매개 변수로 전달해줍니다.

57 : 추가된 상품 정보는 상품 리스트 페이지에서 확인합니다. 이를 위해서 productList.do를 요청합니다.

그렇기 때문에 doPost( ) 메소드에서 입력한 상품 정보로 데이터베이스에 상품을 추가하는 작업을 하도록 이전에 만든 다음 내용을 추가합니다. 상품 등록 시에 입력 에러 등의 예외가 발생한 경우, 에러 메시지를 출력하도록 자바스크립트로 유효성을 체크합니다.

▼ 상품 등록 화면 에러 메시지

가격은 오라클에서 number로 자료형을 지정하였기 때문에 수치 데이터만 입력 가능하도록 유효성 체크를 해야 함

가격을 한글로 입력하였기에 에러 메시지 출력

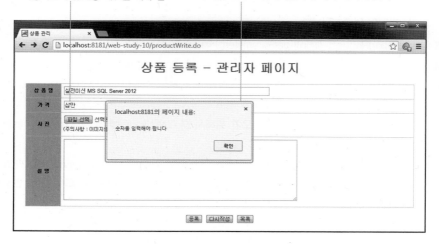

폼에 입력된 정보가 올바른지 판단하는 자바스크립트 파일을 WebContent의 하위 폴더인 script에 product.js란 이름으로 작성합니다.

[직접해보세요] **폼 입력 정보의 유효성 체크를 위한 자바스크립트**

[파일 이름 : WebContent/script/product.js]

```
1   function productCheck() {
2     if (document.frm.name.value.length == 0) {
3       alert("상품명을 써주세요.");
4       frm.name.focus();
5       return false;
6     }
7     if (document.frm.price.value.length == 0) {
8       alert("가격을 써주세요");
9       frm.price.focus();
10      return false;
11    }
12    if (isNaN(document.frm.price.value)) {
13      alert("숫자를 입력해야 합니다");
14      frm.price.focus();
15      return false;
16    }
17    return true;
18  }
```

2: 상품 등록 화면을 위한 productWrite.jsp에 〈/head〉 태그 바로 위에 다음과 같이 폼에 입력된 정보가 올바른지 판단하는 자바스크립트 파일인 product.js를 포함시켜야 합니다.

```
<script type="text/javascript" src="script/product.js"></script>
```

상품 정보를 입력받는 폼을 productWrite.jsp에서 다음과 같이 정의해 두었습니다.

```
<form method="post" enctype="multipart/form-data" name="frm">
```

그리고 상품명을 입력받는 input 태그는 다음과 같이 정의해 두었습니다.

```
<input type="text" name="name" size="80">
```

상품명을 입력받는 input 태그는 document.frm.name으로 접근합니다. 입력받은 값을 얻어오려면 document.frm.name.value로 얻어올 수 있고 값을 입력했는지는 입력받은 값의 길이로 체크하기 위해서 length 속성을 사용합니다.

3 : 상품명을 입력하지 않았을 경우에는 간단한 메시지를 출력합니다.

4 : focus( ) 함수는 커서를 해당 입력 폼에 위치하도록 하는 함수입니다. 상품명을 입력하도록 유도하기 위해서 커서를 상품명 입력 폼에 가져다 놓습니다.

12 : 상품가격은 숫자로 입력해야 하기 때문에 자바스크립트 함수 중 숫자 형태가 아닌지를 물어보는 isNaN 함수를 사용하였습니다.

상품 등록 페이지가 완성되었으므로 이제 제대로 동작하는지 실습해봅시다. 실습 방법은 주소 입력란에 다음과 같이 입력합니다.

```
localhost:8181/web-study-10/productWrite.do
```

상품 등록 페이지가 나타나면 상품의 정보를 기술하고 [파일 선택] 버튼을 업로드할 파일을 선택한 후 [등록] 버튼을 누르면 상품 정보가 추가됩니다.

상품 정보가 추가된 것은 상품 목록 페이지에서 확인할 수 있습니다.

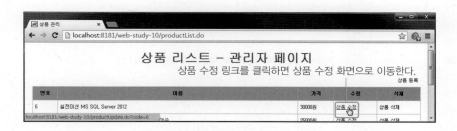

상품 수정하기

이미 등록된 상품 정보를 일부 수정하기 위해서는 리스트 화면에서 해당 상품에 대해서 상품 수정 링크를 클릭하면 상품 수정 화면으로 이동합니다.

상품 수정을 클릭하면 productUpdate.do가 요청되어 상품 수정 페이지로 이동해야 하기 때문에 이러한 요청을 처리할 서블릿 클래스를 만듭니다. 링크를 클릭하면 get 방식으로 요청이 일어나는 것이기 때문에 doGet 메소드에 상품 수정 화면으로 이동하도록 합니다.

```
<a href="productUpdate.do?code=${product.code}">상품 수정</a>
```

상품 수정 화면에서는 이전에 입력되었던 상품 정보가 출력되어야 하기 때문에 현재 선택된 상품의 정보를 데이터베이스에서 찾아오기 위해서 상품 코드 값을 매개 변수로 넘겨줍니다.

productUpdate.do라는 요청을 받아 처리하는 서블릿 클래스는 상품 코드로 상품 정보를 얻어 와서 이를 productUpdate.jsp 페이지로 넘겨줍니다.

productUpdate.jsp 페이지를 출력하기 위한 ProductUpdateServlet.java 서블릿 클래스에 doGet 메소드에 데이터베이스에 상품 정보를 얻어오는 작업을 하도록 합시다. 이를 위해서는 상품 정보를 얻어오는 메소드를 DAO 클래스에 추가합니다.

[직접해보세요] ProductDAO 클래스에 상품 등록을 위한 메소드 추가하기

```
69      //...중복된 내용이므로 생략
70      // c Read u d
71      public ProductVO selectProductByCode(String code) {
72          String sql = "select * from product where code=?";
73          ProductVO pVo = null;
74          try {
75              Connection conn = null;
76              PreparedStatement pstmt = null;
77              ResultSet rs = null;
78              try {
79                  conn = DBManager.getConnection();
80                  pstmt = conn.prepareStatement(sql);
81                  pstmt.setString(1, code);
82                  rs = pstmt.executeQuery();
83                  if (rs.next()) {
84                      pVo = new ProductVO();
85                      pVo.setCode(rs.getInt("code"));
86                      pVo.setName(rs.getString("name"));
87                      pVo.setPrice(rs.getInt("price"));
88                      pVo.setPictureUrl(rs.getString("pictureUrl"));
89                      pVo.setDescription(rs.getString("description"));
90                  }
91              } catch (Exception e) {
92                  e.printStackTrace();
93              } finally {
94                  DBManager.close(conn, pstmt, rs);
95              }
96          } catch (Exception e) {
97              e.printStackTrace();
98          }
99          return pVo;
100     }
```

72 : 데이터베이스의 product 테이블에 상품 정보를 얻어오기 위한 select 문을 문자열 변수 sql에 저장해 둡니다. 상품 코드에 해당되는 상품 정보만 얻어옵니다.

79 : 쿼리문을 실행하기 전에 커넥션 객체를 얻기 위해서 DBManager 클래스의 정적(static) 메소드인 getConnection( )을 호출합니다.

80 : 쿼리문을 실행하기 위한 스테이트먼트 객체가 필요합니다. 79줄의 커넥션 객체로부터 스테이트먼트 객체를 얻어옵니다. 스테이트먼트 객체를 얻기 위한 prepareStatement( ) 메소드에 72줄에서 선언해둔 sql 변수를 전달해 줍니다.

81 : productUpdate.do를 요청하면서 전달한 상품 코드 값을 ProductDAO 객체의 selectProductByCode( ) 메소드에 전달해 줍니다. 전달된 값은 매개 변수 code로 받아 옵니다. 이렇게 받아온 상품 코드를 바인딩 변수(?)에 채워 넣습니다.

82 : 72줄의 sql 문의 1개의 바인딩 변수에 값을 채운 후에 PreparedStatement 객체의 executeQuery( ) 메소드를 호출하여 select 문을 실행시켜 데이터베이스에 상품 정보를 ResultSet 객체로 얻어옵니다.

83~90 : ResultSet 객체인 rs로 next( ) 메소드를 호출하여 리턴값이 true이면 상품 코드에 해당 되는 상품정보가 있는 것이므로 ProductVO 객체를 생성한 후 컬럼 단위로 데이터베이 스에서 값을 얻어와 ProductVO 객체의 필드에 채워넣기 위해서 setter를 호출합니다.

99 : 데이터베이스에서 얻어온 상품 정보를 저장하고 있는 ProductVO 객체를 메소드의 결 과값으로 리턴합니다.

ProductDAO 클래스에 상품 정보를 얻어오기 위한 **selectProductByCode()** 메소드 를 추가하였으면 이렇게 얻어온 상품 정보를 화면에 출력하는 ProductUpdateServlet 클래스의 **doGet()** 메소드에 다음과 같은 코드를 추가합시다.

[직접해보세요] 상품 수정을 위한 서블릿

[파일 이름 : src₩com₩saeyan₩controller₩ProductUpdateServlet.java]

```
1     package com.saeyan.controller;
2
3     import java.io.IOException;
4
5     import javax.servlet.RequestDispatcher;
6     import javax.servlet.ServletContext;
7     import javax.servlet.ServletException;
8     import javax.servlet.annotation.WebServlet;
9     import javax.servlet.http.HttpServlet;
10    import javax.servlet.http.HttpServletRequest;
11    import javax.servlet.http.HttpServletResponse;
12
```

```
13    import com.oreilly.servlet.MultipartRequest;
14    import com.oreilly.servlet.multipart.DefaultFileRenamePolicy;
15    import com.saeyan.dao.ProductDAO;
16    import com.saeyan.dto.ProductVO;
17
18    @WebServlet("/productUpdate.do")
19    public class ProductUpdateServlet extends HttpServlet {
20       private static final long serialVersionUID = 1L;
21
22       protected void doGet(HttpServletRequest request,
23          HttpServletResponse response) throws ServletException, IOException {
24         String code = request.getParameter("code");
25
26         ProductDAO pDao = ProductDAO.getInstance();
27         ProductVO pVo = pDao.selectProductByCode(code);
28
29         request.setAttribute("product", pVo);
30         RequestDispatcher dispatcher = request
31            .getRequestDispatcher("product/productUpdate.jsp");
32         dispatcher.forward(request, response);
33       }
34    }
```

18 : 요청 패턴이 productUpdate.do로 지정된 것을 확인할 수 있습니다.

22 : productUpdate.do가 get 방식으로 요청되면 22줄의 doGet( ) 메소드가 호출됩니다.

24 : productUpdate.do가 get 방식으로 요청하면서 넘겨준 상품 코드를 얻어옵니다.

26~27 : 상품 코드를 ProductDAO의 selectProductByCode( ) 메소드의 매개 변수로 넘겨주어 상품 정보를 얻어옵니다.

29 : 데이터베이스에서 얻어온 상품 정보를 request의 속성 값으로 저장합니다.

30~32 : productUpdate.jsp로 포워딩합니다. 여기서 작성한 서블릿이 제대로 동작하려면 이전에 등록된 상품 정보를 출력한 후 수정된 상품 정보를 얻어올 productUpdate.jsp 페이지가 필요합니다.

이미 등록된 상품의 정보를 변경하기 위한 폼을 작성합시다.

```
1   <%@ page language="java" contentType="text/html; charset=UTF-8"
2       pageEncoding="UTF-8"%>
3   <%@ taglib prefix="c"  uri="http://java.sun.com/jsp/jstl/core"%>
4   <!DOCTYPE html>
5   <html>
6   <head>
7   <meta charset="UTF-8">
8   <title>상품 관리</title>
9   <link rel="stylesheet" type="text/css" href="css/shopping.css">
10  <script type="text/javascript" src="script/product.js"></script>
11  </head>
12  <body>
13  <div id="wrap" align="center">
14  <h1>상품 수정 - 관리자 페이지</h1>
15  <form method="post" enctype="multipart/form-data" name="frm">
16   <input type="hidden" name="code" value="${product.code}">
17   <input type="hidden" name="nonmakeImg" value="${product.pictureUrl}">
18   <table>
19   <tr>
20     <td>
21       <c:choose>
22           <c:when test="${empty product.pictureUrl}">
23               <img src="upload/noimage.gif">
24           </c:when>
25           <c:otherwise>
26               <img src="upload/${product.pictureUrl}">
27           </c:otherwise>
28       </c:choose>
29     </td>
30     <td>
31       <table>
32           <tr>
33             <th style="width: 80px"> 상품명 </th>
34             <td>
35  <input type="text" name="name" value="${product.name}" size="80">
36             </td>
37           </tr>
```

```
38              <tr>
39                  <th> 가  격  </th>
40                  <td><input type="text" name="price" value="${product.price}"> 원</td>
41              </tr>
42              <tr>
43                  <th> 사 진</th>
44                  <td>
45                      <input type="file" name="pictureUrl"><br>
46                      (주의사항 : 이미지를 변경하고자 할때만 선택하시오)
47                  </td>
48              </tr>
49              <tr>
50                  <th> 설  명 </th>
51                  <td>
52                      <textarea cols="90" rows="10"
53      name="description">${product.description}</textarea>
54                  </td>
55              </tr>
56          </table>
57      </td>
58      </tr>
59  </table>
60  <br>
61  <input type="submit" value="수정" onclick="return productCheck()" >
62  <input type="reset" value="다시작성">
63  <input type="button" value="목록" onclick="location.href='productList.do'">
64  </form>
65  </div>
66  </body>
67  </html>
```

3 :   JSTL 태그 라이브러리를 사용하여 상품 이미지가 있는지를 확인합니다. 이를 위해서 태
그 라이브러리 지시자를 포함시킵니다.

16 :   ProductUpdateServlet.java의 29줄에서 데이터베이스에서 얻어온 상품 정보를 request
의 속성 값으로 저장해 두었습니다. 속성 이름은 product였으므로 ${product.code}로 상
품 코드를 얻어올 수 있습니다. 상품 코드는 화면에 출력할 용도가 아닌 수정할 상품 정
보를 입력한 후 상품을 수정할 때 어떤 상품 정보를 수정할지를 위한 검색 조건에 사용할
것이기 때문에 hidden 태그에 출력합니다.

17 :   상품 이미지는 file 태그에서 선택할 것인데 혹시 상품 이미지를 수정하지 않을 경우 이전
에 등록된 상품 이미지로 업데이트해야 하기 때문에 데이터베이스에서 얻어온 상품 이미
지를 hidden 태그에 실어서 상품을 수정할 때 사용할 것입니다.

21~24 : 상품 정보를 등록하면서 이미지 파일을 선택하지 않았다면 noimage.gif를 화면에 출력합니다. 이번에는 업로드된 파일명(문자열 형태)을 데이터베이스에 저장해 놓고 이 파일명으로 이미지를 가져와 〈img〉 태그의 src 속성에 지정하여 화면에 이미지를 출력합니다.

```
<img src="upload/${데이터베이스에서 가져온 파일명}">
```

product 테이블을 만들면서 샘플 데이터로 5개의 상품을 등록해 놓았습니다. 이때 상품 이미지 파일명도 추가했습니다. 이 파일은 WebContent\upload에 있어야 하기 때문에 미리 준비해둡니다. 또한 데이터베이스에 저장된 파일 이름이 없다면 noimage.gif를 대신 출력하기 위해서 WebContent\upload에 noimage.gif도 저장해 둡니다.

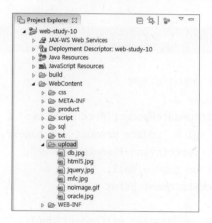

25~27 : 등록된 상품 이미지가 있다면 이를 출력하기 위해서 img 태그의 src 속성값을 upload/${product.pictureUrl}로 합니다.

35 : 상품 정보에서 상품명을 얻어와 출력합니다.

40 : 상품 정보에서 가격을 얻어와 출력합니다.

45 : 상품 이미지를 변경하고자 할 경우 변경할 이미지 파일을 선택하기 위한 file 태그입니다.

53 : 상품 정보에서 상품 설명을 얻어와 출력합니다.

61 : 〈수정〉 버튼을 클릭하면 상품 수정 페이지에서 폼에 입력된 정보가 올바른지 판단하기 위해서 자바스크립트 파일에 productCheck( ) 함수를 호출합시다. 이를 위해서 product.js 자바스크립트 파일에서 10줄에서 포함해 두었습니다.

63 : 상품 목록 페이지로 이동할 수 있는 [목록] 버튼입니다.

상품 정보를 수정하고 수정 버튼을 클릭하면 〈form〉 태그에 method="post"를 지정하였기에 post 방식으로 요청이 일어납니다.

```
<form method="post" enctype="multipart/form-data" name="frm">
```

〈form〉 태그에 action 속성을 생략하면 해당 페이지를 요청할 때와 동일한 방식으로 요청이 됩니다. 즉 productUpdate.do가 요청됩니다. 상품 수정을 위한 productUpdate.jsp 페이지가 get 방식으로 요청되었다면 상품 수정을 위한 폼에서 입력된 데이터를 데이터베이스에 수정하는 작업은 post 방식으로 요청합니다. 데이터베이스에 저장된 상품 정보를 수정하는 작업을 위해서 상품 정보를 수정하는 메소드를 DAO 클래스에 추가합니다.

[직접해보세요] ProductDAO 클래스에 상품 정보 수정을 위한 메소드 추가하기

```
100    //...중복된 내용이므로 생략
101    // c r Update d
102    public void updateProduct(ProductVO pVo) {
103        String sql = "update product set name=?, price=?,
104    pictureurl=?, description=? where code=?";
105        Connection conn = null;
106        PreparedStatement pstmt = null;
107        try {
108            conn = DBManager.getConnection();
109            pstmt = conn.prepareStatement(sql);
110            pstmt.setString(1, pVo.getName());
111            pstmt.setInt(2, pVo.getPrice());
112            pstmt.setString(3, pVo.getPictureUrl());
113            pstmt.setString(4, pVo.getDescription());
114            pstmt.setInt(5, pVo.getCode());
115            pstmt.executeUpdate();// 쿼리문 실행한다.
116        } catch (Exception e) {
117            e.printStackTrace();
118        } finally {
119            DBManager.close(conn, pstmt);
120        }
121    }
```

103 : 데이터베이스의 product 테이블에 상품 정보를 수정하기 위한 update 문을 문자열 변수 sql에 저장해 둡니다. 상품명, 가격, 이미지, 설명과 어떤 상품의 정보를 수정할지 결정하는 상품 코드를 지정하기 위해서 바인딩 변수인 ?를 기술하였습니다. productUpdate.jsp의 입력 폼에서 입력 받은 값을 지정하기 위해서 바인딩 변수인 ?로 지정한 후에 insert 문을 실행하기 전에 바인딩 변수인 ?에 값을 채웁니다.

108 : 쿼리문을 실행하기 전에 커넥션 객체를 얻기 위해서 DBManager 클래스의 정적(static) 메소드인 getConnection( )을 호출합니다.

109 : 쿼리문을 실행하기 위한 스테이트먼트 객체가 필요합니다. 108줄의 커넥션 객체로부터 스테이트먼트 객체를 얻어옵니다. 스테이트먼트 객체를 얻기 위한 prepareStatement( ) 메소드에 103줄에서 선언해둔 sql 변수를 전달해 줍니다.

110 : productUpdate.jsp의 입력 폼에서 입력 받은 값을 ProductUpdateServlet.java 서블릿 클래스의 doPost( ) 메소드에서 얻어와 이를 ProductVO 객체의 필드에 채워 넣은 다음 이를 ProductDAO 객체의 updateProduct( ) 메소드에 전달해 줍니다. ProductDAO 객체에서 상품명만 얻어오기 위해서 getName( ) 메소드를 호출합니다. 이렇게 얻은 상품명을 첫 번째 바인딩 변수(?)에 채워 넣습니다. 상품명을 저장하는 name 필드는 VARCHAR2 형이기 때문에 PreparedStatement 객체의 setString( ) 메소드로 바인딩 시킵니다.

111 : updateProduct( ) 메소드의 매개 변수인 ProductVO 객체의 getPrice( ) 메소드를 호출하여 productWrite.jsp의 입력 폼에서 입력 받은 가격을 두 번째 바인딩 변수(?)에 채워 넣습니다. 가격을 저장하는 price 필드는 NUMBER 형이기 때문에 PreparedStatement 객체의 setInt( ) 메소드로 바인딩시킵니다.

112~113 : 이미지 파일명과 상품 설명 역시 ProductVO 객체로부터 값을 얻어와 Prepared Statement 객체의 setter로 바인딩시킵니다.

114 : 마지막으로 어떤 상품의 정보를 수정할지 결정하는 상품 코드를 지정하기 위해서 5번째 바인딩 변수인 ?를 기술하였습니다.

115 : 103줄의 sql 변수의 5개의 바인딩 변수에 ProductVO 객체로부터 얻어온 값을 모두 채운 후에 PreparedStatement 객체의 executeUpdate( ) 메소드를 호출하여 update 문을 실행시켜 데이터베이스에 상품 정보를 수정합니다.

ProductDAO 클래스에 상품 수정을 위한 **updateProduct()** 메소드를 추가하였으면 이제 데이터베이스에서 상품 정보를 수정하는 작업을 위해서 ProductUpdateServlet 클래스의 **doPost()** 메소드에 다음과 같은 코드를 추가합시다.

```
35      //중복되는 내용 생략
36      protected void doPost(HttpServletRequest request,
37          HttpServletResponse response) throws ServletException, IOException {
38
39        request.setCharacterEncoding("UTF-8");
40
41        ServletContext context = getServletContext();
42        String path = context.getRealPath("upload");
43        String encType = "UTF-8";
44        int sizeLimit = 20 * 1024 * 1024;
45
46        MultipartRequest multi = new MultipartRequest(request, path, sizeLimit,
47            encType, new DefaultFileRenamePolicy());
48
49        String code = multi.getParameter("code");
50        String name = multi.getParameter("name");
51        int price = Integer.parseInt(multi.getParameter("price"));
52        String description = multi.getParameter("description");
53        String pictureUrl = multi.getFilesystemName("pictureUrl");
54        if(pictureUrl==null){
55          pictureUrl=multi.getParameter("nonmakeImg");
56        }
57
58        ProductVO pVo = new ProductVO();
59        pVo.setCode(Integer.parseInt(code));
60        pVo.setName(name);
61        pVo.setPrice(price);
62        pVo.setDescription(description);
63        pVo.setPictureUrl(pictureUrl);
64
65        ProductDAO pDao = ProductDAO.getInstance();
66        pDao.updateProduct(pVo);
67
68        response.sendRedirect("productList.do");
69      }
70    }
```

39 : post 방식으로 요청되었을 때 폼에서 입력한 한글이 깨지지 않도록 하기 위한 문장입니다.

41~42 : 업로드 할 파일 경로를 서버상의 실제 경로로 찾아옵니다.

43 : 업로드할 파일 이름이 한글일 경우 한글이 깨지지 않도록 하기 위한 인코딩 방식을 지정합니다.

44 : 업로드 파일의 크기를 최대 20MB로 제한합니다.

46~47 : HttpServletRequest 객체, 업로드할 경로, 업로드할 파일의 사이즈에 제한 값을 주어 MultipartRequest 객체를 생성합니다. MultipartRequest 객체가 생성되는 순간 서버로 파일이 업로드됩니다.

49 : MultipartRequest 객체의 getParameter( ) 메소드를 사용하여 상품 코드값을 얻어옵니다.

50 : MultipartRequest 객체의 getParameter( ) 메소드를 사용하여 상품명을 얻어옵니다.

51 : MultipartRequest 객체의 getParameter( ) 메소드를 사용하여 가격을 얻어옵니다. 가격은 정수형으로 변환하기 위해서 Integer.parseInt( ) 메소드 내부에서 MultipartRequest 객체의 getParameter( ) 메소드를 호출합니다.

52 : 폼에서 입력한 상품 설명을 얻어오기 위해서 MultipartRequest 객체의 getParameter( ) 메소드를 호출합니다.

53 : 파일 선택 폼에서 선택한 파일의 이름을 얻어오기 위해서는 〈input type="file"〉 태그의 name 속성 값을 MultipartRequest 객체의 getFilesystemName( ) 메소드의 매개 변수로 전달해 줍니다.

58 : 데이터베이스 처리를 위한 ProductDAO의 insertProduct( ) 메소드는 상품 정보를 ProductVO 객체 단위로 전달해주기 때문에 상품 정보를 저장할 ProductVO 객체를 생성합니다.

60 : ProductVO 객체의 setName( ) 메소드를 호출하여 50:줄에서 MultipartRequest 객체의 getParameter( ) 메소드로 얻어온 상품명을 세팅합니다.

65 : 데이터베이스 처리를 담당하고 있는 ProductDAO 객체를 얻어오기 위해서 ProductDAO 클래스의 정적(static) 메소드인 getInstance( )를 호출합니다.

66 : ProductDAO 객체의 updateProduct( ) 메소드를 호출하면서 폼에서 입력받은 상품 정보를 저장하고 있는 ProductVO 객체를 매개 변수로 전달해줍니다.

68 : 추가된 상품 정보는 상품 리스트 페이지에서 확인합니다. 이를 위해서 productList.do를 요청합니다.

상품 등록 페이지가 작성이 완성되었으므로 이제 제대로 동작하는지 실습해봅시다. 실습 방법은 상품 리스트 페이지에서 상품 수정을 클릭해서 상품 수정 폼으로 이동해야 합니다.

```
localhost:8181:web-study-10/productList.do
```

상품 수정 페이지에는 이전에 등록했던 상품 정보들이 출력됩니다. 이 중 수정할 내용을 변경한 후 [수정] 버튼을 클릭하면 상품 정보가 변경됩니다.

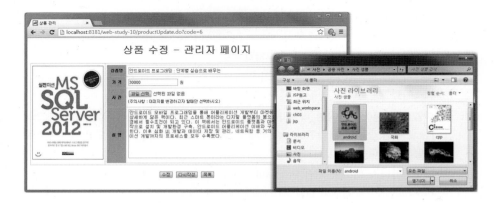

상품 정보가 수정되고 나면 상품 리스트 화면으로 이동되는데 여기서 상품 정보가 수정되었음을 확인할 수 있습니다.

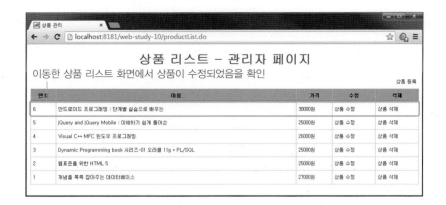

상품 삭제하기

상품 삭제 링크를 클릭하면 상품 삭제 화면으로 이동합니다.

상품 삭제를 클릭하면 바로 상품 정보가 삭제되는 것이 아니고 이전에 등록했던 상품 정보를 확인한 후에 삭제하기 때문에 상품 삭제 화면으로 이동하도록 합니다.

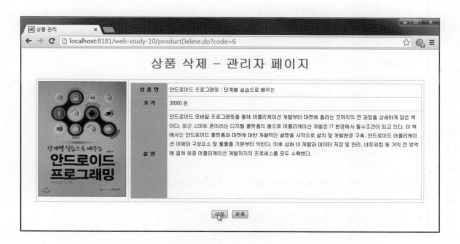

이를 위해서는 상품 리스트 화면의 상품 삭제를 클릭하면 productDelete.do가 요청되면서 상품 코드를 넘겨주도록 합니다.

```
<a href="productDelete.do?code=${product.code}">상품삭제</a>
```

상품 삭제 화면에서는 이전에 입력되었던 상품 정보가 출력되어야 하기 때문에 현재 선택된 상품의 정보를 데이터베이스에서 찾아오기 위해서 상품 코드 값을 매개 변수로 넘겨준 것입니다.

productDelete.do라는 요청을 받아 처리하는 서블릿 클래스를 만듭시다. 이 클래스는 상품 코드로 상품 정보를 얻어 와서 이를 productDelete.jsp 페이지로 넘겨줍니다. 이 내용은 상품 수정과 유사하므로 자세한 설명은 생략하겠습니다.

[직접해보세요] 상품 삭제를 위한 서블릿

1. 웹 프로젝트를 클릭하여 선택한 후 [New → Servlet]을 선택합니다. [Create Servlet] 창이
   나타나면 Java package 입력란에는 패키지명 com.saeyan.controller를 입력하고 Class
   name 입력란에는 서블릿 클래스 이름을 ProductDeleteServlet이라고 입력한 후 [Next] 버튼
   을 클릭합니다. [URL Mapping:] 목록에서 항목을 선택한 후 [Edit] 버튼을 클릭합니다. [URL
   Mapping] 창이 나타나면 [Pattern:] 입력란에 패턴명(/productDelete.do)을 입력한 후에 [OK]
   버튼을 클릭합니다.

```java
1    package com.saeyan.controller;
2
3    import java.io.IOException;
4
5    import javax.servlet.RequestDispatcher;
6    import javax.servlet.ServletContext;
7    import javax.servlet.ServletException;
8    import javax.servlet.annotation.WebServlet;
9    import javax.servlet.http.HttpServlet;
10   import javax.servlet.http.HttpServletRequest;
11   import javax.servlet.http.HttpServletResponse;
12
13   import com.oreilly.servlet.MultipartRequest;
14   import com.oreilly.servlet.multipart.DefaultFileRenamePolicy;
15   import com.saeyan.dao.ProductDAO;
16   import com.saeyan.dto.ProductVO;
17
18   @WebServlet("/productDelete.do")
19   public class ProductDeleteServlet extends HttpServlet {
20     private static final long serialVersionUID = 1L;
21
22     protected void doGet(HttpServletRequest request,
23         HttpServletResponse response) throws ServletException, IOException {
24
25       String code = request.getParameter("code");
26
27       ProductDAO pDao = ProductDAO.getInstance();
28       ProductVO pVo = pDao.selectProductByCode(code);
29
30       request.setAttribute("product", pVo);
31       RequestDispatcher dispatcher = request
32           .getRequestDispatcher("product/productDelete.jsp");
33       dispatcher.forward(request, response);
34     }
35   }
```

상품 리스트 화면에서 상품 삭제를 클릭하면 이전에 등록했던 상품 정보를 확인한 후에 삭제하기 때문에 상품 삭제 화면으로 이동하도록 합니다. 이를 위한 JSP 페이지를 작성합시다. 이 내용 역시 상품 수정과 유사하므로 자세한 설명은 생략하겠습니다.

[직접해보세요] 상품 삭제 화면을 위한 JSP 페이지

[파일 이름 : WebContent/product/productDelete.jsp]

```
1   <%@ page language="java" contentType="text/html; charset=UTF-8"
2       pageEncoding="UTF-8"%>
3   <%@ taglib prefix="c" uri="http://java.sun.com/jsp/jstl/core"%>
4   <!DOCTYPE html>
5   <html>
6   <head>
7   <meta charset="UTF-8">
8   <title>상품 관리</title>
9   <link rel="stylesheet" type="text/css" href="css/shopping.css">
10  </head>
11  <body>
12  <div id="wrap" align="center">
13  <h1>상품 삭제 - 관리자 페이지</h1>
14  <form action="productDelete.do" method="post">
15    <table>
16     <tr>
17      <td>
18         <c:choose>
19              <c:when test="${empty product.pictureUrl}">
20                  <img src="upload/noimage.gif">
21              </c:when>
22              <c:otherwise>
23                 <img src="upload/${product.pictureUrl}">
24              </c:otherwise>
25         </c:choose>
26      </td>
27      <td>
28        <table>
29         <tr>
30          <th style="width: 80px">상 품 명</th>
31          <td>${product.name}</td>
32         </tr>
```

```
33            <tr>
34              <th>가 격</th>
35              <td>${product.price} 원</td>
36            </tr>
37            <tr>
38              <th>설 명</th>
39              <td><div style="height: 220px; width:100%">
40                   ${product.description}</div></td>
41            </tr>
42          </table>
43          </td>
44        </tr>
45      </table>
46      <br>
47      <input type="hidden" name="code" value="${product.code}">
48      <input type="submit" value="삭제" >
49      <input type="button" value="목록" onclick="location.href='productList.do'">
50      </form>
51    </div>
52    </body>
53    </html>
```

삭제할 상품이 확실한지 확인한 후에는 [삭제] 버튼을 클릭하여 실제 데이터베이스에서 상품 정보를 삭제하는 과정을 진행합니다. 상품 삭제는 13줄에서 보듯이 post 방식으로 진행되기 때문에 서블릿 클래스의 doPost에 상품 삭제를 위한 코드를 기술합니다.

```
35      //중복되는 코드는 생략
36      protected void doPost(HttpServletRequest request,
37          HttpServletResponse response) throws ServletException, IOException {
38
39        String code = request.getParameter("code");
40
41        ProductDAO pDao = ProductDAO.getInstance();
42        pDao.deleteProduct(code);
43
44        response.sendRedirect("productList.do");
45      }
46    }
```

위에 기술한 내용이 제대로 실행되도록 하려면 데이터베이스를 처리하는 ProductDAO 클래스에 deleteProduct() 메소드를 추가합니다.

[직접해보세요] ProductDAO 클래스에 상품 삭제를 위한 메소드 추가하기

```
122        //...중복된 내용이므로 생략
123         // c r u Delete
124        public void deleteProduct(String code) {
125            String sql="delete product where code=?";
126            Connection conn = null;
127            PreparedStatement pstmt = null;
128            try {
129                conn = DBManager.getConnection();
130                pstmt = conn.prepareStatement(sql);
131                pstmt.setString(1, code);
132                pstmt.executeUpdate();// 쿼리문 실행
133            } catch (Exception e) {
134                e.printStackTrace();
135            } finally {
136                DBManager.close(conn, pstmt);
137            }
138        }
139    }
```

125 : 데이터베이스의 product 테이블에 상품 정보를 삭제하기 위한 delete 문을 문자열 변수 sql에 저장해 둡니다. 어떤 상품의 정보를 삭제할지 결정하는 상품 코드를 지정하기 위해서 바인딩 변수인 ?를 기술하였습니다. productDelete.jsp의 46줄에서 삭제할 상품 코드를 hidden 태그로 전달해 주었습니다.

```
<input type="hidden" name="code" value="${product.code}">
```

이 값을 바인딩 변수에 지정하여 해당 상품 정보를 삭제할 것입니다.

129 : 쿼리문을 실행하기 전에 커넥션 객체를 얻기 위해서 DBManager 클래스의 정적(static) 메소드인 getConnection( )을 호출합니다.

130 : 쿼리문을 실행하기 위한 스테이트먼트 객체가 필요합니다. 129줄의 커넥션 객체로부터 스테이트먼트 객체를 얻어옵니다. 스테이트먼트 객체를 얻기 위한 prepareStatement( ) 메소드에 125줄에서 선언해둔 sql 변수를 전달해 줍니다.

131 : productDelete.jsp 46줄에의 hidden 태그로 전달한 삭제할 상품 코드를 ProductDelete
Servlet.java 서블릿 클래스의 doPost( ) 메소드에서 얻어와 이를 ProductDAO 객체의
deleteProduct( ) 메소드에 전달해 줍니다.

132 : 125줄의 sql 변수의 바인딩 변수에 상품 코드를 채운 후에 PreparedStatement 객체의
executeUpdate( ) 메소드를 호출하여 delete 문을 실행시켜 데이터베이스에 상품 정보를
삭제합니다.

자바 기술의 장점은 공개된 라이브러리가 많다는 점입니다. 이번 장에서도 cos.jar
라이브러리를 이용하여 파일을 업로드하는 방법을 학습하였습니다. 다음 장에서는
MVC 패턴을 이용한 게시판을 만들어 보도록 하겠습니다.

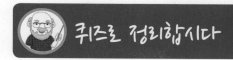 퀴즈로 정리합시다

문제의 답은 로드북 홈페이지(http://roadbook.co.kr/126)에서 확인할 수 있습니다.

1. 다음은 2개의 파일을 업로드 하기 위한 HTML 폼입니다. 빈 곳을 채우시오.

```
<form action="upload2.do" method= ①_____  enctype= ②_____ >
     1. 첨부 파일 1 : <input type= ③_____ name="fileName1"><br>
     2. 첨부 파일 2 : <input type= ③_____ name="fileName2"><br>
          <input type="submit" value="전송" >
</form>
```

2. cos.jar 파일에서 파일 업로드를 위해 제공되는 클래스를 패키지명과 함께 적으시오.

3. 두 개 이상의 파일을 업로드할 경우 파일 이름을 얻어오기 위한 메소드는 무엇인가?

문제의 답은 로드북 홈페이지(http://roadbook.co.kr/126)에서 확인할 수 있습니다.

"영화 관리 프로그램"

목표 파일 업로드와 함께 데이터베이스 처리 방법을 익힙니다.

영화 정보를 저장하는 테이블(movie라는 테이블 명으로)을 다음과 같은 구조로 생성하시오.
영화 코드값 시퀀스로 자동 생성합니다.

칼럼명	자료 타입	제약조건	설명
code	number(4)	PK	영화코드 시퀀스로 자동으로 일련 번호를 발급받는다.
Title	varchar2(50)		영화제목
price	number(10)		가격
director	varchar2(20)		감독
actor	varchar2(20)		출연배우
poster	varchar2(100)		포스터
synopsis	varchar2(3000)		설명

다음과 같이 샘플로 영화 정보를 테이블에 추가해 놓습니다.

CODE	TITLE	PRICE	DIRECTOR	ACTOR	POSTER	SYNOPSIS
1	베를린	10000	류승완	하정우	movie1.jpg	거대한 국제적 음모가 숨겨진 운명의 도시 베를린
2	박수건달	10000	조진규	박신양, 엄지원	movie2.jpg	건달로 사느냐, 무당으로 사느냐 그것이 문제로[
3	레미제라블	10000	톰 후퍼	휴 잭맨	movie3.jpg	빵 한 조각을 훔친 죄로 19년의 감옥살이를 한 장
4	7번방의 선물	9000	이환경	류승룡, 갈소원	movie4.jpg	최악의 흉악범들이 모인 교도소 7번방에 이상한

다음은 영화 정보를 저장할 클래스입니다 .

member 테이블 ──────────────→ public class MemberVO {

PK	컬럼	데이터 타입
PK	CODE	NUMBER(4)
	TITLE	VARCHAR2(50)
	PRICE	NUMBER(10)
	DIRECTOR	VARCHAR2(20)
	ACTOR	VARCHAR2(20)
	POSTER	VARCHAR2(100)
	SYNOPSIS	VARCHAR2(3000)

→ private Integer code;
→ private String title
→ private Integer price
→ private String director;
→ private String actor;
→ private String poster;
→ private String synopsis;

}

영화 포스터에 해당되는 이미지 파일을 준비해둡니다.

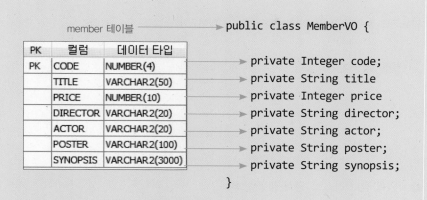

업로드된 파일을 저장할
사용자 디렉토리 생성

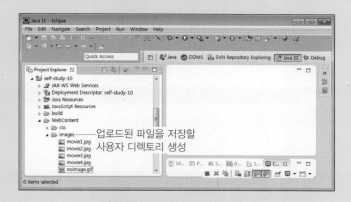

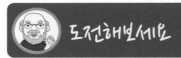
도전해보세요

영화 관리를 위한 사이트의 전반적인 흐름은 다음과 같습니다.

❶ 「영화 정보 리스트-영화 정보 등록」
❷ 「영화 정보 리스트-영화 정보 수정」
❸ 「영화 정보 리스트-영화 정보 삭제」

다음 화면은 요청을 받으면 데이터베이스로부터 영화 정보 리스트 출력합니다.

▼ 영화 정보 리스트

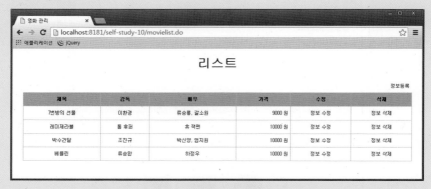

영화 정보 리스트 페이지에서는 영화 정보 등록, 영화 정보 수정, 영화 정보 삭제 처리를 실행할 수 있습니다.

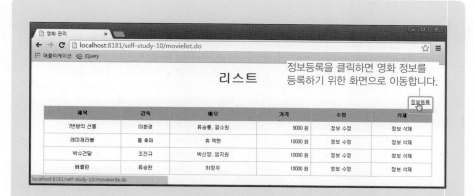

영화 정보를 등록하기 위한 화면입니다.

▼ 영화 정보 등록

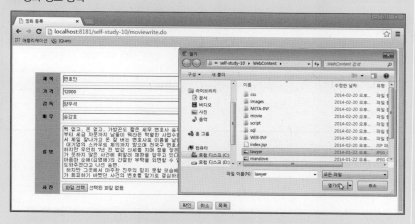

영화 정보 정보를 입력하고 등록 버튼을 클릭하면 영화 정보 등록 처리가 완료되어 영화 정
보 리스트 화면으로 이동합니다.

도전해보세요

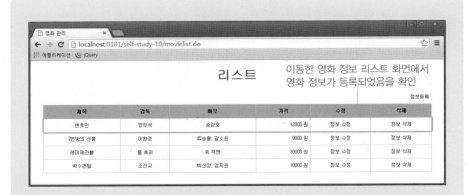

정보수정을 클릭하면 영화 정보 수정 화면으로 이동합니다.

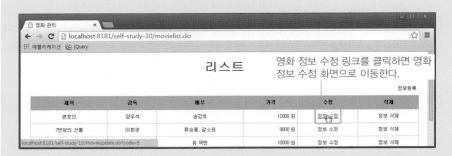

다음은 영화 정보를 수정하기 위한 화면입니다.

▼ 영화 정보 수정

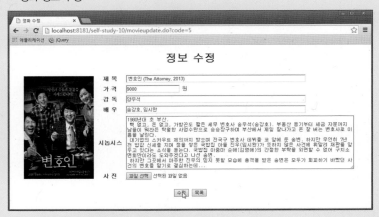

정보를 수정한 후 수정 버튼을 클릭하면 영화 정보가 수정되고 영화 정보 리스트 화면으로 이동합니다.

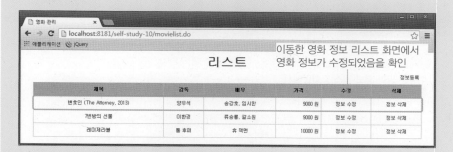

정보 삭제를 클릭하면 영화 정보 삭제 화면으로 이동합니다.

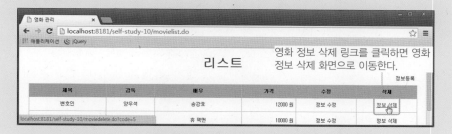

다음은 영화 정보 정보를 삭제하기 위한 화면입니다.

▼ 영화 정보 삭제

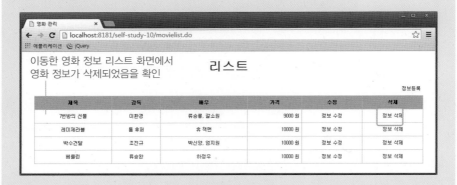

삭제 정보를 확인하고 삭제 버튼을 클릭하면 영화 정보 삭제 처리가 완료되어 영화 정보 리스트 화면으로 이동합니다. 이동한 영화 정보 리스트 화면에서 해당 영화 정보가 삭제되었음을 확인할 수 있습니다.

이동한 영화 정보 리스트 화면에서
영화 정보가 삭제되었음을 확인

리스트

정보등록

제목	감독	배우	가격	수정	삭제
7번방의 선물	이환경	류승룡, 갈소원	9000 원	정보 수정	정보 삭제
레미제라블	톰 후퍼	휴 잭맨	10000 원	정보 수정	정보 삭제
박수건달	조진규	박신양, 엄지원	10000 원	정보 수정	정보 삭제
베를린	류승완	하정우	10000 원	정보 수정	정보 삭제

11장
MVC 패턴(모델 2)을
사용한 게시판

이 장을 시작하기 전에

이제 드디어 이 책의 끝자락에 와있습니다. 여러분은,

- 스스로 JSP와 서블릿을 활용하여 프로젝트를 만들고
- 기본적인 기능이 구현된 웹 애플리케이션을 작성할 줄 알며,
- 데이터베이스와의 연동도 척척 해내는 수준이 되었습니다.

그렇지 않다고 생각하는 독자는 본인이 부족한 부분에 해당하는 챕터를 꼭 한번 더 복습하시기 바랍니다.

자, 이제 마지막 여정이자 새로운 출발을 위한 여행을 떠나봅시다.

모델 2 기반의 MVC 패턴의 개요

지금까지 우리가 배운 JSP와 서블릿을 이용한 웹 프로그래밍 방식을 정리해봅시다. 예를 들어 웹사이트에서 회원 관리라는 기능을 개발하려 할 때, 회원가입 페이지가 있었을 겁니다. 그러면 회원가입 페이지, 즉 사용자에게 보여지는 페이지는 JSP로 만들고 그 뒤에서 회원가입을 위해서 어떤 로직을 기술한 후 이를 위한 페이지를 연결해주는 기능을 서블릿으로 만들었습니다. 회원 관리를 위해서는 회원 정보를 저장할 데이터베이스가 필수적인데 이를 위해서 VO 객체라는 것을 이용해서 DAO를 통해 데이터베이스와 데이터를 주고받았습니다.

이와 같이 서블릿과 JSP를 학습하면서 작성한 웹 애플리케이션은 실제 현업에서 웹 애플리케이션 개발시 사용하는 Model 2 방식과 유사합니다.

Model 1 방식으로 프로그래밍을 한 후에 이를 다시 Model 2로 업그레이드 하는 과정으로 진행하다보면 혼선이 있을까봐 이 책에서는 이전 웹 프로그래밍 방식인 Model 1 방식은 거의 다루지 않았고 Model 2와 유사한 방법으로 집필을 진행했습니다.

그래서 지금부터 다루는 Model 2 방식이 지금까지와 어떻게 다른지 구분이 잘 안 갈 수도 있습니다. 지금까지 학습한 내용과 Model 2 방식이 거의 엇비슷하다고 생각하면 됩니다. Model 2 방식은 뒤이어 설명이 이어지겠지만 MVC 패턴이라고도 부릅니다. MVC 기반으로 쉽게 웹 애플리케이션을 개발할 수 있도록 해주는 프레임워크가 스트럿츠와 스프링인데, 이러한 기술을 활용하기 위해서도 이번 장의 설명은 중요합니다.

웹 애플리케이션을 작성하기 위해서는 실제 업무를 처리하는 부분(비즈니스 로직Business Logic)과 화면을 처리하기 위한 부분(프리젠테이션 로직Presentation Logic)을 구현해야 합니다. 데이터베이스와 연동하여 데이터를 얻어오는 작업을 비즈니스 로직이라고 하며 HTML 형태로 그 결과를 클라이언트에 보여주는 역할을 프리젠테이션 로직이라고 합니다.

초창기 웹 애플리케이션을 작성하는 방식을 Model 1 방식이라고 하는데 이 방식은 비즈니스 로직과 프리젠테이션 로직이 뒤섞여 있는 경우가 많았습니다. Model 1 방식은 고도의 스킬이 필요 없고 코드가 직관적이기 때문에 생산성 측면에서는 매우 효율적입니다.

그러나 Model 1 방식은 프로그램이 조금만 복잡해지면 비즈니스 로직과 프리젠테이션 영역의 구분이 없어서 개발자와 디자이너가 협업을 하는 데 있어 혼란을 초래할 수 있습니다.

그래서 비즈니스 로직을 중심으로 한 모델 영역과 디자인을 중심으로 한 뷰 영역이란 두 영역이 나왔습니다. 그리고 둘을 제어하기 위한 컨트롤러가 필요하다보니 MVC 패턴이 나오게 되었습니다.

MVC 패턴은 모델Model, 뷰View, 컨트롤Control의 세 영역으로 나누고 이들의 결합도를 최소화하는 하는 것을 모토로 합니다.

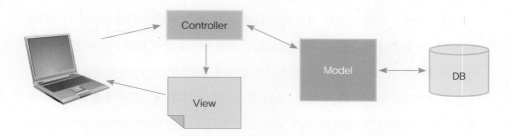

모델에서는 실제 업무를 처리하는 비즈니스 로직에만 집중하고 뷰에서는 화면을 처리하는 부분에만 집중하며 컨트롤에서는 모델과 뷰 간의 흐름을 제어하는 역할을 수행합니다.

구성요소	설명
모델	주로 데이터베이스와 연동하는 비즈니스 로직을 통해 얻어온 데이터를 저장하는 용도로 사용한다.
뷰	사용자와의 인터페이스로 주로 JSP 페이지를 사용한다.
컨트롤	모델과 뷰 사이의 흐름을 제어하는 역할을 한다. 클라이언트의 요청을 받아 이를 수행하기 위한 모델 영역의 어떤 비즈니스 로직을 수행할지를 결정하고 이를 처리한 후에 결과를 보여주기 위한 뷰를 선택한다. 주로 서블릿을 사용한다.

모델 2는 재사용성과 가독성(읽기 쉽게)을 높이려는 기법입니다. 클라이언트의 요청 처리와 응답 처리, 비즈니스 로직을 처리하는 부분을 모듈화시킨 구조로서 처리 작업의 분리로 인해 유지보수와 확장이 용이하고 개발자와 디자이너의 역할과 책임 구분이 명확해지며 각 컴포넌트의 재사용성이 높아진다는 장점이 있습니다. 하지만 MVC 구조에 대한 이해가 필요하며 개발자의 높은 스킬이 요구된다는 것이 단점입니다.

MVC 패턴의 동작 원리를 그림과 함께 살펴보도록 합시다.

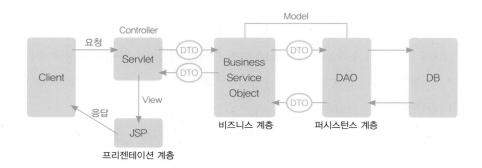

프로그램에서 가장 중요한 것이 비즈니스 로직, 즉 데이터를 어떻게 처리하느냐를 결정하는 컨트롤러Controller의 역할입니다. 컨트롤러는 요청이 들어오면 이를 처음 받아서 모델마다 서로 역할에 맞는 비즈니스 로직이 구현되어 있기 때문에 요청에 맞는 모델을 선택하게 됩니다. 모델에는 DAO 클래스에 정의된 메소드가 호출되어 데이터베이스를 처리하여 그 결과를 얻게 됩니다. 이렇게 얻어온 결과가 어떤 뷰에 보내져서 처리될 것인지를 결정하는 것 역시 컨트롤러가 하는 일입니다.

MVC 패턴의 컨트롤러 : 서블릿

모델 2 구조에서는 서블릿이 컨트롤러의 역할을 담당합니다. 컨트롤러의 역할은 다음과 같이 세분화 할 수 있습니다.

1. 웹 브라우저(클라이언트)의 요청을 받습니다.

2. 웹 브라우저(클라이언트)가 어떤 기능을 요청했는지 분석합니다.

3. 분석된 요구사항을 바탕으로 필요한 비지니스 로직을 처리하는 모델을 호출합니다.

4. 모델로부터 전달받은 결과물을 알맞게 가공한 후, request나 session 기본 객체의 setAttribute 메소드를 사용하여 결과값을 속성에 저장합니다. 이렇게 저장된 결과값은 뷰인 JSP에서 사용합니다.

5. 웹 브라우저에 처리 결과를 보여주기 위한 JSP를 선택한 후 해당 JSP를 포워딩합니다.

비즈니스 로직은 모델에서 처리하므로 서블릿은 모델이 내부적으로 어떻게 비즈니스 로직을 처리하는지 알 필요가 없습니다. 웹 브라우저의 요청에 맞는 모델을 사용하여 요청한 기능을 수행하고 그 결과를 뷰인 JSP에 전달해 주기만 합니다. 요청 처리 결과는 request나 session 객체에 저장되어 뷰 역할을 하는 JSP 페이지로 전달됩니다.

MVC 패턴의 뷰 : JSP

모델 2 구조에서 뷰(요청한 결과를 보여주는 프리젠테이션)의 역할은 JSP로 구현합니다. MVC 패턴에서 뷰의 역할을 하는 JSP는 비지니스 로직과 관련된 코드가 없다는 점을 제외하고는 일반 JSP 페이지와 거의 동일합니다. 다만 컨트롤러인 서블릿에서 request나 session 기본 객체에 저장한 데이터를 사용해서 알맞은 결과를 출력해 준다는 점이 특징입니다.

MVC 패턴의 모델

모델은 웹 브라우저의 요청에 따라 필요한 기능을 처리합니다. 요청이 일어나면 이를 컨트롤러인 서블릿이 분석하여 어떤 기능이 동작해야 하는지 거기에 맞는 비즈니스 로직을 수행하는데 이러한 작업을 하는 것이 바로 모델의 역할입니다. 모델은 컨트롤러가 요청한 작업을 처리한 후 알맞은 결과를 컨트롤러에게 전달해 줍니다. 이러한 모델의 역할은 다음과 같이 세분화 할 수 있습니다.

1. 컨트롤러로부터 요청을 받습니다.

2. 비즈니스 로직을 수행합니다.

3. 수행 결과는 컨트롤러를 거쳐 뷰에 전달됩니다.

비즈니스 로직

회원 가입을 예를 들면 회원 가입을 위한 입력 폼이 뷰에 해당되고 입력 받은 회원 정보를 얻어 와서 데이터베이스에 추가하기 위해서 데이터를 처리하는 과정이 비즈니스 로직입니다.

이번에는 게시글로 비즈니스 로직을 설명해 보겠습니다. 원하는 게시글을 읽으려면 컨트롤러에게 게시글을 보여 달라고 요청할 것이고 이 요청을 하면서 게시글 번호를 모델에게 전달해 주면 이 게시글 번호로 데이터베이스에 저장된 게시글 중 번호에 해당되는 게시글 하나의 정보를 얻어옵니다. 이렇게 얻어온 게시글 정보(결과)는 컨트롤러를 통해 뷰에게 전달됩니다.

여기서는 개념 정도만 이해하도록 하고, 뒤이어 간단한 게시판을 작성해 가면서 MVC 패턴에 대해서 차근차근 완벽하게 이해하도록 합시다.

게시판 – 모델 2 기반의 간단한 MVC 패턴 구현하기

이번에는 웹사이트에서 흔히 볼 수 있는 게시판을 작성해 보겠습니다. 게시글 정보를 저장하는 데이터베이스를 구축하고 작성자가 입력한 게시글 정보를 데이터베이스에 저장한 후에 이 정보를 볼 수 있도록 게시글 정보를 얻어오고 이전에 올렸던 게시글을 수정, 삭제하는 웹 애플리케이션을 작성해 보도록 하겠습니다.

다음은 우리가 구현할 게시판의 기본적인 흐름도입니다.

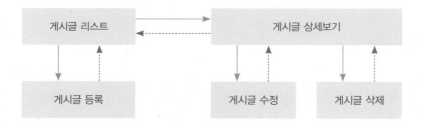

이 예제는 처리가 복잡하게 되어 있으므로 다음과 같이 나누어 구현해 보도록 하겠습니다.

❶ 「게시글 리스트–게시글 등록」
❷ 「게시글 리스트–게시글 상세보기」
❸ 「게시글 상세보기–게시글 수정」
❹ 「게시글 상세보기–게시글 삭제」

참고

게시판을 모델1으로 개발한다면?

게시판을 모델1으로 개발해도 끔찍한 일이 벌어지지 않습니다. 오히려 사이트 개발을 의뢰
받았을 경우 모델1 방식으로 개발하면 개발 방식이 쉽기 때문에 개발비를 절약할 수 있다는
장점이 있습니다. 하지만 비즈니스 로직과 프리젠테이션 영역이 뒤섞여 있다 보니 리뉴얼
작업이 필요할 경우 유지보수 작업이 번거로워집니다.

게시판도 한번 작성해 놓고 리뉴얼을 하지 않는다면 모델1 방식으로 작성하는 것이 개발 시
기도 단축하고 인건비도 절약할 수 있습니다.

하지만 프로젝트의 규모가 커질수록 그리고 유지보수가 필요할수록 모델2 방식으로 작성해
놓아야만 전체 개발 비용이 절약될 수 있습니다. 초기 개발비보다는 유지보수 비용이 더 높
게 산정되기 때문입니다.

그렇다면 규모가 큰 프로젝트를 가지고 모델2 방식을 연습해야 할까요? 게시판과 같은 간단
한 프로젝트는 모델1 방식으로도 충분하기에 모델1으로 작성하고 말면 모델2를 학습하기 위
한 좋은 예제를 고를 수가 없습니다. 그래서 모델1 방식으로 충분한 게시판을 모델2로 작성
해 보는 것입니다 .

다음 화면은 게시판의 첫 화면으로 지금까지 등록된 모든 게시글을 리스트 형태로
출력하는 페이지입니다.

▼ 게시글 리스트

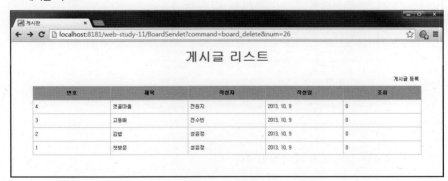

게시글 리스트 페이지에서는 게시글 등록과 게시글 상세보기 페이지로 이동할 수
있습니다.

다음은 게시글 정보를 등록하기 위한 화면입니다.

▼ 게시글 등록

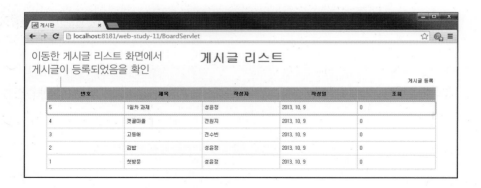

게시글 정보를 입력하고 등록 버튼을 클릭하면 게시글 등록 처리가 완료되어 게시글 리스트 화면으로 이동합니다.

다음은 게시글 상세보기 페이지입니다.

다음은 게시글 정보를 수정하기 위한 페이지입니다. 게시글을 작성한 자만이 수정할 수 있도록 하기 위해서 비밀번호를 입력하도록 한 후 게시글 등록시 입력한 비밀번호와 일치하는지 확인한 후 게시글을 수정하는 페이지로 이동하도록 합니다.

▼ 게시글 비밀번호 입력 화면

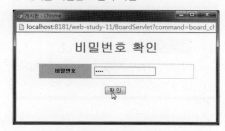

▼ 게시글 수정

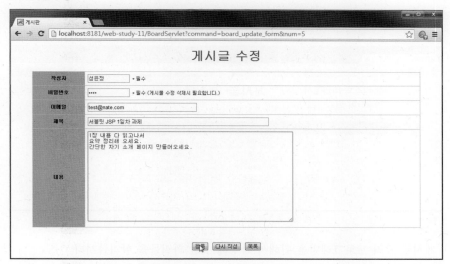

정보를 수정한 후 등록 버튼을 클릭하면 게시글이 수정되고 게시글 리스트 화면으로 이동합니다.

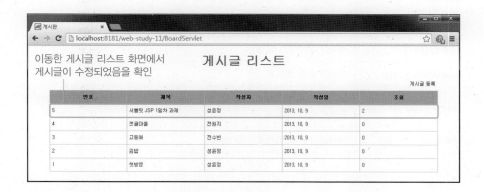

게시글 삭제도 게시글을 작성한 자만이 수정할 수 있도록 하기 위해서 비밀번호 확인 작업을 거친 후 게시글을 삭제할 수 있도록 합니다.

▼ 게시글 비밀번호 입력 화면

게시글 삭제 처리가 완료되어 게시글 리스트 화면으로 이동합니다. 이동한 게시글 리스트 화면에서 해당 게시글이 삭제되었음을 확인할 수 있습니다.

게시글 관리 프로그래밍을 위해서 작성해야 할 파일들을 살펴봅시다.

[JSP 페이지(위치 : WebContent₩board)]

파일	설명
boardList.jsp	게시글 리스트 페이지
boardWrite.jsp	게시글 등록 페이지
boardView.jsp	게시글 상세보기 페이지
boardUpdate.jsp	게시글 수정 페이지
boardCheckPass.jsp	게시글을 수정 혹은 삭제할 수 있는 자격이 있는지 비밀번호 확인을 위한 비밀번호 입력 페이지
checkSuccess.jsp	게시글 수정과 삭제를 위한 페이지

지금까지 게시판을 모델2 방식으로 작성하기 위한 전반적인 흐름을 파악해 보았습니다. 이전 장에서의 프로그래밍 방식과 차이점을 느끼지 못할 수도 있습니다. 큰 차이점은 컨트롤러가 비즈니스 로직과 프리젠테이션을 제어한다는 점입니다. 이 때문에 이전 작업과 모두 동일하고 컨트롤러만 새롭게 등장하게 됩니다. 컨트롤러를 위해서 새롭게 제공되는 클래스는 다음에 언급되는 BoardServlet.java와 ActionFactory.java와 Action.java입니다. BoardServlet.java와 ActionFactory.java는 컨트롤러 역할을 하는 서블릿 클래스이고 Action.java는 모델 역할을 하는 모든 클래스를 컨트롤러가 동일한 방식으로 접근할 수 있도록 하기 위한 모델들의 인터페이스인데, 바로 이들이 모델 2에서 새롭게 등장하는 클래스입니다.

모델2 방식으로 게시판을 작성하기 위해서 필요한 클래스로 다음과 같은 것들이 있습니다.

[컨트롤러 역할을 하는 서블릿 클래스 파일(위치 : src\com\saeyan\controller)]

파일	설명
BoardServlet.java	요청을 받아서 요청에 해당하는 Model과 View를 호출하는 역할을 한다.
ActionFactory.java	커맨드(command) 패턴으로 작업 처리를 위한 명령 처리 클래스가 있어야 한다.

[모델 역할을 하는 클래스 파일(위치 : src\com\saeyan\controller.action)]

파일	설명	요청 command URL 패턴
Action.java	명령 처리 클래스의 슈퍼 클래스로 사용할 인터페이스	
BoardListAction.java	게시글 전체 정보를 데이터베이스에서 얻어온다.	board_list
BoardWriteFormAction.java	새로운 게시글 정보를 입력받기 위한 게시글 등록 페이지로 이동하도록 한다.	board_write_form
BoardWriteAction.java	입력한 게시글 정보를 데이터베이스에 추가한다.	board_write
BoardViewAction.java	게시글 번호에 해당되는 게시글을 데이터베이스에서 찾아 게시글의 상세 정보를 보여준다.	board_view

파일	설명	요청 command URL 패턴
BoardCheckPassFormAction.java	게시글을 수정 혹은 삭제할 수 있는 자격이 있는지를 위해서 비밀번호 확인을 위해서 비밀번호 입력 페이지로 이동하도록 한다.	board_check_pass_form
BoardCheckPassAction.java	게시글 비밀번호가 일치하는지 비교한다.	board_check_pass
BoardUpdateFormAction.java	게시글 수정 페이지로 이동하도록 한다.	board_update_form
BoardUpdateAction.java	입력한 정보로 데이터베이스에 게시글 정보를 수정한다.	board_update
BoardDeleteAction.java	데이터베이스에 게시글 정보를 삭제한다.	board_delete

[유효성 체크를 위한 자바스크립트(위치 : WebContent₩script)]

파일	설명
board.js	폼에 입력된 정보가 올바른지 판단하는 자바스크립트

[게시글 정보를 저장할 VO 클래스 (위치: src₩com₩saeyan₩dto)]

파일	설명
BoardVO.java	게시글 정보를 저장하는 클래스

[데이터베이스의 board 테이블을 처리할 DAO 클래스 (위치: src₩com₩saeyan₩dao)]

파일	설명
BoardDAO.java	데이터베이스 테이블과 연동해서 작업하는 데이터베이스 처리 클래스

게시글 관리를 위한 정보를 저장하는 테이블은 board란 이름의 테이블로 작성하기로 합시다. 다음은 board 테이블을 구성하는 컬럼입니다.

[board 테이블 구조]

컬럼명	자료형	제약조건	DEFAULT 값	설명
num	NUMBER(5)	PRIMARY KEY		글번호
pass	VARCHAR2(30)			비밀번호

컬럼명	자료형	제약조건	DEFAULT 값	설명
name	VARCHAR2(30)			작성자
email	VARCHAR2(30)			이메일
title	VARCHAR2(50)			제목
content	VARCHAR2(1000)			내용
readcount	NUMBER(4)		0	조회수
writedate	DATE		SYSDATE	작성일

DEFAULT 값에 값을 주지 않으면 null로 채워지는데 만일 테이블 생성시 DEFAULT로 값을 지정해주면 값을 주지 않았을 경우 DEFAULT로 지정한 값이 저장됩니다.

다음 SQL 명령어를 오라클에서 실행하여 게시글 테이블을 생성합니다.

```
CREATE TABLE board(
    num        NUMBER(5)      PRIMARY KEY,
    pass       VARCHAR2(30),
    name       VARCHAR2(30),
    email      VARCHAR2(30),
    title      VARCHAR2(50),
    content    VARCHAR2(1000),
    readcount  NUMBER(4)      DEFAULT 0,
    writedate  DATE           DEFAULT SYSDATE
);
```

게시글 번호는 기본키이기 때문에 중복된 데이터를 저장할 수 없습니다. 개발자가 중복되지 않는 번호를 일일이 계산하는 것이 번거롭기 때문에 자동으로 일련번호를 생성하는 시퀀스를 사용해 봅시다.

다음은 1부터 1씩 자동으로 번호를 생성하는 시퀀스를 생성하는 SQL 문입니다.

```
create sequence board_seq start with 1 increment by 1;
```

시퀀스에서 자동으로 번호를 생성하기 위해서는 nextval을 사용합니다. 다음과 같은 게시글을 샘플로 추가합시다.

NUM	PASS	NAME	EMAIL	TITLE	CONTENT	READCOUNT	WRITEDATE
1	1234	성윤정	pinksung@nate.com	첫방문	반갑습니다.	0	13/11/26
2	1234	성윤정	pinksung@nate.com	김밥	맛있어요.	0	13/11/26
3	3333	전수빈	raccon@nate.com	고등애	일식입니다.	0	13/11/26
4	1111	전원지	one@nate.com	갯골마을	돼지삼겹살이 맛있습니다.	0	13/11/26

게시글 정보를 추가하는 insert 문은 다음과 같습니다.

```
INSERT INTO board(num, name, email, pass, title, content)
VALUES(board_seq.NEXTVAL, '성윤정', 'pinksung@nate.com', '1234', '첫방문', '반갑습니다.');
INSERT INTO board(num, name, email, pass, title, content)
VALUES(board_seq.NEXTVAL, '성윤정', 'pinksung@nate.com', '1234', '김밥', '맛있어요.');
INSERT INTO board(num, name, email, pass, title, content)
VALUES(board_seq.NEXTVAL, '전수빈', 'raccon@nate.com', '3333', '고등애', '일식입니다.');
INSERT INTO board(num, name, email, pass, title, content)
VALUES(board_seq.NEXTVAL, '전원지', 'one@nate.com', '1111','갯골마을','돼지삼겹살이 맛있습니다.');
commit;
```

"select * from board"로 조회하면 다음과 같이 게시글 테이블에 저장된 샘플 데이터를 확인할 수 있습니다.

NUM	PASS	NAME	EMAIL	TITLE	CONTENT	READCOUNT	WRITEDATE
1	1234	성윤정	pinksung@nate.com	첫방문	반갑습니다.	0	2013-11-26 오전 1:04:02
2	1234	성윤정	pinksung@nate.com	김밥	맛있어요.	0	2013-11-26 오전 1:04:02
3	3333	전수빈	raccon@nate.com	고등애	일식입니다.	0	2013-11-26 오전 1:04:02
4	1111	전원지	one@nate.com	갯골마을	돼지삼겹살이 맛있습니다.	0	2013-11-26 오전 1:04:02

이클립스에서 Dynamic Web Project로 11장에서 사용할 web-study-11 프로젝트를 만듭니다. 오라클 드라이버인 ojdbcXX.jar와 JSTL을 위한 jar 파일을 "web_workspace\web-study-11\WebContent\WEB-INF\lib" 폴더에 복사합니다.

DBCP를 이용해서 데이터베이스에 연결 가능한 Connection 객체를 얻어오기 위한 server.xml 파일의 ⟨Context⟩ 태그에 ⟨Resource⟩ 태그를 추가하려면 일단 지금 생성한 프로젝트를 실행시켜야만 합니다. JSP 페이지가 없어서 다음과 같이 오류가 발생하더라도 ⟨Context⟩ 태그가 생길 수 있도록 실행시킵시다. 실행을 하기 위해서는 [Project Explorer] 창에서 web-study-11 프로젝트를 선택한 후에 마우스 오른쪽 버튼을 클릭한 후 나타난 메뉴에서 [Run as → Run on Server]를 클릭하여 실행합니다.

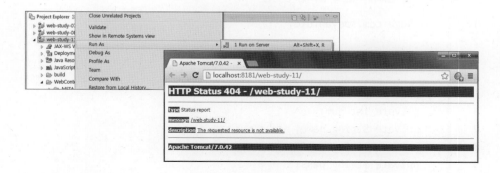

그래야만 이클립스에서 자동으로 server.xml 파일에 ⟨Context⟩ 태그를 추가하기 때문입니다.

화면 왼쪽에서 Severs를 찾아 server.xml 파일을 찾아 엽니다. 파일 맨 끝부분으로 내려갑니다. 그런 후에 [Ctrl]+[Shift]+F 키를 눌러 자동 정렬시킨 후 web-study-11 프로젝트에 대한 ⟨Context⟩를 찾습니다. ⟨Context⟩ 태그 내부에 기술해야 하기 때문에 ⟨Context /⟩ 형태를 ⟨Context⟩⟨/Context⟩ 형태로 변경한 후 9장에서와 같이 ⟨Resource⟩ 태그를 ⟨Context⟩와 ⟨/Context⟩ 사이에 붙여 넣습니다.

```
<Context docBase="web-study-11" path="/web-study-11"
    reloadable="true" source="org.eclipse.jst.jee.server:web-study-11">
  <Resource name="jdbc/myoracle" auth="Container" type="javax.sql.DataSource"
    driverClassName="oracle.jdbc.OracleDriver"
    url="jdbc:oracle:thin:@127.0.0.1:1521:XE"
    username="scott" password="tiger"
    maxActive="20" maxIdle="10" maxWait="-1" />
</Context>
```

데이터베이스에 저장된 게시글 정보를 한 개 저장하기 위해서는 VO 클래스가 필요합니다. 우선 게시글 정보를 저장하는 VO 클래스 만듭시다.

[직접해보세요] 이클립스에서 게시글 정보를 저장하는 VO 클래스 만들기

1. 이클립스 화면 왼쪽에서 프로젝트를 선택한 후에 마우스 오른쪽 버튼을 클릭하여 나타난 바로가기 메뉴에서 [New → Class]를 선택합니다. [Package:] 입력란에 패키지 이름(com.saeyan.dto)을 [Name:] 입력란에 클래스 이름(BoardVO)을 입력한 후 [Finish] 버튼을 클릭합니다. 게시글 정보를 저장할 필드를 선언합니다.

```
1    package com.saeyan.dto;
2
3    import java.sql.Timestamp;
4
5    public class BoardVO {
6      private int num;
7      private String name;
8      private String email;
9      private String pass;
10     private String title;
11     private String content;
12     private int readcount;
13     private Timestamp writedate;
14
15   }
```

작성한 날짜를 저장하기 위한 필드인 writedate는 Timestamp 형으로 선언합니다. Timestamp는 java.sql 패지지에 존재하기 때문에 3줄에서처럼 import 구문을 추가해야 합니다.

2. BoardVO 클래스 내부에서 마우스 오른쪽 버튼을 클릭하여 나타난 바로가기 메뉴에서 [Source]–[Generate Getters and Setters]를 선택하여 getter, setter를 일괄적으로 생성합니다.

```java
1    package com.saeyan.dto;
2
3    import java.sql.Timestamp;
4
5    public class BoardVO {
6      private int num;
7      private String name;
8      private String email;
9      private String pass;
10     private String title;
11     private String content;
12     private int readcount;
13     private Timestamp writedate;
14
15     public int getNum() {
16       return num;
17     }
18     public void setNum(int num) {
19       this.num = num;
20     }
21     public String getName() {
22       return name;
23     }
24     public void setName(String name) {
25       this.name = name;
26     }
27     public String getEmail() {
28       return email;
29     }
30     public void setEmail(String email) {
31       this.email = email;
32     }
33     public String getPass() {
34       return pass;
35     }
36     public void setPass(String pass) {
37       this.pass = pass;
38     }
39     public String getTitle() {
40       return title;
```

```
41        }
42        public void setTitle(String title) {
43          this.title = title;
44        }
45        public String getContent() {
46          return content;
47        }
48        public void setContent(String content) {
49          this.content = content;
50        }
51        public int getReadcount() {
52          return readcount;
53        }
54        public void setReadcount(int readcount) {
55          this.readcount = readcount;
56        }
57        public Timestamp getWritedate() {
58          return writedate;
59        }
60        public void setWritedate(Timestamp writedate) {
61          this.writedate = writedate;
62        }
63    }
```

VO 클래스는 단지 게시글 정보를 한 개 저장하는 클래스이기 때문에 DAO 클래스에서 객체를 생성한 후 사용해야 합니다. 여기서는 DAO 클래스에서 사용될 VO 클래스를 미리 만들어만 놓을 뿐 사용하지는 않습니다.

이번에는 데이터베이스에 저장된 데이터를 얻어오거나 새로운 게시글의 정보를 데이터베이스에 추가하거나 수정, 삭제 작업을 하기 위한 DAO 클래스를 만듭시다. 게시글에 관련된 DAO 클래스이기 때문에 클래스 이름은 BoardDAO로 할 것이고 이 클래스에 정의할 메소드는 다음과 같습니다.

리턴형	메소드
BoardDAO getInstance()	BoardDAO 객체를 리턴한다.
List<BoardVO> selectAllBoards()	최근 등록한 게시글이 먼저 나오도록 게시글 목록을 출력한다.
void insertBoard(BoardVO bVo)	전달인자로 받은 VO 객체를 board 테이블에 삽입한다.
void updateReadCount(String num)	게시글 상세 보기할 때마다 글 번호를 증가시킨다.

리턴형	메소드
BoardVO selectOneBoardByNum (String num)	board 테이블에서 게시글 번호로 해당 게시글을 찾아 게시글 정보를 BoardVO 객체로 얻어준다.
void updateBoard(BoardVO bVo)	매개 변수로 받은 VO 객체 내의 코드로 board 테이블에서 검색해서 VO 객체에 저장된 정보로 게시글 정보를 수정한다.
BoardVO checkPassWord (String pass, String num)	board 테이블에서 게시글 번호와 비밀번호가 일치하는 게시글을 찾아 BoardVO 객체로 리턴한다.
void deleteBoard(String num)	게시글 번호에 해당되는 게시글 정보를 삭제한다.

DAO 클래스를 설계하기 전에 데이터베이스에 접근하여 Connection 객체를 얻어오는 과정은 어느 테이블을 다루든지 공통되는 내용이기 때문에 이 내용은 클래스로 분리하기로 합시다.

예를 들어 회원 정보를 얻어오는 DAO 클래스를 MemberDAO라고 하고 게시글의 정보를 얻어오는 DAO 클래스를 BoardDAO라고 한다면 이들 DAO 클래스들은 데이터베이스에 접근하기 위해서 커넥션을 얻어오고 자원 반납을 위해서 리소스를 해제해야 합니다.

간단한 쇼핑몰만 생각하더라도 회원, 게시판 외에도 상품 정보나 주문 처리를 위한 DAO 클래스 등 DAO 클래스의 수가 엄청나게 많아질 텐데 DBManager를 만들어 놓으면 DAO 클래스가 많아지더라도 DBManager 클래스를 통해서 커넥션을 얻어오고 리소스를 해제하면 되기 때문에 코드를 중복해서 기술할 필요가 없어집니다.

[직접해보세요] Connenction 객체 얻기와 사용이 끝난 리소스 해제를 위한 클래스 만들기

[파일 이름 : util₩DBManager.java]

```
1    package util;
2
3    import java.sql.Connection;
4    import java.sql.DriverManager;
5    import java.sql.ResultSet;
6    import java.sql.Statement;
7
8    import javax.naming.Context;
9    import javax.naming.InitialContext;
```

```
10   import javax.sql.DataSource;
11
12   public class DBManager {
13     public static Connection getConnection() {
14       Connection conn = null;
15       try {
16         Context initContext = new InitialContext();
17         Context envContext = (Context) initContext.lookup("java:/comp/env");
18         // jdbc/myoracle이란 이름을 객체를 찾아서 DataSource가 받는다.
19         DataSource ds = (DataSource) envContext.lookup("jdbc/myoracle");
20         // ds가 생성되었으므로 Connection을 구합니다.
21         conn = ds.getConnection();
22       } catch (Exception e) {
23         e.printStackTrace();
24       }
25       return conn;
26     }
27     // select을 수행한 후 리소스 해제를 위한 메소드
28     public static void close(Connection conn, Statement stmt, ResultSet rs) {
29       try {
30         rs.close();
31         stmt.close();
32         conn.close();
33       } catch (Exception e) {
34         e.printStackTrace();
35       }
36     }
37
38     // DML(insert, update, delete)을 수행한 후 리소스 해제를 위한 메소드
39     public static void close(Connection conn, Statement stmt) {
40       try {
41         stmt.close();
42         conn.close();
43       } catch (Exception e) {
44         e.printStackTrace();
45       }
46     }
47   }
```

게시글 관리를 위해서 board 테이블을 처리하기 위한 BoardDAO를 만듭시다.

```java
package com.saeyan.dao;

import java.sql.Connection;
import java.sql.PreparedStatement;
import java.sql.ResultSet;
import java.sql.SQLException;
import java.sql.Statement;
import java.util.ArrayList;
import java.util.List;

import util.DBManager;

import com.saeyan.dto.BoardVO;

public class BoardDAO {
  private BoardDAO() {
  }

  private static BoardDAO instance = new BoardDAO();

  public static BoardDAO getInstance() {
    return instance;
  }

  public List<BoardVO> selectAllBoards() {
    String sql = "select * from board order by num desc";

    List<BoardVO> list = new ArrayList<BoardVO>();
    Connection conn = null;
    Statement stmt = null;
    ResultSet rs = null;

    try {
      conn = DBManager.getConnection();
      stmt = conn.createStatement();

      rs = stmt.executeQuery(sql);

      while (rs.next()) {
```

```java
40          BoardVO bVo = new BoardVO();
41
42          bVo.setNum(rs.getInt("num"));
43          bVo.setName(rs.getString("name"));
44          bVo.setEmail(rs.getString("email"));
45          bVo.setPass(rs.getString("pass"));
46          bVo.setTitle(rs.getString("title"));
47          bVo.setContent(rs.getString("content"));
48          bVo.setReadcount(rs.getInt("readcount"));
49          bVo.setWritedate(rs.getTimestamp("writedate"));
50
51          list.add(bVo);
52        }
53      } catch (SQLException e) {
54        e.printStackTrace();
55      } finally {
56        DBManager.close(conn, stmt, rs);
57      }
58      return list;
59    }
60
61    public void insertBoard(BoardVO bVo) {
62      String sql = "insert into board("
63                     + "num, name, email, pass, title, content) "
64            + "values(board_seq.nextval, ?, ?, ?, ?, ?)";
65
66      Connection conn = null;
67      PreparedStatement pstmt = null;
68
69      try {
70        conn=DBManager.getConnection();
71        pstmt = conn.prepareStatement(sql);
72
73        pstmt.setString(1, bVo.getName());
74        pstmt.setString(2, bVo.getEmail());
75        pstmt.setString(3, bVo.getPass());
76        pstmt.setString(4, bVo.getTitle());
77        pstmt.setString(5, bVo.getContent());
78
79        pstmt.executeUpdate();
80      } catch (SQLException e) {
81        e.printStackTrace();
```

```
82      } finally {
83          DBManager.close(conn, pstmt);
84      }
85  }
86
87  public void updateReadCount(String num) {
88      String sql = "update board set readcount=readcount+1 where num=?";
89
90      Connection conn=null;
91      PreparedStatement pstmt = null;
92
93      try {
94          conn = DBManager.getConnection();
95
96          pstmt = conn.prepareStatement(sql);
97          pstmt.setString(1, num);
98
99          pstmt.executeUpdate();
100     } catch (SQLException e) {
101         e.printStackTrace();
102     } finally {
103         DBManager.close(conn, pstmt);
104     }
105 }
106
107 // 게시판 글 상세 내용 보기 :글번호로 찾아온다. : 실패 null,
108 public BoardVO selectOneBoardByNum(String num) {
109     String sql = "select * from board where num = ?";
110
111     BoardVO bVo = null;
112     Connection conn = null;
113     PreparedStatement pstmt = null;
114     ResultSet rs = null;
115
116     try {
117         conn = DBManager.getConnection();
118
119         pstmt = conn.prepareStatement(sql);
120         pstmt.setString(1, num);
121
122         rs = pstmt.executeQuery();
123
```

```java
124            if (rs.next()) {
125               bVo = new BoardVO();
126
127               bVo.setNum(rs.getInt("num"));
128               bVo.setName(rs.getString("name"));
129               bVo.setPass(rs.getString("pass"));
130               bVo.setEmail(rs.getString("email"));
131               bVo.setTitle(rs.getString("title"));
132               bVo.setContent(rs.getString("content"));
133               bVo.setWritedate(rs.getTimestamp("writedate"));
134               bVo.setReadcount(rs.getInt("readcount"));
135            }
136         } catch (Exception e) {
137            e.printStackTrace();
138         } finally {
139            DBManager.close(conn, pstmt, rs);
140         }
141         return bVo;
142      }
143
144      public void updateBoard(BoardVO bVo) {
145         String sql = "update board set name=?, email=?, pass=?, "
146               + "title=?, content=? where num=?";
147
148         Connection conn = null;
149         PreparedStatement pstmt = null;
150         try {
151            conn=DBManager.getConnection();
152
153            pstmt = conn.prepareStatement(sql);
154
155            pstmt.setString(1, bVo.getName());
156            pstmt.setString(2, bVo.getEmail());
157            pstmt.setString(3, bVo.getPass());
158            pstmt.setString(4, bVo.getTitle());
159            pstmt.setString(5, bVo.getContent());
160            pstmt.setInt(6, bVo.getNum());
161
162            pstmt.executeUpdate();
163         } catch (SQLException e) {
164            e.printStackTrace();
165         } finally {
```

```
166          DBManager.close(conn, pstmt);
167        }
168    }
169
170    public BoardVO checkPassWord(String pass, String num) {
171        String sql = "select * from board where pass=? and num=?";
172
173        Connection conn = null;
174        PreparedStatement pstmt = null;
175        ResultSet rs = null;
176        BoardVO bVo = null;
177        try {
178            conn = DBManager.getConnection();
179            pstmt = conn.prepareStatement(sql);
180
181            pstmt.setString(1, pass);
182            pstmt.setString(2, num);
183
184            rs = pstmt.executeQuery();
185
186            if (rs.next()) {
187                bVo = new BoardVO();
188
189                bVo.setNum(rs.getInt("num"));
190                bVo.setName(rs.getString("name"));
191                bVo.setEmail(rs.getString("email"));
192                bVo.setPass(rs.getString("pass"));
193                bVo.setTitle(rs.getString("title"));
194                bVo.setContent(rs.getString("content"));
195                bVo.setReadcount(rs.getInt("readcount"));
196                bVo.setWritedate(rs.getTimestamp("writedate"));
197            }
198        } catch (SQLException e) {
199            e.printStackTrace();
200        }
201        return bVo;
202    }
203
204    public void deleteBoard(String num) {
205        String sql = "delete board where num=?";
206
207        Connection conn=null;
```

```
208    PreparedStatement pstmt = null;
209    try {
210      conn = DBManager.getConnection();
211      pstmt = conn.prepareStatement(sql);
212
213      pstmt.setString(1, num);
214
215      pstmt.executeUpdate();
216    } catch (SQLException e) {
217      e.printStackTrace();
218    }
219  }
220 }
```

이제 새로운 게시글을 올리기 위한 작업을 하겠습니다. 이를 위해서는 서블릿과
JSP 파일을 만들어야 합니다. JSP 파일에서 게시글의 정보를 입력할 때 필수적으로 입
력해야 하는 정보가 입력되지 않으면 에러가 발생합니다. 그렇기 때문에 반드시 입력
되어야 하는 정보를 지나치지 않고 제대로 입력하도록 하기위해서 게시글 등록 시에
입력 에러 등의 예외가 발생을 처리하기 위한 자바스크립트로 유효성을 체크합시다.

▼ 게시글 등록 화면 에러 메시지

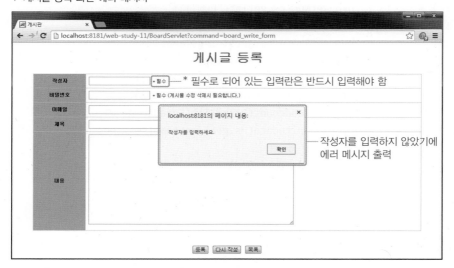

폼에 입력된 정보가 올바른지 판단하는 자바스크립트 파일을 WebContent의 하
위 폴더인 script에 board.js란 이름으로 작성합니다.

```javascript
1  function boardCheck() {
2    if (document.frm.name.value.length == 0) {
3      alert("작성자를 입력하세요.");
4      return false;
5    }
6    if (document.frm.pass.value.length == 0) {
7      alert("비밀번호를 입력하세요.");
8      return false;
9    }
10   if (document.frm.title.value.length == 0) {
11     alert("제목을 입력하세요.");
12     return false;
13   }
14   return true;
15 }
16
17 function open_win(url, name) {
18   window.open(url, name, "width=500, height=230");
19 }
20
21 function passCheck() {
22   if (document.frm.pass.value.length == 0) {
23     alert("비밀번호를 입력하세요.");
24     return false;
25   }
26   return true;
27 }
```

JSP 파일은 화면의 레이아웃을 조정하기 위하여 외부 파일화한 스타일 시트를 참조합니다. 10장에서 사용했던 shopping.css를 사용하기로 합니다. 이 파일을 WebContent 하위 폴더로 css를 만들어 저장합니다. shopping.css의 내용은 다음 과 같습니다.

```
1   #wrap{
2       width: 971px;/* 1024*768로 해상도를 맞추어서 설계 */
3       /* 가운데 정렬을 위한 바깥쪽 여백 설정 */
4       margin: 0;
5       margin-left: auto;
6       margin-right: auto;
7   }
8   h1{
9       color: green;                /* 글 색상 */
10  }
11  table{
12      width: 100%;
13      border-collapse: collapse;
14      font-size: 12px;             /* 글꼴 크기 */
15      line-height: 24px;           /* 줄 간격 */
16  }
17  table td, th {
18      border: #d3d3d3 solid 1px; /* 경계선 색상 스타일 굵기 */
19      padding: 5px;                /* 안쪽 여백 */
20  }
21  th {
22      background: yellowgreen;    /* 배경색 */
23      width: 120px;
24  }
25  img{
26      width: 220px;                /* 이미지 너비(가로) */
27      height: 300px;               /* 이미지 높이(세로) */
28  }
29  a{
30      text-decoration:none;        /* 링크 밑줄 없애기 */
31      color:black;                 /* 글 색상 */
32  }
33  a:HOVER {
34      text-decoration:underline;/* 밑줄 */
35      color:green;                 /* 글 색상 */
36  }
```

여기까지는 이전의 모델1 방식과 별다른 점을 발견하지 못했을 것입니다. 모델2라고 해서 크게 달라지는 것은 없고 모델과 뷰를 컨트롤러에 의해서 연결된다는 점만 차이점이 있습니다.

지금까지 우리가 만든 서블릿은 비즈니스 로직이 기술되어 있고 요청 URL Mapping을 지정해 놓고 원하는 작업을 위해서 서블릿에 기술한 요청을 하여 직접 해당 서블릿을 호출해서 원하는 비즈니스 로직을 수행했습니다. 아래는 모델 2 방식이라 아니라 이전 방식으로 프로그래밍을 해서 동작시킨다는 가정하에 그린 그림입니다. 이번 장에서는 아래와 같이 실행하지는 않습니다. 모델1 방식에서는 다음과 같이 요청하는 것을 보여주고 모델2와 비교하려는 것입니다. 따라하지 마시고 그림을 보고 이해만 하도록 합니다.

```
http://localhost:8181/web-study-11/boardList.do
```

❶ 주소를 입력하여 요청(request) 하면 요청 파라미터 (command)에 의해 서블릿이 호출된다

❷ 웹 페이지를 브라우저에 응답(response)해준다

모델1에서는 게시글 목록일 경우 boardList.do란 요청이 일어나면 이와 매핑되는 BoardListServlet이 받아서 처리하고 게시글 쓰기일 경우 boardWrite.do란 요청이 일어나면 이와 매핑되는 BoardWriteServlet이 받아서 처리할 것입니다.

요청에 대한 처리를 개별적으로 각각의 서블릿이 받아서 처리하고 있었던 것입니다.

하지만 MVC 패턴에서는 컨트롤러를 하나 두어 모든 요청을 이 컨트롤러가 받도록 합니다. 그래서 요청이 들어오면 그에 합당한 비즈니스 로직을 담은 모델을 찾아옵니다.

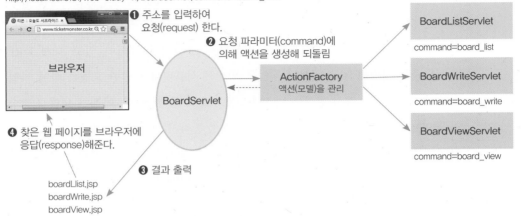

http://localhost:8181/web-study-11/BoardServlet?command=board_list
http://localhost:8181/web-study-11/BoardServlet?command=board_write
http://localhost:8181/web-study-11/BoardServlet?command=board_view

❶ 주소를 입력하여 요청(request) 한다.

브라우저

❷ 요청 파라미터(command)에 의해 액션을 생성해 되돌림

BoardServlet

ActionFactory 액션(모델)을 관리

BoardListServlet
command=board_list

BoardWriteServlet
command=board_write

BoardViewServlet
command=board_view

❹ 찾은 웹 페이지를 브라우저에 응답(response)해준다.

❸ 결과 출력

boardList.jsp
boardWrite.jsp
boardView.jsp

요청과 비즈니스 로직을 수행하는 모델 사이에 컨트롤러가 위치해서 요청을 받아 합당한 모델을 찾아 수행합니다. 모델2에서는 모든 요청을 BoardServlet이란 컨트롤러에서 받아서 처리합니다.

우리가 만들 컨트롤러는 요청 파라미터로 원하는 작업을 위한 명령을 전달하는 방식을 취하겠습니다. 즉 내가 원하는 작업이 게시글 목록을 보는 작업이라면 board_list를 요청 파라미터에게 전달해 보냅니다. 여기서 요청 파라미터 이름은 작업을 위한 명령을 전달하기 때문에 command라고 합시다.

BoardServlet? command = board_list

이름   값

컨트롤러에 요청하고 싶은 작업인 board_list를 command란 이름에 실어서 서버로 보냅니다.

요청 파라미터는 2장의 request 객체를 언급하면서 이미 설명한 내용입니다. 다시 설명하자면 웹 페이지에서 데이터를 전송하는 방식의 하나로 요청 URL 끝에 ?를 붙인 후 파라미터에 값을 실어 보냅니다. 이러한 요청 방식을 쿼리 스트링이라고도 하며 위와 같은 형식을 취합니다. 위 문장은 컨트롤러인 BoardServlet에게 command란 이름에 board_list란 값을 실어 보내는 것입니다.

이렇게 특정 이름의 파라미터(command)에 명령어 정보를 담아서 전달하여 각 명령어에 따른 로직을 처리하는 코드를 별도의 클래스로 작성하는 것을 커맨드 command 패턴이라고 합니다.

기존의 서블릿은 요청에 따라 여러 개를 만들어 놓고 개별적인 요청에 의해서 개별적으로 서블릿이 요청되었지만 모델2에서는 컨트롤러로 동작하는 단 하나의 서블릿을 만들어서 모든 요청이 여기서 처리될 수 있도록 원하는 요청은 command란 파라미터에 서로 다른 값을 실어서 보내는 방식을 취합니다.

예를 들어 게시글 리스트를 확인하기 위해서는 모델2에서는 다음과 같이 요청합니다.

```
http://localhost:8181/web-study-11/BoardServlet?command=board_list
```

게시글 정보와 관련된 요청을 위해서는 BoardServlet 클래스를 통해서 이루어지기 때문에 BoardServlet이란 서블릿부터 만듭시다. 이 서블릿이 바로 MVC 패턴의 컨트롤러로서의 역할을 합니다. 컨트롤러는 모델과 뷰를 연결시켜주는 핵심 요소로 서블릿으로 구성합니다. 요청이 일어나면 초기 진입점으로서의 역할도 하고 뷰와 모델을 연동해 주기 때문에 매우 중요한 역할을 합니다.

모델은 일반적인 클래스 파일이기 때문에 외부에서 직접 연결할 수 없어 컨트롤러가 요청을 받아 요청에 해당하는 모델을 수행하도록 합니다. 컨트롤러를 통해서 비즈니스 로직 처리를 위해서 모델을 호출하고 처리가 완료되면 화면을 출력하기 위해 모델에서 처리한 결과를 뷰로 전달하는 역할을 합니다.

[직접해보세요] MVC 패턴의 Controller 역할을 하는 서블릿 만들기

[파일 이름 : src\com\saeyan\controller\BoardServlet.java]

```java
1    package com.saeyan.controller;
2
3    import java.io.IOException;
4
5    import javax.servlet.ServletException;
6    import javax.servlet.annotation.WebServlet;
7    import javax.servlet.http.HttpServlet;
8    import javax.servlet.http.HttpServletRequest;
9    import javax.servlet.http.HttpServletResponse;
10
```

```
11      @WebServlet("/BoardServlet")
12      public class BoardServlet extends HttpServlet {
13        private static final long serialVersionUID = 1L;
14
15        public BoardServlet() {
16          super();
17        }
18
19        protected void doGet(HttpServletRequest request,
20            HttpServletResponse response) throws ServletException, IOException {
21          String command = request.getParameter("command");
22          System.out.println("BoardServlet에서 요청을 받음을 확인 : "+command);
23        }
24
25        protected void doPost(HttpServletRequest request,
26            HttpServletResponse response) throws ServletException, IOException {
27          request.setCharacterEncoding("UTF-8");
28          doGet(request, response);
29        }
30      }
```

기존의 서블릿과 달리 요청을 할 때 반드시 command 파라미터를 쿼리 스트링 형태로 전달해 주
어야 합니다. 주소 입력란에 다음과 같이 입력합니다.

http://localhost:8181/web-study-11/BoardServlet?command=board_list

파라미터   요청하고자 하는 작업

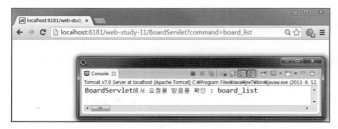

19 :   서블릿으로 요청이 들어오면 doGet( ) 메소드에서 모든 작업이 처리되도록 구현합니다.

22 :   요청을 받아 처리할 모델을 만들지 않아서 웹 브라우저에는 아무것도 나타나지 않지만 요
       청을 서블릿이 받았음을 콘솔 창에서 확인할 수 있도록 콘솔 창에 메시지를 출력합니다.

25~28 : post 방식으로 호출되면 한글 깨짐을 방지하기 위해서 인코딩 방식을 지정한 후에
       doGet( ) 메소드를 호출합니다.

자바에서는 비슷한 형태의 클래스들로 유사한 작업을 할 때 클래스마다 완전히 다른 이름의 메소드로 접근해서 작업을 하도록 하는 것보다는 동일한 이름의 메소드로 접근할 수 있도록 하는 것이 개발자에게 편의를 제공합니다. 이렇게 사용 방법은 한 가지(메소드 이름이 동일)인데 구체적인 기능이 다양하도록 설계해 놓으면 유사한 작업을 하는 클래스들은 같은 방식으로 사용할 수 있어 한번 클래스를 익혀 놓으면 다른 클래스도 쉽게 접근해서 사용할 수 있게 됩니다. 이를 다형성이라고 합니다.

다형성을 위해서는 비슷한 형태의 클래스를 여러 개 정의해야 할 경우 클래스들 사이의 공통적으로 갖는 메소드를 인터페이스 내의 추상 메소드로 정의해 놓고 이 인터페이스의 구현 클래스에서 상속을 받아 서브 클래스에서 적합한 로직을 기술하도록 합니다. 이렇게 인터페이스에 다형성을 위한 메소드를 정의해 놓으면 이를 상속받는 서브 클래스에서 오버라이딩하지 않으면 컴파일 에러가 발생하기 때문에 강제로 동일한 접근 방식을 취할 수 있도록 할 수 있습니다.

우리가 작성할 모델들은 컨트롤러에서 요청이 들어오면 작업에 알맞은 모델 내의 비즈니스 로직이 수행되도록 해야 하는데 컨트롤러에서 동일한 방식으로 모델을 접근할 수 있게 하기 위해서는 이들 모델들이 상속 받아야 하는 인터페이스를 설계해두고 이를 상속받아 사용하도록 합니다.

다음은 컨트롤러에서 요청이 들어오면 한 가지 방식으로 모델 내의 비즈니스 로직이 수행되도록 하기 위한 추상 메소드를 인터페이스(Action)에 정의합니다. 인터페이스의 이름은 요청에 의해 동작(액션)이 일어난다는 의미로 Action이라 줍니다.

[직접해보세요] 모델을 동일한 방식으로 실행하기 위한 인터페이스

1. 이클립스 화면 왼쪽에서 프로젝트를 선택한 후에 마우스 오른쪽 버튼을 클릭하여 나타난 바로가기 메뉴에서 [New → Interface]를 선택합니다.

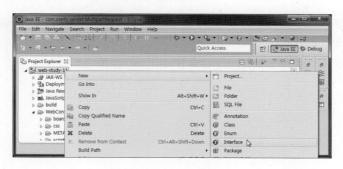

2. [Package:] 입력란에 패키지 이름(com.saeyan.controller.action)을 [Name:] 입력란에 인터
페이스 이름(Action)을 입력한 후 [Finish] 버튼을 클릭합니다. Action 인터페이스에는 모델을
수행하기 위한 메소드를 동일한 이름으로 접근할 수 있도록 하기 위한 추상 메소드를 정의합
니다.

```
1   package com.saeyan.controller.action;
2
3   import java.io.IOException;
4
5   import javax.servlet.ServletException;
6   import javax.servlet.http.HttpServletRequest;
7   import javax.servlet.http.HttpServletResponse;
8
9   public interface Action {
10     public void execute(HttpServletRequest request, HttpServletResponse response)
11         throws ServletException, IOException;
12  }
```

10~11 : 요청 파라미터를 동일한 메소드로 처리하도록 하기 위한 추상 메소드를 정의합니다.

모든 모델들은 Action 인터페이스의 상속을 받는 구현 객체이어야 하기 때문에 이
를 액션 객체라고도 부릅니다.

컨트롤러에서는 직접 모델(액션 객체)을 생성하지 않는 대신 액션 객체를 생성해
내는 팩토리(공장) 역할을 하는 클래스를 통해서 생성합니다.

객체를 생성해내는 클래스를 따로 설계해서 작업하는 것을 팩토리 패턴이라고 합
니다. 이번에는 요청이 들어오면 이에 해당하는 액션 객체를 생성해 주는 클래스를
설계합시다. 액션 객체를 생성할 것이기 때문에 이름을 ActionFactory로 합시다.

[직접해보세요] 커맨드(command) 패턴으로 작업 처리를 위한 명령 처리 클래스

이클립스 화면 왼쪽에서 프로젝트에서 패키지(com.saeyan.controller)를 선택한 후에 마우스 오
른쪽 버튼을 클릭하여 나타난 바로가기 메뉴에서 [New → Class]를 선택합니다.
[Name:] 입력란에 ActionFactory를 입력한 후 [Finish] 버튼을 클릭합니다.

```
1      package com.saeyan.controller;
2
3      import com.saeyan.controller.action.Action;
4
5      public class ActionFactory {
6        private static ActionFactory instance = new ActionFactory();
7
8        private ActionFactory() {
9          super();
10       }
11
12       public static ActionFactory getInstance() {
13         return instance;
14       }
15
16       public Action getAction(String command) {
17         Action action = null;
18         System.out.println("ActionFactory  :" + command);
19         return action;
20       }
21    }
```

6~14 : ActionFactory 클래스는 싱글톤 형태로 유일하게 한 개의 객체만 생성하고 이를 getInstance( )로 호출하여 사용합니다.

16 : BoardServlet은 서블릿으로서 요청이 들어오면 post 방식으로 요청이 되더라도 doGet 메소드가 호출되도록 구현했습니다. 지금 기술하는 메소드가 바로 BoardServlet의 doGet 메소드에서 호출됩니다. getAction( ) 메소드에서는 command를 받아서 거기에 맞는 액션을 리턴합니다.

이미 만들어 놓은 컨트롤러 역할을 하는 BoardServlet에 위에 설계한 Action Factory 객체를 생성하여 요청에 따른 액션 객체를 생성하고 이를 실행하기 위한 코드를 추가합니다.

```
ActionFactory af=ActionFactory.getInstance();
Action action=af.getAction(command);

if(action != null){
  action.execute(request, response);
}
```

BoardServlet 클래스의 **doGet()** 메소드에서 ActionFactory 객체를 생성한 후 BoardServlet을 요청하면서 전달된 command 요청 파라미터 값을 ActionFactory 객체의 **getAction()** 메소드에 전달해 줍니다. **getAction()** 메소드가 리턴해준 action 객체로 **execute()** 메소드를 호출합니다.

아직 모델 클래스를 만들지 않았고 ActionFactory의 **getAction()** 메소드 역시 액션 객체를 생성하지 않고 null을 리턴합니다. 이를 action 레퍼런스 변수에 저장해 둡니다. null를 받아서 **execute()** 메소드를 호출하면 예외가 발생하기 때문에 action 레퍼런스 변수가 null인지 체크하여 null이 아닐 경우에만 **execute()** 메소드가 호출 되도록 합니다.

위에서 기술한 내용을 BoardServlet 클래스의 **doGet()** 메소드에 추가합니다.

[직접해보세요] BoardServlet 클래스에 코드 추가하기

```
1    package com.saeyan.controller;
2
3    import java.io.IOException;
4    import com.saeyan.controller.action.Action;
5    import javax.servlet.ServletException;
6    import javax.servlet.annotation.WebServlet;
7    import javax.servlet.http.HttpServlet;
8    import javax.servlet.http.HttpServletRequest;
9    import javax.servlet.http.HttpServletResponse;
10
11   @WebServlet("/BoardServlet")
12   public class BoardServlet extends HttpServlet {
13     private static final long serialVersionUID = 1L;
14
15     public BoardServlet() {
16       super();
17     }
18
19     protected void doGet(HttpServletRequest request,
20         HttpServletResponse response) throws ServletException, IOException {
21       String command = request.getParameter("command");
22       System.out.println("BoardServlet에서 요청을 받음을 확인 : "+command);
```

```
23        ActionFactory af=ActionFactory.getInstance();
24        Action action=af.getAction(command);
25
26        if(action != null){
27          action.execute(request, response);
28        }
29      }
30
31    protected void doPost(HttpServletRequest request,
32        HttpServletResponse response) throws ServletException, IOException {
      request.setCharacterEncoding("UTF-8");
33      doGet(request, response);
34    }
35  }
36
```

24 : BoardServlet에서는 사용자의 요청에 알맞은 처리를 위해서 ActionFactory의 getAction( ) 메소드를 호출합니다. getAction( )에서는 아직도 요청을 받아 처리할 모델을 만들지 않았기 때문에 웹 브라우저에는 아무것도 나타나지 않지만 서블릿이 받은 커맨드 값을 콘솔창에 출력하여 제대로 커맨드 값을 받았는지 확인하도록 하였습니다.

26~27 : getAction( )은 요청 파라미터(command)에 맞는 Action 객체를 반환하지만 아직은 액션 팩토리가 null 값을 갖는 액션을 반환하기에 27행의 문장이 수행될 때 예외가 발생할 수 있습니다. 예외가 발생하지 않도록 하려면 26행에서처럼 null이 아닐 경우에만 execute( ) 메소드를 호출하도록 합니다.

이번에도 컨트롤인 BoardServlet을 요청할 때 command 파라미터를 쿼리 스트링 형태로 전달해 줍니다.

```
http://localhost:8181/web-study-11/BoardServlet?command=board_list
```
                                                       파라미터   요청하고자 하는 작업

이제 "BoardServlet?command=board_list"라는 요청을 받으면 게시글 리스트
화면을 표시하기 위한 액션 클래스(모델)를 만듭니다.

[직접해보세요] 게시글 리스트를 위한 액션 클래스

[파일 이름 : src₩com₩saeyan₩controller₩action₩BoardListActoin.java]

```java
1    package com.saeyan.controller.action;
2
3    import java.io.IOException;
4    import java.util.List;
5
6    import javax.servlet.RequestDispatcher;
7    import javax.servlet.ServletException;
8    import javax.servlet.http.HttpServletRequest;
9    import javax.servlet.http.HttpServletResponse;
10
11   import com.saeyan.dao.BoardDAO;
12   import com.saeyan.dto.BoardVO;
13
14   public class BoardListAction implements Action {
15
16     @Override
17     public void execute(HttpServletRequest request, HttpServletResponse response)
18         throws ServletException, IOException {
19       String url = "/board/boardList.jsp";
20
21       BoardDAO bDao=BoardDAO.getInstance();
22
23       List<BoardVO> boardList = bDao.selectAllBoards();
24
25       request.setAttribute("boardList", boardList);
26
27       RequestDispatcher dispatcher = request.getRequestDispatcher(url);
28       dispatcher.forward(request, response);
29     }
30   }
```

게시글 리스트를 위한 서블릿 클래스에서는 데이터베이스에서 게시글 정보를 얻어와 이를 어레이 리스트 형태로 게시글 리스트 화면으로 보냅니다. 게시글 리스트 화면에서는 게시글 리스트를 출력할 뿐만 아니라 게시글 상세보기와 게시글 등록 페이지로 이동합니다.

게시글 리스트를 위한 페이지는 board 폴더에 추가합니다. board 폴더를 만든 후에 boardList.jsp 페이지를 이 폴더에 추가합니다.

[직접해보세요] 게시글 리스트를 위한 JSP 페이지

[파일 이름 : WebContent/board/boardList.jsp]

```
1   <%@ page language="java" contentType="text/html; charset=UTF-8"
2       pageEncoding="UTF-8"%>
3   <%@ taglib prefix="c"  uri="http://java.sun.com/jsp/jstl/core"%>
4   <%@ taglib prefix="fmt"  uri="http://java.sun.com/jsp/jstl/fmt"%>
5   <!DOCTYPE html>
6   <html>
7   <head>
8   <meta charset="UTF-8">
9   <title> 게시판 </title>
10  <link rel="stylesheet" type="text/css" href="css/shopping.css">
11  </head>
12  <body>
13  <div id="wrap" align="center">
14  <h1> 게시글 리스트 </h1>
15  <table class="list">
16    <tr>
17      <td colspan="5" style="border: white; text-align: right">
18        <a href="BoardServlet?command=board_write_form" >게시글 등록</a>
19      </td>
20    </tr>
21    <tr><th>번호</th><th>제목</th><th>작성자</th><th>작성일</th><th>조회</th></tr>
22    <c:forEach var="board" items="${boardList }" >
23    <tr class="record">
24      <td>${board.num }</td>
25      <td>
26        <a href="BoardServlet?command=board_view&num=${board.num}">
27          ${board.title }
28        </a>
```

```
29          </td>
30          <td>${board.name}</td>
31          <td><fmt:formatDate value="${board.writedate }"/></td>
32          <td>${board.readcount}</td>
33        </tr>
34      </c:forEach>
35    </table>
36  </div>
37  </body>
38  </html>
```

boardList.jsp는 바로 실행할 수 없습니다. boardList.jsp로 실행하여 결과값을 얻어오려면 커맨드command에 따라 알맞은 작업을 처리하기 위한 명령 처리 클래스인 ActionFactory를 다음과 같이 수정해야 합니다.

[직접해보세요] 커맨드 패턴으로 작업 처리를 위한 명령 처리 클래스
ActionFactory 수정하기   [파일 이름 : src₩com₩saeyan₩controller₩ActionFactory.java]

```
1    package com.saeyan.controller;
2
3    import com.saeyan.controller.action.*;
4
5    public class ActionFactory {
6      private static ActionFactory instance = new ActionFactory();
7
8      public ActionFactory() {
9        super();
10     }
11
12     public static ActionFactory getInstance() {
13       return instance;
14     }
15
16     public Action getAction(String command) {
17       Action action = null;
18       System.out.println("ActionFactory  :" + command);
19       /* 추가된 부분 */
20       if(command.equals("board_list")){
21         action = new BoardListAction();
```

```
22          }
23      return action;
24    }
25  }
```

"BoardServlet?command=board_list"라는 요청을 받으면 게시글 리스트 화면을 표시합니다. 여기서 게시글 등록 링크를 클릭하면 게시글 등록 화면으로 이동합니다.

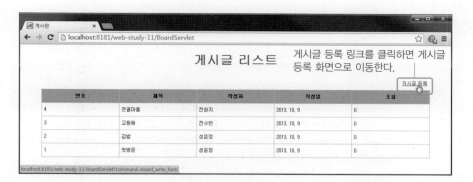

게시글 등록을 클릭하면 "BoardServlet?command=board_write_form"이 요청되어 게시글 등록 페이지로 이동해야 하기 때문에 액션 클래스를 만들고 이 요청을 처리할 코드를 ActionFactory에 추가해야 합니다. 액션 클래스에서는 게시글 등록 화면으로 이동하도록 합니다.

[직접해보세요] 게시글 등록을 위한 폼으로 이동하게 하는 액션 클래스
[파일 이름 : src₩com₩saeyan₩controller₩action₩BoardWriteFormAction.java]

```
1   package com.saeyan.controller.action;
2
3   import java.io.IOException;
4
5   import javax.servlet.RequestDispatcher;
6   import javax.servlet.ServletException;
7   import javax.servlet.http.HttpServletRequest;
8   import javax.servlet.http.HttpServletResponse;
9
10
11  public class BoardWriteFormAction implements Action {
12
```

```
13        @Override
14        public void execute(HttpServletRequest request, HttpServletResponse response)
15            throws ServletException, IOException {
16          String url = "/board/boardWrite.jsp";
17
18          RequestDispatcher dispatcher = request.getRequestDispatcher(url);
19          dispatcher.forward(request, response);
20        }
21    }
```

[직접해보세요] 게시글 등록 화면을 위한 JSP 페이지

[파일 이름 : WebContent/board/boardWrite.jsp]

```
1     <%@ page language="java" contentType="text/html; charset=UTF-8"
2         pageEncoding="UTF-8"%>
3     <%@ taglib prefix="c" uri="http://java.sun.com/jsp/jstl/core"%>
4     <!DOCTYPE html>
5     <html>
6     <head>
7     <meta charset="UTF-8">
8     <title> 게시판 </title>
9     <link rel="stylesheet" type="text/css" href="css/shopping.css">
10    <script type="text/javascript" src="script/board.js"></script>
11    </head>
12    <body>
13    <div id="wrap" align="center">
14      <h1> 게시글 등록 </h1>
15      <form name="frm" method="post" action="BoardServlet">
16        <input type="hidden" name="command" value="board_write">
17        <table>
18          <tr>
19            <th>작성자</th>
20            <td><input type="text" name="name"> * 필수 </td>
21          </tr>
22
23          <tr>
24            <th>비밀번호</th>
25            <td><input type="password"  name="pass">
26                * 필수 (게시물 수정 삭제시 필요합니다.)</td>
27          </tr>
```

```
28
29          <tr>
30            <th>이메일</th>
31            <td><input type="text" name="email"></td>
32          </tr>
33
34          <tr>
35            <th>제목</th>
36            <td><input type="text" size="70" name="title"> * 필수  </td>
37          </tr>
38
39          <tr>
40            <th>내용</th>
41            <td><textarea cols="70" rows="15" name="content"></textarea></td>
42          </tr>
43        </table>
44        <br><br>
45        <input type = "submit" value = "등록" onclick="return boardCheck()">
46        <input type = "reset"  value = "다시 작성">
47        <input type = "button" value = "목록"
48    onclick="location.href='BoardServlet?command=board_list'">
49      </form>
50    </div>
51    </body>
52    </html>
```

[직접해보세요] **커맨드 패턴으로 작업 처리를 위한 명령 처리 클래스 ActionFactory 수정하기** [파일 이름 : src\com\saeyan\controller\ActionFactory.java]

```
..        //중복되는 내용 생략
21          } else if (command.equals("board_write_form")) {
22            action = new BoardWriteFormAction();
23          }
..        //중복되는 내용 생략
```

게시글 정보를 입력하고 등록 버튼을 클릭하면 〈form〉 태그에 action="BoardServlet"를 지정하였기에 서블릿이 요청을 받아 처리하게 됩니다. 커맨드 방식으로 작업을 처리하기 때문에 히든 태그로 command 파라미터를 서블릿에 전달합니다.

```
<input type="hidden" name="command" value="board_write">
```

이 요청을 처리할 코드를 액션 클래스로 만들고 ActionFactory에 추가합니다. 액션 클래스에서는 입력된 게시글의 정보를 데이터베이스에 추가하도록 합니다.

[직접해보세요] 게시글을 데이터베이스에 추가하기 위한 액션 클래스
[파일 이름 : src\com\saeyan\controller\action\BoardWriteAction.java]

```java
1    package com.saeyan.controller.action;
2
3    import java.io.IOException;
4
5    import javax.servlet.ServletException;
6    import javax.servlet.http.HttpServletRequest;
7    import javax.servlet.http.HttpServletResponse;
8
9    import com.saeyan.dao.BoardDAO;
10   import com.saeyan.dto.BoardVO;
11
12   public class BoardWriteAction implements Action {
13
14     @Override
15     public void execute(HttpServletRequest request, HttpServletResponse response)
16         throws ServletException, IOException {
17       BoardVO bVo = new BoardVO();
18
19       bVo.setName(request.getParameter("name"));
20       bVo.setPass(request.getParameter("pass"));
21       bVo.setEmail(request.getParameter("email"));
22       bVo.setTitle(request.getParameter("title"));
23       bVo.setContent(request.getParameter("content"));
24
25       BoardDAO bDao = BoardDAO.getInstance();
26       bDao.insertBoard(bVo);
27
28       new BoardListAction().execute(request, response);
29     }
30   }
```

```
..        //중복되는 내용 생략
23          } else if (command.equals("board_write")) {
24            action = new BoardWriteAction();
25          }
...       //중복되는 내용 생략
```

게시글 제목을 클릭하면 게시글 상세보기 화면으로 이동합니다.

게시글 제목을 클릭하면 "BoardServlet?command=board_view&num=${board.
num}"가 요청되어 게시글 상세 보기 페이지로 이동해야 하기 때문에 이 요청을 처리할
코드를 액션 클래스로 만들고 ActionFactory에 추가합니다.

```
1      package com.saeyan.controller.action;
2
3      import java.io.IOException;
4
5      import javax.servlet.RequestDispatcher;
6      import javax.servlet.ServletException;
7      import javax.servlet.http.HttpServletRequest;
8      import javax.servlet.http.HttpServletResponse;
9
```

```
10    import com.saeyan.dao.BoardDAO;
11    import com.saeyan.dto.BoardVO;
12
13    public class BoardViewAction implements Action {
14
15      @Override
16      public void execute(HttpServletRequest request, HttpServletResponse response)
17          throws ServletException, IOException {
18        String url = "/board/boardView.jsp";
19
20        String num = request.getParameter("num");
21
22        BoardDAO bDao = BoardDAO.getInstance();
23
24        bDao.updateReadCount(num);
25
26        BoardVO bVo = bDao.selectOneBoardByNum(num);
27
28        request.setAttribute("board", bVo);
29
30        RequestDispatcher dispatcher = request.getRequestDispatcher(url);
31        dispatcher.forward(request, response);
32      }
33    }
```

[직접해보세요] 게시글 상세 보기를 위한 JSP 페이지

[파일 이름 : WebContent/board/boardView.jsp]

```
1    <%@ page language="java" contentType="text/html; charset=UTF-8"
2        pageEncoding="UTF-8"%>
3    <%@ taglib prefix="c" uri="http://java.sun.com/jsp/jstl/core"%>
4    <%@ taglib prefix="fmt" uri="http://java.sun.com/jsp/jstl/fmt"%>
5    <!DOCTYPE html>
6    <html>
7    <head>
8    <meta charset="UTF-8">
9    <title> 게시판 </title>
10   <link rel="stylesheet" type="text/css" href="css/shopping.css">
11   <script type="text/javascript" src="script/board.js"></script>
12   </head>
```

```
13  <body>
14  <div id="wrap" align="center">
15  <h1> 게시글 상세보기 </h1>
16    <table>
17      <tr>
18        <th> 작성자  </th> <td> ${board.name}</td>
19        <th> 이메일  </th> <td> ${board.email}</td>
20      </tr>
21
22      <tr>
23        <th> 작성일  </th> <td><fmt:formatDate value="${board.writedate}"/></td>
24        <th> 조회수  </th> <td>${board.readcount }</td>
25      </tr>
26      <tr>
27        <th>제목</th>
28        <td colspan="3">${board.title }</td>
29      </tr>
30
31      <tr>
32        <th>내용</th>
33        <td colspan="3"><pre>${board.content }</pre></td>
34      </tr>
35    </table>
36    <br> <br>
37    <input type="button" value="게시글 수정" onclick=
38     "open_win('BoardServlet?command=board_check_pass_form&num=${board.num}',
39     'update')">
40    <input type="button" value="게시글 삭제" onclick=
41     "open_win('BoardServlet?command=board_check_pass_form&num=${board.num}',
42     'delete')">
43    <input type="button" value="게시글 리스트"
44          onclick="location.href='BoardServlet?command=board_list'">
45    <input type="button" value="게시글 등록"
46          onclick="location.href='BoardServlet?command=board_write_form'">
47  </div>
48  </body>
49  </html>
```

```
..           //중복되는 내용 생략
25           } else if (command.equals("board_view")) {
26               action = new BoardViewAction();
27           }
28       //중복되는 내용 생략
..
```

게시글 수정 버튼을 클릭하면 게시글 수정 화면으로 이동합니다.

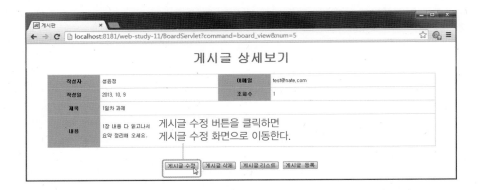

게시글 수정을 클릭하면 창이 뜨고 게시글을 등록할 때 입력했던 게시글 비밀번호를 묻게 됩니다. 팝업창은 자바스크립트 함수 중 window.open() 함수를 사용합니다.

```
window.open(url, name, "width=500, height=230");
```

window.open() 함수의 첫 번째 매개 변수에 비밀번호 입력을 위한 폼을 띄우는 요청을 합니다.

```
'BoardServlet?command=board_check_pass_form&num=${board.num}'
```

이 요청을 처리할 코드를 액션 클래스를 만들고 ActionFactory에 추가합니다. 액션 클래스에서는 비밀번호 입력 화면으로 이동하도록 합니다.

```java
1    package com.saeyan.controller.action;
2
3    import java.io.IOException;
4
5    import javax.servlet.RequestDispatcher;
6    import javax.servlet.ServletException;
7    import javax.servlet.http.HttpServletRequest;
8    import javax.servlet.http.HttpServletResponse;
9
10   public class BoardCheckPassFormAction implements Action {
11
12     @Override
13     public void execute(HttpServletRequest request, HttpServletResponse response)
14         throws ServletException, IOException {
15       String url = "/board/boardCheckPass.jsp";
16
17       RequestDispatcher dispatcher = request.getRequestDispatcher(url);
18       dispatcher.forward(request, response);
19     }
20   }
```

```jsp
1    <%@ page language="java" contentType="text/html; charset=UTF-8"
2        pageEncoding="UTF-8"%>
3    <!DOCTYPE html>
4    <html>
5    <head>
6    <meta charset="UTF-8">
7    <title> 게시판 </title>
8    <link rel="stylesheet" href="css/shopping.css">
9    <script type="text/javascript" src="script/board.js"></script>
10   </head>
11   <body>
12   <div align="center">
```

```
13    <h1>비밀번호 확인</h1>
14      <form  action="BoardServlet" name="frm" method="get" >
15        <input type="hidden" name="command" value="board_check_pass">
16        <input type="hidden" name="num" value="${param.num}">
17        <table style="width: 80%">
18          <tr>
19            <th>비밀번호</th>
20            <td>
21              <input type="password" name="pass" size="20">
22            </td>
23          </tr>
24        </table>
25        <br>
26        <input type="submit" value=" 확인 " onclick="return passCheck()">
27        <br><br>${message}
28      </form>
29    </div>
30    </body>
31    </html>
```

[직접해보세요] 커맨드 패턴으로 작업 처리를 위한 명령 처리 클래스 ActionFactory 수정하기

[파일 이름 : src₩com₩saeyan₩controller₩ActionFactory.java]

```
..    //중복되는 내용 생략
27      } else if (command.equals("board_check_pass_form")) {
28        action = new BoardCheckPassFormAction();
29      }
..    //중복되는 내용 생략
```

비밀번호를 입력하고 확인 버튼을 클릭하면 〈form〉 태그에 action="BoardServlet"를 지정하였기에 서블릿이 요청을 받아 처리하게 됩니다. 커멘트 방식으로 작업을 처리하기 때문에 히든 태그로 command 파라미터를 서블릿에 전달합니다.

```
<input type="hidden" name="command" value="board_check_pass">
```

이 요청을 처리할 코드를 액션 클래스를 만들고 ActionFactory에 추가합니다. 액션 클래스에서는 입력된 게시글의 정보를 데이터베이스에 추가하도록 합니다.

[직접해보세요] 게시글의 비밀번호를 확인하기 위한 액션 클래스

[파일 이름 : src\com\saeyan\controller\action\BoardCheckPassAction.java]

```java
1    package com.saeyan.controller.action;
2
3    import java.io.IOException;
4
5    import javax.servlet.RequestDispatcher;
6    import javax.servlet.ServletException;
7    import javax.servlet.http.HttpServletRequest;
8    import javax.servlet.http.HttpServletResponse;
9
10   import com.saeyan.dao.BoardDAO;
11   import com.saeyan.dto.BoardVO;
12
13   public class BoardCheckPassAction implements Action {
14
15     @Override
16     public void execute(HttpServletRequest request, HttpServletResponse response)
17         throws ServletException, IOException {
18       String url = null;
19
20       String num = request.getParameter("num");
21       String pass = request.getParameter("pass");
22
23       BoardDAO bDao = BoardDAO.getInstance();
24       BoardVO bVo = bDao.selectOneBoardByNum(num);
25
26       if (bVo.getPass().equals(pass)) { //성공
27         url = "/board/checkSuccess.jsp";
28       }else{//실패
29         url = "/board/boardCheckPass.jsp";
30         request.setAttribute("message", "비밀번호가 틀렸습니다.");
31       }
32
33       RequestDispatcher dispatcher = request.getRequestDispatcher(url);
34       dispatcher.forward(request, response);
35     }
36   }
```

수정, 삭제 작업에 대해서 비밀번호가 일치하는지를 확인하는 작업은 동일하기 때문에 boardCheckPassAction.java에서 한꺼번에 하게 됩니다. 비밀번호가 일치하게 되면 수정, 삭제 작업 중에 어디로 가야 하는지를 판단하기 위한 페이지가 boardCheckPass.jsp입니다.

[직접해보세요] 게시글의 비밀번호가 일치할 경우 처리를 위한 JSP 페이지

[파일 이름 : WebContent/board/checkSuccess.jsp]

```jsp
1   <%@ page language="java" contentType="text/html; charset=UTF-8"
2       pageEncoding="UTF-8"%>
3   <!DOCTYPE html>
4   <html>
5   <head>
6   <meta charset="UTF-8">
7   </head>
8   <body>
9   <script type="text/javascript">
10    if (window.name == "update") {
11      window.opener.parent.location.href =
12        "BoardServlet?command=board_update_form&num=${param.num}";
13    } else if (window.name == 'delete') {
14      alert('삭제되었습니다.');
15      window.opener.parent.location.href =
16        "BoardServlet?command=board_delete&num=${param.num}";
17    }
18    window.close();
19  </script>
20  </body>
21  </html>
```

[직접해보세요] 커맨드 패턴으로 작업 처리를 위한 명령 처리 클래스 ActionFactory 수정하기

[파일 이름 : src\com\saeyan\controller\ActionFactory.java]

```java
..    //중복되는 내용 생략
29        } else if (command.equals("board_check_pass")) {
30          action = new BoardCheckPassAction();
31        }
...   //중복되는 내용 생략
```

게시글 수정을 위해 비밀번호를 입력한 것이라면 BoardServlet?command= board_update_form&num=${param.num}가 요청됩니다. 이 요청을 처리할 코드를 액션 클래스를 만들고 ActionFactory에 추가합니다. 액션 클래스에서는 게시글 수정을 위한 화면으로 이동하도록 합니다.

[직접해보세요] 게시글 수정 화면으로 이동하게 하는 액션 클래스

[파일 이름 : src\com\saeyan\controller\action\BoardUpdateFormAction.java]

```java
1    package com.saeyan.controller.action;
2
3    import java.io.IOException;
4
5    import javax.servlet.RequestDispatcher;
6    import javax.servlet.ServletException;
7    import javax.servlet.http.HttpServletRequest;
8    import javax.servlet.http.HttpServletResponse;
9
10   import com.saeyan.dao.BoardDAO;
11   import com.saeyan.dto.BoardVO;
12
13   public class BoardUpdateFormAction implements Action {
14
15     @Override
16     public void execute(HttpServletRequest request, HttpServletResponse response)
17         throws ServletException, IOException {
18       String url = "/board/boardUpdate.jsp";
19
20       String num = request.getParameter("num");
21
22       BoardDAO bDao = BoardDAO.getInstance();
23
24       bDao.updateReadCount(num);
25
26       BoardVO bVo = bDao.selectOneBoardByNum(num);
27
28       request.setAttribute("board", bVo);
29
30       RequestDispatcher dispatcher = request.getRequestDispatcher(url);
31       dispatcher.forward(request, response);
32     }
33   }
```

```
1   <%@ page language="java" contentType="text/html; charset=UTF-8"
2       pageEncoding="UTF-8"%>
3   <%@ taglib prefix="c" uri="http://java.sun.com/jsp/jstl/core"%>
4   <!DOCTYPE html>
5   <html>
6   <head>
7   <meta charset="UTF-8">
8   <title> 게시판 </title>
9   <link rel="stylesheet" type="text/css" href="css/shopping.css">
10  <script type="text/javascript" src="script/board.js"></script>
11  </head>
12  <body>
13  <div id="wrap" align="center">
14    <h1> 게시글 수정 </h1>
15    <form name="frm" method="post" action="BoardServlet">
16    <input type="hidden" name="command" value="board_update">
17    <input type="hidden" name="num" value="${board.num}">
18    <table>
19      <tr>
20        <th>작성자</th>
21        <td><input type="text" size="12" name="name" value="${board.name}" >
22  * 필수  </td>
23      </tr>
24
25      <tr>
26        <th>비밀번호</th>
27        <td><input type="password" size="12" name="pass" >
28  * 필수 (게시물 수정 삭제시 필요합니다.)</td>
29      </tr>
30
31      <tr>
32        <th>이메일</th>
33        <td><input type="text" size="40" maxlength="50" name="email"
    value="${board.email}"></td>
34      </tr>
35
36      <tr>
```

```
37          <th>제목</th>
38          <td><input type="text" size="70" name="title"
39              value="${board.title}"></td>
40        </tr>
41
42        <tr>
43          <th>내용</th>
44          <td><textarea cols="70" rows="15"
45   name="content" >${board.content}</textarea></td>
46        </tr>
47        </table>
48        <br><br>
49        <input type = "submit" value = "등록" onclick="return boardCheck()">
50        <input type = "reset"  value = "다시 작성">
51        <input type = "button" value = "목록"
52   onclick="location.href='BoardServlet?command=board_list'">
53        </form>
54     </div>
55     </body>
56     </html>
```

[직접해보세요] 커맨드 패턴으로 작업 처리를 위한 명령 처리 클래스 ActionFactory 수정하기   [파일 이름 : src₩com₩saeyan₩controller₩ActionFactory.java]

```
..     //중복되는 내용 생략
31        } else if (command.equals("board_update_form")) {
32          action = new BoardUpdateFormAction();
33        }
..     //중복되는 내용 생략
```

게시글 정보를 수정하고 등록 버튼을 클릭하면 〈form〉 태그에 action="Board
Servlet"를 지정하였기에 서블릿이 요청을 받아 처리하게 됩니다. 커맨드 방식으로
작업을 처리하기 때문에 히든 태그로 command 파라미터를 서블릿에 전달합니다.

```
<input type="hidden" name="command" value="board_update">
```

이 요청을 처리할 코드를 액션 클래스를 만들고 ActionFactory에 추가합니다. 액션 클래스에서는 입력된 게시글의 정보를 데이터베이스에 수정하도록 합니다.

[직접해보세요] 게시글을 데이터베이스에 수정하기 위한 액션 클래스

[파일 이름 : src\com\saeyan\controller\action\BoardUpdateAction.java]

```java
package com.saeyan.controller.action;

import java.io.IOException;

import javax.servlet.ServletException;
import javax.servlet.http.HttpServletRequest;
import javax.servlet.http.HttpServletResponse;

import com.saeyan.dao.BoardDAO;
import com.saeyan.dto.BoardVO;

public class BoardUpdateAction implements Action {

  @Override
  public void execute(HttpServletRequest request, HttpServletResponse response)
      throws ServletException, IOException {
    BoardVO bVo = new BoardVO();

    bVo.setNum(Integer.parseInt(request.getParameter("num")));
    bVo.setName(request.getParameter("name"));
    bVo.setPass(request.getParameter("pass"));
    bVo.setEmail(request.getParameter("email"));
    bVo.setTitle(request.getParameter("title"));
    bVo.setContent(request.getParameter("content"));

    BoardDAO bDao = BoardDAO.getInstance();
    bDao.updateBoard(bVo);

    new BoardListAction().execute(request, response);
  }
}
```

```
..        //중복되는 내용 생략
33          } else if (command.equals("board_update")) {
34            action = new BoardUpdateAction();
35          }
...       //중복되는 내용 생략
```

게시글 삭제 링크를 클릭하면 게시글 삭제 화면으로 이동합니다.

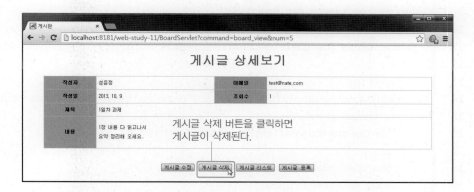

게시글 삭제 버튼을 클릭하면 게시글 수정 처리를 했을 때와 마찬가지로 비밀번호를 확인한 후 삭제 작업을 진행합니다. 이 내용은 게시글 수정과 동일하므로 생략하고 비밀번호 입력이 성공했을 경우 게시글을 삭제하는 작업부터 살펴보겠습니다. 비밀번호 입력이 성공했을 때 처리를 위한 checkSuccess.jsp 페이지에서 삭제 작업을 위해서 다음과 같은 요청을 서블릿에 합니다.

```
"BoardServlet?command=board_delete&num=${param.num}"
```

이 요청을 처리할 코드를 액션 클래스로 만들고 ActionFactory에 추가합니다. 액션 클래스에서는 게시글을 데이터베이스에서 삭제합니다.

```
1      package com.saeyan.controller.action;
2
3      import java.io.IOException;
4
5      import javax.servlet.ServletException;
6      import javax.servlet.http.HttpServletRequest;
7      import javax.servlet.http.HttpServletResponse;
8
9      import com.saeyan.dao.BoardDAO;
10
11     public class BoardDeleteAction implements Action {
12
13       @Override
14       public void execute(HttpServletRequest request, HttpServletResponse response)
15           throws ServletException, IOException {
16         String num=request.getParameter("num");
17
18         BoardDAO bDao=BoardDAO.getInstance();
19         bDao.deleteBoard(num);
20
21         new BoardListAction().execute(request, response);
22       }
23     }
```

```
..     //중복되는 내용 생략
35       } else if (command.equals("board_delete")) {
36         action = new BoardDeleteAction();
37       }
..     //중복되는 내용 생략
```

　　이번 장에서 학습한 게시판을 만들면서 모델2 방식으로 프로그래밍하는 것에 대
한 개념을 살펴보았습니다.

마무리 하며...

지금까지 긴 여정을 함께 해온 여러분에게 진심으로 큰 응원을 보냅니다. 서두에서도 밝혔다시피 이제 웹 서비스 프로그래머로서 첫 발을 뗐습니다. 이 책에서 특별부록으로 제공하는 온라인 쇼핑몰도 설계부터 구현까지 반복해서 꼼꼼하게 학습을 한다면 현업 프로그래머에 한발작 더 가까워질 것입니다.

여러분의 앞날에 성공이 함께하길 기원하겠습니다.

문제의 답은 로드북 홈페이지(http://roadbook.co.kr/126)에서 확인할 수 있습니다.

1. MVC 패턴에서 웹 애플리케이션 서버가 처리할 데이터 영역을 의미한다. 주로 데이터베이스와 연동하여 얻어온 데이터를 저장하는 용도로 사용하는 것은 무엇인가?

2. MVC 패턴에서 사용자와의 인터페이스로 주로 JSP 페이지를 사용하는 것은 무엇인가?

3. 모델과 뷰 사이의 흐름을 제어하는 역할을 한다. 클라이언트의 요청을 받아 이를 수행하기 위한 모델 영역의 어떤 비즈니스 로직을 수행할지를 결정하고 이를 처리한 후에 결과를 보여주기 위한 뷰를 선택한다. 주로 서블릿을 사용하는 것은 무엇인가?

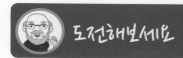
도전해보세요

문제의 답은 로드북 홈페이지(http://roadbook.co.kr/126)에서 확인할 수 있습니다.

"사원 관리 프로그램"

목표 MVC 패턴으로 사원 관리 프로그램을 작성하시오.

사원 정보를 저장하는 테이블을 다음과 같은 구조로 생성하시오.

```
CREATE TABLE EMPLOYEES(
  id VARCHAR2(10) NOT NULL,
  pass VARCHAR2(10) NOT NULL,
  name VARCHAR2(24),
  lev char(1) DEFAULT 'A',          --A : 운영자, B : 일반회원
  enter DATE DEFAULT SYSDATE,   -- 등록일
  gender CHAR(1) DEFAULT '1',       --1 : 남자, 2 : 여자
  phone  VARCHAR2(30),
  PRIMARY KEY(id)
);
```

Employees 테이블에 다음과 같이 사원 정보를 추가하세요.

ID	PASS	NAME	LEV	ENTER	GENDER	PHONE
pinksung	3333	성윤정	A	2014-04-17 오전 12:00:00	2	010-2222-2222
subin	1234	전원지	B	2014-04-17 오전 12:00:00	1	010-9999-9999
admin	1111	정운영	A	2014-04-17 오전 12:00:00	1	010-1111-1111

사원 관리를 위한 사이트의 전반적인 흐름은 다음과 같습니다.

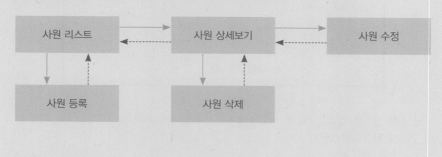

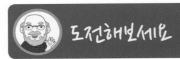

❶ 「사원 리스트–사원 등록」

❷ 「사원 리스트–사원 상세보기」

❸ 「사원 상세보기–사원 수정」

❹ 「사원 상세보기–사원 삭제」

다음 화면은 요청을 받으면 데이터베이스로부터 사원 정보 리스트를 출력합니다.

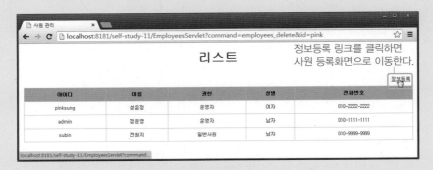

리스트 – 정보 등록과 정보 상세보기 페이지로 이동합니다. 정보등록을 클릭하면 사원 정보를 등록하기 위한 화면으로 이동합니다. 사원 정보를 등록하기 위한 화면입니다.

사원 정보 정보를 입력하고 등록 버튼을 클릭하면 사원 정보 등록 처리가 완료되어 사원 정보 리스트 화면으로 이동합니다.

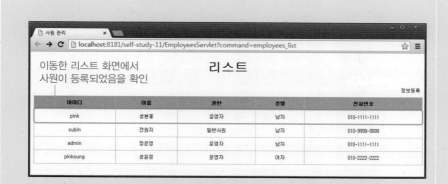

리스트에서 이름을 클릭하면 사원 정보 상세보기 화면으로 이동합니다.

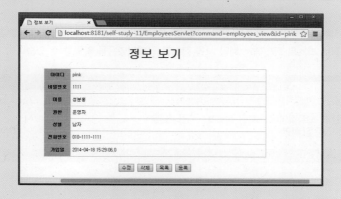

수정 버튼을 클릭하면 사원 정보 수정 화면으로 이동합니다. 다음은 사원 정보를 수정하기 위한 화면입니다.

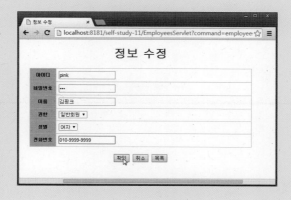

정보를 수정한 후 수정 버튼을 클릭하면 사원 정보가 수정되고 사원 정보 리스트 화면으로 이동합니다.

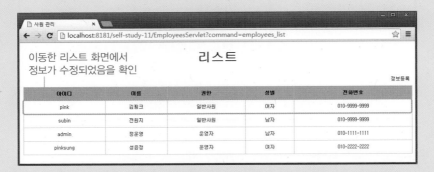

정보 삭제를 클릭하면 사원 정보가 삭제된 후 사원 정보 리스트 화면으로 이동합니다. 이동한 사원 정보 리스트 화면에서 해당 사원 정보가 삭제되었음을 확인할 수 있습니다.

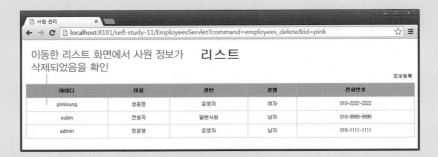